全国高等院校物流专业“十四五”精品规划系列教材

现代物流管理

（第3版）

王　利　李晓萍　主　编

中国财富出版社有限公司

图书在版编目（CIP）数据

现代物流管理／王利，李晓萍主编．—3 版．—北京：中国财富出版社有限公司，2021.3

（全国高等院校物流专业“十四五”精品规划系列教材）

ISBN 978-7-5047-7359-3

Ⅰ．①现…　Ⅱ．①王…　②李…　Ⅲ．①物流管理—高等学校—教材　Ⅳ．①F252.1

中国版本图书馆 CIP 数据核字（2021）第 031980 号

策划编辑　张　茜　　**责任编辑**　黄正丽
责任印制　梁　凡　郭紫楠　　**责任校对**　杨小静　　**责任发行**　敬　东

出版发行	中国财富出版社有限公司		
社　　址	北京市丰台区南四环西路 188 号 5 区 20 楼	**邮政编码**	100070
电　　话	010-52227588 转 2098（发行部）		010-52227588 转 321（总编室）
	010-52227588 转 100（读者服务部）		010-52227588 转 305（质检部）
网　　址	http://www.cfpress.com.cn	**排　　版**	义春秋
经　　销	新华书店	**印　　刷**	宝蕾元仁浩（天津）印刷有限公司
书　　号	ISBN 978-7-5047-7359-3/F·3264		
开　　本	787mm×1092mm　1/16	**版　　次**	2021 年 6 月第 3 版
印　　张	21	**印　　次**	2021 年 6 月第 1 次印刷
字　　数	497 千字	**定　　价**	66.00 元

第三版前言

2009年国务院印发《物流业调整和振兴规划》以来，国家就把物流业定位为复合型、先导性、战略性、基础性产业。我国物流业保持较快发展，新的物流业态成长迅速，新的物流模式不断涌现，物流理论逐渐成熟，实践经验不断丰富，先进的物流技术与管理方法得到较广泛的应用并取得良好效果。因此，物流基本理论与方法及运作的相关概念越来越明确，多数已形成标准，且标准也在相应更新。这些变化与成果促使本教材需要更新与修订，将它们反映到新版教材中去。另外，编者在使用本教材的过程中，也发现一些不妥之处，迫切需要对其进行修订。为此，本次修订对本教材的相关问题进行解决，将本教材以较新的面貌呈现给读者。

本次再版修订的基础是物流管理本科专业培养方案对基本专业知识与能力的要求，遵循三个基本原则：第一，结构清晰且系统，本教材结构分为三篇，分别为物流管理基础、物流功能、物流业务；第二，概念规范标准，所有概念均依照2020年6月新修订的国家标准《物流术语》（征求意见稿）来定义与理解；第三，尽可能吸收新物流业态、新服务方式、新物流技术的应用成果于教材中。

鉴于上述三条原则，再版修订主要内容具体如下。

（1）物流管理基础包括三章内容：第一章物流管理概论（王利编写），第二章供应链管理（郎骁编写），第三章物流系统分析与设计（李文俊编写）。

物流功能包括五章内容：第四章运输管理（吴影辉编写），第五章配送管理（张辉编写），第六章仓储管理（舒士杰编写），第七章包装、装卸搬运与流通加工（李晓萍编写），第八章物流信息技术与管理（张辉编写）。

物流业务包括四章内容：第九章采购与供应管理（王建编写），第十章库存管理（舒士杰编写），第十一章应急物流（胡青蜜编写），第十二章供应链金融（王建编写）。

被取消与合并的本教材第二版的章有物流战略、供应管理、物流成本控制；新增与独立出来的章是仓储管理、应急物流、供应链金融。

（2）第一章“物流管理概论”增加了“物流延迟服务”一节；“物流的定义与作用”一节增加了“物流管理基础性工作”内容；把原来的“物流的产生与发展”一节改为“物流发展”，重新编写了“物流发展”一节内容（物流产业定位与发展、智慧物流发展、物流发展趋势）；删除了“现代物流要素”一节。

（3）第二章“供应链管理”增加了“供应链管理与传统管理模式的区别”“供应链管理的运营机制”“供应链管理的发展趋势”三部分内容；删除了“供应链运作绩效评价”一节内容；把“供应链管理方法”“供应链管理概念的产生与发展”两节的内容分别合并到相应的节中。

（4）第三章“物流系统分析与设计”增加了“物流系统评价”一节，“物流系统及其构成”一节名称改为“物流系统概述”。

（5）第四章“运输管理”增加了“无车承运人及货物运输合同”一节；第二版的“运输优化的基本方法”一节改编为“运输决策”，相应内容为运输方式选择、运输路线优化、运输计划编制。

（6）第五章“配送管理”增加了“共同配送”一节；把第二版的“配送管理概述”一节改编为“配送与配送中心概述”；把第二版的“配送合理化与优化方法”一节改编为“配送优化”，其相应内容为不合理配送的表现形式、配送合理化指标体系、典型配送优化问题、常用配送优化方法、配送优化举例。

（7）第六章“仓储管理”是新独立出来的一章（第二版只有两节内容）；重新编写的四节为仓储概述、仓储设施与设备、仓储规划、仓储业务管理。

（8）第七章“包装、装卸搬运与流通加工”一章中，“包装”一节增加了包装在物流中的地位内容，删除了包装设计内容；“流通加工”一节改编与增加了流通加工的类型与特点内容。

（9）第八章“物流信息技术与管理”增加了“物流管理信息系统”一节内容。

（10）第九章“采购与供应管理”中，把第二版的“供应管理”一章中的“供应管理概述”“物料消耗与供应定额”“供应计划”三节内容简化、整合为“供应管理”一节，并入采购管理这章后，该章名称改为“采购与供应管理”；将第二版的“采购方式”一节并入“采购管理概述”一节中；将第二版中的“采购内部需求分析”一节、“采购环境分析”整合为“采购外部环境与内部需求分析”一节；删除了“采购监管与控制”一节内容。

（11）第十章“库存管理”是新独立出来的一章（第二版只有二节内容）；增加了“供应链环境下的库存控制”一节，其内容为：零库存管理、供应商管理库存、联合库存管理。

（12）第十一章“应急物流”是新增加的一章，共分为三节：应急物流概念、应急物流发展模式、应急物流体系。

（13）第十二章“供应链金融”是新增加的一章，共分为三节：供应链金融概述、供应链金融主要业务模式、供应链金融风险管理。

本教材由王利、李晓萍负责全书的结构设计以及最后的统稿与完稿。本教材可以作为大专院校物流管理、物流工程及相关专业的教材和企业培训教材，也非常适合研究生与物流管理实践者参考与借鉴。

本教材在编写过程中，参考和引用了国内外的有关研究成果和文献，在此表示衷心感谢。对于本教材中存在的不足，欢迎专家学者和广大的读者批评指正。

王利　李晓萍

2020年10月

第一版前言

本书编写分工如下：江苏科技大学王利承担了第一章物流与物流管理、第三章物流战略、第四章物流系统分析与设计、第五章采购管理、第六章供应管理、第十一章物流成本控制的编写工作，并负责全书的结构设计以及最后的统稿与完稿；南京晓庄学院许国银承担了第二章供应链管理、第八章库存控制与仓库管理、第九章物流信息技术的编写工作；江苏科技大学黄颖承担了第七章运输与配送、第十章装卸搬运、包装与流通加工的编写工作。本书可以作为大专院校的物流管理专业教材和企业培训教材，也非常适合研究生与物流管理实践者参考与借鉴。

本书在编写过程中，参考和引用了国内外的有关研究成果和文献，在此表示衷心感谢。对于本书中存在的不足，欢迎专家学者和广大的读者批评指正。

王　利

2006 年 12 月

第二版前言

“物流”一词自20世纪80年代初引入我国后，其在理论与实践方面的作用已被越来越多的人所认识。2008年至今我国每单位GDP（国内生产总值）对物流需求的系数一直保持在1∶3之上，2012年全国社会物流总额已达177.3万亿元，物流业的增加值占当年GDP的6.8%，占服务业全部增加值的15.3%，现代物流作为生产性服务业将在国民经济发展中发挥越来越重要的作用。一方面，现代物流作为调整经济结构、转变经济增长方式的重要途径，将是降低成本、提高效率与效益关键的因素之一。另一方面，我们应该看到我国物流业的发展仍处在初级阶段，全社会的物流成本占GDP的比重仍高达17.8%，与先进的国家相比仍存在不小的差距。现代物流作为继物质、人力之后的第三利润源泉，仍有待于我们更好地去挖掘。

本书系统地阐述了现代物流管理的理论、方法和技术。全书共分12章，主要内容包括物流与物流管理，供应链管理，物流战略，物流系统设计与分析，采购管理，供应管理，运输管理，配送管理，库存控制与仓储管理，物流信息技术，装卸搬运、包装与流通加工，物流成本控制。

本书的主要特点如下。

（1）突出了基于供应链运作下的物流战略分析与选择，加强了物流系统建立、分析与设计方面的内容。

（2）从制造企业物流管理的角度，加强了企业采购环境、采购战略管理、企业物料供应与用料管理的内容。

本书是在原中国物资出版社2006年12月出版的《现代物流管理》教材基础上修订而来的，第2版编写分工如下：江苏科技大学的王利编写第一章、第六章、第九章，黄颖编写第五章、第八章、第十章、第十一章，孟庆良编写第二章、第三章，李晓萍编写第四章、第七章、第十二章；王利负责全书的结构设计以及最后的统稿与完稿。为了使读者更好地理解与掌握本书的基本理论与方法，黄颖专门主编了与本书配套的《物流管理精编学习手册》（合肥工业大学出版社出版，2012年）。本书可以作为大专院校的物流管理、物流工程专业教材和企业培训教材，也非常适合研究生与物流管理实践者参考与借鉴。

本书在编写过程中，参考和引用了国内外的有关研究成果和文献，在此表示衷心感谢。对于本书中存在的不足，欢迎专家学者和广大的读者批评指正。

王　利

2014年1月

目　录

第一篇　物流管理基础

第二篇　物流功能

第一篇

物流管理基础

第一章　物流管理概论

现代物流领域是一块待开垦的“黑土地”，是第三利润源泉。现代物流和供应链管理日益引起人们的普遍重视，现代物流发展对整个国民经济运营质量的影响，对科技发展的拉动，对新生产方式、供应链构建与运营、全球化经营、电子商务发展的推动，有着不可替代的作用。本章主要讲述现代物流的概念与作用、物流服务方式与策略、物流发展的趋势。

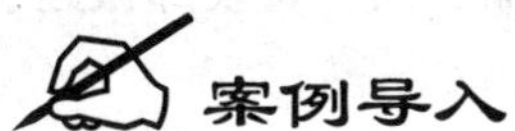
案例导入

为何许多其他行业的著名企业要涉足物流业？

（1）世界连锁零售巨头沃尔玛，近六年一直占据世界五百强排名之首（有一年排名是第2位）。大家千万不要误认为沃尔玛的低价仅是因为规模大。美国经济学家斯通博士在对美国零售企业的研究中发现，在美国的三大零售企业中，商品物流成本占销售额的比例在沃尔玛是1.3%，在凯马特是8.75%，在希尔斯则为5%，数额相差惊人。世界连锁零售巨头沃尔玛一直认为，降低物流成本是公司的核心能力之一。

（2）马云在2013年做的唯一重大决定就是进入物流的第一期资金是100亿元人民币（菜鸟物流）。2009年以前马云投资华谊的时候，判断中国电影市值五年以内超过100亿元，而2014年中国电影行业市值刚好102亿元；2004年以前马云判断电子商务一定有很大的市场。马云认为中国有机会的行业很多，但是能确保行业一定会增长而且成倍数增长的行业并不多，而物流就是其中一个。

当时马云的此番表述，让众多物流商精神振奋。但他也表示，今天最成功的物流公司绝大多数不会成为十年后最成功的物流公司，这就是对行业重新洗牌的结果。（摘自中国企业家网）

（3）海尔集团是家电制造企业，青岛海尔物流有限公司（以下简称“海尔物流”）成立于1999年，依托海尔集团的先进管理理念以及强大资源网络构建海尔物流的核心竞争力。海尔物流注重整个供应链全流程最优与同步工程，不断消除企业内部与外部环节的重复、无效的劳动，让资源在每一个过程的流动都实现增值，使物流业务能够支持客户实现快速获取订单与满足订单的目标。海尔物流被中国物流与采购联合会授予首家“中国物流示范基地”，荣获“国家科技进步一等奖”，同时也先后获得“中国物流百强企业”“中国物流企业50强”“中国物流综合实力百强企业”“最佳家电物流企业”等殊荣。2018年，海尔物流的品牌日日顺荣获中国驰名商标。2019年6月，世界品牌实验室（World Brand Lab）权威发布日日顺成功入选“中国500最具价值品牌”榜；2019 年，由睿富全球排行榜评估，日日顺品牌价值 381 亿元；日日顺旗下有日日顺物流、日日顺乐家、日日顺乐农等产业平台和高端农特产品生态品牌——乐家诚品。

第一节　物流的定义与作用

一、物流、物流管理定义及理解

1. 物流与物流管理定义

我国国家标准《物流术语》（GB/T 18354—2006）对物流（Logistics）的定义是："物品从供应地向接收地的实体流动过程。根据实际需要，将运输、储存、装卸搬运、包装、流通加工、配送、信息处理等基本功能实施有机结合。"

物流管理是为达到既定的目标，从物流全过程出发，对相关物流活动进行的计划、组织、协调与控制。

2. 物流定义的理解

1）物流与流通

（1）流通的内容。流通是联结生产和消费的纽带，生产是流通的物质基础，流通对生产起反作用，流通是国民经济现代化的支柱。

流通活动框架结构如图 1-1 所示。

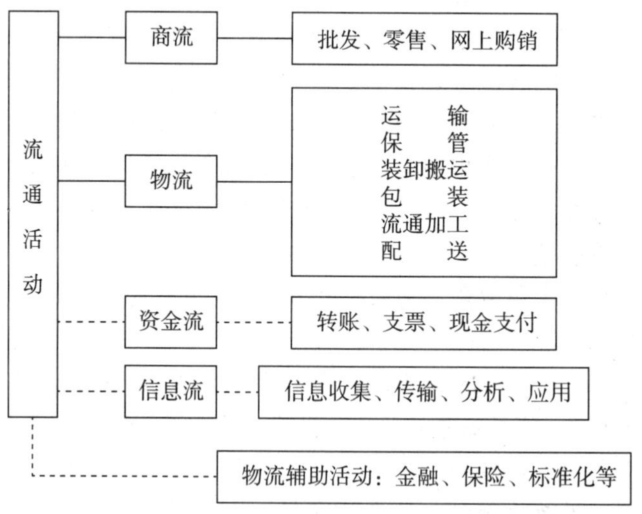

图 1-1　流通活动框架结构

资金流是在所有权更迭的交易过程中发生的，可以认为从属于商流；信息流则分别从属于商流和物流，属于物流的部分称为物流信息。流通实际上是由商流和物流组成的，它们分别解决两方面问题：一个问题是商品从生产者所有转变为客户所有，即所有权的更迭问题；另一个问题是对象物从生产地转移到使用地以实现其使用价值，也就是实现物的流转过程。

①商流。对象物所有权转移的活动称为商流。商流是指商品在流通中发生形态变化的过程，即由货币形态转化为商品形态，以及由商品形态转化为货币形态的过程，随着买卖关系的发生，商品所有权发生转移。

②物流。物流是指实物从供给方向需求方的转移，这种转移既要通过运输或搬运来完成空间位置的变化，又要通过储存保管来调节供需双方在时间节奏方面的差别。物流中“物”泛指一切商品；而物流中的“流”泛指一切运动形态，有移动、运动、流动的含义，特别是把静止也作为一种特殊的运动形态。

③商流和物流的关系。商流和物流都是流通的组成部分，两者结合才能有效地实现商品由供给方向需求方的转移过程。商流和物流关系密切，相辅相成。一般在商流发生之后，即所有权的转移达成交易之后，商品必然要根据新货主的需要进行转移，这就导致相应的物流活动出现。必须强调：只有在有物流需求的情况下，才能有发生商流的契机，也就是说有购物需求的情况下才能发生交易行为。因此，物流是产生商流的物质基础，在交易实施的步骤上商流是物流的先导。两者相辅相成，密切配合，缺一不可。

（2）商物分离。尽管商流和物流的关系非常密切，但是它们各自具有不同的活动内容和规律。在现实经济生活中，进行商品交易活动的地点，往往不处于商品实物流通的最佳路线上。如果商品的交易过程和实物的运动过程路线完全一致，往往会发生实物流路线的迂回、倒流、运输重复等不合理现象，造成资源的浪费。商流一般要经过一定的经营环节；而物流则不受经营环节的限制，它可以根据商品的种类、数量、交货要求、运输条件等，使商品尽可能由产地通过最少环节，以最短的物流路线，按时保质地送到客户手中，以达到降低物流费用、提高经济效益的目的。

在合理组织流通活动中，实行商物分离是提高社会经济效益的客观需要，也是企业现代化发展的需要。

2）物流与生产

（1）生产系统的组成。任何生产系统都是为了适应社会对某种产品的需求而形成的。也就是说，向社会提供一定的产品是生产系统存在的目的。而生产系统为了制造产品，必须占据一定的生产空间，拥有一定数量的加工设备，这样才能有条件按照制造工序逐步将原材料加工成半成品，直至成品。

产品的制造过程，即加工过程，每经过一道工序，被加工对象的形状、尺寸或性质将发生一次变化。加工活动的直接目的就是制造产品，所以它是生产系统中最主要的环节。

加工设备或加工单元（如车间）的位置一般是固定的，在工厂的生产空间内呈孤岛状分布。为了保证加工活动的连续进行，被加工的物料必须依赖于运输车辆、起重机械、搬运机械或人力，才能被运送到各个加工孤岛；加工以后的半成品也必须用同样方式送到下一个加工点。物料在加工点之间的运动就是物流活动。与流通领域中的物流活动一样，在生产物流系统中，“物”不改变本身的形状、尺寸和性质，只有时间或空间位置的状态变化。

由上述可知，加工活动和物流活动是生产系统的两个支柱。通过物流活动把原材料运进生产系统，并使其依次在加工点之间流动，逐步形成半成品、成品直至出厂。没有加工，生产系统就失去存在的意义；没有物流，生产系统将会停顿，也就失去继续存在的必要条件。

（2）物流对生产系统的影响。

①物流为生产的连续性提供了保障。如前所述，原材料的供应、半成品在加工点之间的流转、成品的运出，只有依赖物流系统才能不间断地进行，使生产活动得以继续下去。

②生产系统要运作，除了产品要适应社会的需要之外，还应考虑从社会得到必要的回报，以作为生产过程所消耗费用的补偿，其盈余部分即是企业的利润。从社会得到补偿和利润是企业再生产和发展的必要条件。由于产品价格受到市场竞争机制的限制，从企业内部挖掘潜力降低成本是企业面临的重要课题之一。物流费用在生产成本中往往占有很大比重，而物流合理化对许多企业来说还是未曾开发的研究领域，因此，通过物流系统的改善能带来难以预料的效益，物流也就被人们称为“企业的第三利润源泉”“企业脚下的金矿”。这就表明，生产系统必须向物流要效益才能改善自身的发展条件。

③物流状况对生产环境和生产秩序有着决定性的影响。在生产空间中，加工点处于固定位置，只要加工设备能正常运转，就不会对系统产生干扰，而物流在生产空间中始终处于运动状态，物流路线在平面与立体空间中纵横交错，形成了遍布生产空间的立体动态网络。物流路线不合理，运行节奏不协调，都会造成生产秩序的混乱。

（3）生产力水平时代的发展对物流的要求。

①在低生产力水平时代，物流是生产的附属活动。当产品数量少、生产节奏慢、物流量小时，生产系统对物流系统没有严格要求，物流只是作为生产加工的附属活动而存在的。

②在高生产力水平时代，物流是生产的重要活动。在大批量生产或者大量定制时代，加工设备专用化加强，普遍采用了自动化程度较高的流水生产线。由于在有限的生产空间范围内，产品数量急剧上升，生产规模越来越大，被加工的产品在每个工位的进出、产品的短暂存放、产品流动的路线等，均需要严格的规划与布置；产品流动的通畅意味着生产过程的连续进行。因此，生产系统对物流系统也提出了更高的要求，现代物流科学在新的背景下诞生了，物流系统化、现代化被提到日程上，物流技术也得到进一步的发展。

3）物流与市场营销

物流有时被称为市场营销的另一半，这是因为企业的物流系统承担着运输与存储的基本职能，与营销共同执行着满足客户需求的功能，因而对产品的销售起着重要的支撑作用。在某些情况下，物流服务运作水平高低和物流系统运作成本高低决定着销售的成败。

4）现代物流是第三利润源泉

现代物流领域是一块待开垦的“黑土地”，是企业成本的“冰山一角”。通过降低物流成本、提高物流服务水平，可以提高物流服务的增值水平。第一利润源是指企业通过降低产品的物质消耗来降低产品成本、提高企业利润；第二利润源是指企业通过降低产品生产的活劳动消耗来降低产品成本、提高企业利润。企业的主要科技活动基本也是围绕这些方面来展开的。

第三利润源与第一、二利润源的挖掘是有一定区别的，现代物流服务的基本活动往往是跨越企业组织边界的，因而物流成本的降低、物流服务水平的提高，更需要与企业供应链、产业链的上下游企业之间进行合作，协同进行，而单个企业挖掘第三利润源的潜力是很有限的。

二、物流分类

按照物流系统的作用、空间范围和系统性质不同，可以对物流进行分类，分类的目的是便于研究。

1. 按照作用分类

（1）供应物流。提供原材料、零部件或其他物料时所发生的物流活动称为供应物流。对于制造领域而言，其是指生产活动所需要的原材料、备品备件等物资的采购、供应活动所产生的物流；对于流通领域而言，其是指交易活动中，从买方立场出发的交易行为中所发生的物流。企业的流动资金大部分被购入的物资材料及半成品等占用。供应物流的严格管理及合理化对企业的成本有重要影响。

（2）销售物流。企业在出售商品过程中所发生的物流活动称为销售物流。对于制造领域而言，其是指企业售出商品，而对于流通领域，其是指交易活动中，从卖方角度出发的交易行为中的物流。通过销售物流，企业得以回收资金，并进行再生产的活动。销售物流的效果好坏关系企业的存在价值是否被社会承认。在市场经济中为了增强企业的竞争力，应努力使销售物流合理化。

（3）生产物流。企业生产过程中发生的涉及原材料、在制品、半成品、产成品等所进行的物流活动称为生产物流。生产物流是制造产品的企业所特有的，它和生产流程同步。原材料、半成品等按照工艺流程在各个加工点之间不停顿的移动、流转形成了生产物流。如生产物流中断，生产过程也将随之停顿。生产物流均衡稳定，可以保证在制品的顺畅流转，设备负荷均衡化，缩短生产周期。

（4）回收与废弃物物流。将经济活动或人民生活中失去原有使用价值的商品，根据实际需要进行收集、分类、加工、包装、搬运、储存等，并分送到专门处理场所的物流活动称为废弃物物流。在生产及流通活动中有一些物资是要被回收并加以利用的，如作为包装容器的纸箱、塑料筐、酒瓶等，生产加工中的余料、残料、次品等。废弃物物流经济效益很低，有时甚至亏本，但是具有不可忽视的社会效益。回收与废弃物物流的物资品种繁多，流通渠道也不规则，且多有变化，因此，管理和控制的难度大。

2. 按照物流活动的空间范围分类

（1）地区物流。地区物流可以按行政区域划分，也可以按地理位置划分等。地区物流系统对于提高该地区物流活动的效率，以及保障当地居民的生活福利环境，具有不可缺少的作用。

（2）国内物流。物流作为国民经济的一个重要方面，是国家总体规划的内容。全国物流系统的发展必须从全局着眼，应该清除部门分割、地区分割所造成的物流障碍。应全局考虑物流系统的建设投资，使一些大型物流项目能尽早建成，为社会主义经济服务。

（3）国际物流。世界发展的主流是经济全球化，国家与国家之间的经济交流越来越密切，任何国家不投身于国际经济大协作的交流之中，本国的社会经济技术就得不到良好的发展。经济发展的全球化必须促进物流的全球化，由于世界各国的物流政策、物流业务流程、物流基础设施具有差异性，客观上需要研究、协调、促进国际物流的发展。

3. 按照物流系统性质分类

（1）社会物流。社会物流一般指流通领域中发生的物流，泛指全社会物流的整体。就物流科学的整体而言，可以认为其主要研究对象是社会物流。社会物资流通网络是国民经济的命脉，流通网络分布的合理性、渠道的畅通性至关重要。必须科学管理和有效控制社会物流，采用先进的技术手段，保证社会物流高效率、低成本运行，这样做可以带来巨大的经济效益和社会效益。

（2）行业物流。同一行业中的企业是市场上的竞争对手，但是在物流领域中具有很大的共性，常常需要互相协作，共同促进行业物流系统的合理化。行业物流系统化将使参与的各个企业都得到相应的利益。各个行业的协会或学会应该把行业物流作为重要的研究课题之一。

（3）企业物流。企业是为社会提供产品或某些服务的一个经济实体。一个制造企业要购进原材料，对其进行若干工序的加工，形成产品销售出去。生产企业和流通企业围绕其经营活动所发生的物流活动称为企业物流。

三、物流的作用

1. 形态效用

形态效用是指在流通领域内，通过改变物品的形状、大小、组合形式来增加物品的价值。如流通加工领域中的材料切割、下料，散装物品的包装，大包物品的拆分、分装等，使新的物品形态便于消费者使用与消费，便于物品的加工、储运与保管，使之更满足客户的各种需求等。形态效用主要是通过物流的流通加工功能来实现的。

2. 空间效用

物流活动通过把物品从供应地运送到接受地，使消费者在该空间（或称为地点）就能获得所需要的物品，使该空间具有满足消费者需求的效用，这就是物流的空间效用。空间效用主要是通过物流的运输功能来实现的。

3. 时间效用

物品要在消费者所需的时间内被保质保量送达消费者需要的地点，这就是时间效用。时间效用主要是通过仓储功能来实现的。当然，除仓储功能外，还需要科学合理的库存布局，在流通领域中科学的物品保质技术的广泛应用等。

四、物流服务的特性

物流服务是为满足客户需求所实施的一系列物流活动。其具有如下特性。

1. 从属性

由于客户的物流需求以商流为基础，伴随商流而发生，因此，物流服务必须从属于客户的需要来进行，表现为流通物品的种类、流通时间、流通方式、提货配送方式都是由客户选择决定的，物流企业只是按照客户的需求，提供相应的物流服务。

2. 即时性

物流服务是非物质形态的劳动，它生产的不是有形的产品，而是一种伴随销售和消费同时发生的即时服务。

3. 移动性和分散性

物流服务的对象是分布广泛的、大多数是不固定的，所以具有移动性以及分散性的特性，它的移动性和分散性会使产业局部的供需不平衡，也会给经营管理带来一定的难度。

4. 需求波动性

由于物流服务是以数量多而又不固定的客户为对象，它们的需求在方式上和数量上是多变的，有较强的波动性，因此容易造成物流服务供需失衡，这是物流经营劳动效率低、费用高的重要原因。

5. 可替代性

物流服务的可替代性主要表现在两个方面：一是从物流活动承担主体的角度看，产生于工商企业生产经营的物流需求，既可以由工商企业自身采用自营方式来完成，也可以委托给专业的物流服务供应商来完成。因此，对于专业物流企业，不仅有来自行业内部的竞争，也有来自货主企业的竞争。二是从物流企业提供的服务品种看，由于存在着公路、铁路、水路、航空等多种运输方式，客户可以在对服务的成本和质量等各种相关因素权衡之后，自主选择运输形式。因此，不同运输手段之间便会产生竞争。物流企业的竞争不仅来自同业种内的不同企业，还来自不同业种的其他企业。

五、物流管理基础性工作

1. 物流管理基础性工作的特点与作用

无论是生产企业、流通企业的物流管理，还是物流企业的物流管理，均需要健全与加强物流管理的基础性工作，使管理这座大厦建在基础牢固的地基上。

物流管理基础性工作具有如下特点：一是科学性，基础性工作要体现和反映现代物流活动的客观规律，是一项科学性较强的工作；二是群众性，基础性工作涉及面较广，工作量较大，而且要求持之以恒，需要依靠广大职工以主人翁精神去落实；三是先行性，基础性工作要为专业管理提供资料、准则和手段，是搞好物流管理的一项先行性的工作。

物流管理基础性工作作用如下：一是基础性工作是对物流活动进行计划、组织和控制的依据；二是基础性工作是企业建立正常的生产经营秩序、提高生产服务效率和产品服务质量的重要手段；三是基础性工作是推行经济责任制、贯彻按劳分配原则的依据；四是基础性工作是搞好经济活动分析、促进经济效益提高的重要保证；五是基础性工作是企业全面实施信息化的基本前提条件。

2. 物流管理基础性工作主要内容

（1）标准化工作。标准化工作主要指制定标准、组织实施标准和对标准的实施进行监督检查。对于任何类型企业来说，生产、流通等各个环节都要有标准，而且不仅要有技术标准，还要有管理标准、工作标准等，即要建立一个完整的标准化体系。如物流基础模数是600毫米×400毫米，1200毫米×1000毫米在全球具有通用性。

（2）定额工作。定额是指从总体的生产经营工作过程来考查，规定出的社会平均必需的消耗数量。定额种类很多，如工时定额、产量定额、服务定额、看管定额、资金定额、消耗定额等。

（3）计量工作。计量工作包括计量标准的贯彻、精密测量技术的推广、理化试验鉴定和技术分析等。计量工作是全面质量管理的重要基础性工作之一。

（4）以责任制为基础的规章制度。公司规章制度是公司用于规范公司全体成员及公司所有经济活动的标准和规定，它是公司内部经济责任制的具体化。公司规章制度对本公司具有普遍性和强制性，任何人、任何部门都必须遵守。公司规章制度大致可分为公司基本制度、公司工作制度和公司责任制度。建立与完善以责任制为基础的规章制度，必须充分考虑其合法合理性、可操作性、完备性、逻辑性。

（5）教育与培训工作。教育是我国的基本国策。转变人的观念，增长知识，提升技能，均离不开教育与培训。教育是长期行为，重在引导、使受教育者增长知识；培训注重员工的技能提升与行为改变。

第二节　物流服务模式

一、第三方物流

1. 第三方物流的概念与理解

按照《物流术语》（征求意见稿）的定义，第三方物流（Third Party Logistics，3PL或TPL）是由独立于物流服务供需双方之外且以物流服务为主营业务的组织提供物流服务的模式。定义明确界定了几个比较容易混淆的概念，一是提供3PL服务的企业不参与供方和需方的商流活动；二是3PL服务不是传统的物流服务，只有通过第三方或者以第三方角色来整合传统的物流服务功能的业务，才是真正意义上的3PL服务。对3PL服务理解的关键，是提供物流业务与功能的“整合”服务。如无车（船）承运人物流服务、物流平台组织的物流服务，又如传统的仓储企业组织提供的超出本仓储企业经营范围的物流服务等。

2. 第三方物流发展的必然性

第三方物流是现代物流服务模式，其发展程度，往往被作为评判一个国家、地区物流现代化的标志（一般认为第三方物流服务业务占比超过 50%，则该企业、地区、国家的物流服务水平达到现代化）。第三方物流之所以能逐步替代第一方物流、第二方物流，成为物流服务模式发展的主旋律，有其必然性。

（1）物流服务专业化发展需要。3PL 是为了更好地满足各种物流服务需求而产生与发展的，是物流服务专业化发展的体现，符合社会经济发展的专业分工精细化、协作紧密化的客观要求。

（2）企业核心竞争力培育与提升需要。现阶段，企业要生存与发展，就必须培育与提升核心竞争力。一般的物流活动与业务并不是货主企业的核心领域业务，因而会逐步寻找专业的物流公司来承担，即物流业务外包业务量与外包方式会越来越多。物流业务的复杂性与客户对服务水平需求的提高，又促使物流业务、资源整合的范围扩大，内容增加与深度在逐步提高，客观促使第三方物流服务不断发展。

（3）新业态新模式催生 3PL 发展。互联网的广泛应用，智能技术的快速发展，智慧物流与供应链的兴起，社会经济的激烈竞争，以及各行业、企业的新业态新模式被不断地创新与广泛应用，促使专业的 3PL 服务能力不断提升，客观为众多的物流业务外包提供更优质、更满意、快速的物流服务方案与项目，这又促使更多的货主企业放心地把物流业务外包出来，形成互相促进的良性发展循环。

3. 第三方物流的运作模式

3PL 企业想要取得成功，最重要的因素在于整合物流过程以实现其对客户的增值服务。第三方物流在我国的主要运作模式如下。

（1）与制造业相结合的物流服务运作模式。现代物流服务属于连接生产与消费的流通领域。物流企业开展正常的 3PL 服务业务活动，必须寻找且获得足够的物流业务，制造业是重要的货主企业物流业务委托与外包源之一，也是 3PL 服务的最大潜在客户之一。3PL 服务能广泛地与制造业相结合的原因首先是制造业企业在激烈的市场竞争条件下，均力图通过合作的物流服务来改善企业的供应物流、销售物流、生产物流、回收与废弃物物流，获得并保持竞争优势；其次是优秀的企业均寻求通过其产品或服务成本的降低来增加收益，并通过一个有效的物流体系来达到此目标；最后是企业通过与物流服务供应者结成战略联盟来改善它们的资产，这些联盟使企业与其重要客户的关系更为密切。

（2）与商业、零售业相结合的物流服务运作模式。商业、零售业也是重要的货主企业物流业务委托与外包源之一，也是 3PL 服务的最大潜在客户之一。3PL 服务能广泛地与商业、零售业相结合的原因，第一是随着社会生活水平的持续提高，面向消费的商业、零售业市场越来越大，需要委托与外包的物流业务也越来越多；第二是从流通渠道各环节角色来看，社会经济越发展，行使渠道权力的角色越倾向于从制造商转移为大型流通商，再转移为大型终端零售商；第三是随着电子商务的广泛应用，大型终端零售商已经从单一的电子商务服务平台商转向了大型电子商务服务平台商，商业模式也发生了很大的变化，这些变化客观需要现代物流来进行服务保障，需要物流服务的新业态、新模式来支撑，而 3PL 的资源与服务“整合”是最能适应这些变化的。

（3）一体化运作模式。物流一体化是物流服务运作的更高级阶段，它强调供应链企业之间的合作。3PL 参与供应链管理模式以战略为管理导向，要求 3PL 从面向企业内部发展到面向企业之间的集成物流服务。该模式超越了组织结构的界限，将供应商、制造商、销售商和客户同时纳入物流管理的范围，力图通过原材料到客户的每个过程来实现物流的管理，利用第三方自身的优势建立和发展与供应链其他企业的合作关系，形成一种联合力量以赢得竞争优势。该模式突破了传统的供应商与制造商或制造商与分销商的合作关系，也不同于供应商或制造商、分销商与 3PL 的单个联盟关系，而是将供应链上所有环节的活动联系起来，实现物流功能的集成化，提高客户服务水平，从而赢得竞争优势。

二、第四方物流

1. 第四方物流的定义

第四方物流最初由美国埃森哲咨询公司于 1998 年提出，其定义是："第四方物流（Fourth Party Logistics，4PL）供应商是一个供应链的集成商，它对公司内部和具有互补性的服务供应商所拥有的不同资源、能力和技术进行整合和管理，提供一整套供应链解决方案。"

一般认为，多年以来 3PL 的发展得益于帮助客户降低成本，但是随着市场竞争愈演愈烈，众多企业为了保持核心竞争优势，对外包的需求不断提高，以致外包的范围无所不及，使得 3PL 公司对于客户的需求追赶不及，应接不暇，客户急需对复杂需求能够快速反应的新型物流服务方式，这样第四方物流便应运而生。从定义可以看出，第四方物流可以通过对整个供应链的影响力，提供综合的供应链解决方案，为客户带来更大的价值。它不仅控制和管理特定的物流服务，而且对整个物流过程提出策划方案，并通过电子商务将这个过程集成起来。因此，第四方物流成功的关键在于为客户提供最佳的增值服务，即迅速、高效、低成本和个性化服务等。

2. 第四方物流的功能

第四方物流所提倡的物流运作思想和理念，是为企业提供融合物流技术、通信技术与管理技术的供应链一体化方案，提供无缝链接上下游企业以及提高企业物流整体运营效率和有效降低总费用的方案，从而实现第四方物流和其他物流企业的双赢。第四方物流集成了管理咨询公司和第三方物流服务商的能力。第四方物流的功能，即集成供应链一体化解决方案如图 1-2 所示。

（1）再造。再造是对供应链过程协作和供应链过程同步的再设计。第四方物流最高层次的功能就是再造。供应链过程中真正的显著改善要么是通过各个环节计划和运作的协调一致来实现，要么是通过各个参与方的通力协作来实现。再造过程就是基于传统的供应链管理咨询服务，使得公司的业务策略和供应链策略协调一致；同时，技术在这一过程中起到了催化剂的作用，整合和优化供应链内部和与之交叉的供应链的运作。

（2）变革。4PL 功能的第二层是变革。通过新技术加强各个供应链职能。变革主要集中表现为改善某一具体环节的供应链职能，包括销售运作计划、分销管理、采购策略和客户支持等。在这一层次上，供应链技术对方案的成败变得至关重要。领先的技术，加上科学与可行的战略思维、有效的流程再造和卓越的组织变革管理，共同组成了对供应链活动和流程进行整合和改善的最佳第四方物流方案。

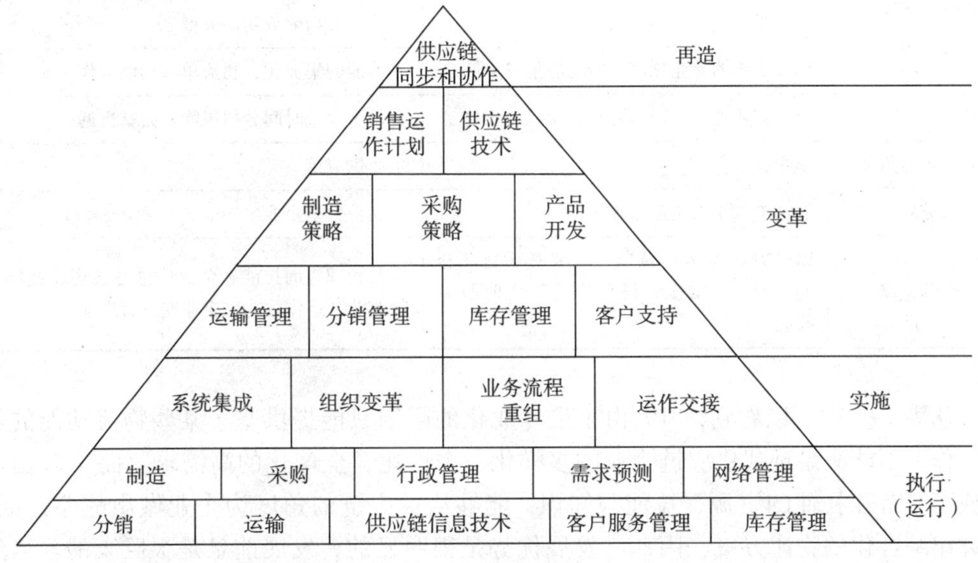

图 1-2　4PL 的功能

（3）实施。4PL 的实施包括系统集成、组织变革、业务流程重组和运作交接。第四方物流服务商帮助客户实施新的供应链运作方案，包括业务流程优化，客户公司和服务供应商之间的系统集成，以及将业务运作转交给 4PL 的项目运作小组。把一个设计得非常好的策略和流程成功地落实，达到项目的预期成果是最大的目标。

（4）执行。4PL 承接多个供应链职能和流程的运作责任，其工作范围远远超越了第三方物流的服务运作，具体包括：制造、采购、库存管理、供应链信息技术、需求预测、网络管理、客户服务管理和行政管理等职能。

3. 第四方物流与第三方物流的比较

第四方物流是在第三方物流不能满足客户需求的情况下诞生的，它是物流管理模式的新发展，与第三方物流存在很大的差异。表 1-1 从不同项目角度对两者做了比较分析，以便对第四方物流有一个更清晰的认识。

表 1-1　　第三方物流与第四方物流的比较分析

项目	第三方物流（3PL）	第四方物流（4PL）
服务目的	降低单个企业的外部物流运作成本	降低整个供应链的物流运作成本，提高物流服务的能力
服务范围	主要是单个企业的采购物流或者销售物流的全部或者部分物流功能	提供基于供应链的物流规划方案，负责实施与监控
服务内容	单个企业的采购或销售物流系统的设计、运作，比如物流信息系统、运输管理、仓储管理及其他增值物流服务	企业的战略分析，业务流程重组，物流战略规划，衔接上下游企业的综合化物流方案，包含物流信息系统模块的企业信息系统

续表

项目	第三方物流（3PL）	第四方物流（4PL）
与客户的合作关系	合同契约关系，一般在一年以上，长者为2~5 年	长期战略合作关系一般有长期的合作协议，这是第四方物流成功的关键之一
运作特点	单一功能的专业化高，多功能集成化低	多功能的集成化，物流单一功能运作专业化低
风险和机遇共担	每个企业独自承担风险和享受机会收益	合作企业长时间分担风险、分享机遇
方案设计角度	单个企业	企业供应链
服务对象	大、中、小型企业	大、特大型企业
服务支撑	第三方物流运作技能，主要是运输、仓储、配送、加工、信息传递等增值服务技能	涉及管理咨询技能、企业信息系统搭建技能、物流业务运作技能、企业变革管理能力

从表 1-1 中可以看到，3PL 由于受专业化的限制只能提供基于某些物流功能的集成运作，不能满足现代供应链企业的多样化、个性化、全球化的高需求。而 4PL 由于集成了具有互补性的资源、技能与知识，能够从供应链的角度为企业做出战略诊断，设计出综合化的物流方案，因此其发展优势是很明显的，发展前景是很巨大的。当然 4PL 只是在整体的规划方面具有优势，在具体的物流运作方面仍需要大量专业化的 3PL。

4. 第四方物流的发展模式

（1）三种典型的发展模式。与任何的物流解决方案一样，第四方物流具体发展模式要根据每个公司不同的要求或者具体的情况进行相应的改造。虽然企业所面对的客户也会提出客户化定制需求，但目前已有三种典型的发展模式能够帮助构造基于各方参与者资源和需求的第四方物流关系。这三种模式即协同运作模式、方案集成模式、行业创新模式，如图 1-3 至图 1-5 所示。

①协同运作模式（Synergy Plus），简称 SP 模式。SP 模式依赖第四方物流和第三方物流组织之间的协作关系，这种联盟提供了一个综合集成供应链的选择。第三方物流和第四方物流协作经营供应链解决方案，利用双方的能力和市场资源从中获取利益。第四方物流为第三方物流提供包括技术、供应链决策技巧、市场推广能力和规划技术在内的广泛的支持，而第四方物流在第三方物流公司内部工作。两个组织之间的关系类似于市场联盟和契约伙伴的关系。第四方物流和第三方物流优势互补，相互协作，共同为客户提供服务，共同开发市场。

②方案集成模式（Solution Integrator），简称 SI 模式。SI 模式，亦称方案集成模式，被认为是核心的、成熟的第四方物流发展模式，第四方物流作为独立的组织为仅有的一个客户提供全面的供应链解决方案。这种发展模式通过整合第四方物流和多个服务供应商的技术和资源，来建立一个集成的可以为客户在整个供应链上都创造价值的供应链解决方案。

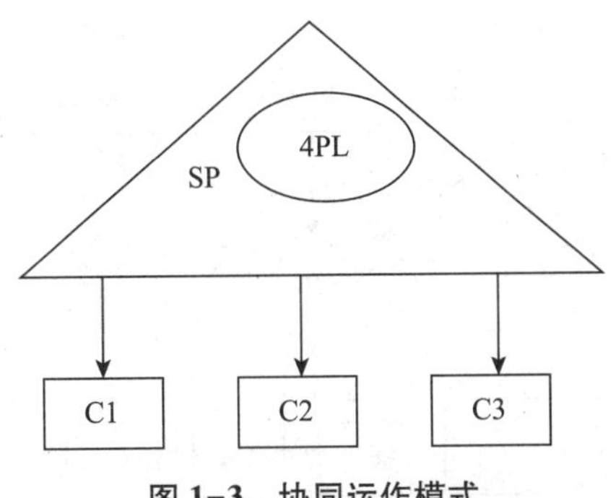

图 1–3　协同运作模式

SP 代表第三方物流企业　C 代表客户

方案整合者将充分发挥内部资源、能力和技术，并整合部分社会物流资源，从而为客户提供综合的一体化的物流服务。此时第三方物流通过第四方物流的方案为客户提供服务，第四方物流成为联系所有第三方物流提供商和其他提供商的一个枢纽，负责集成多个服务供应商的能力。

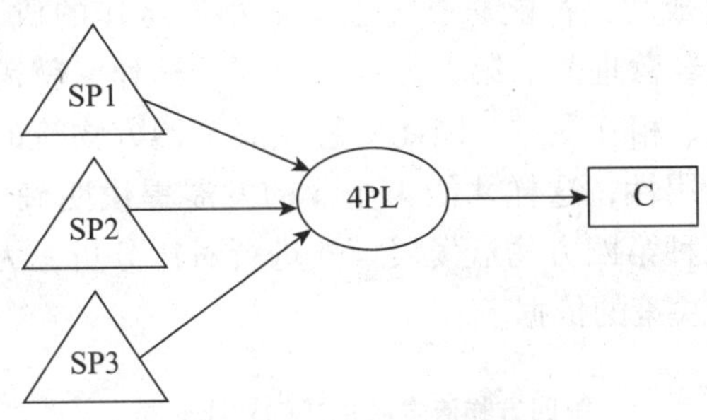

图 1–4　方案集成模式

SP 代表第三方物流企业　C 代表客户

③行业创新模式（Industry Innovator），简称 II 模式。II 模式是一个复杂但回报丰厚的第四方物流发展模式。作为行业的创新者，第四方物流提供者为多个行业的参与者建立和管理供应链解决方案。第四方物流组织将重点放在参与者之间的同步和协作方面上，以便通过技术、运作策略和整个供应链的实践来提供效益。据预计，第四方物流服务提供商在掌握方案集成模式之后，通过不断成长可以达到行业创新模式的层次。

II 模式中第四方物流为多个行业的客户开发和提供供应链解决方案，以整合整个供应链的职能为重点。此时第四方物流的责任重大，因为它连接了上游第三方物流的集群和下游客户集群。它通过高超的运作策略和技术来提高整个行业的效率。

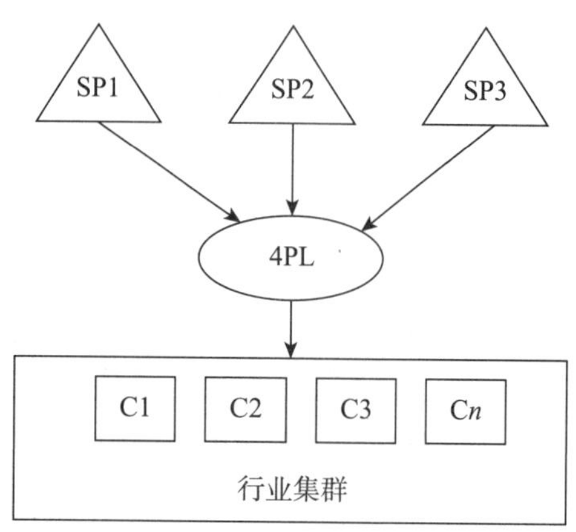

图 1-5　行业创新者模式

SP 代表第三方物流企业　C 代表客户

（2）三种模式对比分析。互补性知识资产的有机集成是第四方物流运作的核心。管理、信息技术（IT）及第三方物流等各方面的知识资产本身就具有互补性。无论采取何种发展模式，只要成功，都能从整体上降低物流运作的成本，使运作效益递增，这体现了第四方物流的经营理念。第四方物流要成功运作，就需要有机集成这些互补性知识资产，相互补充、相互促进，因此要想发展第四方物流的企业必须要了解每种模式的特征、优劣、适用性，这样才能为企业的发展提供明确的定位和清晰的方向。表 1-2 从不同角度对三种第四方物流发展模式进行对比分析，为企业选择第四方物流的模式提供了一个定性决策的依据。

表 1-2　　第四方物流发展模式的对比分析

比较	协同运作模式	方案集成模式	行业创新模式
主要特征	1. 雄厚的配送能力+最优的解决方案； 2. 3PL 和 4PL 优势互补，相互协作，共同为客户提供服务，共同开发市场	1. 4PL 为客户提供管理和运作整个供应链的解决方案，管理和运作整个供应链； 2. 充分发挥内部资源、能力和技术优势，整合部分社会物流资源，提供综合一体化的物流服务	1. 4PL 为多个行业的客户开发和提供供应链解决方案； 2. 以整合整个供应链的职能为重点，以各个行业的特殊性为依据，领导整个行业实施创新
3PL 与 4PL 的关系	4PL 为 3PL 提供技术、供应链决策技巧、市场推广能力和规划技术等广泛的支持	3PL 通过 4PL 的方案提供服务；4PL 是联系 3PL 服务提供商及其他服务供应链的一个枢纽，负责集成多个服务供应商	4PL 的责任重大，它连接了上游第三方物流的集群和下游客户集群。它通过高超的运作策略和技术来提高整个行业的效率
运作形态	第四方物流的初级形式——供应链合作联盟或者商业合作	第四方物流的中级形式——独立的第四方物流企业	第四方物流的高级形式——第四方物流跨国集团

续表

比较	协同运作模式	方案集成模式	行业创新模式
优势	1. 针对性强、灵活性好； 2. 轻资产的4PL公司可以作为核心部分加入3PL公司	1. 4PL与客户关系稳定、紧密而且具有周期性； 2. 服务对象及范围明确集中； 3. 客户的商业和技术秘密比较安全	1. 规模更大，业务范围更广（甚至是全球化），占据着4PL高端市场； 2. 有一套完整的可以与商业伙伴沟通的信息管理系统和卓越的运作策略
劣势	与客户关系松弛，容易产生不信任，服务稳定性不高	客户的业务量必须足够大，否则参与服务方无法获得满意的收益	4PL的责任重大，对其要求也相当苛刻，需要全球性的地域覆盖能力和支持能力及在世界范围内一定的品牌知名度
适用性	3PL公司引入供应链规划和设计功能，增强企业竞争力	为客户提供供应链解决和实施方案，同时规划业务流程和系统配置，并帮助寻找和管理第三方物流公司	国际性的物流巨头，在确定企业发展战略、拓展其新高端服务领域时，可以采取的发展模式

第三节　物流延迟服务

一、物流延迟概念

1. 物流延迟概念

我国国家标准《物流术语》（GB/T 18354—2006）对延迟策略的定义是：为了降低供应链的整体风险，有效地满足客户个性化的需求，将最后的生产环节或物流环节推迟到客户提供订单以后进行的一种经营策略。

物流延迟指在一个或几个物流服务市场上对物品的需求做出预估，但将物流渠道上的物品库存部署延迟到收到订单时才开始。物流服务订单确定后就启动了物品的物流运作过程（如订单处理、分拣、流通加工、包装、运送等），所有的物流服务努力，都将被用来尽快将物品直接送到客户要求的地点。

2. 物流延迟的理解

（1）物流延迟是生产延迟在物流服务中的应用。20世纪90年代提出的生产延迟，其目标在于尽量使构成最终产品的零件、部件保持中性及非委托状态，以便于制造相当数量的标准或基础零件、部件以实现规模化经济，而将最后的定制生产推迟到收到客户的订单后进行。由此创新出被广泛应用的大量定制生产方式。延迟策略关注的焦点均是时间与规模经济。而物流延迟可以使每个消费地点不需要冒预测的风险建立过多的库存，在中央仓库层次上又可以获得规模经济优势。结果是以较少的总体库存投资来提高服务水准。

（2）物流延迟压缩物品的“空隙时间”。一件物品从形成使用价值到发挥使用价值的时间称为“空隙时间”。物品在此时间内是不会创造任何价值的，反而还会产生库存的持有成本与占用一定的空间成本。物流延迟能降低整个供应链渠道、各个环节中的库存水平，还可以减少库存品种销售不对路形成的退换货费用，加速资本周转，提高流动资本在一定时间内创造价值的次数。

二、物流延迟的作用

物流延迟能压缩物品的“空隙时间”，降低预测偏差造成的风险，降低库存水平。这可以通过一个例子来深入理解。

图 1-6（a）是一个地区的销售与物流市场，其由三个分市场构成，每个分市场均有一个仓库来支持销售与物流服务。图 1-6（b）描述的是该市场物流服务采用延迟服务方式，库存不是预先放置在三个分仓库中，而是集中在一个中央仓库中库存，在确定订单后，通过快速配送来进行物流服务。假设物流延迟前后的市场环境几乎一样，销售库存满足率为 100%，平均每月采购一批物品。3 个市场结合和分开月销售额摘要如表 1-3 所示。

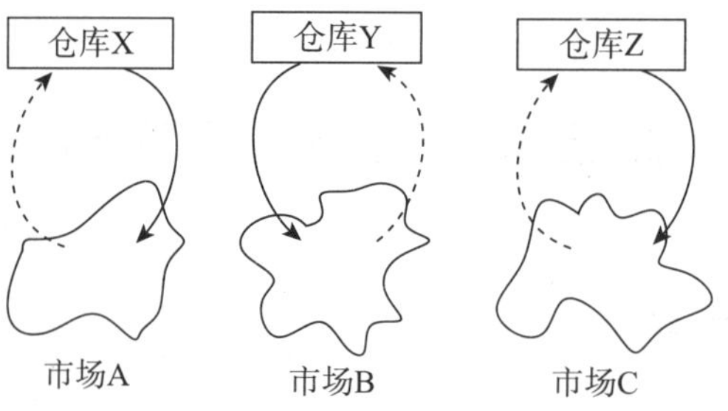

（a） 物流网络：三个市场，三个仓库

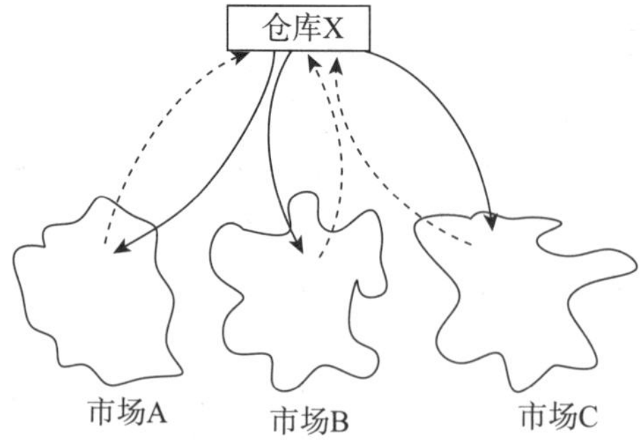

（b） 物流网络：三个市场，一个仓库

图 1-6 市场物流延迟服务

表 1-3　　3 个市场结合和分开月销售额摘要

月份	三个市场结合销售量	每个市场销售量		
		A	B	C
1	18	9	0	9
2	22	6	3	13
3	24	7	5	12
4	20	8	4	8
5	17	2	4	11
6	29	10	5	14
7	21	7	6	8
8	26	7	7	12
9	18	5	6	7
10	24	9	5	10
11	23	8	4	11
12	23	12	2	9
总销量	265	90	51	124
平均月销量	22. 1	7. 5	4. 3	10. 3
超过平均值销量	7	4	3	4

结论：物流延迟服务前，这个地区的三个分仓库库存满足率达到100%时，需要 4+3+4＝11 个单位的安全库存来面对不确定性的销售（超过平均值销量）；物流延迟服务后，同样情况下，由于三个分市场的销售需求高峰不在同一个月中出现，故只需要 7 个单位就能满足整个地区的市场销售与物流服务需求。

第四节　物流发展

一、物流产业定位与发展

1. 物流产业定位

（1）复合型产业。国务院 2009 年 3 月发布的《物流业调整和振兴规划》中指出："物流业是融合运输业、仓储业、货代业和信息业等的复合型服务产业，是国民经济的重要组成部分，涉及领域广，吸纳就业人数多，促进生产、拉动消费作用大，在促进产业结构调整、转变经济发展方式和增强国民经济竞争力等方面发挥着重要作用。"文中首次确定了我国现代物流业是复合型产业，其包括运输、储存、装卸搬运、包装、流通加工、配送、信息处理等行业。

（2）基础性、战略性产业。国务院 2014 年 9 月发布的《物流业发展中长期规划（2014—2020 年）》中指出：“物流业是融合运输、仓储、货代、信息等产业的复合型服务业，是支撑国民经济发展的基础性、战略性产业。加快发展现代物流业，对于促进产业结构调整、转变发展方式、提高国民经济竞争力和建设生态文明具有重要意义。”现代物流中的众多大型交通枢纽设施，直接关系社会经济活动的物品输送的通畅，为其他部门发展提供条件和机会，是支撑社会经济运行的基础，它决定和反映着国民经济活动的发展方向与运行速度；同时，现代物流又是新型的、极具成长性的产业，将会成为未来经济发展中的主导产业和支柱产业。

（3）先导性产业。2012 年 8 月，国务院发布了《国务院关于深化流通体制改革加快流通产业发展的意见》，提出“流通产业已经成为国民经济的基础性和先导性产业”。现代物流业在国民经济体系中具有重要的战略地位，并在国民经济规划中先行发展以引导其他产业或者行业发展，具有推动、制约和引导作用。

2. 物流产业发展

现代物流业是生产性服务业，改革开放以来，得到了长足的发展。具体发展情况由我国社会物流总额与物流需求系数、社会物流总成本、物流业前五十强企业主营业务收入情况来反映。

（1）社会物流总额与物流需求系数。社会物流总额是一定时期内，进入社会物流领域的农产品、工业品、再生资源品、进口物品、单位（组织）与居民物品价值额的总和。社会物流总额反映一个国家或者地区的物流产业规模。从表 1-4 可知，我国从有统计信息的 1991 年开始，绝大多数年份社会物流总额增长率远超 GDP 增速，2019 年社会物流总额规模也将接近 300 万亿元水平。

表 1-4　　我国社会物流总额情况

年度	社会物流总额（万亿元）	同比增减（%）	物流需求系数
1991	3.0	—	1.4
1992	3.9	29.3	1.5
1993	5.4	39.0	1.6
…	…	…	…
2000	17.0	22.7	1.9
2001	19.4	14.0	2.0
2002	23.2	19.6	2.3
…	…	…	…
2008	89.9	19.5	3.0
2009	96.6	7.4	2.9
2010	125.4	15	3.1

续表

年度	社会物流总额（万亿元）	同比增减（%）	物流需求系数
…	…	…	…
2017	252.8	6.7	3.1
2018	283.1	6.4	3.1
2019	298.0	5.9	3.0

物流需求系数是当年社会物流总额与 GDP 的比值，从表 1-4 可知，物流需求系数从 1991 年的 1.4 增长为 2008 年的 3.0，且近些年基本维持在 3 左右的高水平上，说明物流业与整个国民经济社会关系越来越紧密。

（2）社会物流总成本与物流业总收入。

社会物流总成本是在一定时期内，支付给社会物流活动各环节的费用、应承担的物品在社会物流期间发生的损耗、社会物流活动中因资金占用而应承担的利息支出和发生的管理费用等。社会物流总成本包括运输成本、仓储成本、管理成本三大部分。表1-5显示：我国社会物流总成本从 2005 年到 2017 年是持续下降的，但与国外先进水平还有不小的差距。

物流业总收入反映了整个行业的主营业务收入情况，表 1-5 显示：物流业务收入增长速度较快。说明物流外包增速较快。

表 1-5　　　　我国社会物流总成本与物流业总收入情况

年度	社会物流总成本（占 GDP%）	同比增减（%）	物流业总收入（万亿元）	同比增减（%）
2005	18.6	—	—	—
2006	18.3	—	—	—
…	…	—	—	—
2009	18.1	—	—	—
2010	17.8	—	—	—
…	…	—	—	—
2016	14.9	-1.1	7.9	4.6
2017	14.6	-0.3	8.8	11.5
2018	14.8	0.2	10.1	14.5
2019	14.7	-0.1	10.3	9.0（按可比口径）

（3）物流业前五十强企业主营业务收入。我国物流业前五十强企业主营业务收入，反映我国大型物流企业群体市场占有率情况。从表 1-6 可知，我国物流业前五十强企业主营业务收入是稳步提高的，但缺少“领头”型企业，总体竞争力有限。

表 1-6　　我国物流业前五十强企业主营业务收入情况

年度（统计报告发布年度）	物流业前五十强企业主营业务收入（亿元）
2006	3099
2007	4178
2008	4756
2009	4506
…	…
2016	8400
2017	10477
2018	8299（统计口径变更）
2019	9833

二、智慧物流发展

1. 智慧物流的起源

国际商业机器公司（IBM）于 2009 年提出了，建立一个面向未来的具有先进、互联和智能三大特征的供应链，通过感应器、无线射频（RFID）标签、制动器、全球定位系统（GPS）和其他设备及系统生成实时信息的“智慧供应链”概念，紧接着智慧物流的概念由此延伸而出。与智能物流强调构建一个虚拟的物流动态信息化的互联网管理体系不同，智慧物流更重视将物联网、传感网与现有的互联网整合起来，通过精细、动态、科学的管理，实现物流的自动化、可视化、可控化、智能化、网络化，从而提高资源利用率和生产力水平，创造更具丰富社会价值的综合内涵。

在 2009 年，奥巴马提出将“智慧的地球”作为美国国家战略，认为 IT 产业下一阶段的任务是把新一代 IT 充分运用在各行各业之中。2009 年 8 月 7 日，时任总理温家宝在无锡提出建立“感知中国”中心，表示中国要抓住机遇，大力发展物联网技术。11 月 3 日，温家宝再次指示要着力突破传感网、物联网关键技术。进入 2010 年，物联网成为当年“两会”的热门话题，“积极推进三网融合，加快物联网的研发应用”也首次写入政府工作报告。2010 年起，一系列与智慧物流发展相关的产业政策陆续出台。

2. 智慧物流含义与特点

（1）智慧物流的含义。

智慧物流是指随着 5G（第五代移动通信技术）、大数据、云计算、移动互联网、物联网、人工智能、区块链等新技术与新兴信息技术的普及，通过互联网、物联网与传感网全面感知、识别、跟踪物流各环节，实现各个环节有机的结合。

（2）智慧物流的特点。

①互联互通，数据驱动：所有物流要素实现互联互通，一切业务数字化，实现物流系统全过程透明可追溯；一切数据业务化，以“数据”驱动决策与执行，为物流生态系统赋能。

②深度协同，高效执行：跨集团、跨企业、跨组织之间深度协同，基于物流系统全局优化的智能算法，调度整个物流系统中各参与方高效分工协作。

③自主决策，学习提升：软件定义物流实现自主决策，推动物流系统程控化和自动化发展；通过大数据、云计算与人工智能构建物流大脑，在感知中决策，在执行中学习，在学习中优化，在物流实际运作中不断升级，学习提升。

（3）物流 4.0。

从我国现代物流发展的历程来看，其主要经历了物流 1.0、物流 2.0、物流 3.0 和物流 4.0，我国物流 1.0 则是从世界物流发展第二阶段，即物流 3.0 开始。其特点是第一方物流主导，物流 2.0 的特点是第三方物流兴起，物流 3.0 的特点是信息化服务的成长，物流 4.0 的特点是智慧物流的发展，而从物流 4.0 开始，我国开始逐步进入智慧物流阶段。

①物流 1.0。物流与商流没有具体区分，物流功能与业务流程未被完全独立出来，物流业务融合在整个物料分配转移的过程中。物流 1.0 主要是利用机械或是畜力及人力使物品移动的。

②物流 2.0。20 世纪 70 至 80 年代逐步改变传统的采购、销售、研发等企业分解式管理的思维方式，物流已向协作化和专业化方向发展，进入物流的合理化阶段。用系统的观点开展降低成本的活动，企业内开始出现专业物流部门，物流子公司开始兴起。物流 2.0 的情形下，原有的物流活动需要大量的统筹、规划、协调作业，原本分摊到其他各部门之间的物流作业已无法满足现有流通业务需求，物流开始作为一个专门的部门、公司独立出来，具有协调整个企业的流通作业的能力。

③物流 3.0。20 世纪 90 年代至今现代物流高速向信息化、网络化发展，利用信息系统、条码等技术收集传递信息。受经济发展的制约，物流合理化观念面临进一步变革。物流企业逐步实现信息现代化。现代物流与制造业在信息上深度融合与共享，制造业在采购获得、制造支持和产品销售各环节均能以客户需求为导向，不仅实现企业信息系统的快速反应及生产线的柔性制造，同时还可以实现企业信息流、物流与资金流的全面融合，物流进入供应链管理时代。

④物流 4.0。移动互联网的发展，产业互联网的大潮，5G、云计算、大数据、物联网与物流自动化等技术的成熟，正推动着物流业走向物联网、传感网与现有互联网的整合，带来了物流业的新一轮革命，使物流业即将进入“物流互联网”时代，信息技术、智能技术的发展一直是现代物流变革的核心和关键。

（4）智慧物流的全面理解。

①先进技术是智慧物流的保障。物联网技术是智慧物流的基础，移动互联网是智慧物流的中枢系统，大数据、云计算是智慧物流的大脑，智慧物流技术装备是智慧物流的骨架。

②物流体系是智慧物流的基础。智慧物流系统的实现离不开集物流、信息流、资金流、业务流为一体的现代物流体系，如果没有良好的物流运作和管理水平，盲目发展物流信息化，只会适得其反。

③有效融合是智慧物流的核心。先进技术与现代物流体系有效融合并发生化学反应，这种化学反应可能产生新的应用技术，也可能会对现代物流体系框架进行重塑。

三、物流发展趋势

1. 社会物流总收入增长将稳步超过社会物流总额增长

我国社会物流总额近几年增长持续放缓，我国社会物流总收入近几年却保持较高速度增长，随着我国社会经济向高质量发展战略的转型，物流服务业也由粗放式向可持续、定制化服务发展；同时，企业更专注于核心业务发展，物流外包业务与物流资源整合业务持续增长，现代物流服务与先进制造业的深度融合发展，使物流服务新业态与新模式不断涌现，促进了社会物流服务水平不断提高，推动了社会物流总收入较快增长。

2. 物流园区经济将向物流枢纽经济发展

物流园区是企业向园区集中、产业向高端集聚、资源集约利用的承载综合体，通过物流园区发展来加速现代物流产业发展，是现代产业发展的典型特征。

2018年中国物流与采购联合会（以下简称“中物联”）调查统计报告显示，全国物流园区超过1638家（比2015年增加了428家），虽然物流园区数量很多，但投资强度、运营效率与效益均尚需提高。2018年12月21日，经国务院同意，颁发了国家发展和改革委员会（以下简称国家发展改革委）与交通运输部制定的《国家物流枢纽布局和建设规划》，引导物流园区向国家规划的物流枢纽（即物流中心）布局与建设，构建物流枢纽网络体系，提升物流运行质量，降低物流成本，集中资源提升物流枢纽功能，促进物流枢纽经济发展。

3. 物流业务发展将进入物流平台时代

企业是有边界的，而物流业务服务平台是没有边界的。平台是共享资源、信任、信息、服务的载体。从今后发展趋势来看，仍然是线上平台的发展速度远超线下平台的发展速度，阿里的“天猫”“淘宝”“支付宝”“菜鸟物流”，贵州“货车帮”等各种商务服务平台，甚至许多政府的公共服务平台，均具有极大的服务业务吸附与拓展功能，不断创新着服务业态与服务模式；同时也是物流企业品牌化、专业化、规模化、科技化的转型升级，是物流企业做强、做好、做大的必由之路。

4. “互联网+物流+制造业”将有广阔的发展前景

从近300万亿元的社会物流总额构成来看，工业品物流总额占比一直在90%以上；而与消费者感受密切相关的单位与居民物品物流总额，占比不足1%，工业品物流发展具有巨大的潜力。随着快递业、配送业的持续快速发展，工业品中的消费工业品物流发展较快，但体量大、物流量大的工业品，因物流过程各种功能环节移送相对困难且成本高，始终是现代物流业有待系统深化的物流服务领域。从国家十多年来一直强调的“两化融合”、服务业与制造业融合发展的导向来看，“互联网+物流+制造业”能更好地体现生产服务性的物流“后勤”“保障”的根本宗旨，“互联网+物流+制造业”的发展将有广阔的前景。

5. 物流科技是物流现代化发展的关键

物流现代化的方向是智慧物流，智慧物流是在5G、大数据、云计算、移动互联网、物联网、人工智能、区块链等新技术的普及应用基础上产生与发展的。物流服务领域为新技术的研制、应用开发，标准化技术的制定与推广，提供了复杂、丰富、适宜的场景。在操作层面上，机器人、人工智能技术促使物流各环节实现无人化、无接触，推动物流行业第一次真正脱离人力的约束；在物流系统运营层面上，系统的生态化、运营的智能化和决策的智慧化，促使现代物流业成为新经济的增长点；从物流业发展的过程来看，现代物流一直是在物流科技的有力推动下不断发展的。

复习思考题

1. 物流的定义与作用分别是什么？
2. 物流服务的特性是什么？
3. 物流管理基础工作的作用是什么？
4. 请简述第三方物流定义与发展的必然性。
5. 请简述第四方物流定义与其发展模式。
6. 物流延迟的含义与作用分别是什么？
7. 请简述我国物流业发展与定位。
8. 智慧物流的含义与特点分别是什么？
9. 请简述我国物流发展趋势。

第二章　供应链管理

供应链管理（Supply Chain Management，SCM）概念的提出是基于 Michael E. Porter（1985）的价值链管理（Value Chain Management，VCM）的思想。供应链管理的目标是在满足客户需求的前提下，对整个供应链（从供货商、制造商、分销商到消费者）的各个环节进行综合管理，把总成本降到最低。21 世纪，企业与企业之间的竞争更多地表现为供应链与供应链之间的竞争。本章从供应链管理理念的产生和发展出发，探讨供应链管理的基本原理、主要内容、管理方法以及供应链运作参考模型等内容。

案例导入

案例 1：ZARA 的“极速”供应链

飒拉（ZARA）是西班牙 Inditex 集团旗下的一个子公司，它既是服装品牌，也是专营 ZARA 品牌服装的连锁零售品牌。让 ZARA 引以为傲的是极速供应链，即便是在中国开设的门店，也奇迹般地保持了 15 天的极速周转速度，ZARA 的成功实际上是一个环环相扣的供应链体系的成功。速度快、款式多、批量少，迅速而准确地占有信息资源，有效地减少库存是 ZARA 取得成功的基础。

对于以“时效性”著称的服装业界，“流行性”和“季节性”构成了服装商品的显著特征，服装企业要做到“信息反馈高效、市场反应灵敏”才能在日趋激烈的市场竞争中立稳脚跟。对于 ZARA 而言，其最重要的是“快速、少量、多款”的模式运作体系。ZARA 大大缩短了前导时间（一件服装从设计到出售所需的时间），它从设计到生产最快可以 2 天完成，前导时间最快为 12 天。极短的前导时间就能让服装公司对市场潮流快速反应，这既可提高服装的价值，还可避免需求预测失误导致的成衣囤积。

ZARA 在西班牙拥有 22 家工厂，其中 50%的产品由自己的工厂生产，剩下的 50%产品由 400 家供应商完成，这些供应商 70%位于欧洲，其余则在亚洲。这样的地理位置也是为了保持其供应链的响应速度。在信息收集和设计环节，ZARA 利用最新的信息技术，大量传递客户偏好、流行趋势等软信息，把服装面料需求变化的趋势传递给面料采购供应部门，把流行元素信息传递给设计人员，把客户对产品偏好的趋势信息传递给生产计划部门等。在剪裁打版环节，ZARA 的工厂采用了与丰田联合开发的 JIT（Just In Time，准时生产）系统，并将“小批量、多品种”的生产模式应用于服装业。在物流环节，ZARA 依托位于西班牙的高效的中央配送中心将产品统一分发到全球各地。

资料来源：https：//www. sohu. com/a/240760379_ 466844。

案例 2：华为的全球供应链

为了实现“供应链能够支撑公司海外业务发展”的目标，顺利完成对全球客户的合同履行和交付，华为提出以“简单化、标准化和 IT 自动化”为原则，以提高海外业务的处理效率和运作效率、满足全球客户的订单要求为任务，以建设一个响应速度快、运作成本低、质量水平高、具有竞争优势的全球化供应链体系为战略目标的全球供应链变革方案。

1. 建设全球化的供应能力

在硬实力上，华为开始对全球资源进行整合，打造全球化的供应能力。第一步，着手解决标准化问题，对 IT 管理系统进行改造，将公司的集成供应链功能扩展到全球。第二步，对全球供应网络进行规划和布局。

2. 培养国际化团队的工作能力

在国际化能力建设中，除了建立地区供应中心、采购中心、物流中心外，华为还加快海外供应链本地化建设的步伐，大量招聘和起用本地员工，加强对本地员工的培养。

3. 持续的供应链变革和精细化管理

企业资源计划（ERP）系统的上线和全球供应网络的建立为华为的全球供应链构建了基础。全球化的供应链系统要求根据不同国家及地区特定的法律、法规和客户需求，从细节着眼，制定个性化的管理模式，持续推进精细化管理，对现有系统做出补充。

从具体的绩效表现来看，华为全球供应链与变革相比之前取得了明显的改善：及时齐套发货率达到 82%；库存周转率达到 3.67 次/年；客户投诉率下降为 0.5%。

资料来源：https：//m.sohu.com/a/405960345_494793。

第一节　供应链管理理念的产生与发展

一、供应链管理兴起的背景

（一）宏观背景

1. 全球化市场的形成

20 世纪 90 年代以来，世界逐渐走进全球化时代，随着经济发展、科技进步和社会发展程度的提高，全球经济形势发生了很大的变化：关税降低，贸易壁垒减少，经济区域化，世界贸易组织成立，市场竞争全球化，网络经济、电子商务在全球兴起。经济的全球化表明商品、服务、生产要素与信息跨国界流动的规模与形式不断增加，资源在世界市场范围内的配置，使各国经济相互依赖程度日益加深。

经济全球化为企业利用全球市场的资源提供了便利条件，有助于企业降低成本，与此同时，企业也有机会把产品销售到世界各地，从而扩大市场需求。因此，企业必须整合世界各地区的资源和市场实现自我发展，适应全球化的发展趋势。

与此同时，全球化市场也给企业带来更大的风险。在全球化市场中，企业生存的不确定性增大，竞争更加激烈。消费者和企业客户从各种销售渠道寻找价格最低的产品和服务，价格战不仅在地区间展开，更在世界范围内进行，获得比竞争对手成本更低的竞争优势对企业而言至关重要。全球化市场涉及不同的国家，而不同的国家具有不同的政治、经济和文化情况，还会受到汇率变动和贸易摩擦等因素的影响。这不可避免会给企业带来更高风险。此外，突发事件对全球化市场中企业的影响也不可忽略，典型的例子就是 2020 年爆发的全球新型冠状肺炎疫情，该疫情不仅影响了全球市场生产要素和资源的配置，也冲击了各国之间的国际贸易。

这表明，全球化市场虽然给企业创造了更大的经营活动的舞台和战略发展的空间，但也不可避免地导致风险增加，这对企业的经营管理提出了更高的要求。

2. 信息技术的飞速发展

信息技术的飞速发展及网络经济的兴起正在改变整个消费市场和产业市场。企业的内外环境都发生了巨大变化。以数字化网络为基础的市场模式，改变了企业之间的交易方式，使企业对有形市场的依赖逐步减弱。各种信息和通信技术的应用，令企业管理者有可能在瞬间查询到全球每个角落的营运情况，指挥企业的运作，大幅降低了企业实现全球营运的门槛。同时，信息系统大大降低了伙伴之间的信息交换成本，并提高了企业决策的时效性和准确性。

近年来，云计算、大数据、物联网、区块链等新一代信息技术开始产生，并被越来越多的企业应用于实际运营中。上述新技术的采用，有助于企业提升敏捷性和创新性，分析消费者选择行为，进而提高市场需求预测的准确性，提升企业运营管理的效率，提高企业的竞争力。

（二）市场背景

随着全球经济的发展变化，21 世纪的全球市场竞争也产生了一些新特点。为了确保在市场中建立并保持竞争优势，企业必须深入了解这些特点，并给出具体对策。

1. 产品生命周期不断缩短

由于大众的知识水平和对产品的认知程度越来越高，市场竞争愈加激烈，消费者对产品的要求不断提高，消费者需求也由以往千篇一律转变为多样化、个性化。在此基础上，企业的产品研发能力也在不断提高，新产品的开发周期和生命周期均大大缩短。产品的更新换代加快，这为企业带来了新的挑战，企业所面临的压力也越来越大。为了确保在市场竞争中占据优势，企业必须积极研发和推出适应市场需求的新产品，避免产品落伍和被市场淘汰。然而，这需要企业能够精准把握市场需求，并且投入大量资源。

2. 对需求响应速度的要求越来越高

产品生命周期的缩短和消费者注意力的不断改变意味着时间也成为产品竞争的重要因素。对 21 世纪的企业而言，市场机会是稍纵即逝的，企业必须在短时间内迅速做出决策，否则就容易被竞争对手占据先机。谁能够对市场变化迅速做出反应和行动，在最快的时间推出满足市场需求的新产品，提高客户的满意度，谁就能在市场竞争中占据优势。

3. 消费者在市场中的地位和话语权不断加强

在过去几十年，产品的研发、生产乃至于投放市场是由制造商驱动的。即制造商先对需求进行预测，然后生产，再投放到市场满足消费者的需求。但随着科技进步尤其是信息技术和互联网的飞速发展，使得消费者在市场中的地位和话语权得到空前提高。通过互联网，消费者能够掌握更多的产品信息，能够有更大的购买选择余地，也具备了更加快捷的购买方式。更为重要的是，消费者可以直接和制造商交流，双方的信息交换更加通畅，制造商也能够更加精准地了解消费者的需求及其变化。制造商必须适应互联网时代新的消费者特征，充分考虑消费者的诉求，即由产品的研发、生产乃至于投放市场的模式开始转变成消费者驱动的模式。

此外，如前所述，消费者开始不满足于购买标准化的产品，而是希望按照自身要求购买定制化的产品，这导致了企业生产方式的巨大变革。传统的用一种标准化产品满足大量消费者的需求的模式在很多时候已经无法使企业获得利润。企业必须转变生产观念，向消费者提供定制化的产品和服务，即从大量生产向大规模定制转变。以使得企业所生产的产品能够真正满足消费者的需求。

4. 绿色环保和可持续发展的观念逐渐融入产品

随着消费者教育水平和综合素质的提高，以及各国政府的大力宣传，环境保护和可持续发展越来越受到消费者的重视。此外，各国政府还普遍制定了环境保护相关的法律法规，以约束本国范围内企业的经营行为。企业采用环保和可持续发展的理念经营，不仅有助于节约成本，还有助于提高企业的社会声誉和知名度，从而提升市场竞争力。

（三）组织背景

管理模式是一种系统化的资源组织与活动控制方法，它把企业中的人、财、物和信息等资源，高质量、低成本、快速、准确地转换为市场所需要的产品和服务。在21世纪激烈的全球化市场竞争中，市场情况瞬息万变，传统的企业管理模式已经无法适应市场的新变化。

1. 传统管理模式

从管理模式上看，企业出于对制造资源的占有要求和对生产过程直接控制的需要，传统上常采用的策略或是扩大自身规模，或是参股供应商企业。这意味着企业与为其提供原材料、半成品或零部件的企业是一种所有关系。这就是人们所说的“纵向一体化（Vertical Integration）”管理模式。可以把我国企业（特别是过去的国有企业）一贯采取“大而全”“小而全”的经营方式，看作是“纵向一体化”的一种表现形式。

20世纪60年代以前，盛行的方法是通过确定经济生产批量、安全库存、订货点来保证生产的稳定性，但由于没有注意独立需求和相关需求的差别，采用这些方法并未取得期望的成果。60年代中期，出现的物料需求计划（Material Requirements Planning，MRP）较好地解决了相关需求管理问题。此后，人们就一直探求更好的制造组织和管理模式，出现了诸如制造资源计划（Manufacturing Resources Planning，MRP Ⅱ）、准时生产（Just In Time，JIT）及精细生产（Lean Production，LP）等新的生产方式。这些新的生产方式对提高企业整体效益和市场竞争能力确实做出了不可低估的贡献。然而，进入20世纪90年代以来，消费者的需求特征发生了前所未有的变化，市场呈现全球一体化特征，这对企业提出了更高的要求，原有的管理思想已不能完全满足新的竞争形势。例如，MRP Ⅱ和JIT这两种生产方式均只考虑了企业内部资源的利用问题。

2. 企业管理模式变化的内在因素

企业管理模式变化的内在因素主要体现在“纵向一体化”管理模式暴露出种种缺陷。

（1）增加企业投资负担。不管是投资新建工厂，还是用于其他公司的控股，都需要企业自己筹集必要的资金。无论是资金的筹集，还是项目的建设和监管，均会消耗企业大量的资源。此外，项目有一个建设周期，在此期间内企业不仅不能安排生产，而且还要按期偿还借款利息。

（2）承担丧失市场机遇的风险。对于某些新建项目而言，由于有一定的建设周期，市场机会很可能在项目建设过程中逝去，相关事例很多。决策者当时的决策可能是正确的，但因为生产系统基本建设的时间太长，等建成投产时，市场行情可能早已发生了变化，错过了进入市场的最佳时机而使企业产生损失。因此，项目建设周期越长，企业承担的风险越高。

（3）迫使企业从事不擅长的业务活动。“纵向一体化”管理模式的企业实际上是“大而全”“小而全”的翻版，这种企业把产品设计、计划、财务、会计、生产、人事、管理信息、设备维修等工作看作本企业必不可少的业务工作，许多管理人员往往花费过多的时间、精力和资源去从事辅助性的管理工作。结果是辅助性的管理工作没有抓起来，关键性业务也无法发挥出核心作用，不仅使企业失去了竞争特色，而且增加了企业产品成本。

（4）在每个业务领域都直接面对众多竞争对手。采用“纵向一体化”管理模式的企业的另一个问题是，企业必须在不同业务领域直接与不同的竞争对手进行竞争。例如，有的制造商不仅生产产品，而且还拥有自己的运输公司。这样一来，该企业不仅要与制造业的对手竞争，而且还要与运输业的对手竞争。在企业资源、精力、经验都十分有限的情况下，四面出击的结果是可想而知的。

（5）增大企业的行业风险。如果整个行业不景气，采用“纵向一体化”管理模式的企业不仅会在最终客户市场遭受损失，而且会在各个纵向发展的市场遭受损失。

3. 供应链管理模式的产生

鉴于“纵向一体化”管理模式的种种弊端，从20世纪80年代后期开始，国际上越来越多的企业放弃了这种管理模式，随之兴起的是“横向一体化（Horizontal Integration）”思想，即利用企业外部资源快速响应市场需求，本企业只抓最核心的东西：产品方向和市场。至于生产，只抓关键零部件的制造，甚至全部委托其他企业加工。

“横向一体化”形成了一条从供应商到制造商再到分销商的贯穿所有企业的“链”。由于相邻节点企业表现出一种需求与供应的关系，当把所有相邻企业依此连接起来，便形成了供应链（Supply Chain）。这条链上的节点企业必须同步、协调运行，才有可能使链上的所有企业都受益。于是便产生了供应链管理这一新的经营与运作模式。

供应链管理利用现代信息技术，通过改造和集成业务流程、与供应商以及客户建立协同的业务伙伴联盟、实施电子商务，大大提高了企业的竞争力，使企业在复杂的市场环境下立于不败之地。据统计，供应链管理的实施可以使企业总成本下降10%；供应链上的节点企业按时交货率提高15%以上；订货—生产的周期时间缩短25%～35%；供应链上的节点企业生产率增值提高10%以上，等等。这些数据说明，供应链企业在不同程度上都取得了发展，其中以“订货—生产的周期时间缩短”最为明显。能取得这样的成果，完全得益于供应链企业的相互合作、相互利用对方资源的经营策略。采用供应链管理模式可以使企业在最短时间里寻找到最好的合作伙伴，用最低的成本、最快的速度、最好的质量赢得市场，受益的不止一家企业，而是一个企业群体。因此，供应链管理模式吸引了越来越多的企业。

有人说，21世纪的竞争不是企业和企业之间的竞争，而是供应链与供应链之间的竞争。那些在零部件制造方面具有独特优势的中小型供应商企业，将成为大型的装配主导型企业追逐的对象。谁能拥有这些具有独特优势的供应商，谁就能赢得竞争优势。显然，这种竞争优势不是哪一个企业所具有的，而是整个供应链的综合能力。

二、供应链和供应链管理的概念

1. 供应链的概念

制造商（生产企业）依赖于供应商提供原材料、零部件，否则会导致生产周期过长；同样，生产出来的产品也要通过流通领域的分销商、零售商供应给消费者，如果整个流通渠道不畅通，产品就很难进入市场。所以供应商→制造商→分销商→零售商，这几者之间的相互依存关系形成一个“供应链”。如图2-1所示。

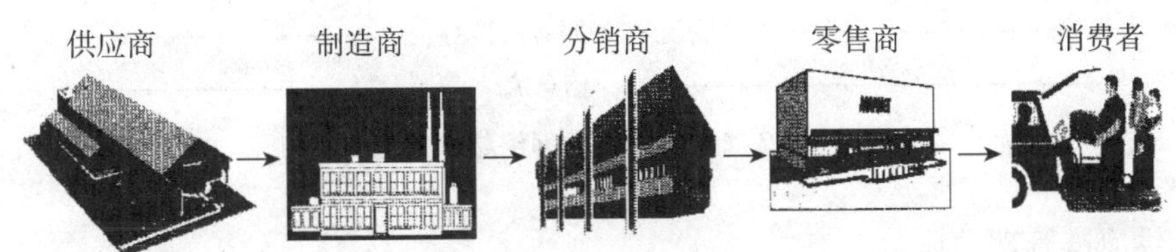

图2-1　供应链示意

供应链是指在生产及流通过程中，围绕核心企业的核心产品或服务，由所涉及的原材料供应商、制造商、分销商、零售商直到最终用户等上下游成员链接形成的网链结构。

供应链也有其他的称呼。例如，从商品的价值是在业务链中渐渐被增值的角度而言，可称为价值链（Value Chain）；从满足消费者需求的业务链角度而言，还可称为需求链（Demand Chain）。

供应链的网络结构模型如图2-2所示。从图中可以看出，供应链是一个网链结构，由围绕核心企业的供应商、供应商的供应商和客户、客户的客户组成。一个企业是一个节点。节点企业之间是供应与需求的关系。它是一个“供应”和“需求”的网络，包括了从原料到成品，最后到达最终消费者的整个活动过程。供应链也是一个动态系统，它包括不同环节之间持续不断的信息流、产品流和资金流。因此，供应链的特点主要有以下五点。

（1）复杂性。供应链并非直线的链条，而是一个“网”，除了上下游企业间的纵向联系外，还有各类专业服务提供商的参与，所以供应链的管理比单个企业管理更为复杂。

（2）动态性。为适应市场需求的变化和企业战略的调整，节点企业也需要实时调整与更新，这就使得供应链管理具有动态性。

（3）需求拉动性。供应链管理工作并非供方推动的，而是需方拉动的。供应链的形成、存在、重构都是基于一定的市场需求而发生的。

（4）交叉性。节点企业可以是这个供应链的成员，同时又可以是另一个供应链的成员，众多的供应链形成交叉结构，增加了协调管理的难度。

（5）层次性。供应链中不同企业的地位和作用都有所差异，一般存在主体企业和非主体企业。

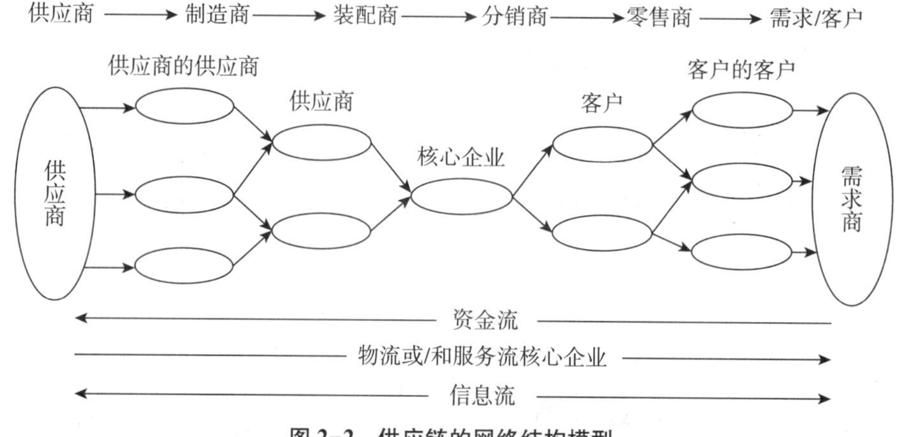

图 2-2　供应链的网络结构模型

2. 供应链管理的概念

国家最新标准《物流术语》（征求意见稿）将供应链管理定义为：“从供应链整体目标出发，对供应链中采购、生产、销售各环节的商流、物流、信息流及资金流进行统一计划、组织、协调、控制的活动和过程。”供应链管理是一种集成的管理思想和方法，是对供应链涉及的全部活动进行计划、组织、协调与控制的全过程。

供应链管理框架包括三个相互紧密联系的要素的结合：供应链的结构、供应链的业务流程、供应链的管理组成要素。供应链的结构是由供应链成员及成员之间的联系所组成的网络；供应链的业务流程是指为客户产生具体的价值输出的活动；供应链的管理组成要素是使业务流程跨越整个供应链得到集成和管理的管理变量。供应链管理的定义与这个新的框架结合起来，使供应链管理的原理迈向了下一个革命性的发展阶段。

供应链管理的实施包括识别所需连接的关键供应链成员，有哪些流程必须和每一个关键成员相连接，以及对每一个过程连接采用什么类型或程度的集成。供应链管理的目标是使公司和包括最终客户在内的整个供应链网络的竞争力和赢利能力最大化。因此，对供应链流程进行集成以及积极的重组行动的目的，应该在于提升横跨供应链成员的总体流程的高效性和有效性。

供应链管理的基本思想就是以市场和客户需求为导向，以核心企业为盟主，以提高竞争力、市场占有率、客户满意度和获取最大利润为目标，以协同商务、合作竞争和双赢原则为基本运作模式，通过运用现代企业管理技术、信息技术、网络技术和集成技术，达到对整个供应链上的信息流、物流、资金流、业务流和价值流的有效规划和控制，从而将客户、销售商、供应商、制造商和服务商等合作伙伴连成一个完整的网链结构，形成一个极具竞争力的战略联盟。

三、供应链的分类

1. 以供应链满足客户需求角度划分

美国学者马歇尔·费舍尔（Marshall Fisher）根据产品在市场竞争中的特点，将产品分为功能性产品和创新性产品两大类。功能性产品一般需求较为稳定，企业可以较为精准地预测需求量，且市场不确定性程度较低。与此相反，创新性产品需求波动较大，也很难对需求进行准确预测，市场不确定性程度高。一般而言，日用品和食品这种消费量大的产品属于功能性产品，而奢侈品和时装则属于创新性产品。

基于上述两类不同的产品，可以将供应链划分为两种类型：效率型供应链和响应型供应链。效率型供应链侧重于供应链的物料转换功能，即以最低的成本将原材料转化成零部件、半成品、产品，以及在供应链中的运输等。效率型供应链的目标是降低总成本，是“生产推动”模式的供应链。响应型供应链侧重于供应链对市场需求的响应功能，即能根据客户的需求，尽快将产品投放到市场以满足客户需求。响应型供应链追求的目标是能够对未被预测到的需求做出快速反应，是“需求拉动”模式的供应链。显然，功能性产品与效率型供应链相匹配，而创新性产品与响应型供应链相匹配。可见这两类供应链都有各自的优势和不足，事实上，随着供应链管理理论的发展和企业实践的进行，为了同时利用上述两类供应链的优点，产生了“推动-拉动”组合模式的供应链。该类型供应链的特点是：在面向市场一端主要以客户需求为驱动力，尽可能快速响应客户的需求，因此是“需求拉动”的模式；但在供应商一端则以预测来驱动生产和供应，因此是“生产推动”的模式。

2. 以供应链的业务范围划分

基于业务范围划分标准，供应链可以分为内部供应链和外部供应链。内部供应链是指产品生产和流通过程中所涉及的企业内部的采购部门、生产部门、仓储部门、销售部门等组成的供需网络。而外部供应链则是指与企业相关的产品生产和流通过程中涉及的企业外部的原材料供应商、生产厂商、物流服务提供商、各级批发商和零售商以及最终消费者组成的供需网络。将内部和外部的供应链加以结合，就组成了从原材料到最终产品再到消费者这样一条完整的供应链。

3. 以供应链管理的研究对象划分

以供应链管理的研究对象为划分标准主要来源于企业管理者和学者对供应链的不同关注点和研究角度。不同的企业管理者和学者可能侧重供应链的不同角度，例如采购部门可能更加重视与供应商相关的这部分供应链，而销售部门可能更加重视涉及分销商和消费者这部分供应链，学者则可能更加注重供应链整体的绩效表现。因此，即使是同一条供应链，基于不同的角度也会存在不同的研究方向。从这一划分标准出发，大致可以将供应链管理分为以下两种类型。

企业供应链，是指基于生产多种产品的单个企业的供应链。在这种情况下，该企业在供应链中起到主导作用，是整条供应链的核心，对整个供应链起着至关重要的作用，供应链中的其他企业都围绕着这一核心企业形成一系列的网络关系，从而形成完整的供应链。这种形式的供应链存在的关键是核心企业必须拥有明确的主导权。典型的例子是大型连锁超市的供应链、一些大型制造企业的供应链。

产品供应链，是指与某种特定产品相关的供应链。这种供应链以最终产品为主导，消费者的最终需求拉动着整条产品供应链的运作。这一供应链类型主要适用于日常消费品，如食品、饮料和服饰等。整条供应链中不存在核心企业，企业之间的协作也相对较少。

4. 以供应链的网状结构划分

基于这一划分标准，供应链可以分为 V 形供应链、A 形供应链和介于两者之间的 T 形供应链。

V 形供应链是供应链的网状结构中最基础的一种结构。在这种形式的供应链中，一般原材料的种类比较单一，但以大批量的方式进行采购，再经过企业加工，形成中间产品供给其他企业作为原材料。在这种供应链结构中，生产中间产品的企业的客户要多于供应商，因此就形成了发散的供应链网络，典型的行业为石油行业、化工行业、纺织行业等。

A 形供应链中，核心企业一般为供应链网络终端的最终客户，因此，这种形式的供应链本质上由需求和订单驱动。在产品的生产过程中，A 形供应链与 V 形供应链刚好相反，即为了满足相对较少的客户需求和订单，需要从大量的供应商处采购原材料。在此基础上，形成了汇聚型的供应链网络，典型的行业为飞机制造、船舶制造等重工业行业。

介于上述两种供应链之间的是 T 形供应链。在这种形式的供应链中，企业根据现存订单确定通用件，并通过对通用件进行标准化生产来降低生产流程的复杂程度。这一形式的供应链的网状结构存在范围很广。例如电子产品、食品饮料、汽车配件等行业的供应链均属于 T 形供应链。但是 T 形供应链的管理复杂程度在这三种供应链网状结构中是最高的。

四、供应链管理的关键业务流程和核心理念

供应链管理是对从最终客户直到供应商的关键业务流程的集成，它为客户和所有合作伙伴提供增值的产品、服务和信息。伊文思（Evens）认为：“供应链管理是通过

前馈的信息流和反馈的物流及信息流，将供应商、制造商、分销商、零售商，直到最终客户连成一个整体的管理模式。”

供应链管理对8个关键业务流程进行管理：客户关系管理、客户服务管理、需求管理、订单履行、制造流程管理、采购、产品开发和商业化、回收。

因此，供应链管理是一个高度相互作用的、复杂的系统方法，要求同时考虑许多权衡。供应链管理跨越了组织的界线，因为它要在组织内部和组织之间考虑应在何处设置库存以及应在何处采取行动等种种权衡问题。

综上所述，供应链管理活动从客户订购开始，并在客户为他或她的采购活动付款时结束。企业通过供应链管理会树立起产品或供给的形象，并沿着供应商—制造商—分销商—零售商—客户这个链条传播。重要的是它直观地显示了供应链上信息、资金和产品的双向流动。

供应链管理：集成和管理跨越整个供应链的业务流程如图2-3所示。

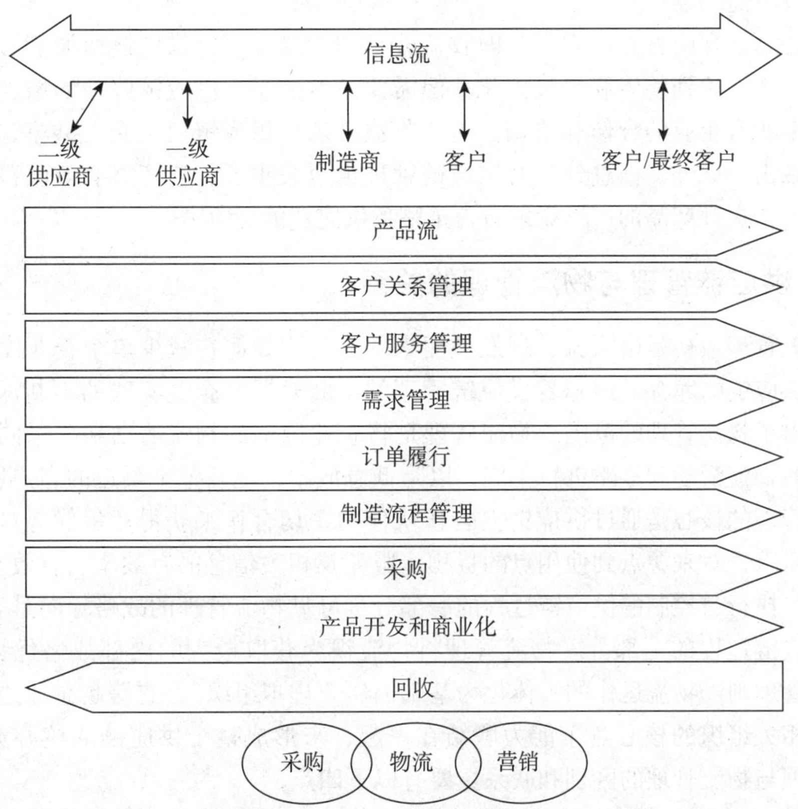

图2-3　供应链管理：集成和管理跨越整个供应链的业务流程

为了实现满足客户需求和利润最大化的目标，提升供应链的竞争力，供应链管理需要遵循如下核心理念。

1. 整合理念

随着供应链管理理论和企业实践的不断发展，供应链管理已经从普通的管理方法和手段发展为整合理念。整合理念的核心思想是从供应链整体出发，寻求最佳的市场资源整合配置，而不是什么业务都亲力亲为。整合理念对供应链管理至关重要。

2. 合作理念

供应链管理从其产生开始，就重视供应链成员企业之间的合作。只有实现了这种合作关系，才能实现供应链整体的利润最大化，进而使每个成员企业均从中获益。这表明，供应链中的企业必须要兼顾其他成员企业的利益和诉求，形成利益共同体和战略伙伴关系，才能确保供应链管理的目标得以实现。

3. 协调理念

供应链管理必然涉及若干个不同的企业，而不同企业之间可能存在利益冲突。产品从设计、制造到投放市场，也不可避免地涉及若干个不同企业。这就要求供应链中的成员企业不能各自为政，而是必须按照计划和契约进行协调，通过合作提高供应链绩效，提高供应链整体利润水平。

4. 分享理念

分享理念包含两方面的内容，即收益分享和信息分享。供应链协调能够增加供应链的利润，进而达到整体利益最大化。但需要注意的是，供应链收益的增加来源于整个供应链中所有企业的合作和协调，这些收益必须由供应链成员企业共享，而不是被某些企业独占。此外，信息分享对供应链管理也至关重要，它能够有效改善需求预测的精准程度，提升产品的市场竞争力乃至整条供应链的竞争力。

五、供应链管理与物流管理的关系

供应链管理最初是由物流管理发展而来的，关注如何在减少单个企业库存的同时减少整个供应链的库存。但随着供应链管理的不断发展和企业实践的不断深入，其内容已经超出了物流管理的范围。物流管理是将企业内部的物流活动和战略同供应链上合作伙伴的物流活动和战略进行集成，以降低总成本，提高整个渠道的客户服务水平，而供应链管理的核心是通过供应链上合作伙伴的密切合作来获得竞争优势。物流是为满足客户需求，对来源点到使用点的货物、服务及相关信息的有效率、有效益的活动，进行计划、执行与控制的供应链过程的一部分，可见物流管理的战略导向是客户需求，物流是供应链过程的一部分。物流管理将物流视为获取最大的内部战略优势的资源，而供应链管理则以物流运作的一体化为基础创建“虚拟组织”，它跨越企业边界和渠道界限，将相关组织的核心竞争能力联结在一起，来形成整个供应链的核心竞争能力。供应链管理与物流管理的区别和联系主要有以下四点。

（1）供应链管理和物流管理的管理模式、管理目标、管理方法和管理层次均有差异。物流管理是一种职能化管理模式，一般包含企业内部物流和企业间物流两种形式；而供应链管理则是一种流程管理，并涉及多个企业。物流管理的目标是在尽可能降低成本的同时提供优质的物流服务，是单个企业的运营目标；而供应链管理的目标是提升客户服务水平和整个供应链的利润，协调供应链成员企业，增强供应链竞争力。物流管理的方法一般基于信息技术，主要通过行政指令和计划协调来具体实施；而供应链管理的方法是指建立不同企业间的合作关系，以合同和协议确保实施。物流管理本质上是物流运作管理的一部分，而供应链管理则站在战略管理的层次来做出各种决策。

（2）供应链管理是物流运作管理的扩展，物流管理则是供应链管理的子系统。供应链管理要求企业从仅关注物流活动优化，转到关注所有企业职能的优化，包括需求管理、市场营销，以及制造、财务和物流，将这些活动紧密地集成起来，以实现在产品设计、制造、分销、客户服务、成本管理以及增值服务等方面的重大突破。

（3）供应链管理是物流一体化管理的延伸，物流管理是供应链管理的核心内容。供应链管理曾一度被定义为集成化的物流管理，可见物流管理在供应链管理中的重要地位。物流管理贯穿整个供应链，是供应链的载体、具体形态或表现形式，它衔接供应链节点企业，为企业间相互合作提供有力保障；如果物流不存在，则整条供应链都无法运行，供应链的存在也就毫无意义。因此，物流管理是供应链管理的核心内容，其对于提升供应链的竞争力具有至关重要的作用。

（4）供应链管理（SCM）是物流管理的新战略。物流管理是基于供应链管理的运作而形成的。SCM 提供一种在整个供应链上持续降低成本以提高生产率的机制。然而供应链管理的关键要素，在于它的战略方面。供应链管理扩展企业的外部定位和网络能力，将使企业建立一个共同市场和竞争视野，构造一个变革性渠道联盟，以寻找在产品和服务方面的重大突破。

基于上述供应链管理和物流管理的区别，美国物流管理委员会在 2001 年修订了物流的定义："物流是供应链运作中，以满足客户要求为目的，对货物、服务和相关信息在产出地和销售地之间实现高效率和低成本的正向和反向的流动和储存所进行的计划、执行和控制的过程。"

第二节　供应链管理内容

供应链管理应对供应链中所有流程及其关系进行管理，包括采购、制造、分销、零售、退货和客户及其相互关系等。但到底是对所有的链进行均等管理，还是轻重有别？哪些流程的哪些链需要得到重点管理？核心企业的关键流程如何延伸到整个供应链？供应链管理的瓶颈何在？等等，这些都会直接关系供应链管理的效率和效果。对这些问题的正确回答，构成了供应链管理的核心内容。

一、供应链管理的主要内容

供应链管理中主要涉及的构成要素有如下领域：需求管理、计划制订、制造、订单交付、物流管理、采购、逆向物流和信息支持平台。可将上述领域归纳为供应、生产计划、物流、需求四个方面，如图 2-4 所示。

基于上述内容，供应链管理是在同步化、集成化生产计划管理的指导下，依托各种管理技术尤其是信息和网络技术，围绕需求管理、采购、生产管理、物流服务、订单交付等职能进行的优化、协调与控制活动，其目标在于提高服务水平和降低成本，并且寻求这两个目标之间的平衡（原因在于上述两个目标一般存在冲突）。

此外，从图 2-4 给出的四个方面出发，可以将供应链管理细分为基本职能领域和辅助职能领域。基本职能领域主要包括产品开发、产品技术保证、采购、供应商管理、制造、生产控制、库存控制、分销管理、市场营销等。辅助职能领域主要包括客户服务、仓储管理、会计核算、人力资源、信息支持等。

由此可见，供应链管理体现出“端到端”的特征。供应链管理所关注的领域不仅仅包括物料在供应链中的流动，还应包括战略性供应商关系管理和客户关系管理，供应链产品需求预测与计划，供应链的设计及优化，企业内与企业间的物料供应与需求管理，基于供应链的产品设计与制造管理、生产集成化计划、跟踪与控制，基于供应链的客户服务和物流管理，企业间资金流管理，基于 Internet（互联网）/Intranet（内联网）的供应链信息交互管理。

从成本角度出发，供应链管理也注重总成本降低，这里的总成本是指从原材料到最终产成品的费用总和，因此必须将供应链各项职能活动有机结合，从而最大限度地发挥供应链管理的作用，进而使得每个供应链成员均从中获益。

将上述内容结合实践，可将供应链管理的关键要素总结如下：需求管理、供应链生产与计划管理、采购及库存管理、供应链网络设计、供应链合作伙伴关系管理、物流管理、供应链信息流管理、供应链企业的组织结构、供应链绩效评价与激励机制、供应链风险管理。

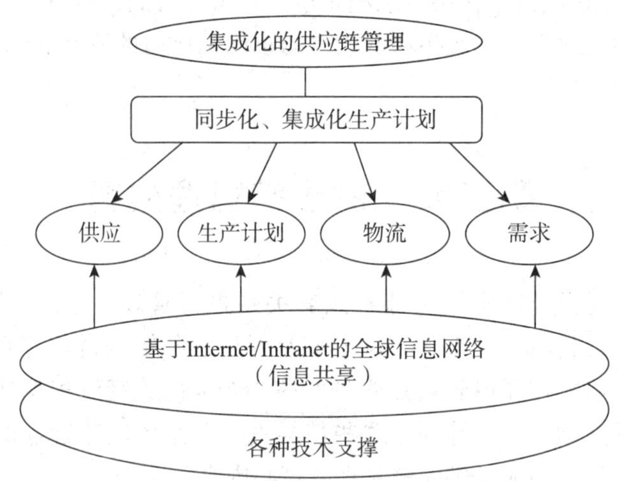

图 2-4　供应链管理涉及的领域

此外，根据 Michael H. Hugos 在其著作《供应链管理基本原理》（*Essentials of Supply Chain Management*）中所论述的，供应链运作中的主要活动由生产（Production）、库存（Inventory）、运输（Transportation）、选址（Location）、信息（Information）这五大方面的决策所构成。如图 2-5 所示。

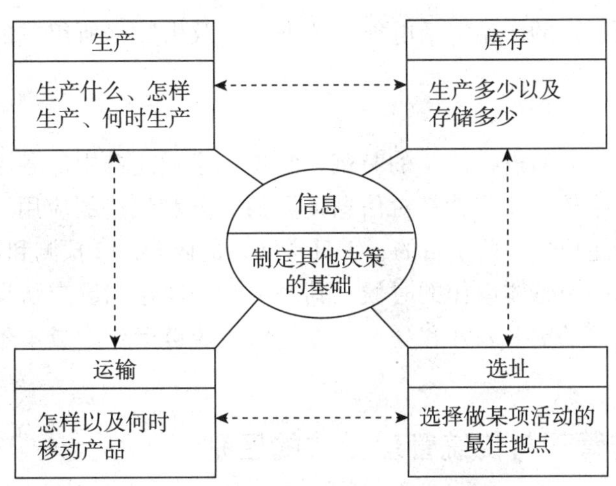

图 2–5　供应链运作中的主要活动

1. 生产

生产是指供应链生产和存储产品的能力。生产的主要设施包括工厂以及仓库，生产经理主要面对的基本决策是如何在效率和响应性之间取得权衡。在供应链运作中，响应性和效率往往是背反的。因此，在设立工厂时需要从生产角度和功能角度进行思考；同样，仓储决策中也存在三种途径：①SKU 存储；②工作批量存储；③交叉转运。

2. 库存

库存存在于供应链的每一个环节，并且涵盖原材料、在制品和产成品，这几类库存产品的存在环节和持有企业也有差异。同样，在库存决策过程中，仍需面对效率和响应性的决策问题。拥有大量的库存可以提高响应能力，但是加大了对企业资金的占用；相反，较少的库存降低了企业的运作成本，但是客户的满意度会有所下降。

在建立和持有库存的决策中，主要包含了三个方面：①周转库存；②安全库存；③季节库存。

3. 选址

选址是指供应链中设施的地理位置的确定。在选址的决策中，包括了在每一设施中应进行的活动。此处的响应性和效率的权衡体现为：是选择在较少的设施中进行集中化的活动以获得规模效益，还是在接近终端客户处提供多个设施以提高对客户的响应性的问题。

在进行选址决策时，经常需要考虑多个因素的综合作用，例如设施成本、劳动力成本、劳动力的技能因素、当地的基础条件、税收情况、供应商和客户数量的估计等。选址决策一般来说属于战略性决策，因为它的投资巨大且属于长期性计划。

4. 运输

运输是指在供应链中原材料到成品在不同的设施间运动的过程。在运输过程中的权衡是指不同运输方式的选择。更快捷的运输方式带来了更高的运送成本；较慢的运输方式降低了成本，但是延长了运送时间。在运输的选择上，常见的运输方式有水路运输、铁路运输、公路运输、航空运输、管道运输，此外还有一种新兴的运输方式：

电子化运输。主要运送的产品包括电能、数据，以及由数据所组成的产品如音乐、图像、文本等。

5. 信息

信息是以上四个方面进行决策的基础，它连接了供应链中的各项活动和操作。现代供应链管理的一个核心环节就是对信息资源的充分和快速的应用。在任何一个供应链中，信息的应用主要出于两个目的：①日常活动的协调；②预测和计划。

在供应链作为一个整体运作的时候，其效率和响应性问题应从全局的高度加以考虑。在供应链中信息的更多公开和分享可以使得供应链运作在成本不增加的情况下提升效率。

二、供应链管理与传统管理模式的区别

供应链管理是一种全新的管理理念及方法，其核心就是强调运用集成的思想和理念指导企业的管理行为活动。也就是说，供应链管理针对围绕着核心企业的企业群进行管理，并协调供应链成员企业之间的关系，通过利益共享来对供应链进行整合管理。而传统管理则只注重对单一企业进行管理，其协调的是企业内部各部门之间的关系，依靠自上而下的行政权力进行。这表明，传统管理模式是以分工理论为基础，而供应链管理则突出一体化的整合思想，二者的出发点显然是迥异的。由于集成贯穿了供应链管理活动的全局和整个过程，因而各项管理对象、资源要素，可以实现全方位、全范围和全阶段的优化，从而最终保证整个管理活动取得较好的效果和促进效率的提高。

具体而言，与传统管理模式相比，供应链管理在研究、处理问题的方法上有很大不同，主要体现在以下几个方面。

（1）供应链管理把供应链中所有节点企业看作是整体的一个有机组成部分，供应链管理涵盖从供应商到最终客户的采购、制造、分销、零售等职能领域过程。

（2）供应链管理强调和依赖战略管理。供应链管理是整个供应链中节点企业之间的共享概念（任两节点之间都是供应与需求关系），同时它又是一个有重要战略意义的概念，因为它影响或者可以认为它决定了整个供应链的成本和市场占有份额。

（3）供应链管理最关键的是采用集成的思想和方法，而不仅仅是节点企业、技术方法等资源简单的连接。

（4）供应链管理注重企业之间的合作伙伴关系，通过提高企业间的互信程度和合作关系水平来提高整个供应链的绩效和对客户的服务水平，而不是仅仅完成一定的市场目标。

（5）供应链管理强调合作伙伴之间的协调与激励。没有供应链成员企业之间的协作，供应链管理就很难达到满意的效果。需要注意的是，这也是供应链管理中最具挑战性的任务，需要设计合理的激励机制来实现。

供应链管理的精髓表现在：以客户的需求为大前提，通过供应链内各企业紧密合作，有效率地为客户创造更多附加值；整合的供应链管理模式中，企业管理包含了与本企业相关的上下游企业及本企业间的各种关系，通过企业间的协作、信息共享、资金双向流动，真正地降低业务运营成本，提高企业的效益。供应链管理的实现需要把

供应商、制造商、分销商、零售商等在一条链路上的所有环节都联系起来进行优化，使生产资料以最快的速度，通过生产、分销环节变成增值的产品，送达到有需求的客户手中。这不仅降低了成本，减少了社会库存，而且使社会资源得到优化配置，更重要的是通过信息网络、组织网络实现了生产及销售的有效连接和物流、信息流、资金流的合理流动。

供应链管理的特征可总结如下。

（1）其根本目的是满足客户需求，并创造利润。

（2）通过企业间的共同价值观构建战略基础。

（3）以提升供应链竞争能力作为市场竞争的主要方式。

（4）重视信息流的管理，应用信息技术来提高供应链整体绩效。

（5）注重物流一体化管理，尽可能降低库存，降低供应链整体的总成本。

（6）对非核心业务尽量采取外包策略，从而优化资源并提高核心竞争力。

三、供应链管理的运营机制

供应链运作的对象是物流、信息流、资金流，供应链管理实际上是一种基于“竞争-合作-协调”机制的、以分布企业集成和分布作业协调为保证的新的企业运作模式。供应链管理通过合作机制（Cooperation Mechanism）、决策机制（Decision Mechanism）、激励机制（Encourage Mechanism）和自律机制（Benchmarking Mechanism）等来实现目标。

1. 合作机制

供应链合作机制体现了战略伙伴关系和企业内外资源的集成与优化。基于这种企业环境的产品制造过程，从产品的研究开发到投放市场的周期大大地缩短，而且客户导向化程度更高，模块化、简单化产品、标准化组件使企业的柔性和敏捷性在多变的市场中显著增强了，虚拟制造与动态联盟加深了业务外包（Outsourcing）策略的利用程度。企业集成的范围扩展了，从原来的中低层次的内部业务流程重组上升到企业间的协作，这是一种更高级别的企业集成模式。在这种企业关系中，市场竞争策略最明显的变化就是基于时间的竞争（Time-based Competition）和价值链及价值让渡系统管理或基于价值的供应链管理。

2. 决策机制

由于供应链企业决策信息的来源不再仅限于一个企业内部，而是在开放的信息网络环境下，各企业不断进行信息交换和共享，达到供应链企业同步化、集成化计划与控制的目的，而且随着 Internet/Intranet 发展成为新的企业决策支持系统，企业的决策模式将会产生很大的变化，因此处于供应链中的任何企业决策模式应该是基于 Internet/Intranet 的开放性信息环境下的群体决策模式。

3. 激励机制

归根到底，供应链管理和任何其他的管理思想一样，都是促使企业在竞争中、在“TQCSF”方面有上佳表现（T 为时间，指反应快，如提前期短，交货迅速等；Q 指质量，使产品、工作及服务质量高；C 为成本，企业要以更少的成本获取更大的收益；S

为服务，企业要不断提高客户服务水平，提高客户满意度；F 为柔性，企业要有较好的应变能力）。

4. 自律机制

自律机制要求供应链企业向行业的领头企业或最具竞争力的竞争对手看齐，不断对产品、服务和供应链业绩进行评价，并不断改进，以使企业能保持自己的竞争力和持续发展。自律机制主要包括企业内部的自律、对比竞争对手的自律、对比同行企业的自律和对比领头企业的自律。企业通过推行自律机制，可以降低成本，增加利润和销售量，更好地了解竞争对手，提高客户满意度，增加信誉，企业内部部门之间的业绩差距也可以得到缩小，提高企业的整体竞争力。

在上述机制的基础上，建立一个能使供应链上的所有企业协调一致的、集成化的运行机制，是完成供应链管理目标的基础。具体而言，供应链的集成化运营，就是要从供应链运营管理的角度，采取各种必要的管理方法，使供应链上各个离散的参与者能够按照统一的目标协调运作，尽可能达到单一企业管理条件下的运作效率。

四、供应链合作伙伴的选择

建立战略性合作伙伴关系是供应链战略管理的重点，也是集成化供应链管理的核心。供应链管理的关键就在于供应链各节点企业之间的连接和合作，以及相互之间在设计、生产、竞争策略等方面良好的协调。

1. 供应链合作伙伴关系的定义

为了降低供应链总成本和库存水平、增强信息共享、改善相互之间的交流、保持相互之间操作的一贯性、产生更大的竞争优势，以实现供应链节点企业的财务状况、质量、产量、交货期、客户满意度和业绩的改善及提高，供应链节点企业之间必须建立合作伙伴关系。所谓供应链合作伙伴关系（Supply Chain Partnership，SCP），也就是卖主—供应商—买主（Vendor-Supplier-Buyer）关系、供应商关系（Supplier Partnership），是指供应商与制造商之间，在一定时期内的共享信息、共担风险、共同获利的协议关系。

实施供应链合作伙伴关系就意味着新产品/技术的共同开发、数据和信息的交换、市场机会共享和风险共担。在供应链合作伙伴关系环境下，制造商选择供应商不再只是考虑价格，而是更注重选择能在优质服务、技术革新、产品设计等方面进行良好合作的供应商。供应商为制造企业的生产和经营供应各种生产要素（原材料、能源、机器设备、零部件、工具、技术和劳务服务等）。供应商提供的要素的数量、价格、时间，直接影响制造企业生产的好坏、成本的高低和产品质量的优劣。

供应链合作伙伴关系的主要特征就是从以产品/物流为核心转向以集成/合作为核心。供应商和制造商把相互的需求和技术集成在一起，以实现为制造商提供最有用产品的共同目标。

2. 建立供应链合作伙伴关系

一个企业能从实施供应链合作伙伴关系获益，首先必须认识到这是一个复杂的过程，供应链合作伙伴关系的建立不仅是企业结构上的变化，而且在观念上也必须有相应的改变。所以，必须一丝不苟地选择供应商，以确保真正实现供应链合作伙伴关系的利益。

建立供应链合作伙伴关系可以分为以下几个阶段：建立供应链合作伙伴关系的需求分析；确定选择供应商的标准，选择合作伙伴；正式建立合作伙伴关系；实施和加强合作伙伴关系。建立供应链合作伙伴关系首先必须明确合作伙伴关系对企业的必要性，企业必须评估潜在的利益与风险。然后确立选择供应商的标准和初步评估可选的合作伙伴。供应商或合作伙伴选定后，必须让每一个合作伙伴都认识到相互参与、合作的重要性，真正建立合作伙伴关系。最后的步骤包括实施和加强合作伙伴关系，或者解除无益的合作伙伴关系。

建立良好的供应链合作伙伴关系首先必须得到最高管理层的支持，并且企业之间要保持良好的沟通，建立相互信任的关系。其次在战略分析阶段需要了解各自的企业结构和文化，解决社会、文化和态度之间的障碍，并适当地改变企业的结构和文化，同时在企业之间建立一致的运作模式，解决业务流程和结构上存在的障碍。再次在服务价格选择阶段，总成本和利润的分配、文化兼容性、财务稳定性、合作伙伴的能力和定位（自然地理位置分布）、管理的兼容性等会影响合作伙伴关系的建立，因此必须加强与主要供应商和客户的联系，增进相互之间的了解（包括产品、工艺、组织、企业文化等），相互之间保持一定的一致性。最后在合作伙伴关系的实施阶段，需要进行期望和需求分析，加强信息共享，相互进行技术交流。在实施阶段，相互之间的信任最为重要，良好的愿望、柔性、解决矛盾冲突的技能、业绩评价（评估）、有效的技术方法和资源支持等都很重要。

供应链合作伙伴关系的运作需要减少供应源的数量（短期成本最小化的需要，但是供应链合作伙伴关系并不意味着单一的供应源），相互的连接变得更专有（紧密合作的需要），并且制造商会在全球市场范围内寻找最杰出的合作伙伴。这样可以把合作伙伴分为两个层次：重要合作伙伴和次要合作伙伴。重要合作伙伴是少而精的、与制造商关系密切的合作伙伴，而次要合作伙伴是相对多的、与制造商关系不很密切的合作伙伴。供应链合作伙伴关系的变化主要影响重要合作伙伴，而对次要合作伙伴的影响较小。

根据合作伙伴在供应链中的增值作用和其竞争实力（主要是设计能力、特殊工艺能力、服务水平、柔性、项目管理能力等方面的竞争力），可将合作伙伴分成战略性合作伙伴、有影响力的合作伙伴、竞争性/技术性的合作伙伴和普通合作伙伴，如图2-6所示。在实际运作中，应根据不同的目标选择不同类型的合作伙伴。对于长期需求而言，要求合作伙伴能保持较高的竞争力和增值率，因此最好选择战略性合作伙伴；对于短期或某一短暂市场需求而言，只需选择普通合作伙伴满足需求则可，以保证成本最小化；对于中期需求而言，可根据竞争力和增值率对供应链的重要程度的不同，选择不同类型的合作伙伴。

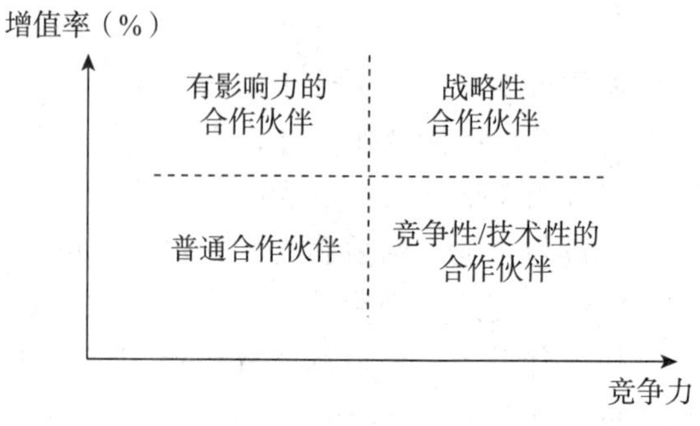

图 2-6　合作伙伴分类

1）选择合作伙伴考虑的主要因素和选择方法

为了有效地评价、选择合作伙伴，我们可以框架性地构建三个层次的综合评价指标体系，第一层次是目标层，包含四个主要因素；第二层次是影响合作伙伴选择的具体因素；第三层次是相关的细分因素。如图 2-7 所示。

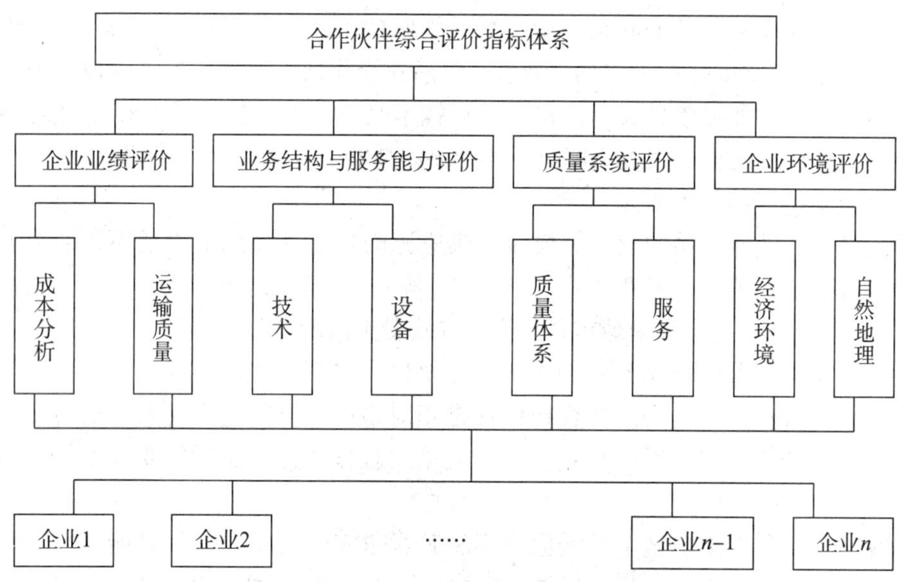

图 2-7　合作伙伴综合评价指标体系

设置综合评价指标体系的基本原则如下。

（1）系统全面性原则。综合评价指标体系必须全面反映供应链目前的综合水平，并包括企业发展前景的各方面的指标。

（2）简明科学性原则。综合评价指标体系的大小也必须是适宜的，体系的设置应有一定的科学性。如果指标体系过大，指标层次过多，指标过细，势必将评价者的注意力吸引到细小的问题上；而指标体系过小，指标层次过少，指标过粗，也不能充分反映供应商的水平。

（3）稳定可比性原则。综合评价指标体系的设置还应考虑易与其他成熟的指标体系相比较。

（4）灵活可操作性原则。综合评价指标体系应具有足够的灵活性，以便企业能根据自己的特点以及实际情况灵活运用指标。

根据企业调查研究，影响合作伙伴选择的主要因素可以归纳为：企业业绩、业务结构与服务能力、质量系统和企业环境。

选择合作伙伴，是对企业输入资源的适当品质、适当期限、适当数量与适当价格的总体进行选择的起点与归宿，因此，选择合作伙伴的决策必须是应用科学方法做出的。选择合作伙伴的方法较多，一般要根据供应商的多少、对供应商的了解程度以及对物资需要的时间是否紧迫等要求来确定。

2）合作伙伴选择步骤

合作伙伴的选择是建立在对节点企业科学的综合评价的基础上的。选择过程可以归纳为以下七个步骤（见图2-8）。企业必须根据具体情况确定各个步骤的开始时间，每一个步骤对企业来说都是动态的，并且每一个步骤对于企业来说都是一次改善业务的过程。

（1）分析市场竞争环境。市场需求是企业一切活动的驱动源。建立基于信任、合作、开放性交流的供应链合作伙伴关系，必须首先分析市场竞争环境。目的在于找到针对哪些产品市场开发供应链合作伙伴关系才有效，必须知道现在的产品需求是什么，产品的类型和特征是什么，以确认客户的需求，确定建立的供应链合作伙伴关系的类型，如果已建立供应链合作伙伴关系，则根据需求的变化确认供应链合作伙伴关系变化的必要性，从而确认合作伙伴选择的必要性。同时分析现有合作伙伴的现状，分析、总结企业存在的问题。

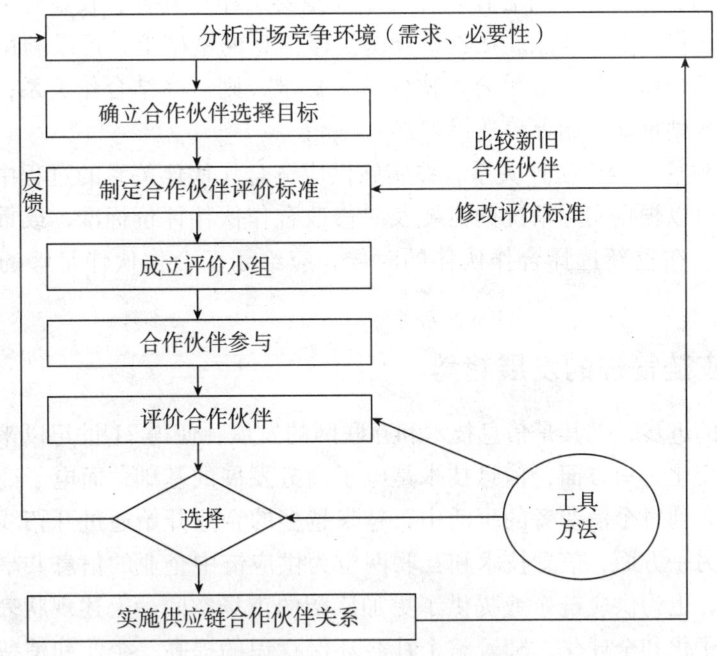

图2-8　合作伙伴选择步骤

（2）确立合作伙伴选择目标。企业必须确定合作伙伴评价程序如何实施、信息流程如何运作、由谁负责，而且必须建立目标体系。其中降低成本是主要目标之一，合作伙伴评价与选择不仅是一个评价与选择过程，它本身也是企业自身和企业与企业之间的一次业务流程重构过程，实施得好，它本身就可带来一系列的效益。

（3）制定合作伙伴评价标准。合作伙伴综合评价指标体系是企业对合作伙伴进行综合评价的依据和标准，是反映企业本身和环境所构成的复杂系统不同属性的指标，是按隶属关系、层次结构有序组成的集合，是根据系统全面性、简明科学性、稳定可比性、灵活可操作性的原则，建立的集成化供应链管理环境下的合作伙伴综合评价指标体系。虽然在不同环境下不同行业、企业或不同产品需求的合作伙伴评价是不一样的，但都涉及合作伙伴的业绩、设备管理、人力资源开发、质量控制、成本控制、技术开发、客户满意度、交货协议等可能影响供应链合作关系的方面。

（4）成立评价小组。企业必须建立一个小组来实施合作伙伴评价。组员以来自采购销售、质量、服务、技术等与供应链关系密切的部门的人员为主，组员必须有团队合作精神、具有一定的专业技能。评价小组必须同时得到企业和合作伙伴企业最高领导层的支持。

（5）合作伙伴参与。一旦企业决定接受合作伙伴评价，评价小组必须与初步选定的合作伙伴取得联系，以确认他们是否愿意与企业建立供应链合作伙伴关系，是否有获得更高业绩水平的愿望。企业应尽早让合作伙伴参与到评价的设计过程中来。然而由于企业的力量和资源有限，企业只能与少数、关键的合作伙伴保持紧密合作，所以参与的合作伙伴不能太多。

（6）评价合作伙伴。评价合作伙伴的一项主要工作是调查、收集有关合作伙伴的经营、生产、运作方面的信息。在收集合作伙伴信息的基础上，可以利用一定的工具和技术方法评价合作伙伴。如果合作伙伴符合标准，则可缔结合作关系；如果没有合适的合作伙伴，则重新开始评价选择。

（7）实施供应链合作伙伴关系。在实施供应链合作伙伴关系的过程中，市场需求将不断变化，可以根据实际情况的需要及时修改合作伙伴评价标准，或重新开始合作伙伴评价选择。在重新选择合作伙伴的时候，应给予旧合作伙伴足够的时间以适应变化。

五、供应链管理的发展趋势

科学技术的进步，尤其是信息技术和互联网的发展，使得21世纪以来的供应链管理产生了新的变化。一方面，信息技术是电子商务发展的基础，而电子商务不断发展壮大，已经深入到每个消费者的生活中，越来越多的企业开始通过开拓线上渠道来增强竞争优势。另一方面，信息技术和互联网也为供应链中企业的信息共享和协作提供了极大的便利，也为供应链企业提供了更加广阔的市场空间。上述现状表明，供应链的发展日趋电子化和全球化。随着整个社会环保意识的提高，企业和消费者也越来越重视产品生产过程和产品的环境影响，因此，供应链发展的另一个趋势是绿色化。此外，越来越多的国家也意识到了供应链管理的重要性，将供应链管理上升到国家战略层次。

1. 供应链管理的全球化

经济全球化对世界经济活动有着深远的影响，其显著特征就是跨国公司的产生以及跨国生产活动的开展。这意味着资源的配置日趋国际化、全球化，全球供应链管理应运而生。全球供应链管理的直接收益是物流、信息流和资金流变得更加顺畅，扩大了供应链整体的利益，并且加强了供应链的整体竞争优势。然而，因全球供应链涉及范围较广，而不同国家的经济、文化也存在较大差异，且需遵循国际贸易准则，因此全球供应链也存在较大的风险。

2. 供应链管理的绿色化

绿色供应链提出于20世纪90年代，但目前尚不存在明确的定义。一般认为，绿色供应链是指将环保原则纳入供应链管理机制中，即在整个供应链中综合考虑环境影响和资源配置的现代管理模式。其目的是让本身的产品更具有环保概念，使得整个供应链对环境的负面影响最小，资源效率最高。

3. 供应链管理的产业化

随着科学技术进步、经济增长和供应链管理的发展，市场竞争愈加激烈，全球化市场的形成更是导致市场风险增大，不确定因素增多，为企业供应链管理带来新的难题。尤其是竞争对手的供应链管理水平在整体上逐渐提高，这意味着供应链之间的竞争越来越激烈。此时，企业供应链管理者越来越感觉到管理复杂程度的提高，使其无法兼顾供应链的主体业务与复杂的辅助性业务。基于上述需求，有些以现代服务业为主体的企业，发现了新的市场机会，它们开始打造以提供供应链辅助性业务服务为主的商业模式，为供应链企业提供除核心业务外的管理服务。供应链管理的产业化，不仅有助于提高相关企业的供应链绩效，对于提高整个国家各个行业供应链在国际市场上的竞争力也具有重要作用。

4. 供应链管理上升到国家竞争力高度

供应链管理在实践中取得了显著的成效，对于资源整合、企业之间的协调和节约成本均起到了重要作用。因而越来越多的国家意识到，供应链管理不仅是企业取得成功的有效手段，同时也是国家提高竞争力的重要工具。例如，美国早在2012年就成立了供应链竞争力咨询委员会，并作为行业和政府之间的联络者，致力于制定供应链管理发展的国家政策，从而提高美国企业的国际竞争力。我国政府也充分意识到了供应链管理对提高我国企业在世界市场上的竞争力具有至关重要的作用。2017年10月，国务院办公厅发布《国务院办公厅关于积极推进供应链创新与应用的指导意见》，将供应链创新与应用从企业的自发行为上升到国家政策层面，充分说明了供应链管理尤其是供应链创新的重要性和价值。

5. 供应链生态系统建设

在1993年，摩尔（Moore）首次提出了“商业生态系统”的概念，商业生态系统指的是以经济为基础，组织和个人之间相互作用而形成的组合体，不同组合体之间相互依存。传统的供应链是由供应商、制造商、仓库、配送中心和渠道商等构成的物流网络。随着互联网和大数据的不断发展，供应链也在不断迭代，传统供应链已难以满足当前发展，为满足市场需求创新出“供应链+生态”模式，即供应链生态系统。供应链生态系统目前没有明确的定义，有学者认为，供应链生态系统以供应链为中心，链接产业链（实体生产企业）、流通链（现货交易中心或电商平台）、资本链（银行、保险、基金等）、区块链（分布式数据库）等机构，形成一个互为依托、互为扶持的稳定闭环生态圈。

第三节　供应链管理方法

一、牛鞭效应及其缓解方法

1. 牛鞭效应及其危害

“牛鞭效应（Bullwhip Effect）”现象由宝洁公司首先发现。1995年，宝洁公司的管理人员在研究该公司畅销产品——一次性纸尿裤的订货情况时发现，该产品的零售数量是相当稳定的，需求不存在大幅波动，但当把视角转移到分销商时，发现分销商的订货数量的波动幅度显著增大。并且宝洁公司自身向原材料供应商订货时，其订货数量的波动幅度更大。

因为牛鞭效应的存在，上游企业的订货量会在下游企业订货量的基础上产生额外波动，这不仅增加了供应链的不确定性，还会导致供应链中的各个企业持有超过必需的库存，造成库存成本增加。牛鞭效应的存在同样会影响企业的需求预测精准度，精准度较低的需求预测很可能会导致需求短缺或过剩，前者会影响消费者的满意程度，而后者则意味着库存积压和成本提高。此外，牛鞭效应对生产成本和物流运输成本等均有负面影响，原因在于需求的较大波动导致了生产和物流运输数量的不稳定性，为了应对这种不稳定性，企业必须要加大投资，从而提高成本。

2. 牛鞭效应产生的原因

学者们和企业界对牛鞭效应进行了广泛深入的研究，将其产生的原因归纳如下。

（1）需求预测修正。需求预测修正是指当供应链中的企业直接采用下游订货数据作为需求信息时，就会导致需求的放大。例如，指数平滑法是零售商普遍使用的预测平均需求和方差的方法，该方法通过观察到的订货数据不断对预测值进行修正，送到上级供应商处的需求订单是修正后的未来库存补给量。一般为了避免缺货，修正后的订货量均比较大，这导致了需求的非正常增加。

（2）批量订货的方式。批量折扣策略的普遍存在，鼓励了供应链成员企业扩大订货的规模，不可避免地导致供应链上各企业的库存尤其是安全库存的增加。此外，产品的价格还可能受到其他因素的影响，例如促销、产量、经济周期。如果库存成本低于由于价格降低所获得的收益，那么企业自然会加大采购规模。这同样导致了需求的放大。此外，因为存在订货成本和物流的固定成本，下游企业很可能通过扩大订货的规模来分摊订货和物流成本，从而增加需求的波动。

（3）短缺博弈。若某种产品的需求量较高而产量有限，那么该产品在供应链中往往处于短缺供应的状态。制造商必须在下游分销商或零售商之间进行订单的分配和限量供应。在这种情况下，为了避免缺货，下游分销商或零售商会夸大实际的需求量。而当产品短缺的情况缓解或消失时，下游分销商或零售商又纷纷取消订单。这就导致了需求信息的扭曲，制造商无法区分哪些是真实需求，哪些是被夸大的需求。

3. 缓解牛鞭效应的方法

在现实生产经营活动中，供应链成员已经显著认识到牛鞭效应的负面影响，并试图减缓其负面影响，常用方法有如下几种。

（1）供应链上下游进行信息共享，避免因需求的多次预测而导致需求的波动增大。

（2）减少不必要的供应链中间环节，降低信息传递过程中的失真幅度。

（3）科学合理地部署库存，加速物流运行效率，提升物流渠道的作用。

（4）在产品短缺时，设置合理的分配机制，避免短缺博弈行为的产生。

（5）提高供应链管理水平，增强企业间的合作，缩短订货提前期，减少订货批量。

二、双重边际效应及供应链协调机制

1. 双重边际效应及其危害

双重边际效应最早由美国经济学家斯宾格勒（Spengler）发现，即供应链上下游企业为谋得各自的利润最大化，在分散和相互独立的决策过程中所制定的价格高于产品的边际成本。如果供应链中的企业都仅考虑自身利润，而忽略供应链总体，则将导致供应链总体收益和利润的降低，即供应链的不协调。一般而言，供应链中单个企业利润的最大化和整个供应链利润的最大化存在目标冲突，这是双重边际效应产生的根本原因。显然，供应链的层级越多，则双重边际效应的危害越大，供应链中企业的目标冲突也越大。

2. 供应链协调的机制

供应链成功的关键是供应链中的企业相互合作，从而达到共赢。这表明，对供应链加以协调，尽可能消除双重边际效应是至关重要的。供应契约（Supply Contract）不仅在理论层面得到学者们的广泛关注，也是企业实践中实现供应链协调的有效工具。供应契约的本质是通过设置不同的契约参数构建不同的供应契约模型，并将这些模型在实践中加以应用。契约参数的具体设定将直接影响供应契约的有效性，且必须确保能够对供应链中的相关企业起到激励作用，进而促进企业之间的合作，避免企业的目标冲突。常见的供应契约包括：回购契约（Buyback Contract）、数量折扣契约（Quantity Discount Contract）、收益共享契约（Revenue Sharing Contract）、数量柔性契约（Quantity Flexibility Cont ract）等。

三、供应链风险及其管理方法

1. 供应链风险和供应链风险管理的定义

供应链所面临的市场竞争环境具有很多不确定性。不确定性指当引入时间因素后，对事物的特征和状态无法充分地、准确地加以观察、测定和预见，显然不确定性意味着风险。供应链企业在合作过程中存在各式各样的内在不确定性和外在不确定性的因素，因此需要进行风险管理。

供应链风险不存在为学者所公认的定义，本书采用国家标准《供应链风险管理指南》（GB/T 24420—2009）所给出的定义，即供应链风险是指“有关供应链的不确定性对目标实现的影响”。

在此基础上，可以得知，供应链风险包括所有影响和破坏供应链安全运行，使其不能达到供应链管理预期目标，造成供应链效率下降、成本增加，导致供应链合作失败甚至解体的各项不确定性因素和意外事件，既包括自然灾害带来的风险事件，也包括人为因素产生的风险事件。

为了提高供应链的竞争力，获取并保持竞争优势，企业需要高度重视供应链风险管理，它不仅是供应链管理理论体系的核心内容之一，也是供应链管理的内在要求。企业必须采取措施避免可能对供应链产生破坏的风险，尽量降低风险给供应链带来的损失，使供应链能够在受到风险事件冲击后迅速恢复到正常运行状态。而供应链风险管理，就是为了提高供应链运行的稳定性而在风险分析、风险识别、风险应对及供应链危机恢复过程中所采取的风险应对计划、组织、协调与控制活动的总称。

2. 供应链风险的特征

（1）客观性。不管是自然界中产生的各种自然灾害，还是人类社会中产生的战争等，都是客观存在的，且不以人类的主观意志为转移。供应链风险的存在本身就是一种必然的现象。具体而言，供应链结构本身的复杂性导致了风险的客观存在，而供应链所处内外部环境的不确定性也导致了风险的客观存在。此外，供应链全球化的发展趋势也增加了风险。

（2）动态性。供应链因外部客观环境或内部结构而产生的风险一般不会静止、僵化不变，而是随着风险处理措施的正确性与及时性降低或升高。这意味着供应链风险有动态性的特征，且动态性风险可能导致小的供应链风险变大。

（3）复杂性与多样性。供应链涉及相互联系的多个企业，供应链从构建的开始就面临着许多风险。这些风险包括单个成员企业所面临的风险，也包括供应链自身组织结构所导致的合作风险、利润分配风险等。这表明供应链风险具有复杂性和多样性的特征。

（4）传递性。传递性同样是由供应链自身组织结构所决定的，且是供应链风险最显著的特性。供应链是链式生产结构，上下游企业之间的风险会进行传递。这表明，一个企业产生的风险会对其他企业乃至整个供应链产生影响。

（5）此消彼长性。供应链中很多风险存在此消彼长的关系，降低某一类型的风险会导致其他类型风险的增加。这意味着需要对不同类型的风险进行权衡取舍，以确保供应链整体风险最低。

3. 供应链风险管理的方法

（1）企业内部建立和完善供应链风险管理体系。

（2）建立供应链战略合作伙伴关系。

（3）与其他供应链成员企业加强信息交流，消除信息扭曲，增加决策的科学性。

（4）采取合理的激励机制，确保供应链成员企业具有一致的目标。

（5）构建弹性供应链，对供应链进行柔性设计。

（6）建立应急处理机制，减少风险带来的损失。

第四节　供应链运作参考模型

一、供应链运作参考模型简介

供应链运作参考模型（SCOR）就是将众所周知的一些概念，如业务流程重组（BPR）、标杆设定（Bench Marking）及最佳业务分析、运作参考模型等集成为多功能一体化的模型结构。如图 2-9 所示。

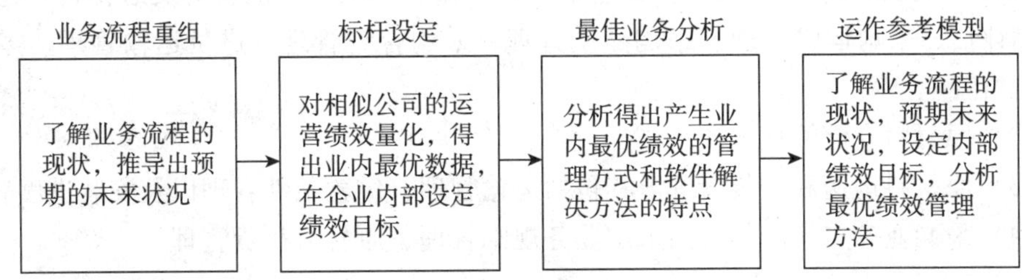

图 2-9　SCOR 简介

二、供应链运作参考模型的涵盖范围和结构

SCOR 的内容包括：①所有与客户之间的相互往来，从订单输入到货款支付；②所有产品（物料实体和服务）的传送，从供应商的供应商到客户的客户，包括设备、原材料、配件、大批产品、软件等；③所有与市场之间的相互影响，从对累计总需求的理解到每项订单的完成。

SCOR 不试图描述需求的产生、研发、产品开发和技术支持环节。

SCOR 将一个企业的供应链活动分为三个层次，一层比一层详细。其中，第一层将供应链活动划分为 5 个不同的管理流程，分别是计划、采购、生产运作、配送、退货。如图 2-10 所示。

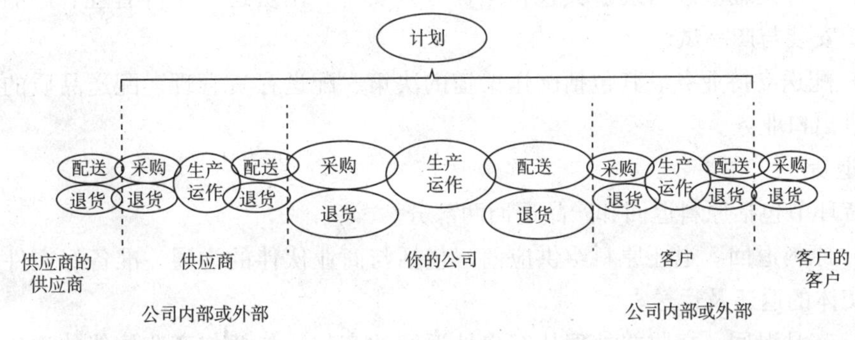

图 2-10　SCOR 第一层结构

1. 计划

在计划流程中，主要进行需求/供应计划。主要包括以下内容。

（1）评估企业整体生产能力、总体需求计划，针对产品与分销渠道制订库存计划、分销计划、生产计划、物料及生产能力计划。

（2）制造或采购决策的制定、供应链结构设计、长期生产能力与资源规划、企业计划、产品生命周期的决定、生产正常运营的过渡期管理、产品衰退期的管理与产品线的管理等。

（3）基础设施计划的管理。

2. 采购

（1）寻找供应商/物料收取。其包括获得、接收、检验、拒收与发送物料，还包括供应商评估、采购运输管理、采购品质管理、采购合约管理、进货运输管理、零部件采购规格管理。

（2）原材料仓储管理。

（3）原材料运送和安装管理。其包括运输管理、付款条件管理以及安装进度管理。

（4）采购业务支持。其包括采购业务规则管理、原材料存货管理。

3. 生产运作

生产运作环节主要包括运作环节和生产支持业务，内容如下。

（1）运作环节。其包括申请及领取物料、产品制造和测试、包装出货等，还包括工程变更、生产状况掌握、产品质量管理、现场生产进度制订、短期生产能力计划与现场设备管理，以及在制品运输等。

（2）生产支持业务。其包括制造业务规则管理、在制品库存管理。

4. 配送

配送环节的主要内容如下。

（1）订单管理。其包括订单的输入、报价、客户资料维护、订单分配、产品价格资料维护、应收账款管理、收款与开立发票等。

（2）产品库存管理。其包括存储、拣货、按包装明细将产品包装入箱、制作客户特殊要求的包装与标签、整理确认订单、运送产品。

（3）产品运输安装管理。其包括运输方式安排、出货运费条件管理、产品安装进度安排、安装与产品试运行。

（4）配送支持业务。其包括配送渠道的决策、配送存货管理、配送品质的掌握和产品的进出口业务。

5. 退货

退货环节包括原料退回和产品退回两部分。

（1）原料退回。退还原料给供应商，包括与商业伙伴的沟通、准备好文件资料以及物料实体的返还及运送。

（2）产品退回。接收并处理从客户处返回的产品，包括与商业伙伴的沟通、同时准备好文件资料以及物料实体的返还及接收和处理。

第一层流程同样存在一系列的绩效衡量指标，具体包括供应链配送可靠性、供应链的反应、供应链的柔性、供应链的成本以及供应链管理的资产利用率这五个方面的指标。

第二层流程则将第一层流程活动进行一系列的分解、细化。例如，SCOR 会区分不同的制造流程，如按库存生产、按订单生产、按订单设计。对于不同的制造流程需要制定不同的方案。第三层流程则详细描述执行第二层流程所需的实际步骤，企业可以参考相关的流程图，制定自己特有的流程，也可以对照这些流程找出差距所在。

三、SCOR 的实施与收益

SCOR 的实施路径如图 2-11 所示。

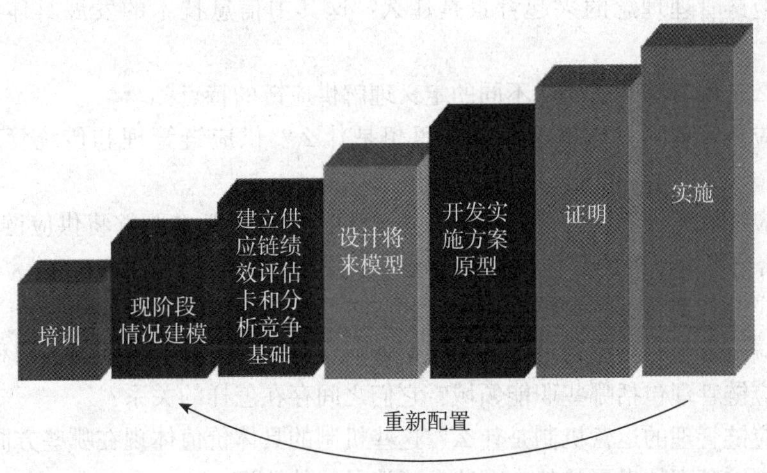

图 2-11　SCOR 的实施路径

1. SCOR 适用的方面

（1）为支持新产品生产而计划、建立和规划一个公司。

（2）为企业进行供应链管理流程的再造。

（3）在企业范围内实行 SCOR 流程，并将第一级衡量标准作为管理层的评价标准。

（4）将物流工作按照计划、采购、生产运作、配送和退货五个方面进行重组。

（5）用于多重组织中的协同预测以及制订合同和采购订单。

2. 实施 SCOR 的收益

对于企业来说，实施 SCOR 可以从企业的高层开始推动企业组织架构的调整，并将供应链简单地划分为四块：计划、采购、生产和发运，其中起主导作用的是计划部门。SCOR 使供应链流程更透明和迅速，可以为企业带来高额的投资回报和降低物流运作成本。

西门子的供应链管理被认为是业内基于供应链运作参考模型（SCOR）的最佳实践之一。2001 年，西门子开始引入 SCOR 的理念，经过近两年的努力，西门子的库存量降低了 90%，大大降低由于产品更新换代引起的报废损失。此外，订单周期由原来的 75 天缩短到 25 天，总体销售计划准确率也由 35%提高为 90%，供应链的反应速度和运作效率显著改善，客户满意度也随之提高了。不仅仅在西门子内部如此，西门子基于 SCOR 还建立了供应商战略联盟，采用供应商管理库存（VMI）的方式，以日消耗量和库存实际数值为依据，每天补货。通过这一方式，供应商的库存也已经降低了 40%~50%。

关于 SCOR 的更多内容请参考供应链协会（Supply Chain Council）的网站：http：//www. supply-chain. org；中文网站请参考：http：//www. icognitive. com/chinese/scor/index. html。

复习思考题

1. 供应链管理理念的兴起背景是什么？这其中信息技术的发展具体起到了什么作用？

2. 什么是供应链？如何从不同的定义理解供应链的特点？

3. 供应链管理的具体框架和基本思想是什么？供应链管理和传统管理模式有何区别？

4. 供应链有哪些不同的分类标准？基于不同的分类标准能够将供应链分为哪些类别？试着给出本章以外的其他供应链分类标准并加以分类。

5. 供应链管理具有哪些核心理念？这些核心理念之间的关系如何？

6. 供应链管理和物流管理之间的关系如何？具体分析两者之间的区别和联系。

7. 供应链管理包括哪些职能领域？它们之间存在怎样的关系？

8. 供应链管理的运营机制是什么？这些机制的具体价值体现在哪些方面？

9. 供应链管理的发展趋势有哪些？谈谈具体的认识。

10. 什么是牛鞭效应？如何缓解牛鞭效应？

11. 供应链风险存在哪些特征？有哪些管理方法？

12. 供应链运作参考模型包括哪些内容？运行 SCOR 能够取得哪些预期收益？

第三章　物流系统分析与设计

用系统化的思想与方法对物流方案进行分析与设计，对物流设施进行规划与布置，是物流管理现代化的标志之一。本章主要内容为物流系统概述、物流系统分析与设计、物流系统评价、物流设施选址、生产物流系统布置设计等。图 3-1 为由线路与节点之间的相互关系、相对配置、组成和联系方式决定的典型的物流系统结构示意。

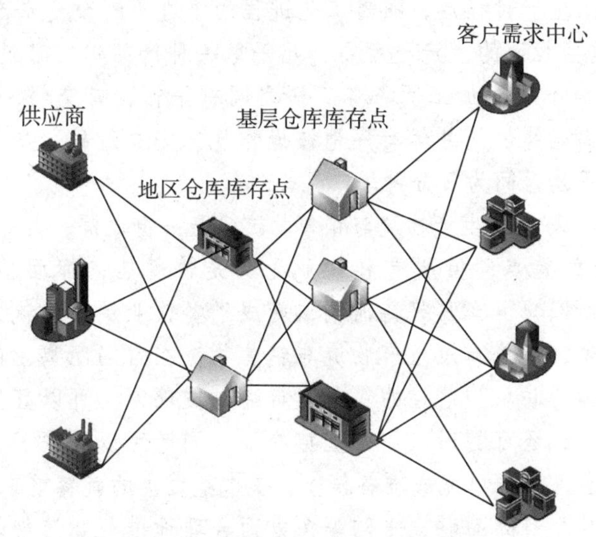

图 3-1　典型的物流系统结构示意

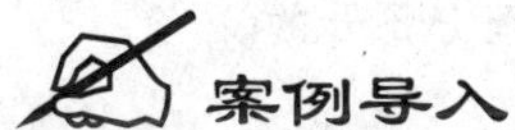

马兰拉面的物流系统与管理模式

马兰拉面是一个中式快餐品牌，不仅在洋品牌林立的国内快餐业内取得了不俗的业绩，而且成功地打入了美国市场、欧洲市场和新加坡市场。在中国连锁经营协会组织的权威调查统计及专家评选中，马兰拉面被评为全国特许经营优秀品牌之一，成为我国餐饮业中佼佼者。马兰拉面属于马兰拉面快餐连锁有限责任公司（以下简称马兰），马兰的成功很大一部分原因要归功于它规范完善的物流系统设计，科学合理的物流系统保证了企业各个环节的物品供应，使生产、销售能够有序地发展。

（1）物流规划。马兰从建立之初就十分注重自己的物流规划，建有一套完备的物流体系。创建初期他们选择了连锁式经营发展模式，克服了传统作坊生产的弱点，在各连锁店中实行统一配送管理。同时，他们从原材料产地入手，严抓购货源头。

（2）供应物流。供应物流是指为生产企业提供原材料、零件或其他物品时，物品在提供者与需求者之间的实体流动。马兰在秦皇岛有一个总的物流中心，全国各地马兰店面的原材料都是从这个物流中心发出的，该中心负责配送面粉、牛肉、汤料、可乐原浆等主要制作原料。其中，从秦皇岛发出的大部分配送物品由公司自己负责运输，而进入各城市后的配送基本交由第三方物流公司完成。像所有的企业一样，马兰也有自己的内部网络，并配有一个庞大的信息管理系统，每个店铺都是一个终端。各店铺提前一天通过网络提出要货申请，包括原料名称。

（3）生产物流。生产物流是企业物流的关键环节，它起于原材料、半成品、外购部件，止于成品，贯穿生产的全过程，横跨了整个企业（车间、工段），流经范围广、时间长，物料在投入生产过程后，随着工艺进程的推进不断改变形态。“工艺是龙头，物流是关键”，在马兰拉面的生产过程中，几乎每一种产品都有自己独特的工艺流程。每一种产品都要流经不同的加工间。各工序之间有平行、有交错，但无论路径如何、工艺如何，每一碗面始终都是井然有序地按操作规范完成流程。从点菜单到一碗热气腾腾的拉面出锅，平均时间为2分钟。

（4）销售物流。马兰的生产物流与销售物流只是一窗之隔，几乎没有中途的运输，这也是所有餐饮业的特点，但所有餐饮业尤其是快餐店，都面临着一个共同的问题——等待时间，所以减少客户等待时间，就成了餐饮业销售物流的重中之重。马兰解决等待时间的办法，就是缩短生产物流与销售物流在空间距离上的间隔，加强前台销售人员与后台厨师的联系，前台的销售人员通过玻璃窗，可以直接观察到面条处在生产加工的何种状态，还可随时与厨师直接交流，同时可以反映客户的特殊需求。在等待时，前台的销售人员可以完成准备筷子、餐巾纸之类的就餐前工作。

马兰已经开始从原料的品种、采购等多方面合理地进行物流规划，在生产销售过程中，有意识地采用现代物流管理模式。餐饮业中，一个企业的物流情况在很大程度上决定了企业的命运，它是一个企业能否做大、做好、做精的关键；麦当劳之所以能将其“金黄色的小旗”插遍世界各地，也是和他们完善的物流管理分不开的。

第一节　物流系统概述

一、系统的含义与结构

1. 系统的含义

系统是由两个以上相互区别或相互作用的单元有机地结合起来，具有某种功能的综合体。每一个单元也可以称为一个子系统。系统与系统的关系是相对的，一个系统可能是另一个更大系统的组成部分；而一个子系统也可以继续分成更小的系统。由系统定义可知，系统的形成应具备下列条件：①系统由两个或两个以上要素组成；②各要素间相互联系，使系统保持相对稳定；③系统具有一定结构，保持系统的有序性，从而使系统具有特定的功能。系统是相对外部环境而言的，并且和外部环境的界限往往是模糊的，所以严格地说系统是一个模糊集合。

外部环境向系统提供劳力、手段、资源、能量、信息，称为系统的输入。系统以自身所具有的特定功能，将输入进行必要的转化处理活动，使之成为有用的产成品（或服务），供外部环境使用。有用的产成品（或服务）称之为系统的输出。输入、处理、输出是系统的三要素。如一个工厂输入原材料，经过加工处理，得到一定产品作为输出，这就成为生产系统。

外部环境因资源有限、需求波动、技术进步以及其他各种变化因素的影响，对系统加以约束或影响，称为环境对系统的限制或干扰。此外，输出的结果不一定符合理想，可能偏离预期目标，因此，将输出结果的信息返回给输入，以便调整和修正系统的活动称为反馈。

2. 系统的结构与特点

系统的变化是系统元素通过各种关系不断运动变化引起的。系统作为一个整体并具有一定功能，要通过元素之间相互联系来实现。在一个企业系统中，通过人、财、物、信息等诸元素相互结合而形成的各种联系，进行各种各样的生产经营管理活动。所有元素在各种关系中不断运动，相互作用，表现为企业系统的运行情况。研究各元素之间的关系是研究系统的中心问题，是分析和改善系统的关键。

系统一般还具有下列特点：①具有可以判断目标性能好坏的标准；②为了完成同一目标可以有几种不同方案；③可应用物理模型、数学模型或模拟模型进行分析验证；④系统要具有独立性。其中第一点最为重要。由于系统的范围、性质和功能的不同，判别标准也有所不同。对于工程系统常以时间、费用、可靠性、适应性能等指标来衡量。

二、物流系统的组成及特点

物流系统是指在一定的时间和空间里，由需要移动的物资、包装设备、装卸搬运机械、运输工具、仓储设备、人员和通信联系等若干相互制约的要素所构成的具有特定功能的有机整体。随着工业化发展的历程，物流系统正在从人工物流系统、机械化物流系统、自动化物流系统向集成化物流系统、智能化物流系统逐步发展。

广义地讲，物流系统主要由物流“硬”系统和物流“软”系统构成。物流“硬”系统一般指物流工程系统，物流“软”系统一般指物流管理系统。完善的物流工程和有效的物流管理是确保物流系统合理运行的必要条件。

与其他的系统一样，物流系统也包含输入（投入）、处理（转换）、输出（产出）三大基本功能和反馈环节，也处于一个复杂的环境中。物流系统的模式如图 3-2 所示。

在物流系统中，投入、产出及转换活动往往是在不同的领域或不同的子系统中进行的。即使是在物流大系统中，系统的目的往往也不同，所以，具体的投入、产出及转换有着不同的内容，不会是一成不变的。

物流系统是一个大系统，或称巨系统，具有一般系统的四个基本特点：整体性、相关性、目的性和环境适应性。同时还具备规模庞大、结构复杂、目标众多等大系统所具有的特征。物流系统的特点可具体归结为以下六个。

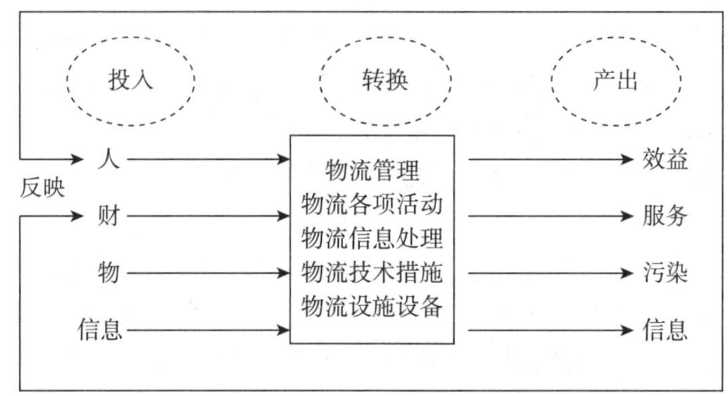

图 3-2　物流系统的模式

1. 物流系统是一个“人机系统”

物流系统是由人、设备、工具组成的，包括由人运用运输设备、装卸搬运机械，利用仓库、港口、车站等设施进行的一系列物流活动。在这一系列的活动中，人是系统的主体。因此，在研究物流系统各方面的问题时，要把人和物有机地结合起来加以考察和分析。

2. 物流系统是一个大跨度系统

在现代经济社会中，企业间的物流经常会跨越不同的地域，国际物流的地域跨度更大。物流系统采用存储的方式解决产—需之间在时间上的矛盾，其时间跨度往往很大，管理方面的难度也就随之增大，对信息的依赖程度也更高。

3. 物流系统是一个可分系统

无论规模多大的物流系统，都可以分解成若干个相互联系的子系统。这些子系统的数量和层次的阶数是随着人们对物流系统的认识和研究的深入而不断深入、不断扩充的。系统与子系统之间、子系统与子系统之间存在着时间和空间上，以及资源利用等方面的联系，也存在总目标、总费用及总运行结果等方面的相互联系。

根据运行环节，物流系统可以划分为多个子系统，如包装系统、装卸搬运系统、运输系统、储存系统、流通加工系统、物资的回收再利用系统、情报系统，以及物流的管理系统等。

物流各子系统又可进一步分成下一层次的系统，如运输系统可以进一步分为水运系统、空运系统、铁路运输系统、公路运输系统及管道运输系统。物流子系统不仅具有多层次性，而且具有多目标性。对物流系统的分析，既要研究物流系统运行的全过程，也要对其中的子系统加以分析。

4. 物流系统是一个动态系统

物流系统一般涉及多个生产企业和客户，随着需求、供应、渠道、价格的变化，系统内部的要素及系统的运行也经常发生变化。物流系统受到社会生产和社会需求的广泛制约，必须具有环境适应能力。系统必须灵活、可变，当社会环境发生较大的变化时，物流系统需要进行调整，甚至需要重新进行设计。

5. 物流系统是一个复杂系统

物流系统的运行对象——物，可以是全部的社会物资资源。资源的多样化带来了物流系统的复杂化。物资资源品种成千上万，从事物流活动的人员队伍庞大，物流系统内的物资占用大量的流动资金，物流网点遍及城乡各地。这些人力、物力、财力资源的组织和合理利用，是一个非常复杂的问题。

6. 物流系统是一个多目标系统

物流系统的总目标是实现最优的综合经济效益，但物流系统要素间存在非常强烈的背反（亦称悖反）现象，要同时实现物流服务时间最短、质量最佳、成本最低这几个目标，几乎是不可能的。所谓最优的方案，实际上也只是相对的概念。

三、物流系统的目标

物流系统是社会经济系统的一部分，其目标便是获得宏观和微观两个经济效益。物流的宏观经济效益是指一个物流系统的建立对社会经济效益、对整个社会流通及全部国民经济效益的影响。例如，物流设施建立会影响当地人的生活、工作，物流的污染、噪声会给人和环境带来伤害等。因此，物流系统的建立还必须考虑这些因素，要以社会发展和人民幸福为大前提。物流系统的微观经济效益是物流系统本身在运行活动中所获得的企业效益。建立和运行物流系统时，要有意识地以两个效益的平衡为目的。具体来讲，物流系统要实现以下的“6S”目标。

1. 服务（Service）

物流系统直接连接着生产与再生产、生产与消费，具有很强的服务性。这种服务性表现为本身有一定的从属性，其利润的本质是“让渡”性的。要以客户为中心，树立“客户第一”而不仅仅是“以利润为中心”的观念。物流系统中的运输、配送等形式及其效果，就是其服务性的体现。在技术方面，近年来出现的“准时供应方式”“柔性供货方式”等，也是其服务性的表现。

2. 快速、及时（Speed）

及时性是服务性的延伸，是客户的要求，也是社会发展进步的要求。快速、及时既是传统目标，更是现代目标，随着社会大生产的发展，这一要求更加强烈。在物流领域出现的诸如直达物流、联合一贯制运输、高速公路运输、时间表系统等管理和技术，就是这一目标的具体体现。

3. 节约（Saving）

节约是经济领域的重要规律。物流作为“第三个利润源泉”，其利润的挖掘主要依靠节约和流程优化。在物流领域推行集约化方式，提高物流的能力，采取各种节约、省力、降耗的措施，也都是这一目标的体现。

4. 安全性（Safety）

安全性的要求对于任何一个系统来说，都是非常重要的。物流安全问题也是近些年来非常突出的问题，一个安全事故会使一家公司损失殆尽。除了经济方面的损失外，人身伤害也是物流中经常出现的，如交通事故的伤害、物品对人的碰撞伤害等。

5. 规模优化（Scale Optimization）

以物流规模作为物流系统的目标，是为了追求“规模效益”。在物流领域以分散或集中的方式建立物流系统，研究物流集约化的程度，就体现了规模优化这一目标。

6. 库存控制性（Stock Control）

库存控制（调节）性是及时性的延伸，也是物流系统本身的要求，涉及物流系统的效益。没有库存，就不容易保障需求；库存过大，则可能积压资金，造成浪费。

四、物流系统的构成要素

与一般的管理系统一样，物流系统是由人、财、物、设备、信息和任务目标等要素组成的有机整体。物流系统的要素可具体分为功能要素、支撑要素、物质基础要素、流动要素、网络要素等。

1. 物流系统的功能要素

物流系统的功能要素，指的是物流系统所具有的基本能力，主要有运输、储存、配送、包装、装卸搬运、流通加工、物流信息等。

如果从物流活动的实际工作环节来考察，物流就由上述七项具体工作构成。换句话说，物流能实现以上七项主要的功能。

2. 物流系统的支撑要素

物流系统处于复杂的社会经济系统中，物流系统的建立需要有许多支撑手段。物流系统的支撑要素主要包括体制、制度、法律、规章、行政命令，还包括物流的标准化系统等。

3. 物流系统的物质基础要素

物流系统的建立和运行，需要有大量技术装备手段，这些手段的有机联系对物流系统的运行有决定性意义。

（1）物流设施：其包括物流站、货场、物流中心、仓库、公路、铁路、港口等。

（2）物流装备：其包括仓库货架、流通加工设备、运输设备、装卸搬运机械设备、分拣设备等。

（3）物流工具：其包括包装工具、维护保养工具、办公设备等。

（4）信息技术及网络：根据所需信息水平的不同，包括通信设备及线路、传真设备、计算机及网络设备等。

（5）组织及管理：它是物流网络的“软件”，起着连接、调运、协调、指挥物流系统各要素的作用，以保障物流系统目的的实现。

每一种物流资源要素都有不同的档次、不同的配套及附属资源的区分，一个完善的物流系统所需要的资源要素是十分庞大的。任何一个企业，要想完全拥有这些物流资源，通常是非常困难的，所以物流系统资源主要依靠市场机制来配置和调节。

4. 物流系统的流动要素

忽略不同物流对象的具体特征，从物理学的角度分析物流的过程，可将其分解为七个要素，即流体、载体、流向、流量、流程、流速和流效，也可表示为“OCDADSE”。

（1）流体（Object of Flow），是具有自然属性和社会属性的经济物品，也是物流系统服务的对象。

（2）载体（Carrier），是指流体借以流动的设施和设备，包括基础设施，如铁路、公路、水路、港口、车站、机场、仓库、货场等，还包括载运设备，如车、船、飞机等。

（3）流向（Direction of Flow），指流体从起点到终点的流动方向。

（4）流量（Amount and Volume of Flow），指流动过程中的流体实物数量。

（5）流程（Distance of Flow），指流体从起点到终点的流动所经过的距离。

（6）流速（Speed of Flow），指流体流动的速度。

（7）流效（Effectiveness of Flow），指物流的效率、效益、成本和服务等。

每一个流动要素都要以物流系统作为一个整体进行总体集成和优化，任何一个要素的目标都是在物流系统整体目标的指导下来确定的，要素所达到的目标之间互相配合，使整体目标最优，这就是系统的整体集成和优化。

5. 物流系统的网络要素

本质上讲，物流系统是一个开放的网络，而网络要素是由节点和节点间的连线组成的。

物流网络中的节点，是指物流过程中物品储存、停留的场所，如工厂、商店、仓库、配送中心、车站、码头等。这些节点有的功能相对单一，有的功能齐全。一般把那些功能齐全、作用重大的节点叫枢纽节点。节点和连线有机地结合起来，就形成一个联系的、动态的物流网络。

第二节　物流系统分析与设计概述

一、物流系统分析的含义

系统分析是从系统的最优出发，在选定的系统目标和判断准则的基础上，分析构成系统的各级子系统的功能和相互关系，以及系统同环境的相互影响。运用科学的分析工具和方法，对系统的目的、功能、环境、费用和效益进行充分的调研、收集、比较、分析和数据处理，并建立若干替代方案和必要的模型，进行系统仿真试验；把试验、分析、计算的各种结果同早先制订的计划进行比较和评价，寻求使系统整体效益最佳和有限资源配备最佳的方案，为决策者的最后决策提供科学依据和信息。

系统分析的目的在于通过分析比较各种替代方案的有关技术经济指标，得出决策者形成正确判断所必需的资料和信息，以便获得最优系统方案。系统分析的目的如图3-3表示。

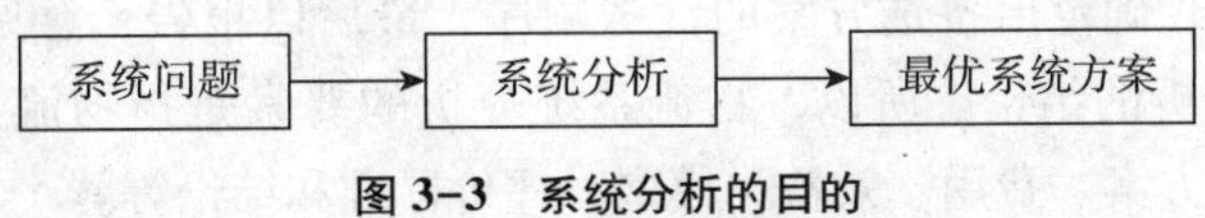

图3-3　系统分析的目的

物流系统分析所涉及的问题范围很广，如搬运系统、系统布置、物流预测、生产与库存系统等。由于系统分析需要的信息量大，为了准确地收集、处理、分析、汇总、传递和储存各种信息，要应用多种数理方法和计算机技术，这样才能对实现不同系统目标和采用不同方案的效果进行分析比较，为系统评价和系统设计提供足够的信息和依据。

二、物流系统分析的特点

系统分析是以系统整体效益为目标，以寻求解决特定问题的最优策略为重点，运用定性和定量分析方法，给予决策者以价值判断，以求得有效的决策。

1. 以整体为目标

在一个系统中，处于各个层次的分系统都具有特定的功能及目标，彼此分工协作，才能实现系统整体的共同目标。例如，在物流系统布置设计中，既要考虑需求，又要考虑运输、储存、设备选型等；在选择厂（库）址时，既要考虑造价，又要考虑运输、能源消耗、环境污染、资源供给等因素。所以，分析任何系统都必须以发挥系统总体的最大效益为准，不可只局限于个别部分，以免顾此失彼。

2. 以特定问题为对象

系统分析是一种处理问题的方法，有很强的针对性，其目的在于寻求解决特定问题的最佳策略。物流系统中的许多问题都含有不确定因素，而系统分析就是针对这种不确定的情况，研究解决问题的各种方案及其可能产生的结果。不同的系统分析所解决的问题是不同的，即使对相同的系统所要解决的问题也要进行不同的分析，制定不同的求解方法。所以，系统分析必须以能求得解决特定问题的最佳方案为重点。

3. 运用定量方法

解决问题不应单凭想象、臆断、经验和直觉。在许多复杂的情况下，需要有精确可靠的数据、资料，作为科学决断的依据。有些情况下利用数学模型有困难，还要借助于结构模型解析法或计算机模型。

4. 凭借价值观念判断

系统分析时，必须对某些事物做某种程度的预测，或者用过去发生的事实做样本，以推断未来可能出现的趋势或倾向。由于所提供的资料有许多是不确定的变量，而客观环境又会发生各种变化，因此在进行系统分析时，还要凭借各种价值观念进行判断和选优。

三、物流系统分析的要素

物流系统分析首先应该明确系统分析的目标，然后经过研究提出实现目标的各种备选方案，再建立模型，并借助模型进行效益—费用分析，然后根据评价标准对备选方案进行综合评价，确定出备选方案的优劣顺序，最后以报告、意见或建议的形式向领导者提出系统分析的结论。所以，物流系统分析的要素是指物流系统分析的项目，具体有目标、备选方案、费用、效益、模型、评价标准和结论等。

1. 目标

目标就是指系统所希望达到的效果和结果。系统分析人员最初的也是最重要的任务就是要了解领导者的意图，明确存在的问题，确定系统分析的目标。目标的确定是系统分析的出发点和基础，全面、正确地理解和掌握所建系统的目标和要求，是系统分析重要的第一步，没有目标的系统分析是没有意义的。

2. 备选方案

备选方案是指为达到目标可采取的各种途径、手段和措施。一般来说，每个方案各有利弊，究竟采用哪种方案最好。这就要对这些方案进行分析和比较，这正是系统分析所要解决的问题。

3. 费用和效益

各备选方案为实现系统目标所需投入或消耗的全部资源折算成的货币形式就是费用。简单地说，费用就是实施方案的实际支出，而效益是指方案实施后获得的成效，可统一折算成货币尺度。建立一个系统要有投资，系统建成后要有效益。费用和效益是对方案的约束条件，只有效益大于费用的设计才是可取的，反之是不可取的。不同的方案只有采用同样的方法估计费用与效益，才能进行有意义的比较。

4. 模型

模型是对客观事物的一种抽象描述，是对事物的本质属性的反映，是方案的表达形式。凭借模型，可以对不同方案进行分析、计算和模拟，以获得各种方案的性能、费用、效益等数据、信息。常用的有实物模型、图式模型、模拟模型、数学模型。对复杂问题模型化便于对问题进行处理，也可在决策前预测出问题的结果，因此模型是系统分析的主要工具。

5. 评价标准

评价标准是系统目标的具体化，不同的系统应建立不同的评价标准，以对各种备选方案进行综合评价，从而确定出方案的优劣顺序。准则必须定得恰当，而且要便于度量才行。常见的评价标准是由一组评价指标组成的。

6. 结论

结论就是系统分析得到的结果，具体形式有报告、建议或意见等。结论的作用只是阐明问题与提出处理问题的意见和建议，而不是进行决策。只有经过领导者决策以后，才能付诸行动，发挥它的社会效益和经济效益。所以，结论一定要采用让领导者容易理解和使用的术语和方式表达。

物流系统分析要素的结构如图 3-4 所示。

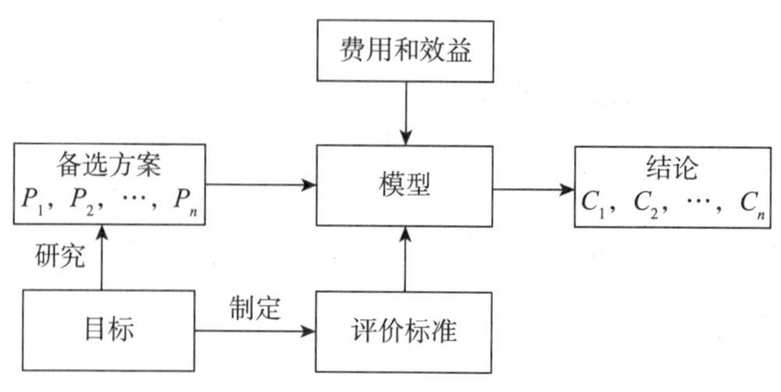

图 3-4　物流系统分析要素的结构

四、物流系统分析的方法

物流系统分析贯穿于系统构思、技术开发、制造安装、运输等的全过程，尤以物流系统设计与发展规划阶段为重点。应用范围具体包括系统规划方案制订、生产力布局、厂址选择、库址选择、物流网点的设置、交通运输网络设置等，还包括工厂内（或库内、货场内）的合理布局、库存管理、控制原材料与在制品及产成品的数量、成本（费用）控制等。

物流系统分析时常用的理论及方法主要包括以下四种。

1. 数学规划法

数学规划法也就是所谓运筹学的方法。这是一种对系统进行统筹规划、寻求最优方案的数学方法。其具体理论与方法包括线性规划、动态规划、整数规划、排队规划和库存论等。这些理论和方法都可用来解决物流系统中物流设施选址、物流作业的资源配置、货物配载、物料储存的时间与数量等问题。

2. 统筹法

统筹法亦称网络计划技术，是指运用网络来统筹安排、合理规划系统的各个环节。用网络图来描述活动流程的线路，把事件作为结点，在保证关键线路的前提下安排其他活动，调整各环节相互关系，以保证按期完成整个计划。该项技术可用于物流作业的合理安排。

3. 系统优化法

系统优化法是在一定约束条件下，求出目标函数的最优解。物流系统包括许多参数，这些参数相互制约，互为条件，同时受外界环境的影响。系统优化研究就是在不可控参数变化时，根据系统的目标来确定可控参数的值，使系统达到最优状况。

4. 系统仿真

系统仿真就是根据系统分析的目的，在分析系统各要素性质及其相互关系的基础上，建立能描述系统结构或行为过程的、具有一定逻辑关系或数量关系的仿真模型，据此进行试验或定量分析，以获得正确决策所需的各种信息。

上述方法各有特点，在实践中都得到广泛的应用，其中系统仿真技术近年来的应用最为普遍。随着计算机科学与技术的飞速发展，系统仿真技术的研究也不断完善，应用不断扩大。

第三节 物流系统评价

一、物流系统评价的基本概念

系统评价是系统决策的重要依据，没有正确的评价就不可能有正确的决策。系统评价的任务就是围绕系统的目标，根据评价尺度，采取合适的方法对评价主体进行价值测定，以获得对多数人来说均可接受的评价结果，为正确决策提供所需的信息与结论。

二、物流系统评价的量化指标

对物流系统的评价需要通过一定的量化指标来进行。一般把衡量系统状态的技术经济指标称为特征值，它是系统规划与控制的信息基础。对物流系统的特征值进行研究，建立一套完整的特征值体系，有助于对物流系统进行合理的规划和有效的控制，准确反映物流系统的合理化状况，评价改善的潜力与效果。物流系统最主要的特征值为物流生产率和物流质量。

1. 物流生产率

物流生产率是指以一定的劳动消耗和劳动占用（投入）衡量完成某种服务（产出）过程的指标。物流系统的投入包括人力资源、物质资源、能源和技术，各项投入在价值形态上统一表现为物流成本。物流系统的产出就是为生产系统和销售系统提供的服务。衡量物流系统投入产出转换效率的指标称作物流生产率，它是物流系统特征值体系的重要组成部分。物流生产率通常包括实际生产率、利用率、行为水平、成本和库存五个方面的指标。

$$\text{物流生产率}=\frac{\text{物流系统的总产出}}{\text{物流系统的总投入}}$$

2. 物流质量

物流质量是对物流系统产出质量的衡量，一般分为物料流转质量和物流业务质量。一般从运输、仓储、库存管理和生产计划与控制这四方面加以衡量。

（1）运输方面。

$$\text{物品损坏率}=\frac{\text{年货损总额}}{\text{年货运总额}}\times 100\%$$

$$\text{正点运输率}=\frac{\text{年正点运输次数}}{\text{年运输总次数}}\times 100\%$$

$$\text{运力利用率}=\frac{\text{年实际运输量}}{\text{年运输能力}}\times 100\%$$

（2）仓储方面。

$$\text{物品完好率}=\left(1-\frac{\text{年物品损坏变质金额}}{\text{年储备总金额}}\right)\times 100\%$$

$$物品盈亏率=\frac{年物品盘盈额+年物品盘亏额}{年物品收入总额+年物品发出总额}\times 100\%$$

$$仓容利用率=\frac{年储存物品实际数量或容积}{年可储存物品数量或容积}\times 100\%$$

（3）库存管理方面。

$$库存结构合理性=\left(1-\frac{一年以上无需求动态物品额+积压物品额}{库存物品总额}\right)\times 100\%$$

$$在制品库存定额=生产周期\times 日产量$$

$$供应计划实现率=\frac{实际供应额}{计划供应额}\times 100\%$$

$$物流中断率=\frac{后阶段物料需求量-前阶段物料供应量}{后阶段物料需求量}\times 100\%$$

$$销售合同完成率=\frac{实际按期供货额}{合同供货额}\times 100\%$$

（4）生产计划与控制方面。

①生产率指标。

$$费用预算比=\frac{生产费用}{预算}$$

$$产能利用率=\frac{年实际产值}{年可能产值}\times 100\%$$

$$劳动生产率=\frac{年总产值}{生产工人平均数}\times 100\%$$

②质量指标。

$$生产计划完成率=\frac{年实际产值}{年计划产值}\times 100\%$$

$$生产均衡率=\frac{年完成产量计划天数}{年生产天数}\times 100\%$$

三、物流系统评价的关键步骤

物流系统评价是根据明确的目标来测定对象系统的属性，并将这种属性变为客观定量的计算值或主观效用的行为过程，包括三个关键步骤：一是评价基准值的设定；二是建立评价指标体系；三是选择评价方法并建立评价模型。

1. 评价基准值的设定

对物流系统进行综合评价，是为了从总体上把握物流系统现状，寻找物流系统的薄弱环节，明确物流系统的改善方向。为此，应将物流系统各项评价指标的实际值与设定的基准值进行比较，以显现二者的差别。基准值的设定通常有下列三种方式。

（1）以物流系统运行的目标值为基准值，评价物流系统对预期目标的实现程度，寻找系统实际运行值与目标值的差距所在。

（2）以物流系统运行的历史值为基准值，评价物流系统的发展趋势，从中发现薄弱环节。

（3）以同行业的标准值、平均水平值或先进水平值为基准值，评价物流系统在同类系统中的地位，从而寻找出改善物流系统的潜力。

2. 建立评价指标体系

从系统的观点来看，系统的评价指标体系是由若干个单项评价指标组成的、相互关联的有机整体。它应反映出评价目的的要求，并尽量做到全面、合理、科学、实用。在建立物流系统综合评价的指标体系时，应选择有代表性的物流系统特征值指标，以便从总体上反映物流系统的现状，发现存在的主要问题，明确改善的方向。

3. 选择评价方法并建立评价模型

（1）物流系统的评价指标和划分层次通常很多，可通过逐级综合得出对各部分的评价及对系统的总体评价结果。

（2）由于管理基础工作等方面的原因，有些指标无法精确量化；同时由于物流系统是多属性的复杂系统，评价结果用一个数值来表示难以做到全面和精确，对物流系统的评价一般采用综合评价方法。对各指标进行评价具有一定的模糊性，多运用模糊集理论进行评价。

第四节　物流设施选址

一、物流设施选址考虑因素

物流设施选址是一个复杂的过程，影响因素很多，一般在选址中考虑的因素包括以下四个。

1. 自然环境因素

自然环境因素包括：气象条件、地质条件、水文条件和地形条件。选址时要求避开风口、土壤承载力较高、地下水位较低以及地势较高和地形平坦之处。

2. 经营环境因素

（1）适应市场需求情况。市场需求是物流中心建设和发展的根本条件，在物流中心选址时要考虑其所在地区的物流产业政策、国内生产总值（GDP）、城市的空间结构、用地规划和产业布局，是否适应物流服务需求，是否接近大型的工矿企业和商业区。

（2）现有设施利用程度。选址时要尽量利用既有的设备，如闲置的仓库和搬运机械，以便提高物流中心的经济效益和社会效益。

（3）建设工程量。工程量的大小与前期投资有直接的关系，在选址时必须予以考虑。

（4）人力资源条件。物流中心中现代化的运作需要一定数量和素质的人力资源，人力资源条件也就成了影响物流设施选址的重要因素。

3. 基础设施状况

基础设施状况包括交通条件和公共设施状况，选址时要求最好靠近交通枢纽，如紧邻港口、铁路编组站、公路交通主干道或机场；同时要求公共设施便利，即有充足的供电、水、热、燃气的能力。

4. 土地资源利用与环境保护因素

土地资源利用与环境保护因素主要指：国土资源的利用和环境保护的要求，在选址时要考虑节约用地以及保护自然环境和人文环境，尽量降低对城市居民生活的干扰。

二、物流设施选址流程

物流设施的选址决策通常要经过多层次的筛选，某配送中心的选址流程如图 3-5 所示。

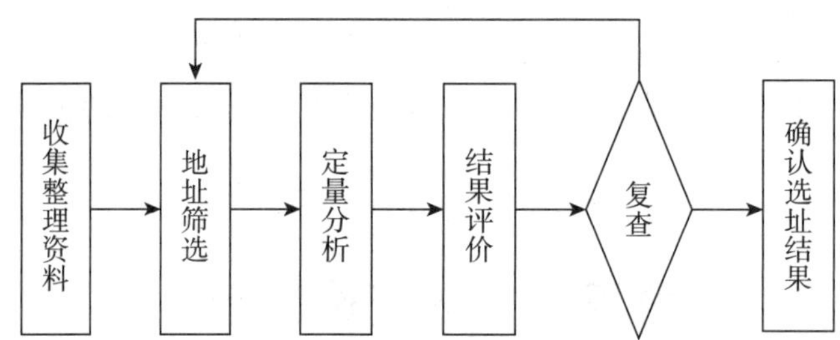

图 3-5　某配送中心的选址流程

1. 收集整理资料

资料的收集与物流设施选址的方法有关。在配送中心选址时，一般采用成本法，即通过将运输费用、配送费用、设施设备费用模型化，根据约束条件及目标函数来建立数学模型，通过计算选取费用最小的策略。因此，资料收集要对业务量和相关费用进行分析和整理。

业务量的收集包括：①工厂到配送中心之间的运输量；②向客户配送的物品数量；③配送中心的保管数量；④各配送路线上的业务量。

相关费用的收集包括：①工厂到配送中心之间的运输费；②配送中心到客户之间的配送费；③与设施、土地有关的费用及人工费、业务费。

其他信息收集包括：收集客户的位置、现有设施的配置方位及工厂的位置信息，并整理各候选地址的配送路线及距离资料，收集必备车辆数、作业人员数、装卸方式、装卸机械费用信息。这些信息要与成本分析结合考虑。

2. 地址筛选

在对配送中心位置进行筛选时，要根据上述影响因素进行初步筛选，通过层层筛选的方式确定几个或更多的配送中心位置，如确定配送中心位于某个城市、某个区域的某个位置，然后通过配送中心的影响因素分析对多个备选配送中心位置进行进一步筛选，如某配送中心在某城市有 3 个备选位置，选取 7 个主要影响因素，每个备选位置的影响因素得分如表 3-1 所示。

表 3-1　　　　　　每个备选位置的影响因素得分

影响因素	土地成本	交通条件	自然条件	土地可得	人力成本	服务水平	基础设施	总分
备选位置 1	5	9	7	6	7	6	7	47
备选位置 2	7	8	7	6	7	8	8	51
备选位置 3	5	8	7	6	7	7	8	48

根据综合得分，可以将配送中心建在备选位置 2。

企业在进行地址筛选时，可以根据各影响因素的影响程度为其赋权值，通过加权分析方式确定最终备选位置。

3. 定量分析

定量分析是指通过数学模型计算分析得出最优的配送中心位置，计算配送中心选址的数学模型会因为选址范围和选址数量不同而不同。如多配送中心选址采用鲍摩-瓦尔夫模型，单一配送中心选址采用重心法模型。

4. 结果评价

通过计算得出配送中心位置后，要对结果进行评价分析，结合影响因素对配送中心位置进行实用性分析，确定该位置是否可行。

5. 复查

对上述各环节计算过程中是否存在数据错误和遗漏进行复核检验，确保没有出现计算错误。

6. 确认选址结果

结合工程实践经验确认计算结果科学性、合理性。

三、物流设施选址的方法

1. 重心法的基本原理

若产品成本中运输费用所占比重比较大，企业的原材料由多个原材料供应地提供或其产品运往多个销售点，可以考虑用重心法选择运输费用最少的地址。拟建工厂坐标为 $P(x, y)$ ，其原材料供应地 W_i 坐标为 (x_i, y_i) ，其中 $i = 1, 2, \cdots, m$ ，Z_i 为从 W_i 地运至工厂所在地 $P(x, y)$ 的运输费用，设 r_i 为单位原材料单位距离的运输费用，设 q_i 为原材料运输量，则：

$$Z_i = r_i q_i d_i \tag{3-1}$$

式中，d_i 为从 W_i 地运至工厂 P 地的直线距离。公式如下：

$$d_i = \sqrt{(x - x_i)^2 + (y - y_i)^2} \tag{3-2}$$

总费用 Z 为：

$$Z = \sum_{i=1}^{n} Z_i = \sum_{i=1}^{n} r_i q_i d_i \tag{3-3}$$

由于 d_i 是 x，y 的函数，则费用 Z 是 x，y 的函数。公式如下：

$$Z = f(x, y) = \sum_{i=1}^{n} r_i q_i \sqrt{(x - x_i)^2 + (y - y_i)^2} \tag{3-4}$$

为使总费用最小，上述问题变为力求特定解 (x^*, y^*) 使 Z 为极小值，根据多元函数求极值的方法，将上式分别对 x 和 y 求偏导，令导数为 0，则：

$$\frac{\partial Z}{\partial x} = \sum_{i=1}^{n}\left[\frac{r_i q_i (x^* - x_i)}{\sqrt{(x^* - x_i)^2 + (y^* - y_i)^2}}\right] = 0$$

$$\frac{\partial Z}{\partial y} = \sum_{i=1}^{n}\left[\frac{r_i q_i (y^* - y_i)}{\sqrt{(x^* - x_i)^2 + (y^* - y_i)^2}}\right] = 0 \tag{3-5}$$

由上式可得：

$$x^* = \frac{\sum_{i=1}^{n}(r_i q_i x_i / d_i)}{\sum_{i=1}^{n}(r_i q_i / d_i)}, \quad y^* = \frac{\sum_{i=1}^{n}(r_i q_i y_i / d_i)}{\sum_{i=1}^{n}(r_i q_i / d_i)} \tag{3-6}$$

式（3-6）尽管给出了 x^*，y^* 的表达式，但由于 d_i 是 x，y 的函数，不能直接求出 x^*，y^* 的值，故还需要用迭代法求出 x^*，y^* 的数值。其表达式为：

$$x^*(k) = \frac{\sum_{i=1}^{n}(r_i q_i x_i / d_{i(k-1)})}{\sum_{i=1}^{n}(r_i q_i / d_{i(k-1)})}, \quad y^*(k) = \frac{\sum_{i=1}^{n}(r_i q_i y_i / d_{i(k-1)})}{\sum_{i=1}^{n}(r_i q_i / d_{i(k-1)})} \tag{3-7}$$

其中：

$$d_{i(k-1)} = \sqrt{(x^*_{(k-1)} - x_i)^2 + (y^*_{(k-1)} - y_i)^2} \tag{3-8}$$

根据式（3-7）可求出最佳场址坐标 (x_i, y_i)，具体步骤如下：

（1）给出式（3-7）的初始条件，即假设场址初始位置为 (x_0^*, y_0^*)；

（2）令 $k=1$，利用式（3-8）求出 $d_{i(0)}$；

（3）利用式（3-3）求出总运输费用 Z_0；

（4）令 $k=k+1$，利用式（3-7）求出第 k 次迭代结果 (x_k^*, y_k^*)；

（5）代入式（3-8）求出 $d_{i(k)}$，利用式（3-3）求出总运输费用 $Z(k)$；

（6）若 $Z_{k+1} < Z_k$，说明总运输费用在减少，返回步骤（4），继续迭代，否则说明 (x_{k-1}^*, y_{k-1}^*) 为最佳，停止迭代。

2. 例题分析

有两个工厂（P_1，P_2）分别生产 A、B 两种产品，供应三个市场（M_1，M_2，M_3），已知信息如表 3-2 所示。现需设置一个中转仓库，A、B 两种产品通过该仓库间接向三个市场供货。请使用重心法求出仓库的最优选址。（前后两次迭代的距离小于 0.3 即可停止迭代）

表 3-2　　已知信息

节点坐标 i	产品	运输总量 q_i	运输费率 r_i	坐标 x_i	坐标 y_i
P_1	A	2000	0.05	3	8
P_2	B	3000	0.05	8	2

续表

节点坐标 i	产品	运输总量 q_i	运输费率 r_i	坐标 x_i	坐标 y_i
M_1	A、B	2500	0.075	2	5
M_2	A、B	1000	0.075	6	4
M_3	A、B	1500	0.075	8	8

忽略距离 d_i，根据重心法公式求得待选中转仓库的初始坐标（x_0^*，y_0^*）：

$$x_0^* = \frac{\sum_{i=1}^{n}(r_i q_i x_i)}{\sum_{i=1}^{n}(r_i q_i)} = 5.16$$

$$y_0^* = \frac{\sum_{i=1}^{n}(r_i q_i y_i)}{\sum_{i=1}^{n}(r_i q_i)} = 5.90$$

将（x_0^*，y_0^*）代入式（3-8），计算（x_0^*，y_0^*）与各客户点（x_i，y_i）的距离 d_i，得出距离结果如表 3-3 所示。

表 3-3　　第一次距离结果

d_1	d_2	d_3	d_4	d_5
3.01	4.82	3.29	2.04	3.53

将表 3-3 中的 d_i 代入式（3-6），得到第一次修正的（x_1^*，y_1^*）：

$$x_1^* = 4.8,\ y_1^* = 6.1$$

计算（x_1^*，y_1^*）与（x_0^*，y_0^*）之间的距离为：

$$D = \sqrt{(x_1^* - x_0^4)^2 + (y_1^* - y_0^*)^2} \approx 0.4 > 0.3$$

需要迭代。

重复上述步骤，计算（x_1^*，y_1^*）与各客户点（x_i，y_i）的距离 d_i，得出迭代距离结果如表 3-4 所示。

表 3-4　　迭代距离结果

d_1	d_2	d_3	d_4	d_5
2.62	5.20	3.00	2.42	3.72

将表 3-4 中的 d_i 代入式（3-6），得到第二次修正的（x_2^*，y_2^*）：

$$x_2^* = 4.6,\ y_2^* = 6.2$$

此时第二次（x_2^*，y_2^*）与第一次（x_1^*，y_1^*）之间的距离为：

$$D=\sqrt{(x_2^*-x_1^*)^2+(y_2^*-y_1^*)^2}\approx 0.22<0.3$$

故不需要再次迭代。所以最终中转仓库的坐标为（4.6，6.2）。

说明：场址的选择涉及多方面的因素，不可能通过简单的计算确定。一方面，由重心法计算出的场址，不一定是合理的地点。比如，计算出的位置已有建筑物或有河流经过，则不能建厂。另一方面，重心法确定的距离是采用直线距离，这在大多数情况下是不合理的。所以重心法求出的解比较粗糙，它的实际意义在于能为选址人员提供一定的参考。比如，不同选址方案其他方面差不多时，可以考虑选择与重心法计算结果较接近的方案。

第五节　生产物流系统布置设计

在制造企业中，工厂布置主要是确定工厂的生产部门、辅助服务部门和管理部门的位置，合理和有效的工厂布置对提高企业的生产效益、降低成本起着重要的作用。最具代表性的工厂布置方法是 R. 缪瑟（R. Muther）提出的系统布置设计（Systematic Layout Planning，SLP）法，该方法提出了作业单位相互关系密级表示法，使布置设计由定性阶段发展到定量阶段。

一、系统布置设计的基本要素

布置设施要考虑众多因素，影响布置设计的基本要素可归结为 P（产品或服务）、Q（产量或数量）、R（工艺过程、生产路线及物料路线）、S（服务部门）和 T（时间）。

1. P

系统中涉及原材料、加工的零件、成品或提供服务的项目，这些资料由生产纲领和产品设计部门提供，包括项目、种类、型号、零件号、材料等，P 会影响设施的组成及其相互关系、设备的类型、物料的搬运方式等。

2. Q

Q 指所生产、供应或使用的产品量或服务的工作量。其资料由生产统计和产品设计提供，用件数、重量、体积或销售的价值表示，这一要素会影响设施规模、设备数量、运输量、建筑面积等因素。

3. R

R 指工艺过程设计的成果，可用设备表、工艺路线卡、工艺过程图等表示，它影响着各作业单位之间的关系、物料搬运路线、仓库及堆放地的位置等。

4. S

S 指公用、辅助、服务部门，包括工具、维修、动力、收货、发运、铁路专用线等，由有关专业设计人员提供，这些部门是企业生产运营必不可少的支持系统，必须给予足够重视。

5. T

T 指在什么时候、用多长时间生产出产品，包括各工序的操作时间、更换批量的次数。在工艺设计过程中，根据时间因素可以求出设备的数量、需要的面积和人员，平衡各工序的生产能力。

生产系统设计过程如图 3-6 所示。为了完成工厂总平面布置和车间布置，即生产系统设计过程，我们需从产品 P 及产量 Q 出发，首先，对产品组成进行分析，确定各零部件生产类型，制定出各个零部件的加工、装配等工艺路线；根据工艺流程的各阶段的特点，划分出生产车间；并根据生产需要，设置必要的职能管理部门及附属的生产与生活服务部门。整个工厂就是由生产车间、职能管理部门、附属生产及生活服务部门和为使生产连续进行而设置的仓储部门这几类作业单位所构成。然后，由设施布置设计人员来完成工厂总平面布置及车间布置。

生产系统设计过程中，基本给定条件（要素）为产品 P 及产量 Q，涉及了除平面布置设计以外的如制定加工、装配工艺过程等多种专业技术问题，要求多种专业技术人员配合协作来完成。如把平面布置前各阶段工作结果作为给定要素来处理，就形成了单纯的生产系统布置模型，如图 3-7 所示。

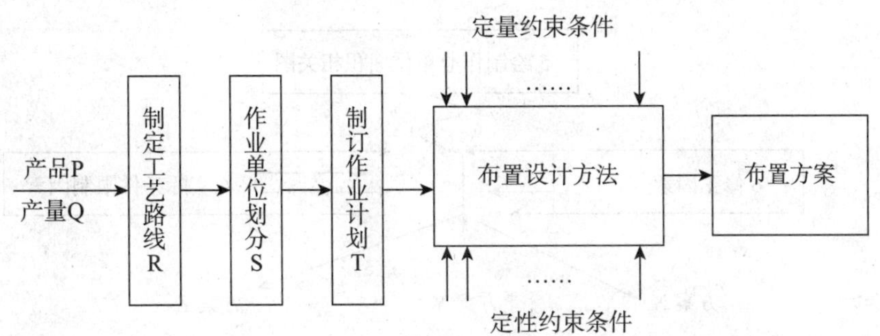

图 3-6 生产系统设计过程

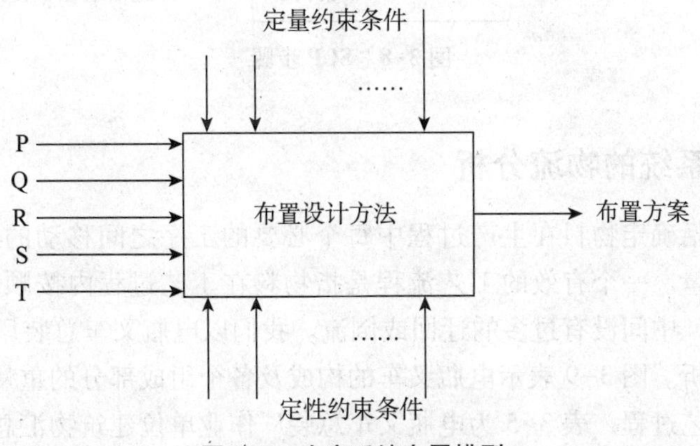

图 3-7 生产系统布置模型

二、系统布置设计的基本程序

依据系统布置设计的思想，SLP一般经过下列步骤：①准备原始资料；②物流分析与作业单位关系分析；③绘制作业单位位置相关图；④作业单位占地面积计算与可用面积确认；⑤绘制作业单位面积相关图；⑥考虑实际条件限制因素与修正因素；⑦方案评价与择优。SLP步骤如图3-8所示。

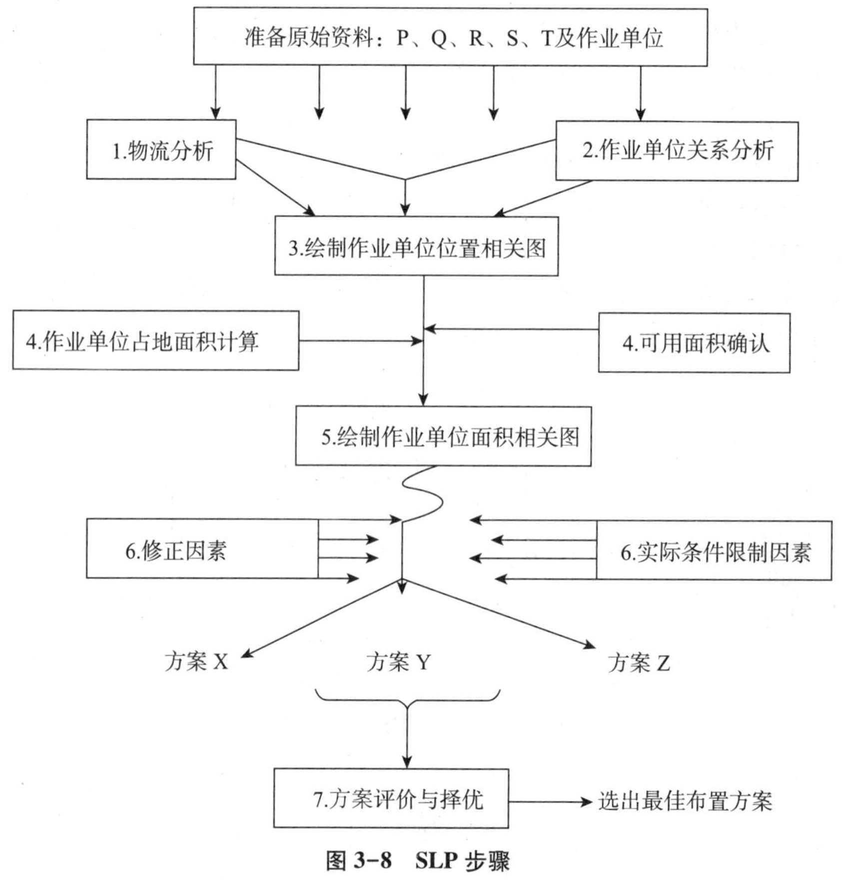

图3-8　SLP步骤

三、生产系统的物流分析

物流分析包括确定物料在生产过程中每个必要的工序之间移动的最有效顺序及其移动的强度和数量。一个有效的工艺流程是指物料在工艺过程内按顺序一直不断地向前移动直至完成，中间没有过多的迂回或倒流。我们以电瓶叉车总装厂为例来说明SLP过程中的物流分析。图3-9表示电瓶叉车的构成及各个组成部分的重量，图3-10表示电瓶叉车生产工艺过程，表3-5为电瓶叉车总装厂作业单位建筑物汇总。

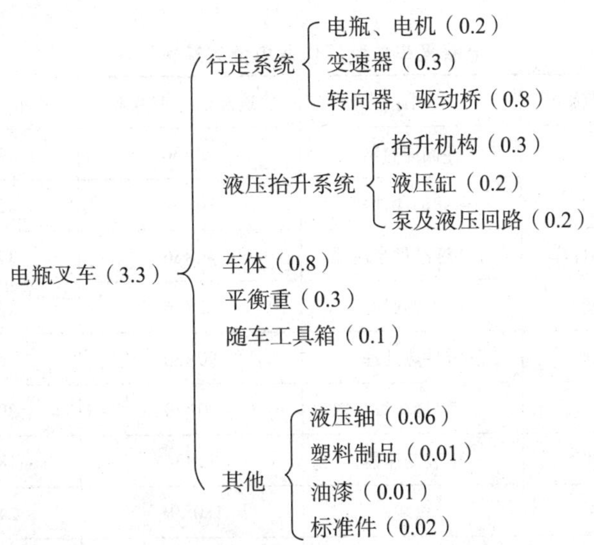

图 3-9　电瓶叉车的构成及各个组成部分的重量（单位：吨）

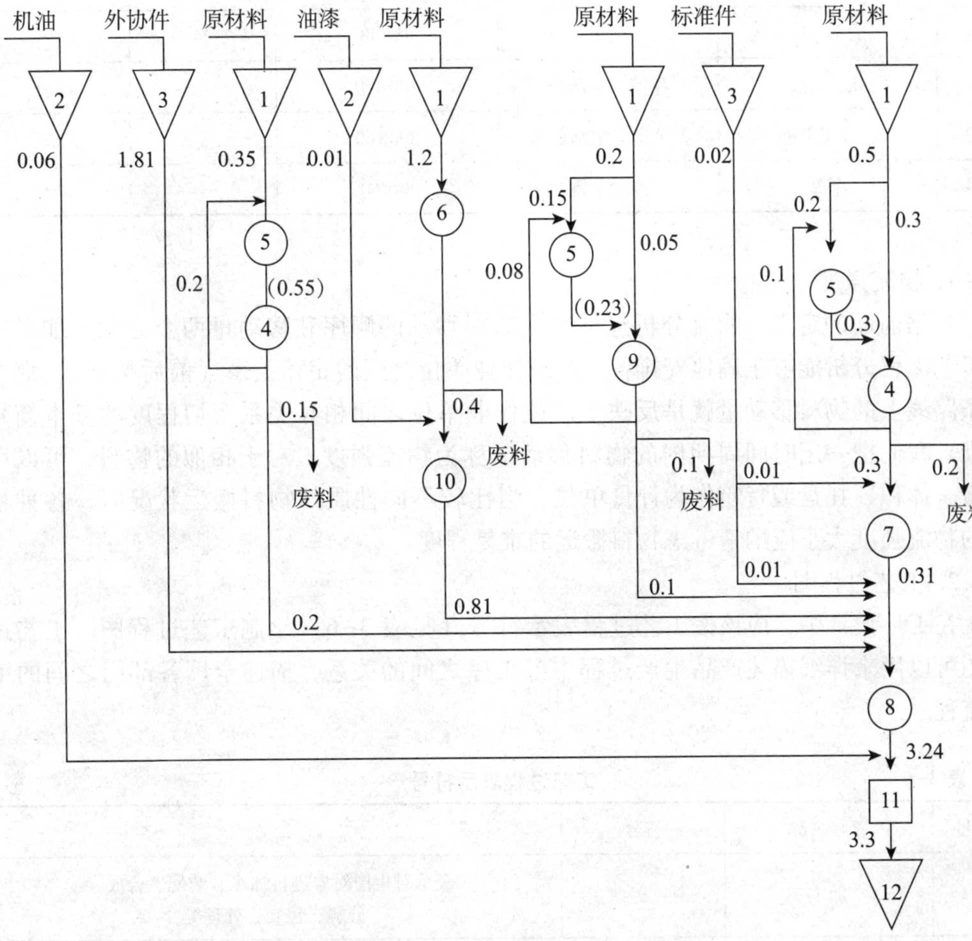

机油　外协件　原材料　油漆　原材料　原材料　标准件　原材料
2　3　1　2　1　1　3　1
0.06　1.81　0.35　0.01　1.2　0.2　0.02　0.5
0.15　0.2　0.3　0.05　0.08　0.1
5　6　5　5
0.2　(0.55)　(0.23)　(0.3)
4　9　4
0.15　0.4　0.1　0.01　0.3　0.2
废料　废料　废料　废料
10　7
0.1　0.01　0.31
0.81
0.2
8
3.24
11
3.3
12

图 3-10　电瓶叉车生产工艺过程（单位：吨）

表 3-5　　电瓶叉车总装厂作业单位建筑物汇总

序号	作业单位名称	用途	建筑面积（平方米）	跨距（米）	备注
1	原材料库	存储原材料	72×36	12	
2	油料库	存储油漆油料	36×36	12	
3	标准件、外购件库	存储标准件半成品	48×36	12	
4	机加工车间	零件切削加工	72×36	18	
5	热处理车间	零件热处理	90×30	30	
6	焊接车间	焊接车身	90×30	30	
7	变速器车间	组装变速器	72×36	18	
8	总装车间	总装	180×96	24	
9	工具车间	制造随车工具箱	60×24	12	
10	油漆车间	车身喷漆	48×30	30	
11	试车车间	试车	48×48	24	
12	成品库	存储叉车产品	100×50		露天
13	办公服务楼	办公室、生活服务	300×60		
14	车库	停放车辆	80×60		露天

1. 物流强度

根据前面的定义，物流分析包括确定物料移动的顺序和移动量两个方面。如果通过工艺流程分析能够正确地安排各工序或作业单位之间的相互关系（前后顺序），那么各条路线上的物料移动量就是反映工序或作业单位之间相互关系密切程度的基本衡量标准。我们把一定时间周期内的物料移动量称为物流强度。对于相似的物料，可以用重量、体积、托盘或货箱作为计量单位。当比较不同性质的物料搬运状况时，各种物料的物流强度大小应酌情考虑物料搬运的难易程度。

2. 工艺过程图

在工厂设计中，应该按工艺过程表示符号（见表 3-6）绘制工艺过程图。工艺过程图可以用来详细描述产品生产过程中各工序之间的关系，描述全厂各部门之间的工艺流程。

表 3-6　　工艺过程表示符号

编号	符号名称	符号	意义
1	加工	○	表示对生产对象进行加工、装配、合成、分解、包装、处理等

续表

编号	符号名称		符号	意义
2	搬运		⇨	表示对生产对象进行搬运、运输等； 或工作人员作业位置的变化
3	检验	数量检验	□	表示对生产对象进行数量检验
		质量检验	◇	表示对生产对象进行质量检验
4	停放		D	表示生产对象在工作地附近的临时停放
5	存储		▽	表示生产对象在保管地有计划地存放
6	流程线		｜	表示工艺过程图中工序间的顺序连接
7	分区		∿	表示在工艺过程图中对管理区域的划分
8	省略		╪	表示对工艺过程图做部分省略

3. 物流强度与物流相关表

在采用 SLP 法进行工厂布置时，不必关心各作业单位对之间具体的物流强度，而是通过划分等级的方法来研究物流状况，在此基础上，引入物流相关表，以简洁明了的形式表示工厂总体物流状况。由于直接分析大量物流数据比较困难且没有必要，SLP 中将物流强度转化成五个等级，分别用符号 A、E、I、O、U 来表示，分别对应着超高物流强度、特高物流强度、较大物流强度、一般物流强度和可忽略强度五种物流强度。作业单位对或称为物流路线的物流强度等级应按物流路线比例或承担的物流量比例来确定，可参考表 3-7 来划分。

表 3-7　　物流强度等级比例划分

物流强度等级	符号	物流路线比例（%）	承担的物流量比例（%）
超高物流强度	A	10	40
特高物流强度	E	20	30
较大物流强度	I	30	20
一般物流强度	O	40	10
可忽略强度	U	—	—

针对电瓶叉车总装厂的实例，得到其物流强度汇总，如表 3-8 所示。在表 3-8 基础上对物流强度进行分析，得到物流强度分析表，如表 3-9 所示。

表 3-8　　电瓶叉车总装厂物流强度汇总

序号	作业单位对（物流路线）	物流强度
1	1—4	0.3

续表

序号	作业单位对（物流路线）	物流强度
2	1—5	0. 7
3	1—6	1. 2
4	1—9	0. 05
5	2—10	0. 01
6	2—11	0. 06
7	3—7	0. 01
8	3—8	1. 82
9	4—5	0. 85
10	4—7	0. 3
11	4—8	0. 2
12	5—9	0. 23
13	6—10	0. 8
14	7—8	0. 31
15	8—9	0. 1
16	8—10	0. 81
17	8—11	3. 24
18	11—12	3. 3

表 3-9　　　　物流强度分析

序号	作业单位对（物流路线）	物流强度示意	物流强度等级
1	11—12	-----------------------	A
2	8—11	----------------------	A
3	3—8	-------------	E
4	1—6	------------	E
5	4—5	-----------	E
6	8—10	----------	E
7	6—10	---------	E
8	1—5	--------	E
9	5—9	------	I

续表

序号	作业单位对（物流路线）	物流强度示意	物流强度等级
10	7—8	---	I
11	1—4	---	I
12	4—7	---	I
13	4—8	---	O
14	8—9	---	O
15	2—11	---	O
16	1—9	---	O
17	2—10	---	O
18	3—7	---	O

4. 物流相关表

为了能够简单明了地表示所有作业单位之间的物流相互关系，我们仿照从至表结构构造一种作业单位之间物流相互关系表，称之为原始物流相关表，如表 3-10 所示。在这个表中不区分物料移动的起始与终止作业单位，在行与列的相交方格中填入行作业单位与列作业单位间的物流强度等级，因为行作业单位与列作业单位排列顺序相同，所以得到的是右上三角矩阵表格与左下三角矩阵表格对称的方阵表格，除掉多余的左下三角矩阵表格，将右上三角矩阵变形，就得到了 SLP 中的物流相关表。具体如表 3-10所示。

表3-10　　　　电瓶叉车总装厂原始物流相关表

作业单位序号	作业单位名称	1 原材料库	2 油料库	3 标准件、外购件库	4 机加工车间	5 热处理车间	6 焊接车间	7 变速器车间	8 总装车间	9 工具车间	10 油漆车间	11 试车车间	12 成品库	13 办公服务楼	14 车库
1	原材料库		U	U	I	E	E	U	U	O	U	U	U	U	U
2	油料库	U		U	U	U	U	U	U	U	O	O	U	U	U
3	标准件、外购件库	U	U		U	U	U	O	E	U	U	U	U	U	U
4	机加工车间	I	U	U		E	U	I	O	U	U	U	U	U	U
5	热处理车间	E	U	U	E		U	U	U	I	U	U	U	U	U
6	焊接车间	E	U	U	U	U		U	U	U	E	U	U	U	U
7	变速器车间	U	U	O	I	U	U		I	U	U	U	U	U	U
8	总装车间	U	U	E	O	U	U	I		O	E	A	U	U	U
9	工具车间	O	U	U	U	I	U	U	O		U	U	U	U	U
10	油漆车间	U	O	U	U	U	E	U	E	U		U	U	U	U
11	试车车间	U	O	U	U	U	U	U	A	U	U		A	U	U
12	成品库	U	U	U	U	U	U	U	U	U	U	A		U	U
13	办公服务楼	U	U	U	U	U	U	U	U	U	U	U	U		U
14	车库	U	U	U	U	U	U	U	U	U	U	U	U	U	

为了更直观地反映表3-10的内容，表3-10也可用表3-11来表示。

表 3-11　　　　　　　电瓶叉车总装厂作业单位物流相关表

序号	作业单位名称	2	3	4	5	6	7	8	9	10	11	12	13	14
1	原材料库	U	U	I	E	E	U	U	O	U	U	U	U	U
2	油料库		U	U	U	U	U	U	U	O	U	U	U	U
3	标准件、外购件库			U	U	U	O	E	U	U	U	U	U	U
4	机加工车间				E	U	I	O	U	U	U	U	U	U
5	热处理车间					U	U	U	I	U	U	U	U	U
6	焊接车间						U	U	U	E	U	U	U	U
7	变速器车间							I	U	U	U	U	U	U
8	总装车间								O	E	A	U	U	U
9	工具车间									U	U	U	U	U
10	油漆车间										U	U	U	U
11	试车车间											A	U	U
12	成品库												U	U
13	办公服务楼													U
14	车库													

四、作业单位相互关系分析

当物流状况对企业的生产有重大影响时，物流分析就是工厂布置的重要依据，但是也不能忽视非物流因素的影响，尤其是当物流对生产影响不大或没有固定的物流时，工厂布置就不能只依赖于物流分析，而应当考虑其他因素对各作业单位间相互关系的影响。

1. 作业单位间相互关系的决定因素及相互关系等级的划分

在 SLP 中，产品 P、产量 Q、路线 R、服务部门 S 及时间 T 是影响工厂布置的基本要素，P、Q 和 R 是物流分析的基础，P、Q 和 S 则是作业单位间相互关系分析的基础，同时 T 对物流分析与作业单位间相互关系分析都有影响。

作业单位间相互关系的影响因素与企业的性质有很大关系，不同的企业作业单位的设置是不一样的，作业单位间的相互关系的影响因素也是不一样的。作业单位间相互关系密切程度的典型影响因素一般包括以下几个：①物流；②工艺流程；③作业性质相似；④使用相同的设备；⑤使用同一场所；⑥使用相同的文件档案；⑦使用相同的公用设施；⑧使用同一组人员；⑨工作联系频繁程度；⑩监督和管理方便；⑪噪声、振动、烟尘、易燃易爆危险品的影响；⑫服务的频繁和紧急程度。

据R. 缪瑟在SLP中的建议，每个项目中重点考虑的因素不应超过8~10个。确定了作业单位间相互关系密切程度的影响因素以后，就可以给出各作业单位间相互关系密切程度等级，在SLP中作业单位间相互关系密切程度等级划分为A、E、I、O、U、X，作业单位间相互关系密切程度等级如表3-12所示。

表3-12　　作业单位间相互关系密切程度等级

符号	含义	说明	比例（%）
A	绝对重要	—	2~5
E	特别重要	—	3~10
I	重要	—	5~15
O	一般密切程度	—	10~25
U	不重要	—	45~80
X	负的密切程度	不希望接近、酌情而定	

2. 作业单位间相互关系表

作业单位间相互关系密切程度，可由布置设计人员根据物流计算、个人经验与有关人员讲座后进行判断，最后经主管人员批准确定。在评价作业单位间相互关系时，首先应制定一套“基准相互关系”，其他作业单位之间的相互关系通过对照“基准相互关系”来确定，表3-13给出的基准相互关系示例可供实际工作中参考。

表3-13　　基准相互关系示例

字母	一对作业单位	关系密切程度的考虑因素
A	钢材库和剪切区 最后检查和包装 清理和油漆	搬运物料的数量 类似的搬运问题 损坏没有包装的物品 包装完毕以前检查单不明确 使用相同的人员、公用设施、管理方式和相同形式的建筑物
E	接待和参观者停车处 金属精加工和焊接 维修和部件装配	方便、安全 搬运物料的数量和形状 服务的频繁和紧急程度
I	剪切区和冲压机 部件装配和总装配 保管室和财会部门	搬运物料的数量 搬运物料的体积、共用相同的人员 报表运送安全、方便

续表

字母	一对作业单位	关系密切程度的考虑因素
O	维修和接收 废品回收和工具室 收发室和厂办公室	产品的运送 共用相同的设备 联系频繁程度
U	维修和自助食堂 焊接和外购件仓库 技术部门和发运	辅助服务不重要 接触不多 不常联系
X	焊接和油漆 焚化炉和主要办公室 冲压车间和工具车间	灰尘、火灾 烟尘、臭味 外观、振动

确定了各作业单位间相互关系密切程度以后，利用与物流相关表相同的表格形式建立作业单位相互关系表，表中的每一个菱形框格填入相应的两个作业单位之间的相互关系密切程度等级，上半部用密切程度等级符号表示密切程度，下半部用数字表示确定密切程度等级的理由。针对前述电瓶叉车总装厂，选择如表 3-14 所示作业单位间相互关系影响因素。在此基础上建立如表 3-15 所示电瓶叉车总装厂作业单位非物流相互关系表。

表 3-14　　　电瓶叉车总装厂作业单位相互关系密切程度等级理由

编码	关系等级的理由
1	工作流程的连续性
2	生产服务
3	物料搬运
4	管理方便
5	安全与污染
6	共用设备及辅助动力源
7	振动

表 3-15　　电瓶叉车总装厂作业单位非物流相互关系

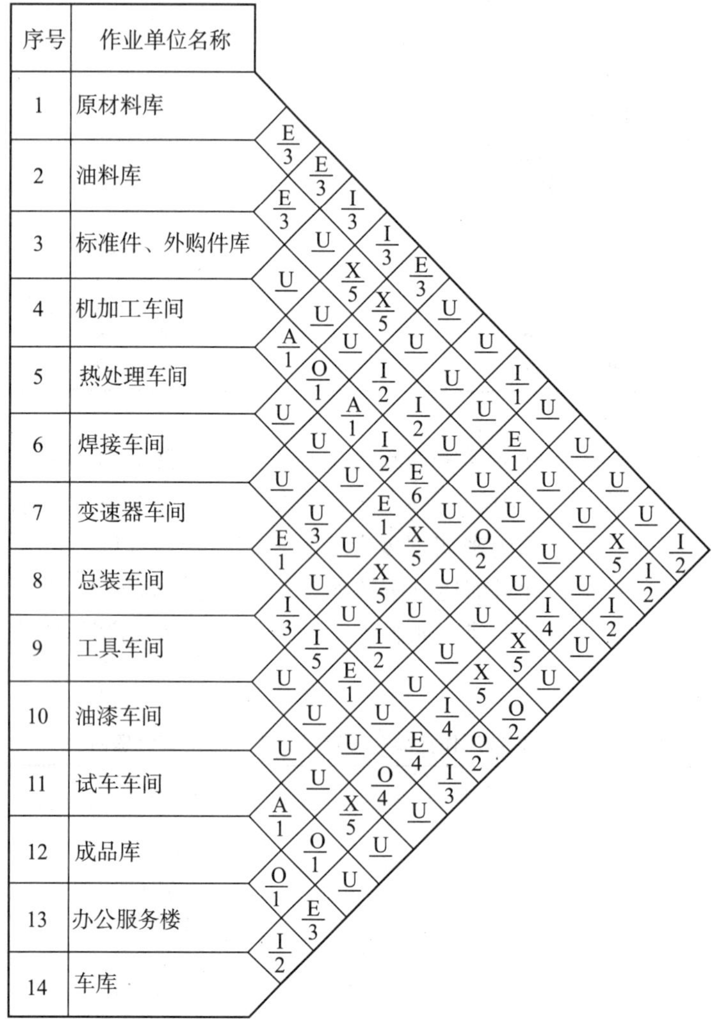

序号	作业单位名称	2	3	4	5	6	7	8	9	10	11	12	13	14
1	原材料库	E/3	E/3	I/3	I/3	E/3	U	U	I/1	U	U	U	U	I/2
2	油料库		E/3	U	X/5	X/5	U	U	U	E/1	U	U	X/5	I/2
3	标准件、外购件库			U	U	U	I/2	I/2	U	U	U	U	U	I/2
4	机加工车间				A/1	O/1	A/1	I/2	E/6	U	O/2	U	I/4	U
5	热处理车间					U	U	U	E/1	X/5	U	U	X/5	U
6	焊接车间						U	U/3	U	X/5	U	U	X/5	O/2
7	变速器车间							E/1	U	U	I/2	U	I/4	O/2
8	总装车间								I/3	I/5	E/1	U	E/4	I/3
9	工具车间									U	U	U	O/4	U
10	油漆车间										U	U	X/5	U
11	试车车间											A/1	O/1	U
12	成品库												O/1	E/3
13	办公服务楼													I/2
14	车库													

五、作业单位间综合相互关系分析

1. 作业单位间综合相互关系

在大多数工厂中，各作业单位之间既有物流联系也有非物流的联系，两作业单位之间的相互关系应包括物流关系与非物流关系。因此在 SLP 中，要将作业单位间物流与非物流的相互关系进行合并，得出合成的相互关系——综合相互关系。然后从各作业单位间综合相互关系出发，实现各作业单位的合理布置。

2. 作业单位间综合相互关系表的建立步骤

一般按照下列步骤求得作业单位间综合相互关系表。

（1）进行物流分析，求得作业单位物流相关表。

（2）确定作业单位间非物流相互关系影响因素及等级，求得作业单位间综合相互关系表。

（3）确定物流与非物流相互关系的相对重要性。一般说来，物流与非物流的相互关系的相对重要性的比值 $m:n$ 不应超过 1∶3~3∶1。当比值小于 1∶3 时，说明物流对生产的影响非常小，工厂布置时只需考虑非物流的相互关系；反之亦反。实际工作中，根据物流与非物流相互关系的相对重要性可取 $m:n$ 为 3∶1，2∶1，1∶1，1∶2，1∶3，我们把 $m:n$ 称为加权值。

（4）量化物流强度等级和非物流的密切程度等级。对于表 3-13 及表 3-16，一般取 A=4，E=3，I=2，O=1，U=0，X=-1，得出量化以后的物流相关表及非物流相互关系表。

（5）计算量化的所有作业单位之间综合相互关系。

（6）综合相互关系等级划分。对于综合相互关系的量化值，需要经过等级划分，才能建立出与物流相关表相似的符号化的作业单位综合相互关系表，综合相互关系的等级划分为 A、E、I、O、U、X，各级别的综合相互关系的量化值逐渐递减，而且各级别对应的作业单位对数目应符合一定的比例，表 3-16 给出了综合相互关系等级及划分比例。

表 3-16　　综合相互关系等级及划分比例

关系等级	符号	作业单位对比例（%）
绝对必要靠近	A	1~3
特别重要靠近	E	2~5
重要	I	3~8
一般	O	5~15
不重要	U	20~85
不希望靠近	X	0~10

需要说明的是，将物流与非物流相互关系进行合并时，应该注意 X 级关系的处理，任何一级物流相互关系等级与 X 级非物流相互关系等级合并时都不应超过 O 级。对于某些极不希望靠近的作业单位之间的相互关系可以定为 XX 级，即绝对不能相互接近。

（7）经过调整，建立综合相互关系表。在本例中，取 $m:n=1:1$，得到综合相互关系等级划分表，如表 3-17 所示，同时经计算可得出作业单位间综合相互关系，如表 3-18 所示。

表 3-17　　综合相互关系等级划分

总分	关系等级	作业单位对数	百分比（%）
7~8	A	3	3.3
4~6	E	9	9.9
2~3	I	18	19.8
1	O	8	8.8
0	U	46	50.5
−1	X	7	7.7
合计		91	100

表 3-18　　作业单位间综合相互关系

序号	作业单位名称	1	2	3	4	5	6	7	8	9	10	11	12	13	14
1	原材料库		I	I	E	E	E	U	U	I	U	U	U	U	I
2	油料库			I	U	X	X	U	U	U	E	O	U	X	I
3	标准件、外购件库				U	U	U	I	E	U	U	U	U	U	I
4	机加工车间					A	O	E	I	I	U	O	U	I	U
5	热处理车间						U	U	U	E	X	U	U	X	U
6	焊接车间							U	U	U	U	U	U	X	O
7	变速器车间								E	U	U	I	U	I	O
8	总装车间									I	E	A	U	I	I
9	工具车间										U	U	U	O	U
10	油漆车间											U	U	X	U
11	试车车间												A	O	U
12	成品库													O	I
13	办公服务楼														I
14	车 库														

六、作业单位位置相关图

在 SLP 中，工厂总平面布置并不直接去考虑各作业单位的建筑物占地面积及其外形几何形状，而是从各作业单位间关联度出发，安排各作业单位之间的相对位置，关联度高的作业单位之间距离近，关联度低的作业单位之间距离远，由此形成作业单位位置相关图。当作业单位数量较多时，作业单位之间相互关系数目就非常多，其为作业单位数量的平方量级，因此即使只考虑 A 级关系，也有可能同时出现很多个，这就给绘制作业单位位置相关图带来了困难。为了解决这个问题，我们引入综合接近程度的概念，所谓某一作业单位综合接近程度等于该作业单位与其他所有作业单位之间量化后的关系密级的总和。这个值的高低，反映了该作业单位在布置图上是应该处于中心位置还是应该处于边缘位置，也就是说，综合接近程度高的作业单位与其他作业单位相互关系总体上是比较密切的，即与大多数作业单位都比较接近。当然，这个作业单位就应该处于布置图的中央位置，反之，这个作业单位就应该处于布置图的边缘。为了计算各作业单位的综合接近程度，我们把作业单位间综合相互关系表，变换成右上三角矩阵与左下三角矩阵表格对称的方阵表格，然后量化关系密级，并按行或列累加关系密级分值，其结果就是某一作业单位的综合接近程度。表 3-19 就是电瓶叉车总装厂作业单位综合接近程度排序。

这里只介绍 SLP 设计中的相互关系图解，其余部分读者可参照有关书籍去理解和掌握。最后给出本例中电瓶叉车总装厂总平面布置图的两种方案，如图 3-11、图 3-12 所示，仅供参考。

表 3-19　　电瓶叉车总装厂作业单位综合接近程度排序

作业单位代号	1	2	3	4	5	6	7	8	9	10	11	12	13	14
1		I/2	I/2	E/3	E/3	E/3	U/0	U/0	I/2	U/0	U/0	U/0	U/0	I/2
2	I/2		I/2	U/0	X/−1	X/−1	U/0	U/0	U/0	E/3	O/1	U/0	X/−1	I/2
3	I/2	I/2		U/0	U/0	U/0	I/2	E/3	U/0	U/0	U/0	U/0	U/0	I/2
4	E/3	U/0	U/0		A/4	O/1	E/3	I/2	I/2	U/0	O/1	U/0	I/2	U/0
5	E/3	X/−1	U/0	A/4		U/0	U/0	U/0	E/3	X/−1	U/0	U/0	X/−1	U/0
6	E/3	X/−1	U/0	O/1	U/0		U/0	U/0	U/0	U/0	U/0	U/0	X/−1	O/1
7	U/0	U/0	I/2	E/3	U/0	U/0		E/3	U/0	U/0	I/2	U/0	I/2	O/1
8	U/0	U/0	E/3	I/2	U/0	U/0	E/3		I/2	E/3	A/4	U/0	I/2	I/2
9	I/2	U/0	U/0	I/2	E/3	U/0	U/0	I/2		U/0	U/0	U/0	O/1	U/0
10	U/0	E/3	U/0	U/0	X/−1	U/0	U/0	E/3	U/0		U/0	U/0	X/−1	U/0
11	U/0	O/1	U/0	O/1	U/0	U/0	I/2	A/4	U/0	U/0		A/4	O/1	U/0
12	U/0	U/0	U/0	U/0	U/0	U/0	U/0	U/0	U/0	U/0	A/4		O/1	I/2
13	U/0	X/−1	U/0	I/2	X/−1	X/−1	I/2	I/2	O/1	X/−1	O/1	O/1		I/2
14	I/2	I/2	I/2	U/0	U/0	O/1	O/1	I/2	U/0	U/0	U/0	I/2	I/2	
综合接近程度	17	7	11	18	7	3	13	21	10	4	13	7	7	14
排序	3	12	7	2	11	14	5	1	8	13	6	10	9	4

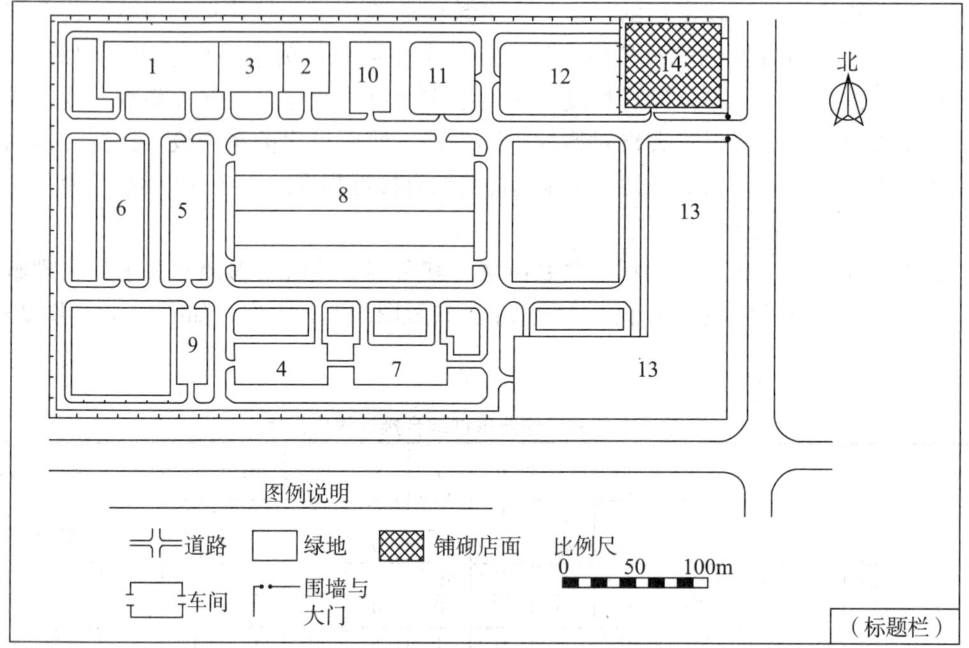

图 3-11　电瓶叉车总装厂总平面布置图一

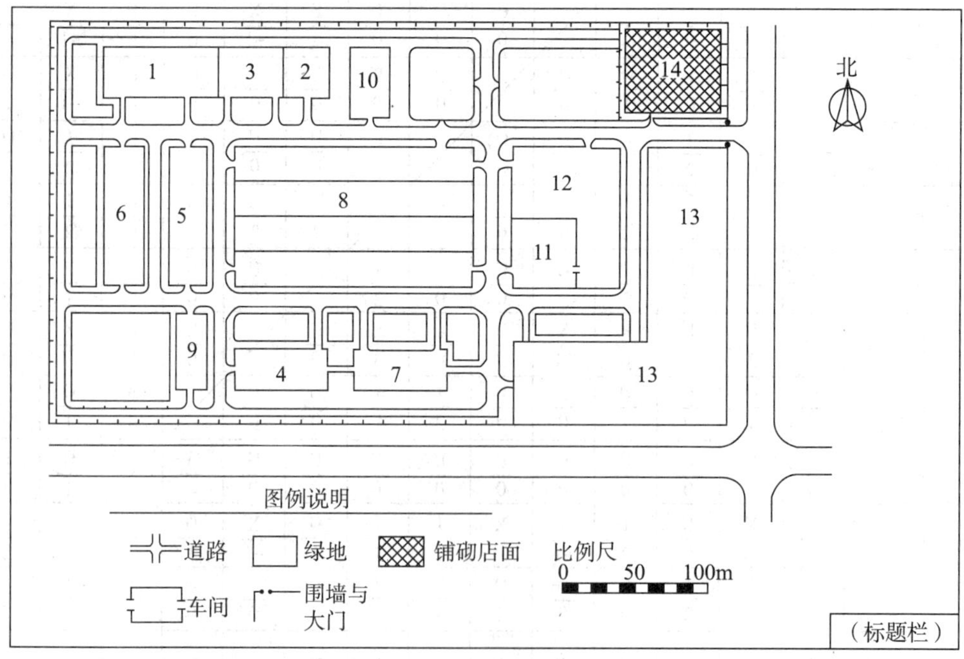

图 3-12　电瓶叉车总装厂总平面布置图二

复习思考题

1. 简述系统的概念，系统的特征有哪些?
2. 怎样从系统的角度出发理解物流系统?
3. 简述物流系统的构成要素。
4. 举例说明物流系统的特征。
5. 物流系统分析时常用的理论及方法有哪些?
6. 物流设施选址应考虑哪些因素?
7. 生产物流系统布置设计需要考虑哪些基本要素?
8. 生产物流系统布置设计的基本程序包括哪些步骤?

第二篇

物流功能

第四章　运输管理

运输是物流过程中最主要的增值活动，在国民经济和物流领域中有着十分重要的地位。运输和仓储是整个物流过程中的两个关键功能，被人们称之为“物流的支柱”。运输以远距离、大批量的货物转移为主要目的，运输成本通常占物流总费用50%以上，是降低物流成本的关键之一。本章主要讲述运输的基本知识、运输方式及其业务流程、集装箱运输与多式联运、无车承运人和运输合同及运输决策等。

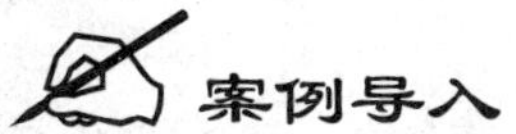

案例导入

案例1：沃尔玛通过运输管理节约成本

沃尔玛是世界上最大的商业零售商之一。在中国，沃尔玛采用公路运输货物。如何降低卡车运输成本，是沃尔玛运输管理面临的一个重要问题。为此，它主要采取以下措施：①尽可能使用大装载量卡车，采用大约16米加长的集装箱，货物装满车辆，有助于节约成本；②注重运输安全，沃尔玛认为，卡车不出事故，就是在为公司节省费用，就是最大限度地降低物流成本；③采用全球定位系统对车辆进行定位，监控车辆运行状态和送货时间，提高车队调度效率；④采用自有车队，实现对车队的控制，可随时满足货物运输需求。(摘自中国物流与采购网)

案例2：5G开启智慧运输新模式

2019年5G网络正式商用，5G技术将帮助实现无人矿车运输。在大唐宝利矿区，数十辆无人矿车在矿区自由穿梭，并且实现24小时不间断作业。该矿区率先采用我国自主研发的5G矿车无人驾驶系统。该无人矿车长8.7米、高4米、满载负荷为90吨，满载时可以稳定时速每小时20公里。无人矿车会实时将车辆的各种数据进行采集和上传，并在云端机群系统中显示矿车运行轨迹和状态信息，实现定位导航，自动行驶在矿山运输路线上。相比其他有人驾驶的矿车，无人矿车行驶更为匀速，降低了机器和轮胎的损耗，节省了燃油。除此之外，采用无人矿车可消除矿区存在的人员安全风险，降低运营成本和提高矿企盈利能力。(摘自中国科学网)

案例3：冷链物流“海铁联运”新模式

2016年3月17日，装载着进口菲律宾香蕉及澳大利亚牛肉的8个冷藏集装箱从大连港铁路线驶往沈阳。集装箱专用平车的动力制冷设备为香蕉和牛肉全程“护航”。这是全国第一组冷藏海铁联运车体，此前，冷藏集装箱到港后，只能通过公路汽运中转，此次升级到成本更低的海铁联运，为国内冷链运输开启了一个新模式。为积极融入“一带一路”倡议，大连港近几年开辟了辽满欧、连哈欧、中韩俄等多条国际物流通道，海铁联运量已经位于全国沿海港口的首位。（摘自中国新闻网）

第一节　运输概述

一、运输的概念及其功能

1. 运输的概念

国家标准《物流术语》（GB/T 18354—2006）对运输的定义：“用专用运输设备将物品从一个地点向另一个地点运送。其中包括集货、分配、搬运、中转、装入、卸下、分散等一系列操作。”

运输是物流的主要功能之一，承担了改变物品空间状态的主要任务，是改变物品空间状态的主要手段。运输再配以搬运、配送等活动，就能完成物流活动中改变物品空间状态的全部任务。由于运输活动相对来讲时间长、距离远、能源和动力消耗多，其成本在物流总成本中占很大比重。因此，在运输活动中节约费用的余地较大，具有较大的发展潜力，对整个国民经济和物流行业的发展具有举足轻重的作用。根据艾瑞咨询《2019 年中国物流行业投资赛道梳理报告》统计，2013—2018 年我国运输费用在社会物流总费用中缓步上升，占比都超过 50%，如图 4-1 所示。

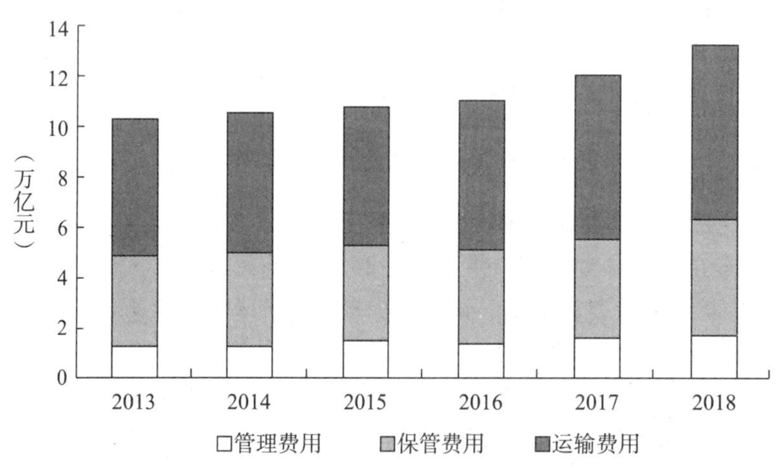

图 4-1　2013—2018 年我国运输费用趋势

资料来源：艾瑞咨询《2019 年中国物流行业投资赛道梳理报告》。

2. 运输的功能

物流系统由物资包装、运输配送、装卸、存储保管、流通加工和物流信息等子系统组成。没有运输，整个物流网络就无法构成一张“网”，物品的价值和使用价值便失去了其实现的途径，从而使得社会再生产难以进一步持续下去。

因此，无论是企业原材料采购物流以及物品销售物流，还是物流企业从生产企业采购物品进行仓储或是将仓储的物品转移到消费者手中，都离不开运输。运输的功能主要体现在以下几个方面。

(1) 运输是物流网络的构成基础。物流系统是一个网络，由物流节点（物流中心、配送中心或者车站码头等）与运输线路构成。物品在空间上发生位移称之为线路活动；在节点上完成的其他物流活动，称之为节点活动。无论是何种物流网络，缺少了线路活动，网络节点将成为孤立的点，网络也将不存在，最终客户的需求将得不到满足。因此，运输是物流网络构成的一个重要的基础条件。

(2) 运输是物流系统功能的核心。物流系统具有创造物品的空间效用、时间效用以及形质效用的三大功能。时间效用主要通过仓储来实现，形质效用通过流通加工来实现，空间效用则是通过运输得以实现的。运输是改变空间状态的主要手段，再配以装卸搬运、配送等活动，就能圆满完成改变空间状态的全部任务。

(3) 运输是社会物质生产的必要条件之一。运输是国民经济的基础。自从人类开始有了物的交换行为开始，运输这一活动就诞生了。马克思将运输称之为“第四个物质生产部门”，将运输看成是生产过程的继续，这个继续虽然以生产过程为前提，但如果没有这个继续，生产过程则不能最终完成，生产出来的产品将不能完成“惊险的一跃”。所以，虽然运输这种生产活动和一般生产活动不同，它不创造新的物质产品，不增加社会产品数量，不赋产品以新的使用价值，而只变动其所在的空间位置，但这一变动使生产能继续下去，使社会再生产不断推进，所以应将其看成一个物质生产部门。

运输作为社会物质生产的必要条件，表现在：①在生产过程中，运输是生产的直接组成部分，没有运输，生产内部的各环节就无法连接；②在社会上，运输是生产过程的继续，这一活动联结生产与再生产、生产与消费的环节，联结国民经济各部门、各企业，联结城乡，联结不同国家和地区。

(4) 运输可以创造场所效用。场所效用的含义是：同种“物”由于空间场所不同，其使用价值的实现程度不同，其效益的实现也不同。由于改变场所而发挥最大使用价值，最大限度提高了投入产出比，这就称之为场所效用。通过运输，将“物”运到场所效用最高的地方，就能发挥“物”的潜力，实现资源的优化配置。从这个意义来讲，也相当于通过运输提高了物的使用价值。

(5) 运输是“第三利润源泉”的主要源泉。

①运输是运动中的活动，它和静止的保管不同，要靠大量的动力消耗才能实现，而运输又承担大跨度空间转移的任务，所以活动的时间长、距离长、消耗也大。消耗的绝对数量大，其节约的潜力也就大。

②从运费来看，运输费用在全部物流费用中占的比例最高，一般综合分析计算社会物流费用，运输费用在其中约占 50%，有些产品运费甚至高于产品的生产费，因此节约的潜力是巨大的。

③由于运输总里程大，运输总量巨大，通过体制改革和运输合理化可大大缩短运输公里数，从而获得比较大的节约。

(6) 运输合理化是物流系统合理化的关键。物流系统合理化是指在各物流子系统合理化的基础上形成的最优物流系统总体功能，即系统以尽可能低的成本创造更多的空间效用、时间效用、形质效用；或者从物流承担的主体来说，以最低的成本为客户提供更多优质的物流服务。运输是各功能的基础与核心，直接影响着各物流子系统，只有运输合理化，才能使物流结构更加合理，总体功能更优。因此运输合理化是物流系统合理化的关键。

二、运输的三大原理

运输原理是指一次运输或配送活动中如何降低成本，提高经济效益的途径和方法，是指导运输管理和营运的最基本的原理。主要包括规模原理、距离原理和速度原理，合称三大原理。

1. 规模原理

规模原理是指随着一次装运量（装载重量）或货物密度的增大，使单位货物运输成本下降。如图 4-2、图 4-3 所示。

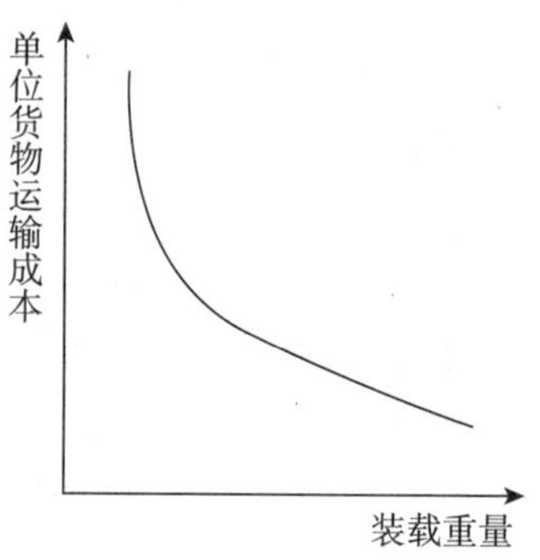

图 4-2　装载重量与单位货物运输成本的关系

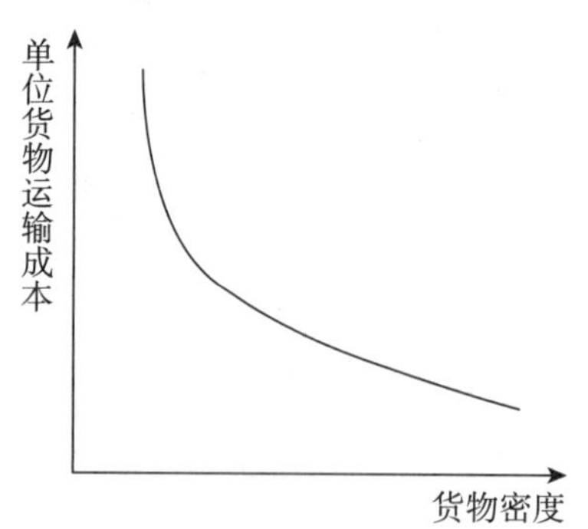

图 4-3　货物密度与单位货物运输成本的关系

2. 距离原理

距离原理是指运输成本与一次运输距离有关，随着一次运输距离的增加，货物运输成本的增加会变得越来越缓慢，或者说单位运输距离的费用减少。如图 4-4 所示。

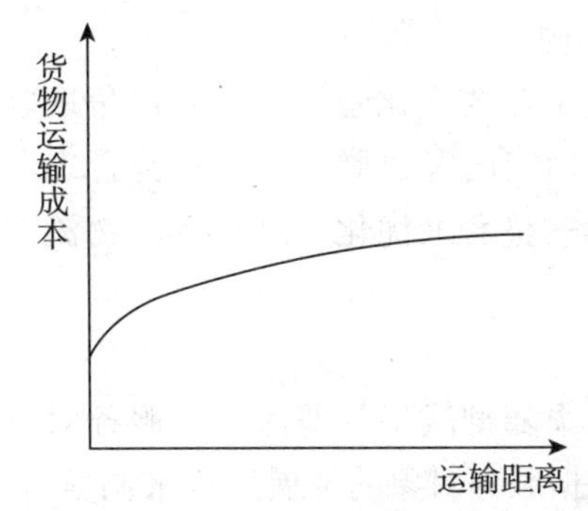

图 4-4　运输距离与货物运输成本的关系

3. 速度原理

速度原理是指完成特定的运输所需的时间越短，其效用价值越高。采用快速运输，首先，运输时间缩短，单位时间里的运输量增加，与时间有关的固定费用分摊到单位运量上的费用减少；其次，物品在运输工具中停滞的时间缩短，而且使到货提前期变短，有利于减少库存，降低存储费用。因此对于易变质或者高价值的物品采用快速运输的方式是合理和经济的。

三、运输与物流的关系

运输本身是物流的一个基本职能环节，是物流的组成部分之一。从这一点上看，物流与运输是从属关系，物流是大范畴的，而运输是小范畴的。同时，运输是物流最重要的职能之一，运输的水平决定着整体物流的可实现程度，从这一点上看，二者又是相互依赖和制约的关系。运输与物流的不同点表现在以下几个方面。

1. 对物的控制不同

物流的仓储、运输、配送是以企业的生产、销售计划为前提的，而运输是由客户需求决定的。生产的精益化、准时制等管理模式要求物流服务时间上的精确化，因此物品的实物流动快或慢，接取送达的早或晚都是由物流系统控制的。

2. 运行计划的执行和调整不同

物流服务的作业过程是整个物流系统中各职能环节的联动，依据整体物流计划进行，如需调整，也是整体系统环节、各部门的共同调整，以保证物流系统运行的协调。运输作为物流的一个职能环节，其运行完全服从整体物流计划；如果运输作为一个独立的系统运行，则其运行服从社会对运输的需求和运输本身所具有的运输能力及可实现的运输水平。

3. 服务范围的不同

物流服务是对客户的物进行全流程的、高质量的服务。物流服务质量有标准但没有极限，可表现在每一个作业节点上。在服务过程中，凡是客户需要的地方都应根据自身的能力，给予适度的服务，尽可能地满足客户的需求。运输作为物流系统的组成部分，服务范围仅限于物流通道。

4. 运营中营销管理的不同

从企业职能上讲，物流企业要强化营销管理，以争取客户，并逐步形成战略协作关系，以实现物流企业长期稳定的客户群，这种营销管理不着眼于一次业务或一项合同的签订，而是为客户设计一整套最优化、最经济的物流方案，使客户通过物流业务外包获得实实在在的利益。

5. 发展战略的不同

物流服务的基本战略是跟随型战略，即保持与服务对象，特别是具有战略合作伙伴关系的大客户的关系，依据服务对象的发展战略来调整自己的运营决策和发展战略，并不断提高对客户服务的水平，以保持和发展与大客户的战略协作关系。运输提供功能性物流服务，实现物品的空间位移。

第二节　运输方式及其业务流程

按使用的运输工具不同，现代运输方式可以分为铁路运输、公路运输、水路运输、航空运输与管道运输五种形式。不同的运输方式适合于不同的运输情况，合理选择运输方式不仅可以提高运输效率，降低运输成本，同时还会对整个物流系统的优化产生有利的影响。因此，了解各种运输方式及其特点，掌握运输方式选择的原则，对优化物流系统和合理组织物流活动是十分重要的。

一、铁路运输

1. 铁路运输系统和设施

中国铁路运输系统建设在改革开放后取得了令人瞩目的成就。2010 年我国铁路建设取得了巨大成就——迈入了高铁时代，并且铁路客货运量大幅增长。截至 2019 年 12 月，全国铁路营业里程为 13.9 万公里以上，其中高铁为 3.5 万公里，全国铁路路网密度为 145.5 公里/万平方公里。运营时速可达 300 公里的线路总里程超 1 万公里，预计在 2025 年将建成 3.8 万公里的高速铁路网。高速铁路网快速扩充了铁路运输能力，为实现我国铁路客货分线运输创造了条件。

2019 年全国铁路固定资产投资完成 8029 亿元，超额完成年初确定的 8000 亿元任务，也创下了近 4 年的最高值。2019 年，全国铁路完成货物总发送量 43.89 亿吨，比上年增长 7.2%，完成货物总周转量 30181.95 亿吨公里。未来几年，中铁总公司将加大对机车车辆装备的投资，新购置一批大功率机车和货车，满足货物运输增量需要；在重载线上，扩大万吨列车开行范围；以扩充煤炭外运通道能力为着力点，以“六线六区域”为重点，挖掘运输潜力，为铁路货运增量提供运力保障。同时，在唐呼线、瓦日线增开万吨重载列车，到 2020 年，将唐呼线、瓦日线分别打造成年运量 1.5 亿吨、1 亿吨的大能力货运通道。

我国重载运输技术已达到世界一流水平。大秦铁路作为我国铁路煤炭重载运输技术创新的成功典范，在世界上首次将机车无线同步操纵技术与 GSM-R（铁路综合数字移动通信系统）技术结合，开行1万吨和2万吨重载组合列车，运量逐年大幅度增长。2019年，大秦铁路公司完成货物发送量68417万吨，同比增长6.6%，占全国铁路货物发送总量的15.58%；完成煤炭发送量5.67亿吨，同比增长2.8%，占全国铁路煤炭发送总量的23.05%。

2. 铁路货物运输的概念及特点

1）铁路货物运输的概念

铁路货物运输（简称铁路货运）是使用铁路列车运送货物的一种运输方式，主要承担长距离、大宗货物运输。在没有水运条件的地区，几乎所有大批量货物都是依靠铁路或者公路来进行运送的。铁路货物运输在干线运输中是主力运输形式。

2）铁路货物运输的特点

铁路货物运输的优点如下。

（1）安全。火车运行平稳，安全可靠。

（2）不受天气的影响。可不分昼夜地进行定期和有规律的运转。

（3）中长距离运费低廉。铁路货物运输运输费用为汽车货物运输费用的十几分之一到几分之一。

（4）运输能力大，一列货车可装2000~3500吨货物，重载列车可装20000多吨货物。

（5）节能，铁路货物运输每千吨公里消耗标准燃料为汽车货物运输每千吨公里消耗标准燃料的1/15~1/11，为航空运输每千吨公里消耗标准燃料的1/174。

铁路货物运输的局限如下。

（1）不适于短距离货运。

（2）货车中途作业需要时间。

（3）运费没有弹性。

（4）不能实现“门到门”运输。

（5）车站固定，无法随处停车。

（6）货物滞留时间长。

铁路货物运输的技术经济特点如下。

（1）速度快，可达300公里/小时（优势距离由100~300公里扩大到200~800公里）。

（2）运能大，列车间隔缩小到3分钟，每小时运行20列，理论上每小时输送5万人左右，而四车道高速公路输送人数为9600人/小时，两跑道机场输送人数为12000人/小时，远低于铁路。

（3）安全性高，控制设备先进，几乎不发生安全事故。

（4）能耗少，高速铁路约是小汽车和飞机每人公里能耗的1/5。

（5）占地少，双线高速铁路路基顶宽9.6~14米，70亩/公里，4车道高速公路路基顶宽26米，105亩/公里。

（6）信息系统完善，有自己的系统。

（7）环境污染小。

（8）舒适度高。

（9）效益好，经济、社会效益突出。

3. 铁路货运的种类

（1）整车运输。这是一种以整车皮装运同种货物的运输方式，整车运输可发挥整装整卸的优势，可充分使用一辆车的运力，因而整车运输成本较低。

（2）零担运输。一批货物的重量、体积、形状或性质均不需单独使用一节火车车皮装运的，则可以按照零担方式办理运输。

铁路部门规定，按零担办理运输的货物，一件体积不得小于0.02立方米（一件重量10千克以上的除外）。一张运单托运的货物不得超过300件。为了保证货物拼装后的安全，便于装卸作业和仓储保管，还规定了某些货物一般不得零担运输，如危险品、需冷藏品、污秽品等。

（3）集装箱运输。适合以集装箱运输的货物，可以按照集装箱运输方式办理。运输货物的种类很多，但并不是所有货物都适合集装箱运输，有些货物虽然从技术角度看可以采用集装箱运输，但是从经济角度看并不一定适合。

4. 铁路货运业务流程

铁路货运业务流程为货物发运作业—运输途中作业—货物到达作业。

（1）货物发运作业。货物发运作业在发站进行，包括托运人向作为承运人的发站申报运输要求，提交货物运单、进货、交费，办理托运手续；发站受理托运要求，审查货物运单，验收货物及运输包装、收费，办理承运手续。整车运输是先装车后承运，零担和集装箱运输是先承运后装车。

（2）运输途中作业。运输途中作业是指在途经车站进行的作业，包括整车途中编组，零担货物在中转站的换乘转装，整车分卸货物的卸车作业，冷藏车的加冰作业，托运人或收货人提出的货物运输变更的办理等。

（3）货物到达作业。货物到达作业在货物到达站进行，包括收货人向作为承运人的到站查询、缴费、领货、接受货物运单，到站作为承运人向收货人发出货物领取通知，接受到货查询、收费、交货、交单，办理交货手续等。

二、公路运输

1. 公路运输系统和设施

公路运输灵活机动、迅速方便，可以提供“门到门”的物流服务。公路运输不仅可以构成独立运输体系，也可以与铁路车站、港口和机场配合，成为集散物资的重要手段。公路运输对我国经济发展有着非常重要的作用。

根据所承担的任务、功能和适应的交通量不同，我国公路被分为五个等级：高速公路、一级公路、二级公路、三级公路和四级公路。高速公路对国民经济发展和国防安全具有特别重要的政治经济意义，一般有四个或四个以上车道，设有中央隔离带，全部立体交叉，具有完善的交通安全设施和服务设施，全部控制出入，全国联网，是专供汽车高速行驶的公路。一级公路是连接重要政治经济文化中心、部分立交的公路。二级公路是连接政治、经济中心或大工矿区的干线公路或城郊公路。三级公路是沟通县或县以上城市的支线公路。四级公路是沟通县、镇或乡的支线公路。

我国高速公路网采用放射线与纵横网格相结合布局方案，由7条首都放射线、11条南北纵线和18条东西横线组成，简称为“71118”网，总规模约11.8万公里，是世界上规模最大的高速公路系统。国家高速公路网覆盖10多亿人口，其直接服务范围，东部地区超过90%、中部地区达83%、西部地区近70%，覆盖地区的GDP将占到全国总量的85%以上；实现东部地区平均30分钟上高速，中部地区平均1小时上高速，西部地区平均2小时上高速。国家高速公路网将连接全国所有的省会城市、83%的50万以上人口的大型城市和74%的20万以上人口的中型城市；连接全国所有重要的交通枢纽城市。公路运输设施和设备包括运输车辆、公路和站场等。

2. 公路货物运输概念及特点

1）公路货物运输的概念

公路货物运输（简称公路货运）是主要使用汽车，包括其他车辆（如人力车、畜力车）在公路上进行货物运输的一种方式。公路货物运输以汽车为主要运输工具，具有机动灵活、迅速方便的特征。汽车可以深入到厂矿、铁路车站、农村、码头、山区等各点，加之我国高速公路和其他等级的公路网发达，纵横交错、布局紧密，因而公路货物运输既是联系点与点之间的主要运输方式，也是联系点与面、面与面之间的运输方式。由于公路货物运输的灵活性，近年来，即使在有铁路、水路的地区，长途的大批量货物的运输也开始使用公路货物运输。公路货物运输仍然占据着我国货物运输行业的主导地位。根据国家统计局数据显示，2019年，我国货运量合计达到470.6亿吨，公路运输量占比最大，达到了72.99%。

2）公路货物运输的特点

（1）机动灵活，适应性强。由于公路货物运输网一般比铁路网、水路网的密度要大十几倍，分布面也广，因此公路货物运输车辆几乎可以无处不到。公路货物运输时间灵活性比较大，车辆可随时调度、装运，并且各环节衔接时间较短。公路货物运输对货运量的多少具有很强的适应性。汽车的载重吨位可以在0.25~300吨区间随意选择，特种车辆的承载能力还要更高。运输作业中，既可以由单个车辆运输，也可以由若干车辆组成车队同时运输。这一点对抢险、救灾工作和军事运输具有特别重要的意义。

（2）可实现“门到门”直达货物运输。由于汽车体积较小，除了可沿公路网运行外，还可离开公路网深入到厂矿、田间、城市居民区等地，把货物从始发地门口直接运送到目的地门口，实现“门到门”直达运输。这是其他运输方式无法与公路货物运输相比拟的特点之一。

（3）在中、短途运输中，运送速度较快。由于公路货物运输可以实现“门到门”直达运输，中途不需要倒运、中转就可以直接将货物运达目的地。因此，与其他运输方式相比，在中、短途运输中货物在途时间相对较短，运送速度相对较快。

（4）原始投资少，资金周转快。公路货物运输与铁路、水路、航空运输方式相比，所需固定设施简单，车辆购置费用比较低。因此，投资兴办容易，回收期短。

（5）车辆驾驶技术容易掌握。与火车司机或飞机驾驶员的培训要求相比较，汽车驾驶技术掌握起来容易得多，对驾驶员的各方面素质要求相对较低。

（6）载运量较小，运输成本较高。目前，世界上最大的汽车是美国通用汽车公司生产的矿用自卸车，长20多米，自重610吨，载重350吨左右，但仍比火车、轮船的载运量小得多；由于汽车载运量小，行驶阻力比铁路大9~14倍，所消耗的燃料是价格较高的液体汽油或柴油。因此，除了航空运输之外，汽车运输成本比其他运输方式的成本都要高。随着高速公路的大量出现以及许多经济发达国家的集装箱直达运输的推广及汽车大型化的发展，公路货物运输在载运量、运输成本等方面的缺点正逐步得到改善。一些国家的公路货物运输已逐步取代铁路货物运输的地位，成为货物运输的重要方式。

（7）运行持续性较差。据有关统计资料表明，在各种现代运输方式中，公路的平均运距是最短的，运行持续性较差。

（8）安全性较低，污染环境严重。自汽车诞生以来，每年死于汽车交通事故的人数急剧增加。汽车所排出的尾气和引起的噪声也严重地威胁着人类的健康，是大城市最大污染源之一。

3. 汽车运输方式

（1）长距离干线运输。长距离干线运输是使用越来越多的一种汽车运输形式。以往对各种运输方式进行技术经济分析时，将汽车运行的经济里程限定在200公里范围，主要是地区和城市内部运输。汽车大型化以后，装载吨位几倍提高，司乘人数却未增加，单位运量的汽车自重相对降低，故而汽车运行的经济里程大大扩展。此外，汽车的“门到门”性质，可省去转运换载的时间及成本，从而汽车的干线运输不仅在水、铁运无法覆盖的地区不能不用，而且，即使在水、铁运条件具备的地区也有相当强的竞争能力。在我国铁路运力十分紧张的地区，对汽运分流的形式还给予政策上的鼓励。

长距离干线运输的方式往往需要与首末端的集配运输配合，汽车的长距离干线“门到门”的运输受客户需求量的制约，不是很普遍，和集配运输结合才算完成完整的物流。

（2）近、中距离“门到门”运输。汽车的近、中距离运输，较多采用“门到门”的形式，车辆大小可在较大范围选择，因而批量的制约不大，使用的局限性很小。此外，对小客户，也可以用“共同化”方式实行“门到门”运输。

（3）集配运输。集配运输是与干线运输衔接的短程运输形式，尤其是铁、水、空干线运输，用汽车进行集配衔接是必然的，集配运输可以说是干线运输的必要补充和辅助形式，主要以“门到站”“站到门”的形式实现。

（4）联运。汽车运输是联运的一个环节。参加联运的汽车主要是集装箱车、半挂车等。

4. 公路货运业务流程

按照托运货物类型，公路货运可分公路整车货物运输和公路零担货物运输两种方式。公路整车货物运输是从货物受理托运开始，到交付收货人为止的生产活动，主要业务流程为：受理托运→核对运单→验货→货物的监装→调度车辆→押运→总结汇报→货物交付。公路零担货物运输是指托运人一次托运的货物是不足3吨（不含3吨）

的零担货物。按件托运的零担货物，单件体积一般不小于0.01立方米（单件重量超过10千克的除外），不大于1.5立方米；单件重量不超过200千克；货物长度、宽度、高度分别不超过3.5米、1.5米和1.3米。其业务流程为：受理托运→过磅起票→仓库保管→配载装车→车辆运行→货物中转（或不经过此环节）→到站卸货→货物交付。

三、水路运输

1. 水路运输系统和设施

根据国家《全国内河航道与港口布局规划》，我国将建成“两横一纵两网十八线”的水路运输网。在水运资源较为丰富的长江水系、珠江水系、京杭运河与淮河水系、黑龙江和松辽水系及其他水系形成长江干线、西江航运干线、京杭运河、长江三角洲高等级航道网、珠江三角洲高等级航道网和18条主要干支流高等级航道的布局，使他们构成我国各主要水系以通航千吨级及以上船舶的航道为骨干的航道网络。水路运输（简称水运）的设施和设备主要包括船舶、港口等。

2. 水路货物运输的概念及特点

1）水路货物运输的概念

水路货物运输（简称水路货运）是以船舶为主要运输工具、以港口或港站为运输基地、以水域（海洋、河、湖等）为运输活动范围的一种货物运输方式，其在蒸汽机用于交通动力前已经出现。水运至今仍是世界许多国家最重要的运输方式之一。

水路货物运输的技术经济特征是载重量大、成本低、投资少，但灵活性小、连续性差。水路货运较适于大宗、低值、笨重货物和各种散装货物的中长距离运输，特别是海运，适于承担各种国际贸易进出口货物运输。

目前，我国的商船已航行于世界100多个国家和地区的400多个港口，已基本形成一个具有相当规模的水运体系。在相当长的历史时期内，我国水路货物运输对经济交流、文化发展和对外贸易起着十分重要的作用。2019年我国水运共完成货运量74.72亿吨，占国内货运总量比重也达到了15.88%。其中，内河运输完成货运量39.13亿吨；沿海运输完成货运量27.27亿吨；远洋运输完成货运量8.32亿吨。

2）水路货物运输的特点

与其他运输方式相比，水路货物运输具有如下特点。

（1）开发利用涉及面较广。

（2）对综合运输的依赖性较大。水运航线无法在广大陆地上任意延伸，故水运的充分开发利用，要与铁路、公路和航空等运输方式配合，并实行联运。

（3）其是开展国际贸易的主要方式，是发展经济和友好往来的主要交通工具。

3）水路货物运输的分类

水路货物运输分为海洋运输和内河运输两种类型。海洋运输简称“海运”，指的是使用船舶等水运工具经海上航道运送货物。内河运输简称“河运”，指的是使用船舶和其他水运工具，在国内的江、河、湖泊、水库等天然或人工水道运送货物。河运方式在欧洲的利用率非常高。

海运还可以细分为沿海运输、近海运输和远洋运输三种形式。

（1）沿海运输：使用船舶通过大陆附近沿海航道运送货物的水运方式。

（2）近海运输：使用船舶通过大陆邻近国家海上航道运送货物的水运方式。

（3）远洋运输：使用船舶跨越大洋的长途运输的水运方式。

4）水路货物运输的优劣势

水路货物运输的优势如下。

（1）成本低，能以最低的单位运输成本提供最大的货运量，我国沿海运输成本只有铁路货物运输成本的 40%。

（2）载重量大，在长江干线，一支拖驳或顶推驳船队的载运能力已超过万吨。

（3）通用性较强，客货两宜。

（4）耗能少。

（5）投资省，利用江、河、湖泊和海洋的天然航道，通航能力几乎不受限制。

（6）少占或不占农田。

水路货物运输的劣势如下。

（1）受自然条件的限制与影响大，即受海洋与河流的地理分布及其地质、地貌、水文与气象等的限制和影响。

（2）受航道条件和因素的明显制约与影响。

（3）运输速度低。

（4）灵活性小。

（5）连续性差。

（6）有的地方要加宽河道、疏浚、挖深或沟通。

与其他运输方式相比较，水路货物运输所受的限制比较小，成本低，对环境的污染明显小于空运和公路运输，因此具有其他运输方式不可替代的作用。

3. 水运货船类型

在水运领域的主要货船类型有以下几种。

（1）干线货船。通常所讲的货船主要指干线货船（也简称干线船），干线货船又分为主要装运散装货物的货船和装运包装货的杂货船两类。这类船是通用性较强的船型。

（2）冷藏船。冷藏船是绝热保温性好且装有制冷装置能保持长期低温的装运生鲜食品的船舶。

（3）集装箱船。集装箱船是专用于装载集装箱或混装集装箱的高速货船。

（4）载驳船。载驳船的接驳有两种方式：一种是小驳船驶近载驳船后，用大船上的起重机将小驳船连船带货吊起放于舱内或舱面；另一种是小驳船从大船尾部浮进，再由起重平台托起置于舱内或甲板上。这类船的一个很大特点，是不需大量投资建设码头，在无码头地区也可以装卸驳船。同时将载驳船的干线运输和驳船的小量装运合二为一，可与深入到内河航道的支线运输有机结合起来，使近海运输及内河运输的联运得以实现。在港区条件较差，大船无法靠岸的情况下，也可采用载驳船进行港口驳运。

（5）滚装船。滚装船是指装运车载货并采取滚上滚下方式装卸车载货物的船。

（6）油轮。油轮是指载运石油的多舱货船，是远洋运输中的特大型、大型船舶。

（7）矿石船（矿砂船）。矿石船指专门装运矿产的特种船。

（8）液化气船。液化气船指专门装运液化石油气或液化天然气的船。

4. 船舶运输方式

（1）货物定期船运。又称定期班轮，是远洋运输按确定路线及运行时刻表运行的货船，主要装运杂货等包装货。这一方式有固定船舶、渠道航线、固定船期、固定港口和固定价格。发货人可参照船期表，向船务公司订舱进行货物运输。

（2）不定期船运。此方式无固定船舶、渠道航线、固定船期、固定港口，价格也不固定。发货人应根据需要选择不同的租船方式，并和船东签订租船合同。一般适用于装运数量大、运价低的货物。

（3）专用船业务。企业自置船舶或租赁船舶从事本企业自有货物的水路运输业务。

5. 水路货运业务流程

一般来说，水路货运运输业务主要经历以下的业务流程。

选择船舶组织业务方式→签订运输协议或合同→船东或船务公司装货→船舶出港航行→途中装卸货物→进港后卸货。

对于发货人来说，采用水路方式进行运输时，首先需要考虑的是采用合适的船舶运输方式，然后再进行货物托运工作。

四、航空运输

1. 航空运输系统和设施

近年来，民航管理部门逐步放松对国内航空货运业的管制，极大降低了国内航空货物运输（简称航空货运）市场的准入门槛，同时还积极扩大国际航空货运业务的对外开放力度，有效地促进了我国航空货运的快速发展。据统计，我国已有中货航、国货航等货运航空公司 10 家，全货机 171 架，其中大型远程货机 41 架。2019 年，中国民航完成货邮运输量 753. 2 万吨，居世界第二位，约为美国同期水平的 60%。其中，国内货邮运输量 511. 2 万吨，占总量的 68%；国际货邮运输量 242 万吨，占总量的 32%。航空货运枢纽逐渐形成，如上海浦东机场、北京首都机场、广州白云机场、深圳宝安机场、厦门高崎机场和天津滨海机场等已经成为国际性航空货运枢纽。我国现有近千家空运代理企业从事国际、国内航空货运的一类代理业务，1000 多家代理企业从事国内航空货运的二类代理业务。

截至 2018 年，我国境内民用航空（颁证）机场共有 235 个（不含我国香港、澳门和台湾地区），全货机每周安排 2430 个航班。按照 171 架全货机算，平均每架货机周执飞约 14. 2 班，即每架货机日均执飞仅约 2 班。

在航权开放方面，近年来我国加大了与外国航空公司运输安排的灵活程度。我国与欧美等国家（地区）的航空公司就运力、航线、第五航权、代码共享、包机等事项签订了比较宽松的双边运输协定。在通关服务方面，我国海关颁布了支持国际机场全面提升运作效能的诸项服务措施，包括 24 小时便捷通关、空中报关、多点报关、卡车航班直通式通关服务、保税监管通道、区港联动、网上一站式服务等。航空运输的设施和设备主要包括飞机、机场、仓库、装卸设备等。

2. 航空货物运输的概念及特点

1）航空货物运输的概念

航空货货物运输是指利用民用航空器运送货物。根据《中华人民共和国民用航空法》第九十一条规定，公共航空运输企业是指以营利为目的，使用民用航空器运送旅客、行李、邮件或者货物的企业法人。

航空运输又分为国内航空运输和国际航空运输。国内航空运输是指根据当事人订立的航空运输合同，运输的出发地点、约定的经停地点和目的地点均在国境内的航空运输；国际航空运输是指无论运输有无间断或者有无转运，运输的出发地点、约定的经停地点和目的地之一不在国境内的运输，国际航空运输要根据当事人订立的航空运输合同执行。

2）航空货物运输的优势及局限性

航空货物运输的优势如下。

（1）运送速度快。目前飞机是最快捷的交通运输工具，常见的喷气式飞机的经济巡航速度大都为850~900公里/小时。由于大大缩短了运输时间，所以特别适用于运送易腐烂、易变质的鲜活货物，还适合运送季节性、时效性强的货物，如报刊、抢险、救急品等。许多贵重物品、精密仪器也常采用航空运输的方式运送。

（2）不受地面条件影响。航空运输可以利用天空这一自然通道，不受地理条件约束，对地面条件恶劣、交通不便的内陆地区非常合适，有利于当地资源的输出，促进当地经济发展。

（3）安全、准确。与其他运输方式相比，航空运输的安全性高，风险率约为1/3000000。航空公司的运输管理制度也比较完善，货物的破损率较低。如果采用空运集装箱方式运输，则更安全。

（4）节约保险、包装、利息等费用。由于货物在途时间短，周转速度快，企业库存可以相应减少，有利于提高资金周转率，还可以降低企业的仓储费用。航空运输的货物包装简单，有利于企业降低成本。

（5）经济效益高。修建机场比修建铁路、公路占用土地少，投资省。航空器不需要任何改装，即可迅速地转为应急或者战争服务，是良好的军用和民用结合的交通工具。

航空货物运输的局限性如下。

（1）航空货物运输费用高，不适合低价值货物的运输。

（2）载重量小、运输成本较高，目前尚不能完成大量的普通货物运输。

（3）噪声污染严重。

（4）飞机的舱容有限，对大件货物或者大批量货物有一定限制。

（5）恶劣天气会影响飞行安全。

3）航空货运的业务流程

航空公司进行货运业务时，一般需要经过以下环节：计划安排→货物收集→货物进港生产组织与管理→货物运送→货物到港生产组织与管理→交货工作。

航空公司发运货物时，必须进行吨位控制与配载工作。其任务是在考虑货物的体积和重量的基础上，通过舱位预订与分配来提高货舱的载运率，避免吨位浪费、超售或装运过载。

五、管道运输

1. 管道运输系统和设施

管道运输是用管道作为货物运输工具的一种长距离输送液体、气体或者浆体物资的运输方式。管道运输系统由大型钢管、泵站和加压设备等组成。当今世界大部分的石油、绝大部分的天然气都是通过管道运输的。

管道运输是运输大宗流体货物最有效的方式。固定的管道本身就是运货的载体，由泵或压缩机将能量直接作用在输送介质上。按管道的铺设方式可将管道分为埋地管道、架空管道、水下管道等；按输送介质可以分为原油管道、成品油管道、天然气管道、油气混输管道、固体物料浆体管道等；在石化行业，按其在油气生产中的作用又可分为矿场集输管道，原油、成品油和天然气的长距离输送干线管道，天然气或成品油的分配管道等。

2. 管道货物运输的特点

管道货物运输的特点是运量大，建设投资相对较小，占地面积少，较少受地理条件限制。由于管道埋于地下，基本不受气候影响，可以长期稳定运行。管道输送流体能源，其设备运行比较简单，易于就地自动化和进行集中遥控，目前先进的管道增压站已完全做到无人值守。管道运输是五种运输方式中环保程度最高的清洁运输方式，沿线不产生噪声。由于节能和高度自动化，用人较少，使运输费用大大降低，而且漏失污染很少。

管道货物运输的局限性也很多，如无法灵活运送，对货物的要求很高，运输对象单一，不具有通用性。一旦油田产量递减或资源枯竭，则该段原油管道即报废。自管道投产之日起，管内即充满所输送的物质，直到停止运行之日止，有一部分物质会长期积存在管道中，使运输成本上升。

第三节　集装箱运输与多式联运

一、集装箱运输概述

1. 集装箱的定义

所谓集装箱（Container）是指具有一定强度、刚度和规格的专供周转使用的大型装货容器。我国香港称之为“货箱”，我国台湾称之为“货柜”。关于集装箱的定义，国际上不同国家、地区和组织的表述有所不同。

国际标准化组织（ISO）以及我国《集装箱名词术语》规定，集装箱应具有以下条件：

（1）具有足够的强度，可长期反复使用；为便于商品运送而专门设计的。

（2）在一种或多种运输方式下运输时，无须中途换装。

（3）具有快速装卸和搬运的装置，特别是从一种运输方式转移到另一种运输方式时。

（4）设计时注意要便于货物装满或卸空。

（5）内容积为1立方米或1立方米以上。

2. 集装箱的主要规格和种类

ISO制定的集装箱标准规格有13种，最常见的为20英尺和40英尺两种。集装箱外部标志主要包括箱主的名称、箱子的尺寸、箱子的编号、经检验合格的徽记等。

运输货物用的集装箱种类繁多，从运输家用物品的小型折叠式集装箱直到20英尺标准集装箱，以及航空集装箱等，不一而足。常见的集装箱包括以下几种。

（1）通用干货集装箱（Dry Cargo Container）。

（2）保温集装箱（Keep Constant Temperature Container）。

（3）罐式集装箱（Tank Container）。

（4）台架式集装箱（Platform Based Container）。

（5）平台集装箱（Platform Container）。

（6）敞顶集装箱（Open Top Container）。

（7）汽车集装箱（Car Container）。

（8）动物集装箱（Pen Container or Live Stock Container）。

（9）服装集装箱（Garment Container）。

集装箱的种类相当多，每一种集装箱的种类主要视其用途、装载货物的种类与性质来确定。

用于制造集装箱的材料也很多，主要为铝合金、钢（包括不锈钢）、木材（胶合板）、玻璃钢等。因此根据所使用的材料不同，集装箱也可分为钢制集装箱、铝制集装箱和玻璃钢集装箱等。

3. 集装箱运输的概念及特点

集装箱运输是指利用集装箱运输货物的方式，是一种既方便又灵活的运输方法，现在已经被众多的货主所采用。它可以在最大限度上减少运输过程中造成的货损，比如可以抵御风雨、外力等一些不可控因素对货物造成的损害，一直以来集装箱运输业务以其保障性高、运输费用低廉而深受广大货主的欢迎。

集装箱运输作为一种现代的货物运输方式，与传统的货物运输方式相比，有许多不同之处，主要有以下特点。

（1）集装箱具有抵抗风雨、避光、抗震等作用，因此用集装箱运输货物能够最大限度地减少货损。

（2）集装箱以整箱搬运，极大地方便了运输、装船和卸港。

（3）集装箱的铅封号码唯一，足以保证货物所有人的货物不会发生丢失、被窃的现象。

（4）集装箱中的保温集装箱能够对许多鲜活物品进行长时间保鲜。

（5）集装箱运输可以由一个承运人负责全程运输，因而简化了货运手续，方便了货主，提高了工作效率。

（6）货物从内陆发货人的工厂或仓库装箱后，经由陆、海、空不同的运输方式，可以一直运到内陆收货人的工厂或仓库，实现“门到门”运输。

二、集装箱标准及技术参数

初期，集装箱的结构、规格、大小都不相同，这直接影响集装箱在国际上的流通。为此，国际标准化组织（ISO）根据国际集装箱的各种技术参数和规格，研究制定了通用集装箱3个系列14种标准规格。第一系列主要是大型集装箱，包括7种型号。各国在制定有关集装箱运输的安全、结关、检验等规章方面都以ISO规定的标准作为参考。

集装箱计算单位（TEU）又称20英尺换算单位，是计算集装箱箱数的换算单位。目前各国大部分集装箱运输都采用20英尺和40英尺的两种集装箱。为统一集装箱箱数计算，一般都把20英尺集装箱作为一个计算单位，40英尺集装箱作为两个计算单位，以便统一计算集装箱的营运量。

我国目前使用的集装箱可分为两类，一类是国际标准箱，主要有40英尺、20英尺和10英尺三种箱型；另一类是铁路集装箱，主要有10吨、5吨两种箱型。

国际标准集装箱外部尺寸和额定重量如表4-1所示。

表4-1　国际标准集装箱外部尺寸和额定重量

箱型号	外部尺寸						额定重量	
	英制（英尺，ft）			公制（毫米，mm）				
	长	宽	高	长	宽	高	公斤（kg）	磅（lb）
1AA	40	8	8.5	12192	2438	2591	30480	67200
1A	40	8	8	12192	2438	2438	30480	67200
1AX	40	8	<8	12192	2438	<2438	30480	67200
1BB	29.94	8	8.5	9125	2438	2591	30480	67200
1B	29.94	8	8	9125	2438	2438	30480	67200
1BX	29.94	8	<8	9125	2438	<2438	30480	67200
1CC	19.88	8	8.5	6058	2438	2591	30480	67200
1C	19.88	8	8	6058	2438	2438	30480	67200
1CX	19.88	8	<8	6058	2438	<2438	30480	67200
1D	9.81	8	8	2991	2438	2438	10160	22400
1DX	9.81	8	<8	2991	2438	<2438	10160	22400
1AAA	40	8	9.5	12192	2438	2896	30480	67200
1BBB	29.94	8	9.5	9125	2438	2896	30480	67200

三、集装箱运输组织

1. 集装箱货物的流转程序

集装箱货物是建立在大规模生产方式的基础上的。所以它必须将分散的小批量货物，预先在内陆地区的某几个点加以集中，等组成大批量的货源后，通过内陆、内河运输，将其运至集装箱码头堆场。

从运输成本分析，只有采用把小批量货流组成大批量货流的组织方式，才能使运输总成本降至最低。

在上述过程中，货物的交接主要有两种不同的形态，一种叫作整箱货（FCL），另一种叫作拼箱货（LCL）。整箱货可以理解成只有一个发货人和一个收货人的形式，而拼箱货可以理解成几个发货人和几个收货人的形式。

1）整箱货的流转过程

（1）在发货人工厂或仓库配置集装箱。

（2）由发货人在自己工厂或仓库装箱。

（3）进行内陆或者内河运输。

（4）在集装箱码头堆场办理交接。

（5）将集装箱根据堆场计划进行堆放。

（6）装船。

（7）通过海上运输。

（8）卸船。

（9）将集装箱根据堆场计划堆放。

（10）在集装箱码头堆场办理交接。

（11）进行内陆运输。

（12）在收货人工厂或者仓库掏箱。

（13）集装箱空箱运回。

2）拼箱货的流转过程

（1）货运站从码头堆场领取空箱。

（2）货运站配箱装箱。

（3）对已经装箱的实箱施加铅封。

（4）将实箱运至码头堆场。

（5）装船。

（6）进行海上运输。

（7）卸船。

（8）将实箱运至货运站。

（9）货运站进行掏箱。

（10）货运站交货。

（11）集装箱空箱运回。

2. 集装箱的交接方式

在集装箱货物运输中，根据整箱货、拼箱货的不同，其主要的交接方式有：门到门（Door to Door）；门到场（Door to CY）；门到站（Door to CFS）；场到门（CY to Door）；场到场（CY to CY）；场到站（CY to CFS）；站到门（CFS to Door）；站到场（CFS to CY）；站到站（CFS to CFS）九种。

在以上九种交接方式中，除了场到场交接方式的两个堆场全为码头堆场或运输全程可由一种运输方式（主要是汽运）完成外，其余各种交接方式都是集装箱多式联运合同下的运输，其承运人一般是多式联运企业。

四、多式联运概述

1. 多式联运的概念

多式联运即根据实际需要，将不同的运输方式组合在一起，形成连续性的、综合性的一体化运输。通过一次托运、一次计费、一份单证、一次保险，由各运输区段的承运人共同完成货物的全程运输，即将全程运输作为一个完整的单一运输过程来安排。

多式联运广泛应用于国际货物运输中，故该种多式联运称国际多式联运（International Multimodal Transportation，IMT）。

2. 多式联运的优越性

（1）手续简便。一票到底，手续简单。无论使用几种运输方式，也无论运输途中经过多少次转接，托运人只需办理一次手续，签订一份合同，一次性付费，一次保险，通过一张单证即可实现全程运输。

（2）加快运输，缩短运输时间，降低库存。各运输工具和运输环节之间密切配合，衔接紧凑，大大减少货物的在途时间，有利于降低库存。

（3）安全可靠。减少货损货差，提高货运质量。多式联运主要采用集装箱方式，而且中间转接迅速及时，保证了货物安全、迅速、及时、准确地到达目的地，运输质量高。

（4）合理运输。将多个区段、不同运输方式组织成一个整体，避免各自为政、自成体系的分散局面，经营范围扩大，能最大限度地发挥各种运输资源的作用，有利于选择最佳运输路线，实现合理化运输。

（5）简化包装。多式联运一般采用集装箱进行运输，集装箱犹如外包装，货物只需简易包装，可以大大节省包装费用。此外，由于货物简化了包装，又可以缩小重量和体积，减少运费支出。

（6）提前结汇。货物在起运地装上第一程运输工具后，就可以取得多式联运提单进行结汇。

在当前贸易竞争激烈的情况下，运输货物要求速度快、货损小、费用低，而多式联运正以安全可靠、迅速及时以及手续简便等优点，受到广大货主的欢迎。

五、多式联运业务的组织体制

多式联运的业务过程根据工作性质可分为两部分：承运业务和组织业务。承运业务是由参加多式联运的各种运输方式的实际承运人完成的；组织业务则是由多式联运的组织者——联运企业或联运机构完成的，主要包括联运过程中的商务性事务和衔接服务性工作的组织实施。

多式联运业务的组织体制有两种类型：协作式多式联运和衔接式多式联运。

1. 协作式多式联运

协作式多式联运的组织者是由参加多式联运的各种运输方式的企业和中转港站共同组成的联运办公室（或其他名称）。货物全程运输计划由该机构制定。

这种多式联运的组织体制，在有的资料中称为“货主直接托运制”，这是国内过去和当前多式联运（特别是大宗、稳定、重要物资的运输）中主要采用的组织体制。

协作式多式联运业务组织如图 4-5 所示。

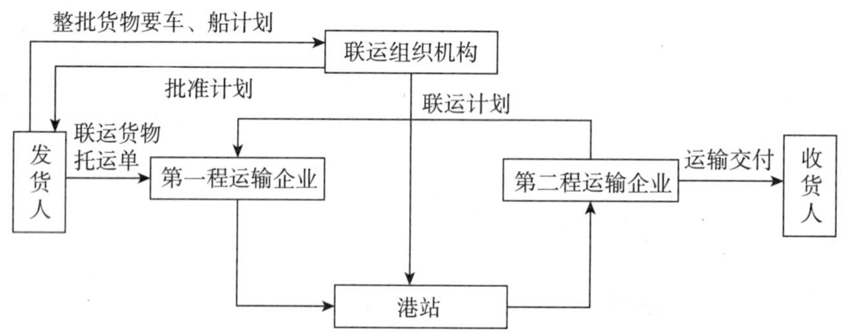

图 4-5 协作式多式联运业务组织

2. 衔接式多式联运

衔接式多式联运的全程运输组织业务是由多式联运经营人（多式联运企业）（Multimodal Transport Operator，MTO）完成的。

这种多式联运的组织体制，在有的资料中称为“运输承运发送制”。目前在国际多式联运中主要采用这种组织体制，在国内多式联运中采用这种体制的也越来越多，随着我国经济体制的改革，这种组织体制将成为国内多式联运的主要组织形式。衔接式多式联运业务组织如图 4-6 所示。

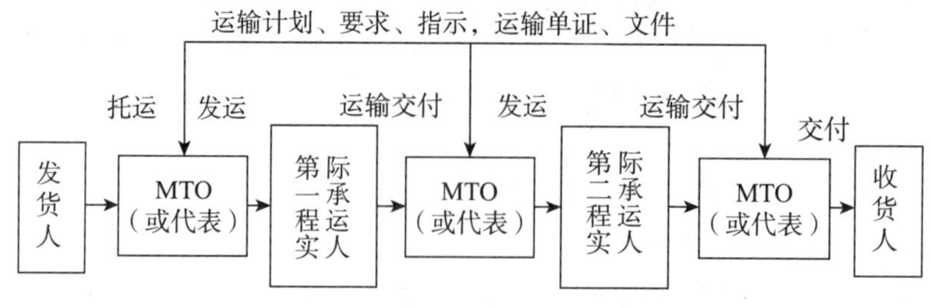

图 4-6 衔接式多式联运业务组织

3. 多式联运企业联运业务程序

（1）货主（发货人）提出发货委托书或亲自登门办理托运手续。

（2）多式联运企业根据货主委托书，在规定时间、地点派车取货或由货主亲自送货，货物在多式联运企业仓库集结。

（3）多式联运企业办理货物票据手续及核收运杂费。

（4）根据货主规定的发货日期（或对到货日期的要求）向运输企业托运，组织货物始发装运，联运企业负责选择运输工具和安排运输线路。

（5）在不同运输工具的衔接点办理货物中转业务。

（6）办理货物到达票据手续和到达杂费结算。

（7）多式联运企业根据货主（收货人）指定的时间、地点派车或由货主亲自取货。

由以上的环节可以看出，多式联运业务的作业程序主要由三个环节组成：发运地的承运业务，货物在不同运输工具衔接点的中转业务以及货物在收货地的交付业务。

4. 运输承运人

在运输活动的进行过程中，除了托运人和收货人之外，还有一个非常重要的角色：承运人。承运人作为中间人，他的目的与托运人和收货人有所不同，他期望以最低的成本完成所需的运输任务，同时获得最大的运输收入。这种观念表明，承运人想要按托运人（或收货人）愿意支付的最高费率收取运费，而使转移货物所需要的劳动、燃料和运输工具成本最低。为实现这一目标，承运人希望在提取和交付时间上有灵活性，以便能够使个别的装运整合成经济运输批量。

按照经营权的不同，承运人可以划分为以下四类：公共承运人、契约承运人、私营承运人和豁免承运人。

（1）公共承运人。公共运输系统的基础是公共承运人（Common Carrier）。公共承运人有责任按非歧视性价格向公众提供服务，他享有的经营权中包括运输所有的货物，也可以局限于承运特定的货物，如钢材、家庭用品、计算机等。此外，这种经营权规定了承运人可以服务的地理区域，并明确这种服务是否按照时间计划运行。

公共承运人需要有公开的运输费率表，提供充足的运输设施，在规定的运营区间内提供服务，在合理的时间交付货物，收取合理的运费，以及遵守对客户的非歧视原则。

公共承运人存在的一个较大的问题是难以对客户的人数做出准确的预测（包括难以预测货运量），这一点可以通过公共承运人形成战略联盟和长期合作关系的方式得以缓解。

（2）契约承运人。契约承运人（Contract Carrier）向首选的客户提供运输服务。尽管契约承运人必须获得授权，正常情况下，没有对公共承运人要获得经营权要求那么高，契约承运人获得经营权的基础是承运人与托运人之间在事先同意的成本条件下就具体的运输服务所达成的协议。例如，该协议也许是运输单独一票货或在一段时间内运输数票货的一份合同，于是，该合同就成为契约承运人有权运输特定货物的基础。

（3）私营承运人。私营承运人（Private Carrier）由自己提供运输的厂商构成。虽然私营承运人必须遵守相关的法律规章，但是他们不经营出租业务。这类厂商必须拥有或者租用运输设备，并对运输作业提供管理和指导。私营承运人和契约承运人之间的主要区别在于前者的运输活动必须依附于厂商的主业，作为其私营货运的资格。

如今，由于私营承运人和其他承运人之间的成本和服务上的差距越来越小，使得许多厂商倾向于削减私营承运人的经营活动，将资源集中到主业上来。

（4）豁免承运人。顾名思义，豁免承运人（Exempt Carrier）不受经济规章的约束。传统上的豁免是指特定运输的货物或特定服务的市场。豁免货物通常包括未经加工的农产品和采掘的原材料等；豁免市场通常包括机场周围地区或本地区域。但是豁免承运人必须遵守当地城市的相关规章制度。

第四节　无车承运人及货物运输合同

随着“互联网+”趋势的蓬勃发展，物流行业早已迈入了互联网时代。货物运输也进入了“滴滴打车”的新阶段，在传统的公路运输承运人和货代公司的基础上，产生了专门匹配货源和运力的第三方网络平台，原先称作无车承运人，现在称作网络货运经营者。不论是传统运输经营还是现在的无车承运人经营方式，在开展运输业务活动前都要签订货物运输合同。

一、无车承运人起源及概念

“无车承运人”是由美国Track Broker（货车经纪人）这一词汇演变而来，是无船承运人在陆地的延伸。国家标准《物流术语》（征求意见稿）对“无车承运人”定义为：“不拥有货运车辆，以承运人身份与托运人签订运输合同、承担承运人责任和义务，并委托实际承运人完成运输服务的道路货物运输经营者。”无车承运人具有双重身份，对于真正的托运人来说，其是承运人；但是对于实际承运人而言，其又是托运人。无车承运人一般不从事具体的运输业务，只从事运输组织、货物分拨、运输方式和物流运输线路的选择等工作，其收入来源主要是规模化的“批发”运输而产生的运费差价，其通过对资源的有效整合以及多样化业务形式的创新运作，以达到多方利益共赢的目的，其本身一般不从事具体的运输业务，采取轻资产运作。

截至2018年10月，我国共用229家无车承运试点企业。这229家试点企业共整合社会运力64.4万辆；完成运单1952.8万单，货运量1.27亿吨，月均增幅均在10%以上。为推动无车承运模式进一步发展，从2020年1月1日起，试点企业可按照《网络平台道路货物运输经营管理暂行办法》规定要求，申请经营范围为“网络货运”的道路运输经营许可。

二、无车承运人业务模式

典型的网络货运模式下（如图4-7所示），网络货运经营者（即平台方，下同）自身不参与实际运输，而是运营网络平台整合运输资源信息，为托运人匹配合适的运输公司承运货物。托运人与网络货运经营者达成货物运输合同，向网络货运经营者支付运费，网络货运经营者作为无车承运人向其提供运输服务；网络货运经营者就该票货物同时与实际承运人达成货物运输合同，向实际承运人支付运费，实际承运人实际提供运输服务；托运人直接向实际承运人交付货物，实际承运人运送货物并将其交付收货人。

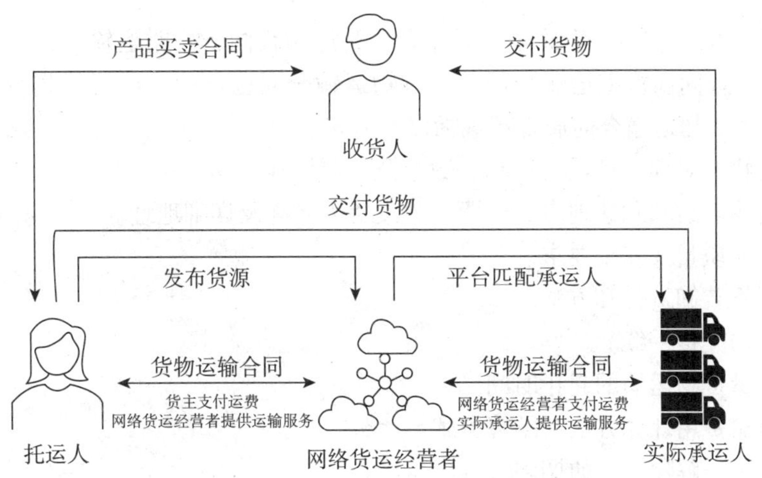

图 4-7 典型的网络货运模式

三、货物运输合同概念及特征

货物运输合同是指承运人按照托运人的要求将货物从起运地点运输到约定地点，托运人或者收货人支付运输费用的合同。货物运输合同的主体是托运人和承运人。托运人是将货物委托承运人运输的人，包括自然人、法人和其他组织。托运人可以是货物的所有人，也可以不是。承运人是运送货物的人，多为法人，也可以是自然人、其他组织。货物运输合同涉及收货人，收货人是接收货物的人。收货人与托运人可以是同一人，但多为第三人。当第三人为收货人时，收货人就是货物运输合同的关系人，此时货物运输合同就是为第三人利益而订立的合同。

无车承运人（或网络货运经营者）依托互联网平台整合配置运输资源，以承运人身份与托运人签订货物运输合同，委托实际承运人完成货物运输，承担承运人责任。

货物运输合同的订立是指两个或两个以上的当事人，依法就货物运输合同的主要条款经过协商一致，达成协议的法律行为。货物运输合同除具有合同普遍的法律特征外，还具有自身特征。

（1）货物运输合同是当事人之间为实现一定经济目的，明确权利和义务关系而订立的协议。签订合同的当事人双方或一方必须是法人。

（2）签订货物运输合同的承运方必须具有合法的运营资格。

（3）货物运输合同的内容限于运输经济行为，主要以运输经济业务活动为内容。

（4）货物运输合同是实践合同，承托双方除了就合同的必要条款达成协议外，还要求托运人必须将托运的货物交付给承运人，合同才能成立。

（5）货物运输合同的当事人往往涉及第三者，即除了托运人和承运人之外，一般还有收货人。

（6）货物运输合同具有标准合同的性质，主要内容和条款由有关部门统一制定。

四、货物运输合同的内容

按照承运方式，货物运输合同可分为铁路运输合同、公路运输合同、水路运输合同、航空运输合同和管道运输合同等。货物运输合同也可按合同形式划分。无论按什么形式划分，货物运输合同通常都包括以下内容。

（1）货物的名称、性质、体积、数量及包装标准。

（2）货物起运和到达地点、运距、收发货人名称及详细地址。

（3）运输质量及安全要求。

（4）货物装卸责任和方法。

（5）货物交接手续。

（6）批量货物运输的起止时间。

（7）运输费用计算方法和结算方式。

（8）变更、解除合同的期限。

（9）违约责任。

（10）双方商定的其他条款。

第五节　运输决策

运输决策在物流活动中具有十分重要的地位，因为运输成本占物流总成本的 50% 以上。对许多商品来说，运输成本要占商品价格的 4% ~10%，也就是说，运输成本占物流总成本的比重比其他物流活动所占的比重大。在资源有限的情况下，对运输活动进行优化，从而降低运输成本是十分必要的。运输决策包括的范围很广泛，其中主要有运输方式选择、运输路线规划以及运输计划编制。

一、运输方式选择

本章第二节介绍了铁路运输、公路运输、水路运输、航空运输及管道运输五种运输方式，其中管道运输主要用于运输石油和天然气。本节主要讲解货物运输方式的选择。在运输市场上，各种运输方式之间不可避免地存在着竞争。一方面，由于各种运输方式均拥有自己固有的技术经济特征及相应的竞争优势；另一方面，由于各种运输方式在运输市场需求方面本身拥有的多样性，这主要表现在运输量、距离、空间位置、运输速度等方面，这实际上就为各种运输方式在开展运输活动中营造了各自的生存及发展空间。

在各种运输方式中，如何选择适当的运输方式是运输合理化的重要问题。一般来讲，应根据物流系统要求的服务水平和可以接受的物流成本来决定，可以选择一种运输方式，也可以选择采用联运的方式。

1. 影响运输方式选择的因素分析

在决定选择哪种运输方式时，可考虑从五个具体的因素研究分析。这五个因素分别为：货物品种、运输期限、运输成本、运输距离和运输批量。

选择的运输方式要适合所运货物特性和形状。根据运输期限来选择运输工具，保证及时运输。运输成本因货物种类、重量、运距等不同而不同。运输工具不同，运输成本也会发生变化。在考虑运输成本时，必须考虑运输费用与其他物流子系统之间存在着互为利弊的关系，不能单从运输费用出发来决定运输方式，而要从全部的总成本出发进行考虑。从运输距离来看，一般依照以下原则：300 公里以内用汽车运输；300~500公里用铁路运输；500 公里以上，用船舶运输。在运输批量方面，因为大批量运输成本低，应尽可能使商品集中到最终消费者附近。从这方面来看，选择合适的运输工具进行运输是降低成本的好方法。

因为各种运输方式和运输工具都有各自的特点，而不同特性的货物对运输的要求也不一样，所以要制定一个选择运输方式的统一标准是很困难的，要综合考虑各种因素。一般来说，运输费用是衡量运输效果的综合标准，也是影响物流系统经济效益的主要因素。但是，运输费用和运输时间是一对矛盾体：速度快的运输方式一般费用较高，与此相反，运输费用低的运输方式速度较慢。总之，选择运输方式时，通常是在保证运输安全的前提下衡量运输时间和运输费用，即当到货时间得到满足时再考虑费用低的运输方式。当然计算运输费用不能单凭运输单价，而应对运输过程中发生的各种费用以及对其他环节费用的影响进行综合分析。

2. 运输方式的综合性能评价

对运输方式的选择，需要进行一个综合性的评价。一般来说，可从经济性、迅速性、安全性和便利性四个评价指标加以综合考虑。

运输方式的经济性是用运费、包装费、装卸费和设施费等有关运输费用合计来表示。很显然，费用越高，经济性越差。运输方式的迅速性是用从发货地到收货地所需的天数（或时间）来表示。运输方式的安全性是由过去一段时间内的货损、货差率来确定，货损率越高，安全性越差。运输方式的便利性一般很难计量化，但可根据具体情况具体分析：以代办货物运输为例，通常用代办点的经办时间与货物运到代办点所需的时间差来衡量，时间差越大，便利性越高。在计算综合性能指标时，需要将各指标值进行标准化，选择各指标值的权重，得出各运输方式的综合评价值，选择对应综合评价值最大的运输方式。

二、运输路线优化

运输路线的选择会直接影响运输效果的好坏，关系到货物能否及时被运到指定地点。而且当运输费用是以吨公里来计算时，运输路线的长短直接影响着运输费用的多少。因此，运输路线的选择是影响运输成本的重要因素。在讨论多供货点和多需求点的运输规划问题时，供需两点之间的运输距离也是影响运输规划模型中运价参数的重要因素，因而确定供需两点之间的最短路线是构建和求解运输规划模型的一项基础工作。我们通常使用运筹学及系统工程理论解决运输中的实际问题。

1. 最短路问题描述

最短路问题是图论理论的一个经典问题。寻找最短路径就是在指定网络中两节点间找一条距离（或行驶时间、费用等）最短的路线。最短路问题一般描述为：设 $G=(V, E)$ 为连通图，V 为图中点的集合，E 为边的集合，图中各边 (v_i, v_j) 有权 d_{ij}（$d_{ij}=\infty$，表示 v_i，v_j 之间无边），v_i，v_j 为图中任意两点，求一条道路 μ，使它从 v_s 到 v_t 的所有路线中总权最小。即：

$$\min L(\mu)=\sum_{(v_i, v_j)\in\mu} d_{ij}$$

2. 狄克斯屈拉（Dijkstra）标号法

目前 Dijkstra 标号法被认为是求无负权网络最短路线问题的最好方法。Dijkstra 标号法的计算思路如下。

定义两种标号：T 标号和 P 标号，T 标号为试探性标号（或称临时标号），P 标号为永久性标号，给 v_i 点一个 P 标号，表示从 v_s 到 v_t 点的最短路权，v_i 点的标号不再改变；给 v_i 点一个 T 标号，表示从 v_s 到 v_t 点的估计最短路权的上界，是一种临时性标号，凡没有 P 标号的点都有 T 标号。算法：每一步都把某一点的 T 标号改为 P 标号，当终点 v_t 得到 P 标号时，全部计算结束。对于有 n 个顶点的图，最多经过 $n-1$ 步就可以得到从始点到终点的最短路线。

具体计算步骤如下。

（1）给 v_s 以 P 标号，$P(v_s)=0$，其余各点均给 T 标号，$T(v_i)=+\infty$。

（2）若 v_i 点为刚刚得到 P 标号的点，考虑这样的点 v_j：(v_i, v_j) 属于 E，且 v_j 为 T 标号。对 v_i 的 T 标号进行如下更改：

$$T(v_j)=\min[T(v_j), P(v_i)+d_{ij}]$$

（3）比较所有具有 T 标号的点，把最小者 T 标号改为 P 标号，即：

$$P(\overline{v_i})=\min[T(v_i)]$$

当存在两个以上最小者时，任取一个改为 P 标号。若终点得到 P 标号则计算结束，否则用 $\overline{v_i}$ 代替 v_i 转回步骤（2）。

例：有六个节点的运输网络，如图 4-8 所示，网络中的路权均以公里表示，求节点 V_1 至 V_6 的最短路线及路程。

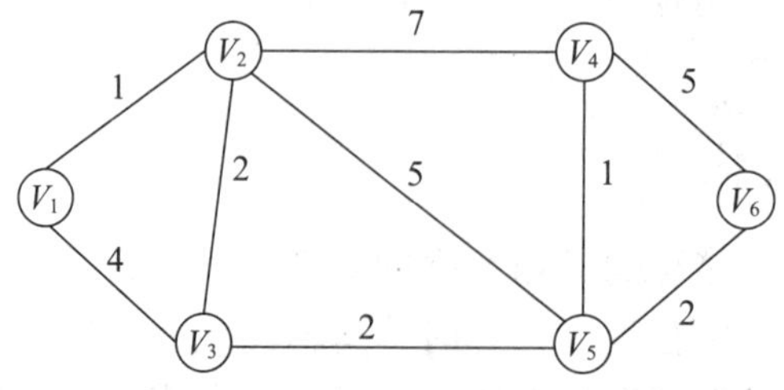

图 4-8　六个节点运输网络

根据 Dijkstra 标号法得到节点 V_1 至 V_6 的最短路线为：V_1—V_2—V_3—V_5—V_6，路程

为7。

三、运输计划编制

运输规划是运输作业的第一步，它的合理性与否直接影响着物流运作成本的高低。因此物流人员在确定运输方案时，必须经过认真的筛选比较，综合考虑各种运输中的约束条件。在运输作业和车辆调配过程中，运输路线的选择和运输费用也各不相同。在规划中，我们一般采用运筹学的规划方法来建立运输规划模型。

若运输规划研究的是单一品种物资的典型运输问题，这类问题可描述如下。

已知有 m 个供货点 $A_i(i=1,2,\cdots,m)$ 可供应某种物资，其供货量分别为 $a_i(i=1,2,\cdots,m)$，有 n 个需求点 $B_j(j=1,2,\cdots,n)$ 可供应某种物资，其需求量分别为 $b_j(j=1,2,\cdots,n)$，从 A_i 到 B_j 运输单位货物的运价为 c_{ij}。若设 z 为目标函数（总运输费用或总运输距离）、x_{ij} 为从 A_i 到 B_j 的运输量，当 $\sum_{i=1}^{m} a_i=\sum_{j=1}^{n} b_j$ 时，可写成如下数学模型：

$$\min z=\sum_{i=1}^{m}\sum_{j=1}^{n} c_{ij}x_{ij}$$

$$\text{s. t.}\begin{cases}\sum_{j=1}^{n} x_{ij}=a_i & i=1,2,\cdots,m\\ \sum_{i=1}^{m} x_{ij}=b_j & j=1,2,\cdots,n\\ x_{ij}\geqslant 0 & i=1,2,\cdots,m;\ j=1,2,\cdots,n\end{cases}$$

以上是供需平衡的运输问题模型。如果供需不平衡，可通过设置虚源（假设的供货点）或虚汇（假设的需求点）使其变成平衡运输问题。对平衡运输问题可以直接通过表上作业法求得最优运输方案。

例：某公司有三个储存某种物资的仓库，供应四个工地的需要。三个仓库的供应量和四个工地的需求量及各仓库到各工地调运单位物资的运价（元/吨）如表4-2所示，试求运输费用最小的合理运输方案。

表4-2　供需量及各仓库到各工地调运单位物资的运价　（单位：元/吨）

仓库	工地				供应量（吨）
	B_1	B_2	B_3	B_4	
A_1	3	11	3	10	700
A_2	1	9	2	8	400
A_3	7	4	10	5	900
需求量（吨）	300	600	500	600	2000

解：

（1）初始调运方案如表4-3所示。

表 4-3　　初始调运方案

仓库	工地				供应量（吨）
	B_1	B_2	B_3	B_4	
A_1			400	300	700
A_2	300		100		400
A_3		600		300	900
需求量（吨）	300	600	500	600	2000

（2）位势计算表如表 4-4 所示。

表 4-4　　位势计算表

仓库	工地				U_i
	B_1	B_2	B_3	B_4	
A_1			3	10	2
A_2	1		2		1
A_3		4		5	-3
V_j	0	7	1	8	

（3）检验数如表 4-5 所示。

表 4-5　　检验数

仓库	工地			
	B_1	B_2	B_3	B_4
A_1	1	2		
A_2		1		-1
A_3	10		12	

（4）调运方案如表 4-6 所示。

表 4-6　　调运方案

仓库	工地				供应量（吨）
	B_1	B_2	B_3	B_4	
A_1			500	200	700
A_2	300			100	400
A_3		600		300	900
需求量（吨）	300	600	500	600	2000

复习思考题

1. 简述运输的概念与基本原理。
2. 铁路、公路、水路、航空运输方式各有何特点?
3. 集装箱运输与多式联运有何特点?
4. 何为无车承运人?有何特点?
5. 简述货物运输合同概念与特征。
6. 运输方式选择应考虑哪些因素?
7. 运输路线优化有哪些方法?

第五章　配送管理

案例导入

亚马逊利用大数据优化电商配送

亚马逊（Amazon）是全球商品品种最多的网上零售商，坚持走自建物流方向，其将集成物流与大数据紧紧相连，从而实现了更大的价值。由于 Amazon 有完善、优化的物流系统作为保障，它才有能力严格地控制物流成本和有效地进行物流过程的组织运作。Amazon 在业内率先使用了大数据、人工智能和云技术进行仓储物流的管理，创新地推出预测性调拨、跨区域配送、跨国境配送等服务。

1. 订单与客户服务中的大数据应用

Amazon 有完整的端到端的五大类服务：浏览、购物、仓配、送货和客户服务等。

（1）浏览。Amazon 基于大数据分析技术精准分析客户的需求。通过系统记录的客户浏览历史，后台会随之把客户感兴趣的库存放在离他们最近的运营中心，这样方便客户下单。

（2）购物。不管客户在哪个角落，Amazon 都可以帮助客户快速下单，也可以很快知道他们喜欢的商品。

（3）仓配。Amazon 运营中心最快可以在 30 分钟之内完成整个订单的处理。大数据驱动的仓储订单运营非常高效，订单处理、快速拣选、快速包装、分拣等一切过程都由大数据驱动，且全程可视化。

（4）送货。Amazon 的物流体系会根据客户的具体需求时间进行科学配载，调整配送计划，实现客户定义的时间范围内的精准送达。Amazon 还可以根据大数据的预测，提前发货，赢得绝对的竞争力。

（5）客户服务。Amazon 利用大数据驱动客户服务，创建了技术系统来识别和预测客户需求。根据客户的浏览记录、订单信息、来电问题，定制化地向客户推送不同的自助服务工具，大数据可以保证客户能随时随地电话联系到对应的客户服务团队。

2. 智能入库管理技术

在 Amazon 全球的运营中心，从入库这一时刻就开始使用大数据技术。

（1）入库。Amazon 采用独特的采购入库监控策略，基于自己过去的经验和所有历史数据的收集，来了解什么样的品类容易坏，坏在哪里，然后给其进行预包装。这都是在收货环节提供的增值服务。

（2）商品测量。Amazon 的体积测量仪器会对新入库的中小体积商品进行长宽高和体积的测量，并根据这些商品信息优化入库。这给供应商提供了很大方便，客户不需要自己测量新品，这样能够大大提升新品上线速度。Amazon 数据库存储下这些数据，在全国范围内共享，这样其他库房就可以直接利用这些后台数据进行后续的优化、设计和区域规划。

3. 智能拣货和智能算法

Amazon 使用大数据分析实现了智能拣货，主要应用在以下几个方面。

（1）智能算法驱动物流作业，保障最优路径。Amazon 的大数据物流平台的数据算法会给每个人随机地优化他的拣货路径。系统会告诉员工应该去哪个货位拣货，并且可以确保全部拣选完之后的路径最少。通过这种智能的计算和智能的推荐，可以把传统作业模式的拣货行走路径减少至少 60%。

（2）图书仓的复杂的作业方法。图书仓采用的是加强版监控，会要求相似品尽量不要放在同一个货位。批量的图书的进货量很大，Amazon 通过对数据的分析发现，穿插摆放可以保证每个员工出去拣货的任务比较平均。

（3）畅销品的运营策略。Amazon 根据后台的大数据，可以知道哪些商品的需求量比较高，然后会把它们放在离发货区比较近的地方，有些是放在货架上的，有些是放在托盘位上的，这样可以减少员工的负重行走路程。

4. 智能随机存储

随机存储是 Amazon 运营的重要技术，但是随机存储不是随便存储，而是有一定的原则的。随机存储要考虑畅销品与非畅销品，还要考虑先进先出的原则，同时随机存储还与最佳路径有重要关系。

随机上架是 Amazon 的运营中心的一大特色，实现的是见缝插针的最佳存储方式。看似杂乱，实则乱中有序。乱是指可以打破品类和品类之间的界线，可以把它们放在一起。有序是指库位的标签就是它的 GPS，这个货位里面所有的商品其实在系统里面都是各就其位，非常精准地被记录在它所在的区域。

5. 智能分仓和智能调拨

Amazon 智能分仓和智能调拨拥有独特的技术优势，在 Amazon 中国的 10 多个平行仓的调拨完全是在精准的供应链计划的驱动下进行的，它实现了智能分仓、就近备货和预测式调拨。

全国各个省市包括各大运营中心之间有干线的运输调配，以确保库存已经提前调拨到离客户最近的运营中心。整个智能化全国运输调拨网络很好地支持了平行仓的概念，全国范围内只要有货客户就可以下单购买，这是大数据体系支持全国运输调拨网络的充分表现。

6. 精准库存预测

Amazon 的智能仓储管理技术能够实现连续动态盘点，对库存预测的精准率可达 99.99%。在业务高峰期，Amazon 通过大数据分析可以精准预测库存需求，在配货规划、运力调配，以及末端配送等方面做好准备，从而平衡了订单运营能力，大大降低爆仓的风险。

7. 可视化订单作业、包裹追踪

Amazon 实现了全球可视化的供应链管理，在中国就能看到大洋彼岸的库存。Amazon 平台可以让国内消费者、合作商和 Amazon 的工作人员全程监控商品、包裹位置和订单状态。从前端的预约到收货、内部存储管理、库存调拨、拣货、包装，再到配送发货，送到客户手中，整个过程环环相扣，每个流程都有数据的支持，并通过系统实现对其的可视化管理。

（大数据案例来自：https：//blog. csdn. net/dsdaasaaa/article/details/94763907）

第一节　配送与配送中心概述

配送是现代物流中的重要组成环节，配送功能的水平已经成为衡量物流水平的重要标识。本节从配送业务和配送中心两个方面对配送进行概述。

一、配送的概念

配送是指在经济合理区域范围内，根据客户要求，对物品进行集货、分类、储存、拣选、加工、包装、组配等作业，并按时送达指定地点的物流活动。

根据配送的定义，配送主要有以下内涵：①配送是最终资源配置。配送是接近客户的配置，是从物流节点至客户的终端运输。②配送是特殊送货形式。其特殊性表现为从事配送的是专职流通企业，而不是生产企业。一般送货是生产什么送什么，而配送是按需送货，需要在中转环节配置这种需要。③配送是“配”与“送”的有机结合。配送必须利用有效的分拣、配货等工作，使送货达到一定的规模，取得较低的送货成本。如果只配不送无法满足客户需求；如果只送不配，无法降低送货成本。④配送是以客户为中心的活动。配送活动中客户处于主导地位，配送企业处于服务地位。⑤配送须在经济合理的范围内进行。所谓经济合理，是指在满足客户需要的前提下实现配送的经济效益。一般的配送要求多批次小批量，所以配送距离不宜过远。

二、配送的分类

配送在实践中的形式多种多样。根据不同的标准，可划分出不同的配送类型，具体如表 5-1 所示。

表 5-1　配送的分类

分类标准	配送类型
根据配送组织者不同	配送中心配送、仓库配送、商店配送、生产企业配送
根据配送商品种类及数量不同	单品种大批量配送、多品种少批量配送、配套成套配送
根据供应主体不同	供应商直接配送、企业自营配送、共同配送、外包配送、众包配送
根据服务模式不同	快递配送、即时配送、多温共配、准时制配送、仓配一体

三、配送的作用

配送在现代物流活动中的作用可以具体归纳为以下几方面。

（1）完善了运输和整个物流系统。采用配送作业方式，可以在一定范围内，将干线、支线运输与仓储等环节统一起来，使干线运输过程及功能体系得以优化和完善，形成一个大范围物流与局部范围配送相结合的、完善的物流配送体系。

（2）提高了末端物流的效益。采用配送中心集中库存，使有限的库存为更大范围内的客户所用，物资利用率和库存周转率大大提高，降低了产品存储成本，进而提高了末端物流的效益。

（3）通过集中库存使企业实现低库存或零库存。配送通过集中库存，在同样的满足水平上，可使系统总库存水平降低，既降低了存储成本，也节约了运力和其他物流费用。尤其是采用准时制配送方式后，生产企业可以依靠配送中心准时送货而无须保持自己的库存，或者只需保持少量的保险储备，这就可以实现生产企业的零库存或低库存，减少资金占用，改善企业的财务状况。

（4）简化事务，方便客户。由于配送可提供全方位的物流服务，采用配送方式后，客户只需向配送服务提供商进行一次委托，就可以得到全过程、多功能的物流服务，从而简化了委托手续和工作量，也节省了开支。

（5）提高供应保证程度。采用配送方式，配送中心比单独供货企业有更强的物流能力，可使客户降低缺货风险。如巴塞罗那大众物流中心承担着为大众、奥迪、斯柯达等大众品牌的汽车配送零部件的任务。不同品牌的汽车在整车下线前两个星期，有关这些车辆的 88000 种零配件在这里已经可以全部找到。假如客户新买的车坏了，只要在欧洲范围内，24 小时内就会有专门的配送公司把所需要的零部件送到客户手中。

（6）配送为电子商务的发展提供了基础和支持。电子商务客户的需求是灵活多变的，消费特点是多品种、小批量的，因此，单一的送货功能，无法较好地满足广大客户对物流服务的需求。而配送活动是配货、包装、送货等多项物流活动的统一体，能够很好地满足电子商务客户的需要。

四、配送中心概念

配送中心是指具有完善的配送基础设施和信息网络，可便捷地连接对外交通运输网络，并向末端客户提供短距离、小批量、多批次配送服务的专业化配送场所或组织。

配送中心接受并处理末端客户的订货信息，对上游运来的多品种货物进行分拣，根据客户订货要求进行拣选、加工、组配等作业，并进行送货。配送中心从供应者手中接受多种大量的货物，进行倒装、分类、保管、流通加工和情报处理等作业，然后按照众多需要者的订货要求备齐货物，以令人满意的服务水平进行配送。

在物流系统中，配送中心对物流系统效率的提高起着重要作用。现代物流活动中，实现“门到门”物流主要有两种方式：集装方式和配送中心。集装方式虽然效率高，但是只适用于少品种、大批量、少批次的货物。对于多品种、小批量、多批次的货物，配送中心的物流效率更高。

五、配送中心分类

根据分类标准的不同，配送中心有多种分类方式。

按承担的职能，配送中心可分为：①供应配送中心，即专门为某个或某些客户（例如联营商店、联合公司）组织供应的配送中心；②销售配送中心，即以销售经营为目的，以配送为手段建立的配送中心；③包裹快递配送中心，即快递公司用于快递包裹集散的配送中心，通常称中转站或中间站。

按配送区域的范围，配送中心可分为：①城市配送中心，即以城市范围为配送范围的配送中心；②区域配送中心，即具有完善的配送基础设施和信息网络，可便捷地连接对外交通运输网络，配送及中转功能齐全，集聚辐射范围大，存储、吞吐能力强，向下游配送中心提供专业化统一配送服务的场所或组织。

按内部特征，配送中心可分为：①储存型配送中心，即有很强储存功能的配送中心；②直通型配送中心，即基本上没有长期储存功能，仅以暂存或随进随出方式进行配货、送货的配送中心；③加工型配送中心一般由生产企业指定，是指专为其组织、加工、配送原材料和零部件的配送中心。

按照归属，配送中心可分为：①自用型配送中心，指非专业物流企业为了自身物流需要创办的配送中心，一般不对外承担物流业务，或不以对外承揽物流业务为主；②公用配送中心，指由第三方物流企业投资兴建，面向社会提供配送服务的配送中心。

第二节　配送网络

一、配送网络组成

配送网络是由物流节点和配送路线活动构成。物流节点是节点活动的场所，包括生产企业或物流中心、配送中心和终端客户；配送路线活动是物品借助运输工具在运输线路上的运动，它反映了节点之间物品的传递关系。配送网络作为配送功能实现的载体，其结构直接决定了配送服务的效率和配送成本。

二、配送网络结构

根据配送网络拓扑结构的不同，配送网络可分为集中型配送网络、分散型配送网络和多层次配送网络。

1. 集中型配送网络

集中型配送网络结构如图5-1所示。其结构特点有：①库存集中，管理费用少；②配送规模大，安全库存降低；③客户提前期长；④运输成本中外向运输成本增大。

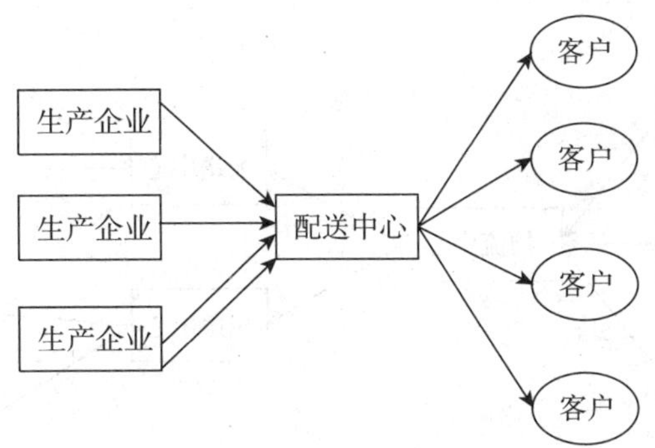

图 5-1　集中型配送网络结构

2. 分散型配送网络

分散型配送网络结构如图 5-2 所示。其特点是：①配送中心离客户近，外向运输成本低；②其规模经济自然没有集中型配送网络规模经济好，内向运输（由生产企业到配送中心的运输过程）成本大；③由于库存分散，安全库存增大，总平均库存增大；④由于配送中心离客户较近，因此客户的提前期会相应缩短。

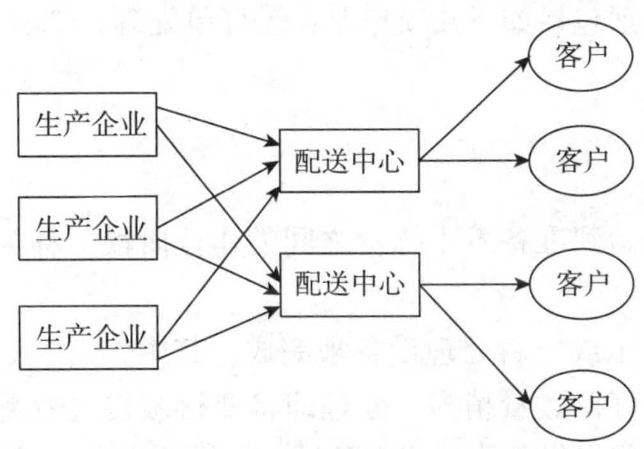

图 5-2　分散型配送网络结构

3. 多层次配送网络

多层次配送网络结构如图 5-3 所示。其特点是：①能更好地满足客户需求；②因库存相对集中，内向运输成本和外向运输成本都会降低；③由于需投资多层配送中心，资金需求多。

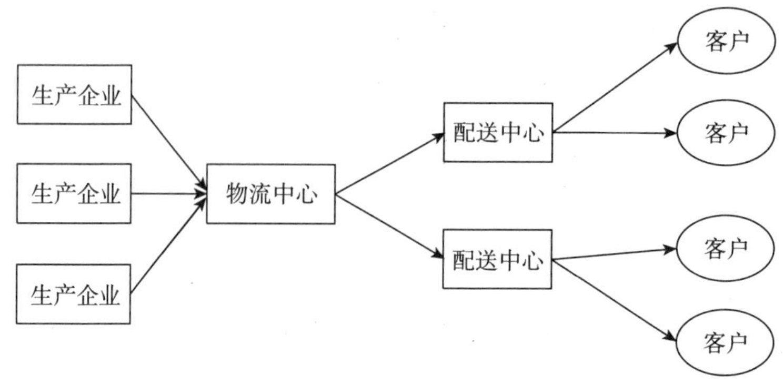

图 5-3　多层次配送网络结构

第三节　配送作业

配送作业是按照客户的要求，将物品分拣出来，按时按量发送到指定地点的过程。具体来说，配送作业一般包括如下几项作业：①订单处理；②分拣；③补货；④配货；⑤送货。

一、订单处理

从接到客户订货开始到准备着手拣货之间的作业阶段，称为订单处理。订单处理流程如图 5-4 所示。

订单处理可以由人工或资料处理设备来完成，其中，人工处理较具有弹性，但只适合少量的订单，一旦订单数量稍多，处理即将变得缓慢且容易出错。而资料处理设备采用计算机化处理，能提供较快的速度及付出较低的成本，适合大量的订单。

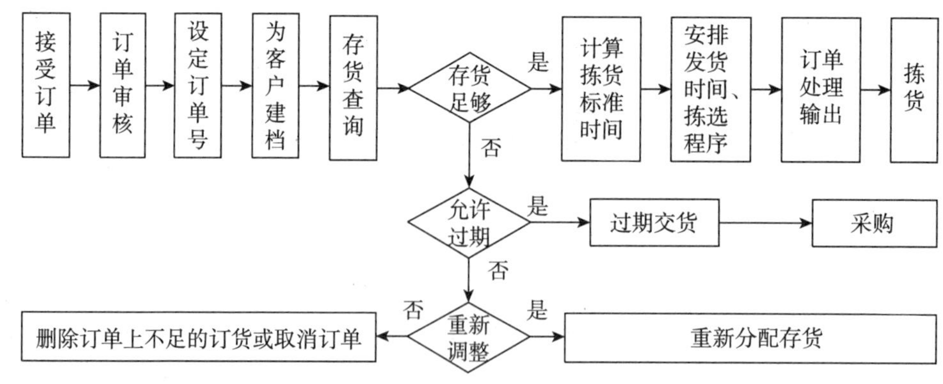

图 5-4　订单处理流程

二、分拣

每张客户的订单中都至少包含一项以上的商品，将这些不同种类数量的商品从物流中心中取出集中在一起，这就是分拣（也称拣货）作业。分拣作业流程如图 5-5 所示。

在物流中心内部所涵盖的作业范围里，拣货作业是其中十分重要的一环，其所扮演的角色相当于人体的心脏，或空调系统中的压缩机，拣货作业动力来自客户的订单，拣货作业的目的在于正确迅速地集合客户所订购的商品。

从成本分析的角度来看，物流成本约占商品最终售价的 30%，其中包括配送、搬运、储存等成本项目。一般而言，拣货成本约是其他堆叠、装卸、运输等成本总和的 9 倍，占物流搬运成本的绝大部分。因此若要降低物流搬运成本，从拣货作业上着手改进可达事半功倍的效果。

从人力需求的角度来看，目前大多数的物流中心仍属于劳动力密集的产业，其中拣货作业直接相关的人力更占 50%以上，且拣货作业的“时间投入”也占整个物流中心的 30%~40%。由此可见规划合理的拣货作业方法，对于日后物流中心的运作效率具有决定性的影响。

在拣货过程中，影响拣货作业效率的关键是拣货策略，它主要包括分区、订单分割、订单分批、分类四个因素，这四个因素相互作用可以产生多个拣货策略。

（1）分区。分区就是将拣货作业场地做区域划分。按分区的原则不同，可以分为：按拣货单位分区、按拣货方式分区和工作分区。

（2）订单分割。当订单所定购的商品种类较多，或者设计一个要求及时快速处理的拣货系统时，为了使其能在短时间内完成拣货处理，利用订单分割策略将订单切分成若干的子订单，交由不同的拣货人员同时进行拣货作业以加速拣货的完成。订单分割策略必须与分区策略配合运用，才能有效地发挥优势。

（3）订单分批。订单分批是为了提高拣货作业效率而把多张订单集合成一批，进行批次拣取的作业。若再将每批次订单中的同一商品种类汇总拣取，然后把商品分类至每一客户订单，则形成了批量拣取，这样不仅缩短了拣取时平均行走搬运的距离，也减少了储位重复寻找的时间，进而提高了拣货效率。订单分批方式有以下四种：①总合计量分批；②时窗分批；③固定订单量分批；④智慧型分批。

（4）分类。若采用分批拣货策略，随后必须有相配合的分类策略，通常把分类方式大致分成两类。

①拣货时分类。在拣取的同时将物品分类到各订单中，这种分类方式常与固定订单量分批或智慧型分批方式配合，因此必须使用电脑辅助台车作为拣货设备，以加快拣货速度。采用这种方式时，每批次的客户订单量不宜过大。

②拣取后集中分类，即分批按总合计量拣取后，再进行集中分类。实际做法一般分为两种，一种以人工作业为主，将物品搬运到空地上进行分类，但每批次订单量及物品数量不宜过大，不得超过人员负荷；另一种是利用分类输送系统进行集中分类，这是较为自动化的作业方式。适用于订单分批批量品种较多时。

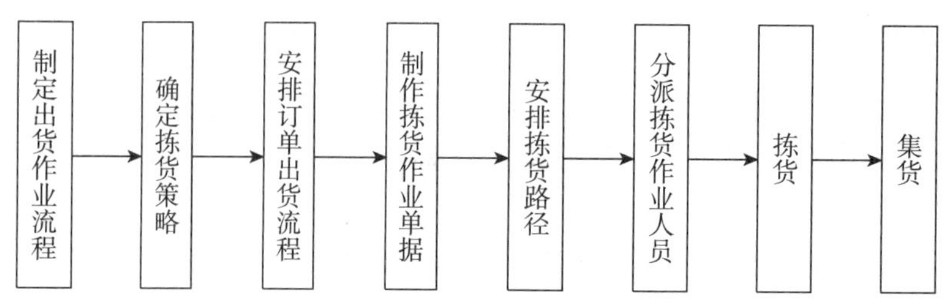

图 5-5　分拣作业流程

三、补货

补货作业是从保管区域将物品移到以订单拣取为目的的动管拣货区域，然后将此移动作业做账面处理。

补货一般以托盘为单位，即使是以箱为保管单位，补货作业流程也大致相同，如图 5-6 所示。补货作业的方式主要有以下几种。

（1）整箱补货。这种补货方式由料架保管区补货至流动棚架的动管拣货区。保管区为料架储放，动管拣货区为两面开放式的流动棚架，拣货员从流动棚架动管拣货区拣取单品放入浅箱（篮）中，而后放置在输送机运至出货区。当拣货员拣取后发觉动管拣货区的存货已低于设定标准则要进行补货的动作。其补货方式为作业员到料架保管区取货箱，以手推车载箱至动管拣货区，由流动棚架后方补货。此种补货方式较适合体积小且少量多样出货的物品。

（2）托盘补货。由地板堆叠保管区补货至地板堆叠动管拣货区或由地板堆叠保管区补货至托盘料架动管拣货区。

（3）货架上层货架下层的补货方式。这种补货方式适用于保管区与动管拣货区属于同一料架的情况，也就是将同一料架上的中下层作为动管拣货区，不容易取货处（即上层）作为保管区。进货时便将动管拣货区放不下的多余货箱放至上层保管区，而对动管拣货区的物品进行拣货。而当动管拣货区之存货低于设定标准时，可利用堆高机将上层保管区物品搬至下层动管拣货区补货。此种补货方式较适合体积不大、每个品项存货量不高、且出货属中小量（以箱为单位）的物品。

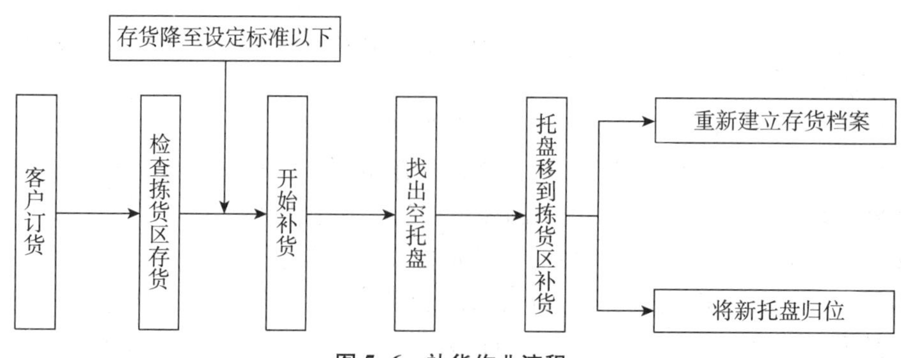

图 5-6　补货作业流程

四、配货

配货作业是指已完成分类的物品经过配货检查后，装入容器和做好标识，再运到配货准备区，等待装车发送。其作业流程如图 5-7 所示。

在配货过程中，首先要进行分货工作，一般可使用人工目视、自动分类机器或旋转架分类进行处理。其次要对所拣选的物品进行商品号码、数量以及产品状态、品质的检查，以确认拣货作业是否有误。目前主要使用条码检验、声音输入检验以及重量检验等方法。然后，在配货作业中，要对商品进行恰当的包装，以起到保护商品，便于搬运、存储，提高客户购买欲望以及易于辨认的作用。包装可以分为个装、内装和外装三种。个装属于商业包装，而内装和外装统称为运输包装，不要求美观，但是要求坚固耐用且便于装卸，以免物品经过长距离的运输而遭到损失。

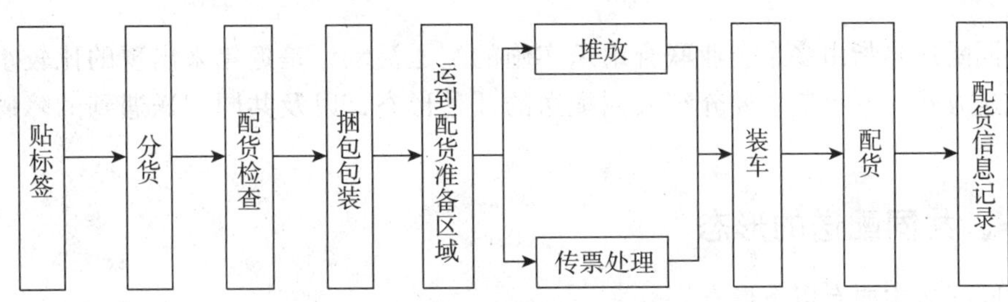

图 5-7 配货作业流程

五、送货

以流通的观念来看，运输配送是指将被订购的物品，使用卡车从制造厂或生产地送至客户手中的活动，而其间可能是从制造厂仓库直接运给客户，也可能再通过批发商、经销商或物流中心转送至客户。主要目的在于克服供应者与消费者之间空间上的距离。

送货作业是配送中心最终直接面对客户的服务，具有如下的特点：①时效性；②可靠性；③沟通性；④便利性；⑤经济性。

在送货作业中，第一要进行车辆调度；第二要进行车辆配装；第三要安排最佳送货路径；第四完成送达服务与最后费用的结算。

在车辆的配装过程中，需根据不同的要求，在选择合适车辆的基础上对车辆进行配装以提高利用率，这是送货的一项主要工作。

由于配送物品品种、特性各异，为提高配送效率，确保物品质量，需要注意以下几点。

（1）必须对特性差异大的物品进行分类，并分别确定不同的运送方式和运输工具。例如，散发气味的物品不能与具有吸味性的食品混装，散发粉尘的物品不能与清洁物品混装，渗水物品不能与易受潮物品一同存放，此外，为了减少或避免差错，也应尽量把外观相近、容易混淆的物品分开装载。

（2）由于配送物品有轻重缓急之分，所以必须初步确定哪些物品可以配于同一辆车，哪些物品不能配于同一辆车，以做好车辆的初步配装工作。因此，配送部门既要按订单要求在配送计划中明确运送顺序，又要安排理货人员将各种所需的不能混装的物品进行分类，同时还应按订单标明到达地点、客户名称、运送时间、物品明细等，最后按流向、流量、距离将各类物品进行车辆配载。

（3）在具体装车时，装车顺序或运送批次先后一般按客户的要求时间先后进行，但对同一车辆共送的物品装车则要依照"后送先装"的顺序。但有时在考虑有效利用车辆空间的同时，可能还要根据物品的性质（怕震、怕压、怕撞、怕湿）、形状、体积及重量等做出弹性调整。

第四节　共同配送

共同配送是指由多个企业联合组织实施的配送活动，是近年来出现的比较重要的一种配送方式。本小节主要介绍共同配送的几种形态，以及共同配送遇到的障碍和解决办法。

一、共同配送的形态

共同配送主要有以下形态。

1. 仓库中心型

多个制造商利用其中一家的仓库从事保管和配送，在批发商周围的路径上配送。该模式主要适用于大型制造商。仓库中心型共同配送如图 5-8 所示。

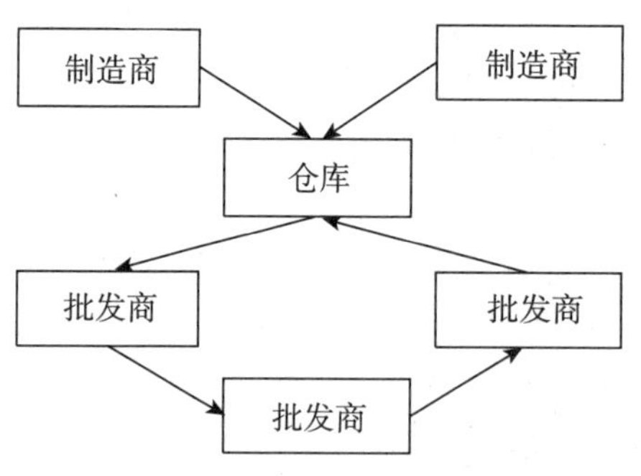

图 5-8　仓库中心型共同配送

2. 物流中心型

零售店的采购通过物流中心统一处理，物流中心的营运委托给批发商。物流中心型共同配送如图 5-9 所示。

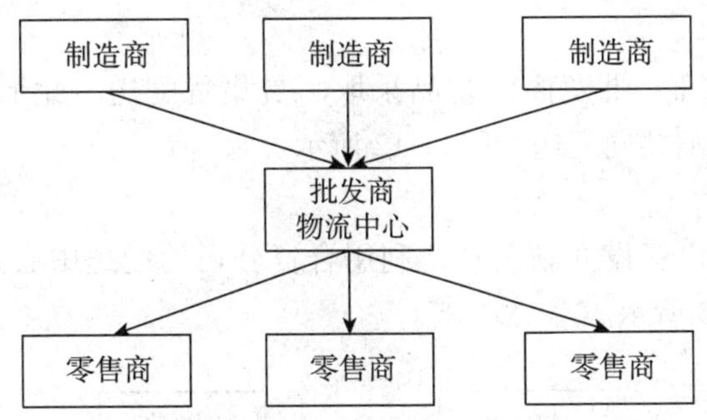

图 5-9　物流中心型共同配送

3. 运输往返型

多家制造商有效利用主要都市间的输送，确保回程时不致空车。该类型的共同配送需要能掌握彼此厂商的资讯，才能保证回程不空驶，从而降低物流成本。运输往返型共同配送如图 5-10 所示。

4. 配送中心共享型

多数同业者在每一配送地区的物流中心共同利用。该种类型需要帮助竞争对手处理物品，该观念可能难以被接受，所以此形态需视区域而定。配送中心共享型共同配送如图 5-11 所示。

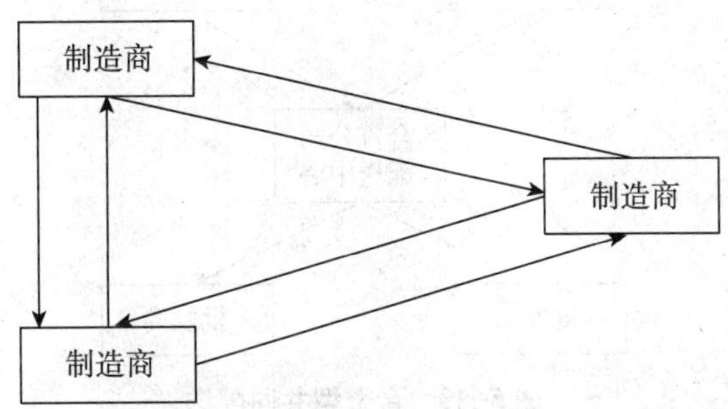

图 5-10　运输往返型共同配送

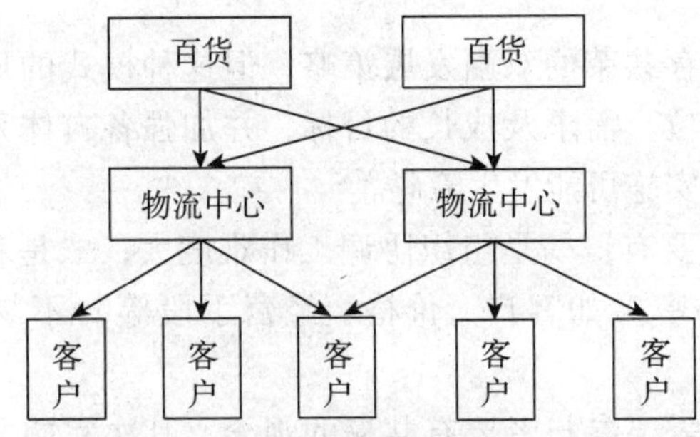

图 5-11　配送中心共享型共同配送

5. 集成运输型

运输业者把制造商、批发商的物品采取一贯集货配送。此形态的代表为造纸厂、家具业等。集成运输型共同配送如图5-12所示。

6. 合资型

多个批发商共同出资设立新公司，利用合资公司的配送中心进行配送作业。合资型共同配送如图5-13所示。

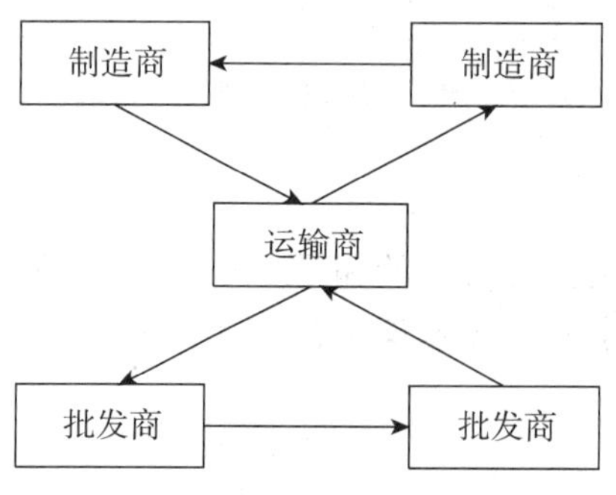

图5-12　集成运输型共同配送

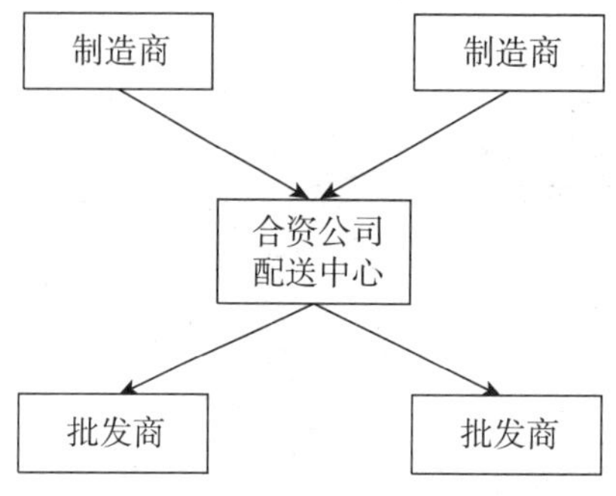

图5-13　合资型共同配送

二、共同配送的障碍和解决办法

共同配送是一种共存共荣的双赢发展策略，但这种模式的形成要求参与配送者要能弄清自身的条件、定位、需求及成长的目标，并加强各自体系的经营管理与物流设计，否则，共同配送的实施可能发生障碍。

发生障碍的原因主要有：一是组织协调工作难度大；二是利益分配上的矛盾；三是各经营主体的商业秘密（如客户、价格、经营手段等）不易保守，有些货主不愿参与。

解决这些问题首先需要参与者要有共赢的观念，其次实施共同配送应注意以下问题：①参与者的物流业务应相对稳定，双方应签订比较稳定的共同配送合作协议；②在客户分布、商品特性、物流作业特性、经营系统等方面应具有相似性，这样便于组织管理和协调，也有利于利益分配；③货主之间可以有生产、营销方面的竞争，但在物流方面是可以相互合作的，不应存在竞争；④货主和承担主体在物流信息管理方面有一定的基础，包括已建立信息管理系统、条码的应用等；⑤利益分配要有具体的制度和方法，应制定明确的收费和费用分摊标准；⑥在共同配送合作协议中应对货主保护商业秘密明确各自的权利和义务。

第五节　配送优化

配送业务和作业必须合理化，不合理的配送会造成损失，增加配送成本。因此，当配送不合理时需进行优化。

一、不合理配送的表现形式

对于配送合理与否，不能简单判定，也很难有一个绝对的标准。例如，企业效益是配送的重要衡量标志，但是，在决策时常常考虑各个因素，有时要做赔本买卖。所以，配送的决策是全面、综合决策，在决策时要避免由于不合理配送造成的损失，但有时某些不合理现象是伴生的，要追求大的合理，就可能派生小的不合理，所以，虽然这里只单独论述不合理配送的表现形式，但要防止绝对化。

不合理配送的表现形式主要有六种：资源筹措不合理、库存决策不合理、价格不合理、配送与直达的决策不合理、送货中不合理运输、经营观念的不合理。

二、配送合理化指标体系

对于配送合理化与否的判断，是配送决策系统的重要内容，目前国内外尚无通行的技术经济指标体系和判断方法，按一般认识，以下若干指标是应当被纳入的。

1. 库存指标

库存是判断配送合理与否的重要标志。具体指标包括库存总量指标和库存周转率指标。

2. 资金指标

总的来讲，实行配送应有利于资金占用降低及资金运用的科学化。具体判断标志有资金总量指标、资金周转率指标和资金投向指标。

3. 成本和效益指标

总效益、宏观效益、微观效益、资源筹措成本也是判断配送合理化的重要标志。

4. 供应保证指标

实行配送，各客户最担心的是供应保证程度降低。配送的重要一点是必须提高对客户的供应保证能力，才算实现了合理。供应保证能力可以从以下三个方面判断：缺货次数、配送企业集中库存量指标、即时配送的能力及速度。

5. 社会运力节约指标

末端运输是目前运能、运力使用不合理，浪费较大的领域，因此希望通过配送来解决这个问题。这也成了配送合理化的重要标志。

6. 客户企业仓库、供应、进货人力物力节约指标

配送的重要作用是降低客户的人力物力。因此，实行配送后，各客户库存量、仓库面积、仓库管理人员减少为合理；用于订货、接货、供应的人员减少为合理。

7. 物流合理化指标

配送必须有利于物流合理化。这可以从以下几方面判断：是否降低了物流费用；是否减少了物流损失；是否加快了物流速度；是否发挥了各种物流方式的最优效果；是否有效衔接了干线运输和末端运输；是否不增加实际的物流中转次数；是否采用了先进的管理方法及技术手段等。

三、典型配送优化问题

配送业务中可优化的问题有很多。本小节主要介绍几个典型优化问题，它们分别是配送网络优化、配送模式优化、配送作业优化和配送路径优化。

1. 配送网络优化

配送网络一旦确定往往要持续运行几年。为减小配送成本，需要对配送网络进行优化。配送网络由配送节点和配送路线组成，因此配送网络优化即选择最优的配送节点（供应商、配送中心、消费者）和这些节点的连线。

图 5-14 是一个配送网络优化的例子。在该例子中，有 4 个待选供应商，2 个配送中心，4 个客户。每条连线代表一定的运输费用，每个配送中心的开放需要一定的建设和运营费用。配送网络优化的目标是在满足配送需求的基础上，连线、投资配送中心使一定时期内配送网络的总费用最小。图 5-14 的实线表示最后的决策，其含义是投资配送中心 1，所有供应商的物品运输到配送中心 1，然后分发到所有客户。

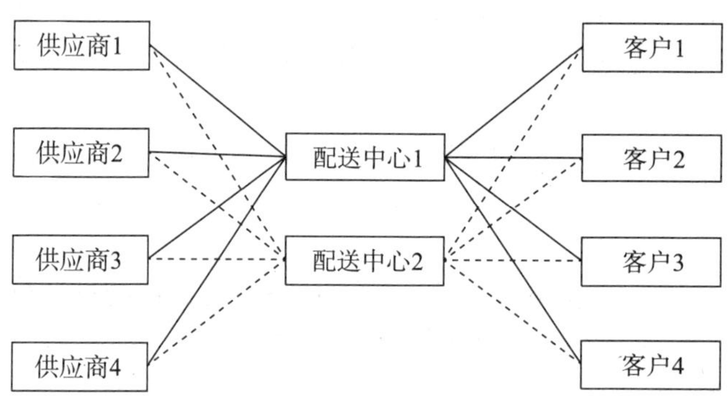

图 5-14　配送网络优化

2. 配送模式优化

配送有很多模式。配送模式优化是通过改变配送模式，达到配送成本降低的一种优化思想。例如，多个公司的单独配送改为这些公司的共同配送或合作配送，定时配送改为即时配送等。

图 5-15 是一个配送模式优化的例子。在配送模式优化前，灰色配送中心配送灰色客户，白色配送中心配送白色客户。配送模式优化后，灰色和白色配送中心分别配送

其附近的客户。可以看到，经过优化后，配送路线缩短了。

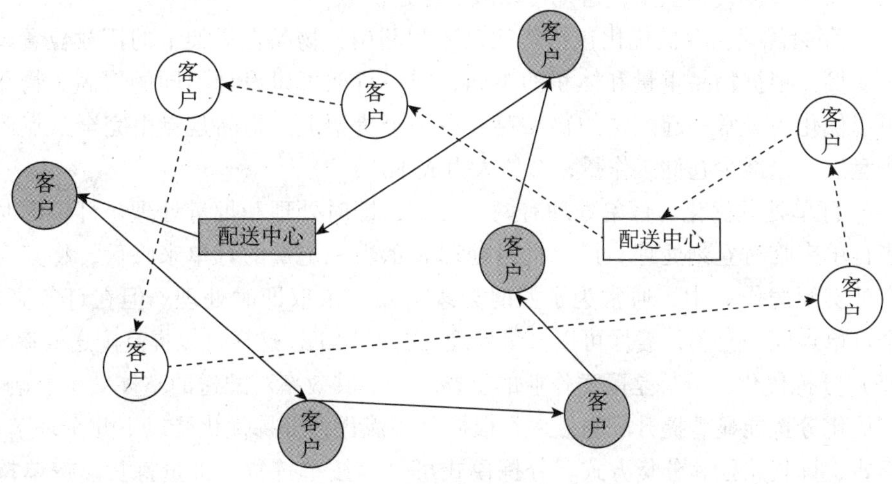

（a）单独配送时的配送路线

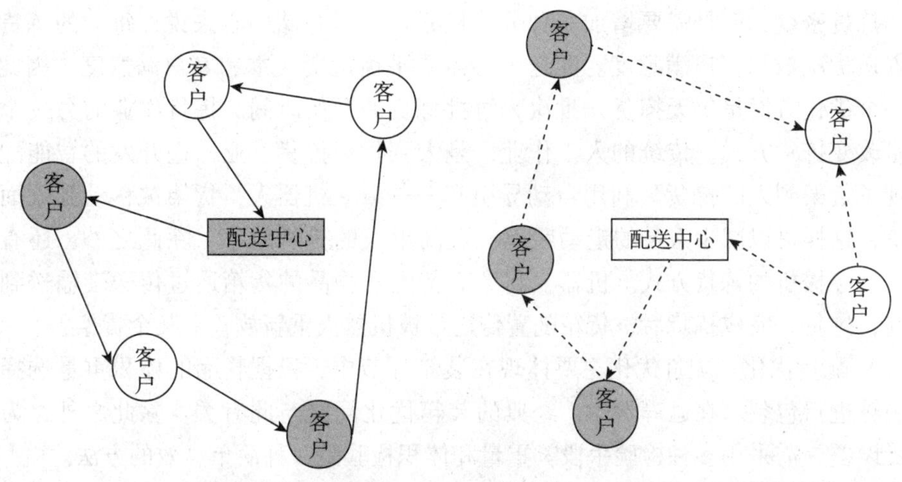

（b）合作配送时的配送路线

图 5-15　配送模式优化

3. 配送作业优化

配送作业包括进货、装卸搬运、存储、订单处理、分拣、配货和送货等。本章对各作业内容的优化进行简要阐述。

（1）进货优化。进货优化在运筹学中属于仓储优化的内容。由于每次订货会产生一笔订货费，订货过多会产生过多的仓储费，并且物品销售不完会产生损失；订货过少，会频繁订货，订货费用会增加，并且物品短缺也会产生销售损失。因此，进货优化的决策是确定多长时间需要进一次货，以及每次进多少货。具体可以参看供应链管理章节及运筹学相关知识。

（2）装卸搬运优化。装卸优化包括装箱优化等。例如装货的时候考虑物品的体积和重量，这样可以采用最少的卡车数，送完所有物品；物品重心靠近车厢中间和前部，以防止翻车；后送的货，先装后卸。搬运优化在入库的时候，将中转货，或者大批量货直接放在中转区，不上架，这样可以减少搬运次数。

（3）存储优化。存储优化包括货架改造和利用，物品在货架上的摆放位置，盘点优化等。例如根据物品重量和体积的不同，同一货架可以设计不同的层高。物品按类存放可以优化为经常一起配送的物品存放在一个货架上。物品盘点由完全盘点改为随机抽查盘点，以减少仓储工作量，节约人力成本。

（4）订单处理优化。订单处理有两种方式，即时处理和批量处理。订单即时处理表示当订单来临时立刻处理。订单批量处理表示当一定量的订单来临后，将其合并处理。在外卖配送作业中，通常为了及时处理订单，采取即时处理。但在订餐高峰期，若多个订单点同一套餐，餐厅可以批量处理，合并加工，这样可以提高配送效率。

（5）分拣优化。分拣是配送作业的重要环节，其效率对配送的整体效率影响很大。因此，优化分拣能显著提升配送效率。根据分拣流程，分拣优化受以下几个环节影响：拣货模式、拣货路径和分货方式。分拣模式可分为按单拣货、批量拣货。按单拣货错误率低，但是拣货密度低，因此，拣货工人大部分时间耗在拣货的路上。批量拣货可以增加拣货密度，但是需要增加一种分货模式。对于仓储中心来说，每天的拣货次数影响着送货次数和客户满意度。配送中心需要平衡送货成本和客户满意度。因此，分拣的一个优化方面是每天拣货几批次，每批拣货的开始时间。拣货作业的另一个优化方面是改变拣货方式。传统的人工作业，是人到货架拣货。亚马逊开发的智能配送中心实现了货架到人的拣货。利用自动导引车——Kiva 机器人，货架被移动到人面前实现拣货，这样可以减少人员的走动距离，提高单人的拣货效率。除此之外，还有一种采用自动穿梭机的拣货方式。机器人将装有待配送物品的货箱通过传送带输送到拣货人面前，拣货人完成拣货后，货箱随着传送带被机器人重新放置在某个货架上。

（6）配货优化。配货优化主要体现在装箱环节中，根据物品的体积重量选择合适的包装箱进行包装。在运筹学中，经典的装箱优化问题与此有关。除此之外，为了减少配货误差，需采用多种检验手段。重量和体积检验是一种简单高效的方法。

（7）送货优化。送货优化主要指车辆装车优化与车辆路径优化。车辆装车优化属于经典的装箱问题，同时需要考虑车辆的中心、送货类型（是否能够混装）、先装后卸等因素。车辆路径优化是一类重要的优化问题，下一小节会详细讲。

4. 配送路径优化

配送路径优化可以归为著名的车辆路径问题（Vehicle Routing Problem，VRP）。车辆路径（路线）问题最早是由丹齐格（Dantzig）和 Ramser 于 1959 年首次提出，它是指一定数量的客户，各自有不同数量的物品需求，配送中心向客户提供物品，由一个车队负责分送物品，组织适当的行车路线，目标是使客户的需求得到满足，并能在一定的约束下，达到诸如路程最短、成本最小、耗费时间最少等目的。

车辆路线问题自提出以来，一直是网络优化问题中最基本的问题之一，由于其应用的广泛性和经济上的重大价值，一直受到国内外学者的广泛关注。车辆路径问题可描述为：设有一场站，共有 M 辆货车，车辆容量为 Q，有 N 位客户，每位客户有其需求量 D。车辆从场站出发对客户进行配送服务最后返回场站，要求所有客户都被配送，对于每位客户一次配送完成，且不能违反车辆容量的限制，目的是所有车辆路线的总距离最小。图5-15（b）是两个车辆路径问题的例子。

一般而言车辆路线问题大致可以分为以下三种类型：①相异的单一起点和单一终点；②相同的单一起点和终点；③多个起点和终点。在基本车辆路线问题的基础上，车辆路线问题在学术研究和实际应用上产生了许多不同的延伸和变化形态，包括时窗限制车辆路线问题（vehicle routing problems with time windows，VRPTW）、追求最佳服务时间的车辆路线问题（VRPDT）、多车种车辆路线问题（fleet size and mix vehicle routing problems，FSVRP）、车辆多次使用的车辆路线问题（vehicle routing problems with multiple use of vehicle，VRPM）、考虑收集的车辆路线问题（vehicle routing problems with backhauls，VRPB）、随机需求车辆路线问题（vehicle routing problems with stochastic demand，VRPSD）等。

四、常用配送优化方法

配送的优化方法有很多，本小节介绍几种常用的方法，它们分别是最优化方法、启发式算法、仿真优化、大数据优化。

1. 最优化方法

最优化方法是一种求极值的方法，即在一组约束为等式或不等式的条件下，使系统的目标函数达到极值，即最大值或最小值。从经济意义上说，是在一定的人力、物力和财力资源条件下，使经济效果达到最大（如产值、利润），或者在完成规定的生产或经济任务下，使投入的人力、物力和财力等资源最少。

在配送业务中，常用的最优化方法有线性规划、非线性规划、多目标规划、动态规划、组合优化、整数规划、随机规划、全局优化等。例如配送网络优化中要用到线性规划和整数规划，装箱问题中要用到组合优化和整数规划，送货问题可用动态规划、非线性规划、整数规划、随机规划等方法解决。

2. 启发式算法

对某些配送业务问题，如VRP，难以用最优化方法求解，可采用启发式算法求解。启发式算法可以这样定义：一个基于直观或经验构造的算法，在可接受的成本（指计算时间和空间）下给出待解决问题每一个实例的一个可行解，该可行解与最优解的偏离程度一般不能被预计。

车辆运输问题的启发式算法可以分为构造启发式算法、简单启发式方法、两阶段启发式方法、人工智能方法。构造启发式算法是指根据问题结构特征构造算法，著名的CW节约值法即属于此类。简单启发式方法包括节省法或插入法、路线内/间节点交换法、贪婪法和局部搜索法等方法。两阶段启发式方法包括先分组后定路线（cluster first - route second）和先定路线后分组（route first - cluster second）两种启发式策略。前者是先将所有需求点大略分为几个组，然后再对各个组分别进行路线排序；后者则是先将所有的需求点建构成一条路线，再根据车辆的容量将这一路线分割成许多适合的单独路线。1990年以来，人工智能方法在解决组合优化问题上显示出强大功能，在各个领域得到充分应用。在车辆路径问题中已验证比较有效的人工智能算法包括遗传算法、模拟退火法、禁忌搜寻法、模因算法、神经网络算法、蚁群算法、粒子群算法、免疫算法、自适应大邻域搜索算法、变邻域搜索算法等。

3. 仿真优化

物流仿真技术的使用建立在实验性的概念上。当要一个机构决定使用一个新的物流设计或新的概念时，往往由于时间和资金的限制上，没有办法承受失败所带来的风险。因此仿真技术可以帮助减轻失败的风险。

在物流仿真软件出现之前，物流规划方案的设计和物流系统瓶颈的解决一般需要以下几个步骤：物流规划工程师基于相关策略等信息，测算理论的操作人员、物流设备、盛具等数量；基本上使用 Excel，做数据分析测算；使用 CAD 绘制库房布局、物流路线，通过 2D 图纸阐述物流规划方案；出现物流瓶颈时，技术人员和管理者到运营现场调研，根据现场运营情况分析瓶颈并给出系统改进方案。有时会让现实的物流节点停止业务，配合实施这个方案；如果瓶颈问题没有解决，继续现场调研，寻找更优的解决方案，直到问题解决。以上优化方法成本高、时间长、物流业务受影响。

使用物流仿真软件进行优化需要以下几步：现场调研后绘制系统结构布局图，分析物流路线，统计物流设备设施数量和各种运行参数；使用物流仿真软件建立物流系统仿真模型，输入各种仿真数据，运行模型并分析统计结果；根据结构分析系统瓶颈，并在物流系统仿真模型中实施解决方案，最后在现实的物流系统中实施。物流仿真软件可以模拟物流对象，通过建立 3D 模型，赋予参数后运行，生动直观地展示出物流运行情况。

使用物流仿真优化成本变低，时间变短，物流节点业务不需停止。

4. 大数据优化

物流大数据就是通过海量的物流数据，即运输、仓储、搬运装卸、包装及流通加工等物流环节中涉及的数据、信息等，挖掘出新的增值价值，通过大数据分析可以提高运输与配送效率，减少物流成本，更有效地满足客户服务要求。由于配送环节对信息的交互和共享要求比较高，因此可以利用大数据技术优化配送路线、合理选择配送中心地址、优化仓库储位，从而大大降低物流成本，提高物流效率。Amazon 是利用大数据优化技术的典型电商。

五、配送优化举例

本部分以节约法为例，对配送中的车辆路径问题进行优化。节约法是由克拉克（Clarke）和怀特（Wright）提出来的，它是一种启发式算法。

1. 节约法原理

如图 5-16 所示，由物流网点 B_0 向两个客户 B_1、B_2 送货。B_0 至各客户的最短运输距离分别为 C_{01} 和 C_{02}；客户需求量分别为 b_1、b_2；两客户之间的最短运输距离为 C_{12}。当用两台汽车分别对两个客户往返送货时，运输总距离为 $C_1=2(C_{01}+C_{02})$。

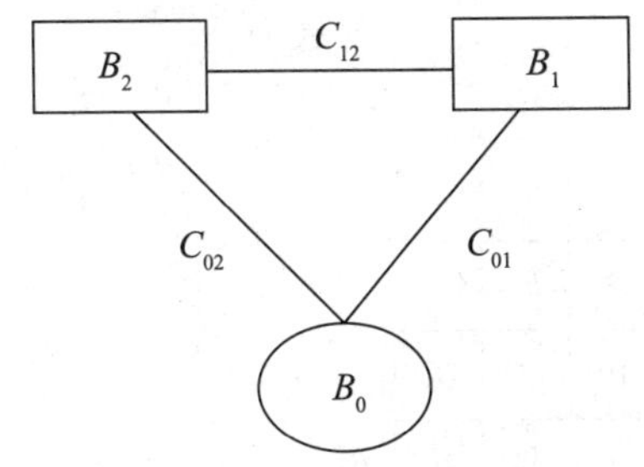

图 5-16　节约法示意

如果改用一台车巡回送货（假定汽车能够负荷 b_1，b_2 时），则总运输距离为 $C_2=C_{01}+C_{02}+C_{12}$，后一种方案比前一种方案可节约运输里程：$\Delta C_{12}=C_{01}+C_{02}-C_{12}$。

上式称作节约量公式，ΔC_{12} 为 B_1 和 B_2 之间的节约量。显然，将节约量大的两个客户连接起来采用巡回方式送货，可获得较大的节约。

2. 节约法的计算过程

设由配送中心 B_0 向客户 B_j（$j=1, 2, \cdots, n$）送货，各客户需求量为 b_j；配送中心与客户间的最短距离为 C_{0j}，客户之间的距离为 C_{ij}（$i=1, 2, \cdots, n$；$j=1, 2, \cdots, n$）；配送车按其载重量的大小不同可分为 p 种，载重量为 Q_K（$K=1, 2, \cdots, p$）的发送车有 xK 台，$Q_{K-1}<Q_K$。

$$\text{假定：}\begin{cases}\sum_{j=1}^{n} b_j \geqslant Q_p \\ b_j < Q_1 \quad j=1, 2, \cdots, n\end{cases}$$

先假定载重量最小的汽车台数是无限多的，即 $x_l=\infty$。对每一客户各派一台往返送货，得到初始可行方案。显然这一配送方案的运输效率是很低的，而且 $x_l=\infty$ 的假设实际也是不存在的。

然后，按节约法原理对方案进行修正。修正时，以节约量的大小为顺序，从大到小依次将某些客户连接到巡回路线中，并考虑汽车载重量和各种车辆台数的约束。反复进行这样的修正，直至再没有可连接的客户时为止。

整个计算过程可在节约量表上进行。

例：由网点 B_0 向 12 个客户 B_j（$j=1, 2, \cdots, 12$）送货，列出了各点之间的运输里程和各客户的需求量，如表 5-2 所示。表 5-3 为可供调度的车辆数目及其载重量。

表 5-2　　**里程表**　　（单位：公里）

b_j（吨）	B_0			
1.2	9	B_1		
1.7	14	5	B_2	
1.5	21	12	7	B_3

续表

1.4	23	22	17	10	B_4								
1.7	22	21	16	21	19	B_5							
1.4	25	24	23	30	28	9	B_6						
1.2	32	31	26	27	25	10	7	B_7					
1.9	36	35	30	37	35	16	11	10	B_8				
1.8	38	37	36	43	41	22	13	16	6	B_9			
1.6	42	41	36	31	29	20	17	10	6	12	B_{10}		
1.7	50	49	44	37	31	28	25	18	14	12	8	B_{11}	
1.1	52	51	46	39	29	30	27	20	16	20	10	10	B_{12}

表 5-3　　可供调度的车辆数目及其载重量

配送车种类	4 吨车	5 吨车	6 吨车
可供调度台数（台）	∞	3	4

解：由表 5-2 中的数据，按节约量公式可求得相应的节约量表，如表 5-4 所示。

表 5-4　　节约量表　　（单位：公里）

b_j	B_0												
1.2		B_1											
1.7		18	B_2										
1.5		18	28	B_3									
1.4		10	20	34	B_4								
1.7		10	20	22	26	B_5							
1.4		10	16	16	20	38	B_6						
1.2		10	20	26	30	44	50	B_7					
1.9		10	20	20	24	42	50	58	B_8				
1.8		10	16	16	20	38	50	54	68	B_9			
1.6		10	20	32	36	44	50	64	72	68	B_{10}		
1.7		10	20	34	42	44	50	64	72	76	84	B_{11}	
1.1		10	20	34	46	44	50	64	72	70	84	92	B_{12}

设 t_{ij}（$i=0, 1, \cdots, 12; j=1, 2, \cdots, 12$）为表示 i、j 两点是否连接在一起的决策变量，并对其取值做如下定义：

$t_{ij}=1$ 表示 i、j 点连接，即在同一巡回路线中；

$t_{ij}=0$ 表示 i、j 不连接，即不在同一巡回路线中；

$t_{0,j}=2$ 表示 j 客户只与网点 B_0 连接，由一台车往返送货。

根据以上定义，有以下等式成立：

$$\sum_{i=0}^{j-1} t_{ij} + \sum_{i=i+1}^{n} t_{ij} = 2 \qquad j=1, 2, \cdots, n \tag{5-1}$$

迭代求解过程如下。

第一步，求初始解。每个客户各派一台车往返送货，得初始方案，如表 5-5 所示。表中 B_0 列带右括号数字为 t_{ij} 的取值。此方案的总行程为 728 公里。按表 5-5 的初始方案，所需车台数如表 5-6 所示。

表 5-5　　　　初始方案

b_j	B_0												
1.2	2)	B_1											
1.7	2)	18	B_2										
1.5	2)	18	28	B_3									
1.4	2)	10	20	34	B_4								
1.7	2)	10	20	22	26	B_5							
1.4	2)	10	16	16	20	38	B_6						
1.2	2)	10	20	26	30	44	50	B_7					
1.9	2)	10	20	20	24	42	50	58	B_8				
1.8	2)	10	16	16	20	38	50	54	68	B_9			
1.6	2)	10	20	32	36	44	50	64	72	68	B_{10}		
1.7	2)	10	20	34	42	44	50	64	72	76	84	B_{11}	
1.1	2)	10	20	34	46	44	50	64	72	70	84	92	B_{12}

表 5-6　　　　初始方案所需车台数

配送车种类	4 吨车	5 吨车	6 吨车
可供调度台数（台）	∞	3	4
已派出车台数（台）	12	0	0

第二步，按下述条件在初始方案表中寻找具有最大节约量的客户 i、j。

（1）t_{0i}、$t_{0j}>0$，$i \neq j$。

（2）B_i、B_j 尚未连接在一条巡回路线上。

（3）考虑车辆台数和载重量的约束。

如果最大节约量有两个或两个以上相同时，可随机取一个。

按此条件，在初始方案表 5-5 中寻得具有最大节约量的一对客户为：$i=11$，$j=12$。其节约量为 92 公里。

第三步，按 t_{ij} 的定义和式（5-1）修正 t_{ij} 的值。

连接 B_{11} 与 B_{12}，即令 $t_{11,12}=1$，由式（5-1）得：$t_{0,11}=1$，$t_{0,12}=1$，其他不变。

第四步，按以下原则修正 b_i、b_j。

（1）$t_{0,i}$ 或 $t_{0,j}$ 等于 0 时，令 b_i 或 b_j 等于 0。

（2）$t_{0,i}$ 或 $t_{0,j}$ 等于 1 时，令 b_i 或 b_j 所在巡回路线中所有客户需求量之和代替原 b_i 或 b_j。由此修正得：

$b_{11}=b_{12}=1.1+1.7=2.8$（吨）

于是得到改进方案（见表 5-7、表 5-8）。

改进后的方案比原方案少一台发送车，总发送距离减少 92 公里。

表 5-7　　第一次迭代方案

b_j	B_0												
1.2	2)	B_1											
1.7	2)	18	B_2										
1.5	2)	18	28	B_3									
1.4	2)	10	20	34	B_4								
1.7	2)	10	20	22	26	B_5							
1.4	2)	10	16	16	20	38	B_6						
1.2	2)	10	20	26	30	44	50	B_7					
1.9	2)	10	20	20	24	42	50	58	B_8				
1.8	2)	10	16	16	20	38	50	54	68	B_9			
1.6	2)	10	20	32	36	44	50	64	72	68	B_{10}		
2.8	1)	10	20	34	42	44	50	64	72	76	84	B_{11}	
2.8	1)	10	20	34	46	44	50	64	72	70	84	92	B_{12}

表 5-8　　第一次迭代方案所需车台数

配送车种类	4 吨车	5 吨车	6 吨车
可供调度台数（台）	∞	3	4
已派出车台数（台）	11	0	0

反复进行第二至第四步，直至没有可连接的客户时为止，得最佳配送方案（见表5-9，表5-10）。

最优配送方案有四条配送路线，它们是：

①B_0—B_1—B_2—B_3—B_4—B_0，行程 54 公里，用 6 吨车发送，载重 5. 8 吨；

②B_0—B_5—B_0，行程 44 公里，用 4 吨车发送，载重 1. 7 吨；

③B_0—B_6—B_8—B_9—B_0，行程 80 公里，用 6 吨车发送，载重 5. 1 吨；

④B_0—B_7—B_{11}—B_{12}—B_{10}—B_0，行程 112 公里，用 6 吨车发送，载重 5. 6 吨。

该方案用四台车发送，总行程 290 公里。

表 5-9　　最佳配送方案

b_j	B_0												
5. 8	1)	B_1											
—	2)	1)	B_2										
—			1)	B_3									
5. 8	1)			1)	B_4								
1. 7	2)					B_5							
5. 1	1)						B_6						
5. 6	1)							B_7					
—							1)		B_8				
5. 1	1)								1)	B_9			
5. 6	1)										B_{10}		
—								1)				B_{11}	
—											1)	1)	B_{12}

表 5-10　　最佳配送方案所需车台数

配送车种类	4 吨车	5 吨车	6 吨车
可供调度台数（台）	∞	3	4
已派出车台数（台）	1	0	3

复习思考题

1. 配送与配送中心定义分别是什么？
2. 简述配送的作用。
3. 配送作业有哪些？

4. 共同配送定义是什么？发展的主要障碍有哪些？
5. 典型配送优化有哪些类型？
6. 节约法的基本原理是什么？

第六章　仓储管理

仓储和运输是整个物流过程中的两个关键功能，被人们称之为“物流的支柱”。本章系统介绍了仓储的基本知识、仓储的基本设施与设备、仓储规划与物资储存计划、仓储业务管理。

案例导入

直击京东“亚洲一号”物流中心

为了构建覆盖全国主要城市的现代化、自动化电子商务物流运营网络，支撑和推动公司业务的持续发展，京东于2010年启动了“亚洲一号”项目。“亚洲一号”项目是经过定制化设计，有针对性建设的可以满足不同品类商品、不同业务流程的智能化物流中心。“亚洲一号”可处理京东在线销售的3C类、日用百货类、食品母婴类以及图书类近300万个商品品规，从一枚戒指到一台冰箱，不同类型、体积、材质的商品，都可以快速妥善完成订单处理。已经运营的“亚洲一号”业务范围辐射当地及周边多个省市，形成了强大的网络体系，很好地提升了京东的订单履约时效和客户体验。此外，“亚洲一号”不但能满足京东自营业务的发展需求，同时也向社会开放，为入驻京东的商家提供优质高效的仓配一体化物流服务。

1. 高效的作业流程

“亚洲一号”物流中心由立体仓库区、阁楼货架区、复核包装区、分拣区四大区域构成，主要作业流程包括入库、存储、补货、拣货、生产（复核打包）、分拣六个环节。

（1）入库：供应商通过京东预约系统进行预约，到达园区后根据预约号进行月台分配。京东收货员对商品逐一验收，合格商品通过输送线进行上架存储。

（2）存储：根据到货量，信息系统自动进行入库流向判断，指引工作人员将商品送往自动化立体仓库（AS/RS）存储区或阁楼货架存储区。

（3）补货：智能补货系统能实时监控库存水平，自动触发补货任务。

（4）拣货：拣货员通过智能终端设备获取拣货任务，将拣选出的商品放入周转箱，再将完成拣货作业的周转箱就近投放至输送线。为进一步提高拣选效率，“亚洲一号”部分项目已采用货到人拣选系统。

（5）生产（复核打包）：将拣货完成的商品输送至生产区，进行复核、打包作业。为进一步提高作业效率，京东将逐步试点、推广采用包装自动化系统。

（6）分拣：采用了自动输送系统和全球领先的分拣系统，实现了包裹的自动分拣。

2. 智能化物流系统

高效的作业流程离不开大量自动化装备的应用，自动化立体仓库、自动分拣机等先进设备的应用大大提升了“亚洲一号”整体运行效率。

以上海“亚洲一号”为例，AS/RS 的货架高 24 米，实现了高密度自动化储存和拣选，与普通托盘货架存储方式相比，存储效率提升 3 倍；多层阁楼系统配备了自动提升设备及输送系统等自动化设备，实现了半自动补货、快速拣货、多层阁楼自动输送、系统自动分配复核等，实现了巨量 SKU 的高密度存储和快速准确的订单履约。自动化的输送系统和全球领先的分拣系统，使得上海“亚洲一号”的分拣处理能力超过 20000 件/小时，准确率高达 99%，彻底解决了人工分拣劳动强度大、作业效率低、分拣准确率低的问题。

此外，先进的设备需要信息系统的支持。“亚洲一号”的仓库管理系统、仓库控制系统、分拣和配送系统等整个信息系统均由京东自主开发。在入库环节，京东的仓库管理系统会自动完成月台分配、入库流向指引并推荐最优储位。在生产环节，“亚洲一号”依靠系统实现自动排产、智能提示与定位、拣选路径优化，并通过实时运算合理分配任务和实时调度，保证作业人员的作业均衡，提升物流运营效率。

3. 平稳运营，效果显著

“亚洲一号”系列项目陆续投入运行，这使得京东的仓储系统建设能力和物流运营能力有了极大的提高。2015 年的“双 11”“亚洲一号”的自动化运营模式在海量订单的冲击下仍然运营平稳，广州“亚洲一号”物流中心单仓日出库订单量突破 50 万单，创造了新的行业纪录。

第一节　仓储概述

一、定义与性质

1. 定义

“仓”是存放、保管、存储货物的建筑物或场所的总称；“储”表示将货物储存起来以备使用，具有存放、保管、养护的意思。

根据国家标准《物流术语》（GB/T 18354—2006）对仓储的定义，仓储就是利用仓库及相关设施设备进行物品的入库、储存、出库的活动。

2. 性质

仓储的性质主要表现在以下几方面。

（1）仓储是社会再生产过程不可缺少的环节。产品的使用价值只有在消费中才能体现，而产品从脱离生产到进入消费，一般要经过运输、仓储，因此仓储和运输一样，都是社会再生产过程的中间环节，是产品的生产过程在流通领域的延续。

（2）仓储活动具有生产三要素。为了保证仓储业务的正常进行，必须具备相应的仓储设施、设备及操作工具。同时，还需耗费一定的人力对储存的货物进行养护，因此仓储活动与一般生产活动相同，都具有生产三要素：劳动力、劳动资料和劳动对象。仓储活动中的劳动力为仓储工作人员，劳动资料为仓储设备与设施，劳动对象为所保管的货物。

（3）仓储活动中的某些环节实际上已经成为生产过程的一个组成部分。生产过程中的某些工作实际上已经延伸到仓储环节，例如，卷板在储存中的碾平及切割、原木的加工、零部件的配套、机械设备的组装等，都是为投入使用做准备，其生产性更为明显。

二、仓储的分类

1. 按仓储经营主体分类

（1）自营仓储。自营仓储是指由生产企业或流通企业自建或者租赁仓库满足自身的仓储需求。生产企业自营仓储主要是为了保障生产，储存对象以原材料、零部件、中间产品和最终产品为主；流通企业自营仓储主要是为了支持销售，储存对象以经营的货物为主。

（2）营业仓储。营业仓储是指仓储经营者以其拥有的仓储设施设备，向社会提供商业性仓储服务。仓储经营者与存货人签订仓储合同，并依照合同约定的内容提供仓储服务，收取相关费用。营业仓储的目的是通过提供仓储服务获得经济回报，实现利润最大化。与自营仓储相比，营业仓储的利用效率较高。

（3）公用仓储。公用仓储作为公用服务的配套设施，为车站、码头、机场等运输节点提供仓储配套服务。目的主要是保证车站、码头、机场等物流作业的通畅，具有内部服务的性质。

（4）战略储备仓储。战略储备仓储是为了国防安全和社会稳定，国家对战略性物资实行储备而产生的仓储。战略储备由国家政府进行控制，通过立法、行政命令的方式进行，由执行战略储备物资的政府机构进行运作。战略储备仓储的特点是重视储备品的安全性，储备时间较长。战略储备物资主要有粮食、能源、有色金属、淡水、棉花等。

2. 按仓储对象分类

（1）普通货物仓储。普通货物仓储是指不需要特殊仓储保管条件的货物的仓储。如日常生活用品、建筑材料等，对仓储保管条件没有特殊要求，可以在普通仓库或货场存放。

（2）特殊货物仓储。特殊货物仓储是指对仓储保管条件有特殊要求的货物仓储形式，如危险品仓储、冷库仓储、粮食仓储等。

3. 按仓储功能分类

（1）储存仓储。储存仓储是指需要较长时间存放货物的仓储形式。采用这种存储形式的货物存放时间长、存储费用低廉、库存量大，应当特别注重对货物质量的保管和维护。

（2）物流中心仓储。物流中心仓储是以物流管理为目的的仓储形式。物流中心一般在交通较为便利、储存成本较低的经济中心地区，储存的货物品种较少、较大批量进库、一定批量出库，整体吞吐能力强。

（3）配送仓储。配送仓储也称为配送中心仓储，是指将货物配送交付给客户之前所进行的短期仓储。配送仓储货物品种繁多、批量少，需要一定量进库、分批少量出库操作，经常需要进行拆包、分拣、组配等作业，主要目的是支持销售，注重对货物存量的控制。

（4）运输转换仓储。运输转换仓储是衔接不同运输方式的仓储形式，通常在不同运输方式的衔接处进行，如港口、车站、机场等场所，主要目的是保障不同运输方式的高效衔接，减少运输工具的装卸和停留时间。运输转换仓储具有批量进货、批量出货的特征，货物在库时间短，货物的作业效率和周转率高。

（5）保税仓储。保税仓储一般在进出境口岸附近进行，是指使用海关核准的保税仓库存放保税货物的仓储活动。保税货物主要是暂时进境后还需要复运出境的货物，或者海关批准暂缓纳税的进口货物。保税仓储受到海关的直接监控，虽然货物由存货人委托保管，但保管人要对海关负责，出入库的单据均需要由海关签署。

第二节　仓储设施与设备

仓储设施与设备为货物存储提供了基本的物质保障，是实现仓储功能的重要保障。

一、仓储设施

仓储设施主要是指用于仓储的库场建筑物。它由主体建筑、辅助建筑和附属设施构成。

仓储的主体建筑包括露天货场、货棚和库房等。露天货场，也称货场，是用于存放货物的露天场地，适宜存放经得起风吹、雨淋、日晒，经过苫垫堆垛的货物或散装货物。货场装卸作业方便，建造成本低廉，但储存的品种有一定的局限性。货棚是一种简易的仓库，为半封闭式建筑，适宜储存对温、湿度要求不高，出入库频繁的货物及怕雨淋、但不怕风吹日晒的货物。货棚的保管条件不如封闭式仓库，但出入库作业比较方便，且建造成本较低。库房是存储货物的主要建筑，多采用封闭方式，可以提供良好的储存和养护条件。库房主要由库房基础、地坪、墙壁、库门、库窗、柱、站台、雨棚等组成，一般用于储存怕风吹、雨淋、日晒，对保管条件要求较高的货物。

仓库辅助建筑主要指办公室、车库、修理间、装卸工人休息间、装卸工具储存间等建筑物。这些建筑一般设在生活区，并与存货区保持一定的安全间隔。

仓库辅助设施主要有通风设施、照明设施、消防安全设施、取暖设施及避雷设施等。

二、仓储设备

仓储设备是指仓储业务所需的所有技术装置与机具，即仓库进行生产作业或辅助生产作业，保证仓库及作业安全所必需的各种机械设备的总称。仓储设备主要包括保管设备和各种辅助设备。

1. 保管设备

保管设备主要包括货架和托盘。货架是指专门用于存放成件货物的保管设备，同托盘一样，在现代物流活动中起着相当重要的作用，是实现仓库管理现代化的重要工具和手段。

（1）层架。层架由主柱、横梁及层板构成，架子本身分为数层，层间用于存放货物。层架具有结构简单、省料、适用性强等特点，便于收货和发货作业，但存放货物数量有限，主要用于人工作业仓库。层架的应用领域非常广泛，轻型层架多用于小批量、零星收发的小件货物的储存，中型和重型层架要配合叉车等工具储存大件、重型货物。

（2）托盘式货架。托盘式货架是指存放托盘货物的货架。托盘式货架所用材质多为钢材结构，也可用钢筋混凝土结构。采用托盘式货架，一个托盘占据货架上的一个货位，能提高仓库的空间利用率，便于计算机的管理与控制，托盘式货架可实现机械化作业，货架之间留有供堆垛起重机和叉车作业的巷道，能够提高存取作业的效率。

（3）抽屉式货架。抽屉式货架与层架相似，区别在于层格中有抽屉。抽屉式货架属于封闭式货架，具有防尘、防潮、避光的作用，适于较贵重的小件货物及怕尘土、怕湿的贵重货物的存放，如刀具、量具、精密仪器、药品等。

（4）悬臂式货架。悬臂式货架又称树枝形货架，由中间立柱向单侧或双侧伸出悬臂构成。悬臂式货架具有结构轻巧、载重能力好等特点。适于存放长条形材料、圆形和不规则货物，如轮胎、型钢等。可采用起重机、侧面叉车、堆垛机作业。

（5）驶入式货架。驶入式货架又称进车式货架，是可供叉车驶入并存取单元托盘货物的货架。通常采用钢质结构，钢柱上有向外伸出的水平突出构件。当托盘送入时，突出的构件将托盘底部的两个边托住，使托盘本身起到横梁的作用。当货架没有存放托盘货物时，就形成了若干通道，可供叉车进出作业。驶入式货架是高密度存放货物的货架，库容利用率为90%以上。缺点是不能实现货物的先进先出，每一巷道只适合存储同一种、不受保管时间限制的货物。

（6）移动式货架。移动式货架又叫动力式货架，是可在轨道上移动的货架。移动式货架只需要一个作业通道，可大大提高仓库面积的利用率，单位面积储存量是托盘式货架的2倍左右，适用于库存品种多、出入库频率较低的仓库，或库存频率较高，但可按巷道顺序出入库的仓库，如办公室存放文档、图书馆存放档案文献、金融部门存放票据均可采用该种货架。

（7）重力式货架。重力式货架是一种密集存储单元货物的货架系统。在货架每层的通道上，都安装有一定坡度的、带有轨道的导轨，入库的单元货物在重力的作用下，由入库端流向出库端。重力式货架采用密集式流道储存货物，空间利用率可达85%，与托盘式货架相比，大大节省了通道面积，同时减少了货位的空缺现象，可实现货物的先进先出；储物形态为托盘或储存箱，货物存取时叉车的行程最短。

（8）阁楼式货架。阁楼式货架是一种充分利用空间的简易货架，一般采用全组合式结构模式，采用专用轻钢楼板，将原有的储存区做楼层分隔。底层货架不但是存取货物的场所，而且也是上层建筑的支柱。阁楼式货架一般采用输送机、提升机、电动葫芦等来提升货物，也可采用升降台来进行货物的提升。在阁楼上面可用轻型小车或托盘引车对货物进行堆码。

（9）旋转式货架。旋转式货架又称回转式货架，通过货架的水平、垂直或立体方向回转，货物随货架移动到取货者面前。这种货架存储密度大，节省占地面积，货架拣选路线简捷，因而拣货效率高，拣货时不容易出现差错。

2. 辅助设备

仓库中的辅助设备主要包括计量设备、养护设备、装卸月台、装卸搬运设备、分拣设备及包装设备。下面对计量设备、养护设备和装卸月台进行简要介绍。

（1）计量设备是货物进出库的计量、点数，以及在库盘点、检查中经常使用的度量衡设备。计量设备要求准确、灵敏、稳定，主要有地磅、轨道衡、电子秤、电子计数器、流量仪、皮带秤、天平仪及较原始的磅秤、转尺等。

（2）养护设备主要对货物进行养护，防止货物变质、失效，包括温度仪、测潮仪、吸潮器、烘干箱、空气调节器、货物质量化验仪器等。

（3）装卸月台可用于车辆停靠、货物的暂存和装卸搬运。利用装卸月台能方便地将货物装车或卸车，实现物流网络中线与节点的衔接转换。装卸月台分为高月台和低月台两种。月台高度与车辆货台高度基本保持一致的为高月台，可以进行货物的水平装卸；月台和仓库地面处于同一高度的为低月台，低月台的装、卸车作业不如高月台方便，但可以通过在车辆和仓库之间安装输送机，使输送机的载货平面与车辆货台保持同等高度，从而达到方便装、卸货作业和提高作业效率的目的。

第三节　仓储规划

物资储存计划是在考虑仓储能力的前提下，根据出入库计划确定储存物资的品种、数量及储存时间的计划。仓储能力包括仓储企业物资储存能力与吞吐能力。因此仓储能力确定和仓储需求调查是制订物资储存计划的重要因素。

一、物资储存能力

1. 物资储存占用面积

库房、货棚和货场是储存物资的场所。库房的面积可分为建筑面积、使用面积和有效面积。库房建筑面积是指整个库房所占平面的面积，即库房建筑的外墙线所围成的面积。库房的使用面积是指库房的建筑面积扣除外墙、隔墙、库内立柱所占面积，即库房内墙线所围成的面积。库房的有效面积亦即保管面积是库房使用面积的主体，是储存物资所占的面积，它是货垛、货架、货箱所占面积的总和。库房使用面积等于保管面积和非保管面积之和。因此在一定条件下，要设法增加保管面积，减少非保管面积以提高库房面积利用率。

据有关资料统计，我国传统库房和货棚的面积利用率以 70%~80% 为宜，流通中转性质的仓库面积利用率在60%左右。

2. 仓容物资储存定额

储存定额是指在一定技术条件下，单位面积允许合理储存物资的最高数量标准。储存定额是确定储存能力的依据，也是编制储存计划的基础。

物资储存定额的制定受许多经济技术因素的制约，主要有：物资本身的性能、特点、形状、体积、重量、地坪承载能力、堆码形式、库房的有效高度、储存作业的技术设备条件等。在综合分析各种影响因素的基础上，通常运用经验统计法进行制定。

二、物资吞吐能力

物资吞吐能力，是指在一定的组织技术条件和一定时期内，完成物资出入库数量的能力。它受许多技术因素制约，当组织和技术因素的组合形式一定时，决定仓储吞吐能力的主要因素是机械设备的作业能力和作业有效率。

1. 机械设备的作业能力

物资仓储企业的吞吐作业主要是靠机械设备来完成的，机械设备的作业能力是制约物资吞吐能力的决定因素。这里主要介绍装卸设备作业能力和汽车运输能力。

（1）装卸设备作业能力计算。

①间歇式装卸设备日作业能力。

$$P_{日} = [q \times \alpha \times 3.6/(t_1 + t_2 + t_3)] \times D \times d$$

式中：$P_{日}$ ——装卸设备每日作业能力（t /d）；

q ——装卸设备额定起重量（kg）；

α ——额定起重量利用率；

t_1 ——一次作业循环中的起吊时间（s）；

t_2 ——一次作业循环中的起重运行时间（s）；

t_3 ——一次作业循环中的空程运行时间（s）；

D ——一个工作日的工时数；

d ——每班工时利用率，即每班作业时间与规定时间的比值。一般为80%~85%。

②连续式装卸设备日作业能力。

当装卸成件包装物资时：

$$P_{日} = q_{件} \times 3.6/a \times V \times D \times d_{工时}$$

当装卸散堆物资时：

$$P_{日} = 3.6 \times V \times F \times D \times d_{工时} \times \gamma \times \varphi$$

式中：$P_{日}$ ——分别为装卸成件包装或散堆物资日作业能力（t /d）；

$q_{件}$ ——成件包装每件重量（kg）；

a ——输送机胶带上前后两件物资中心线之间的距离（m）；

V ——输送机带速度（m/ s）；

F ——胶带上散堆物资所形成的堆载断面面积（m^2）；

γ ——散堆物资的容重（kg/m^3）；

φ——散堆材料断面利用系数。

③气力输送机的日作业能力。

$$P_{日} = 3.6 \times 2\pi d_1/4 \times V \times \gamma \times \mu \times D \times d_{工时}$$

式中：d_1——输送管直径（m）；

V——气流速度（m/s）；

γ——空气密度，取$\gamma=1.2\text{kg/m}^3$；

μ——混合比，指单位时间内输送物资的重量与同一时间消耗空气重量比，如煤末和砂的μ值，当气流速度为9～25m/s、6～20m/s、30～70m/s时，μ分别为20～100、20～100、3～20。

求得日作业能力之后，就能计算相应设备年度运用作业能力，其计算公式为：

$$P_{年能} = P_{日能} \times N \times d_{工日} \times d_{完好}$$

式中：$P_{年能}$——装卸设备年度运用作业能力；

N——取365天；

$d_{工日}$——年度工日利用率；

$d_{完好}$——设备完好率；

$d_{完好}$=完好台日/总台日×100%；其中：

总台日——总台数×每台日数（不论其技术状况如何，除节假日）；

完好台日——设备状况良好，能随时参加作业的台日。

（2）汽车运输能力。

汽车运输能力应按不同的车型分别计算，其计算公式为：

$$P_{年能} = Q \times \alpha \times S \times \beta \times B/T \times D_1 \times K$$

式中：$P_{年能}$——汽车年运输能力（t・km）；

Q——汽车额定载重量（t）；

α——汽车额定载重量平均利用率（%）；

S—— 汽车每次运输平均行驶里程（km）；

β——汽车行程利用系数；

T——汽车平均完成一次作业周转时间（h）；

B——汽车日额定工作时数；

D_1——法定年内工作天数；

K——汽车工作日利用率。

2. 作业有效率

在一定时期内物资吞吐量与作业量的比值称为作业有效率。计算公式为：

$$P=Q/Q'$$

式中：P——作业有效率；

Q——年吞吐量；

Q'——年作业量。

年吞吐量和年作业量可通过历史统计资料采用加权平均法计算。从上式可以看出，在机械设备作业能力一定的条件下，作业有效率越高，物资吞吐能力则越大；反之则小。而影响作业有效率的因素主要有库区的合理规划和作业活动的合理组织，规划合理和组织有序可以减少出入库作业流程中的重复作业次数，从而提高作业有效率。

已知机械设备总作业能力和作业有效率，就可以计算物资吞吐能力，计算公式为：

$$N=N'\times P$$

式中：N——物资吞吐能力；

N'——仓储企业拥有的机械设备总作业能力。

3. 物资吞吐量

物资吞吐量是指在一定的生产经济技术条件下，一定时间内实际完成的物资出入库数量，反映仓储工作强度，并影响和决定其他指标，其取决于面积、设备、劳动力。由于仓储生产作业具有不均衡和不连续的特点，虽然全年总的吞吐量任务与吞吐能力平衡，但可能在某段时间会出现吞吐量小于吞吐能力的情况，从而不能充分利用其吞吐能力；有的时候可能出现吞吐量大于吞吐能力的情况，造成大量待检和待发物资积压。因此，吞吐能力通常不一定与吞吐量匹配。一般吞吐量要小于或等于吞吐能力。只有正确认识仓储生产作业特点对吞吐能力的影响，才能正确确定一定的吞吐能力可以完成的吞吐量。

吞吐量=总入库量+总出库量

当一定时期内仓储生产作业均衡率为已知时，就能计算出一定的吞吐能力可以完成的吞吐量。计算公式如下：

$$Q=N\times\varepsilon$$

式中：Q——物资吞吐量；

ε——仓储生产作业均衡率。

三、仓储规划

仓储规划就是根据库区场地条件、仓库的业务性质和规模、商品储存要求以及技术设备的性能特点等，对仓库的主要和辅助建筑物、货场、站台等固定设施和库内运输路线进行合理安排和配置，以最大限度地提高仓库的储存和作业能力，并降低各项仓储作业费用。仓储规划是实现物资合理储存的必要步骤，有利于提高物资保管质量、有效利用仓库设施和提高收发存取效率。仓储规划主要包括物资保管场所的分配和布置、物资堆垛设计。

1. 物资保管场所的分配

物资保管场所的分配，是指在仓库生产作业区内，合理安排每一项库存物资的存放地点和位置。一般包括物资保管区的划分；库房、货棚和货场的选择；楼库各层的使用分配；确定存入同一库房的物资品种等。

1）物资保管区的划分

保管区的划分可根据实际需要确定。如按照储存物资的自然属性分区，可分为金属材料保管区、非金属材料保管区、机电产品保管区等；按照储存物资的用途分区，可分为通用物资保管区和专用物资保管区；按照储存物资使用方向分区，可分为生产资料保管区和生活资料保管区等。一般情况下多按照物资的自然属性划分保管区。一个保管区内可以拥有几栋库房，还可以包括货棚和货场。

划分物资保管区必须做到保管任务与仓库设施相统一。应根据仓库物资的周转规律和保管物资的类别、品种、数量以及对保管、装卸搬运及运输条件的要求等划分保管区。由于库存物资的品种和数量可能经常变化，因此物资保管区的划分是动态的，随着保管任务的变化进行相应调整。

2）库房、货棚和货场的选择

仓库划定保管区后，就要统一安排保管区的仓储设施。各类物资能否合理分配到库房、货棚或货场，对提高保管质量、便利仓库作业和降低保管费用具有直接影响，这也是做好物资保管的基础，应综合考虑各方面的因素。如物资的理化性质、加工程度、价值、用途和作用、批量大小、单位重量和体积等，其中理化性质是主要依据。此外，物资在库保管时间的长短、仓库所在地的地理气候条件、储存物资的季节等也是必须考虑的因素。库房、货棚和货场的选择如下。

（1）风吹、日晒、雨淋及温湿度变化对其无显著影响的物资都可放在露天货场，如生铁锭块、毛坯、钢轨、大型钢材、铸铁管、原木和大型粗制配件等。

（2）凡日晒雨淋易变质损坏、而温湿度变化对其影响不大的物资可存放在货棚里保管。如中型钢材、钢轨配件、优质木材、耐火砖、电缆等。

（3）凡受雨雪侵袭、风吹日晒及湿度的影响易造成损害的物资，应存放在普通库房，如小型钢材、优质钢材、金属制品、有色金属材料、车辆配件、水泥、化工原料、机械设备等。

（4）凡风吹、日晒、雨淋及温湿度变化对其有显著影响，容易损坏的物资，应存放在专业库房。这类物资主要是各种危险品如汽油、炸药、压缩气体、有毒物品、腐蚀性物品和放射性物品及精密仪器等。

3）楼库各层的使用分配

楼库多为 3~5 层，应根据各层的保管条件和作业条件合理存放物资，充分发挥各楼层的作用。楼库的最低层承载能力强、净空较高、前后和左右一般都设有库门，有的楼库还有库边站台，收发作业很方便。但地坪易返潮，底层容易受库边道路振动和灰尘的影响。因此应存放单位体积和单位重量大或收发作业频繁的物资，如金属材料、机械零部件、机械设备等。楼库的中间层保管条件比较优越。相比底层较为干燥，通风采光良好，受外界温湿度的影响较小，但楼板的承载能力比较差，净空比较低，这增加了垂直方向的搬运难度，作业不方便。所以适合存放体积小、重量轻、保管条件要求比较高的物资。如仪器仪表、电子器件、电工器材等。

楼库的最顶层通风采光良好、干燥。由于屋顶受日光照射，夏天受温度的影响比较大，库内温度高于其他各层，在冬季，由于屋顶散热面积大，所以库内温度低于其他各层，这些因素对物资保管不利。此外，楼层愈高，作业愈不方便，高楼层增加了垂直搬运的距离。因此适合储存收发不太频繁、一般保管体积小、重量轻的物资，如纤维及纤维制品、塑料制品等。

4）确定存入同一库房的物资品种

存入同一库房（或同一楼层）的物资要考虑彼此之间的互容性，如金属材料、金属制品、金属零配件、机械设备等存放在一起，彼此之间不会发生不良影响，具有互容性，允许存入同一库房。而有些物资之间由于性能不同，相互有影响或相互抵触，则不能存入同一库房，如粉尘材料同精密仪器仪表不能混存。即使同属于化学危险品，绝大部分也不能混存。

此外，不同保管条件的物资不能存入同一库房。如温湿度条件要求不同的物资不宜存入同一库房；灭火方法要求不同的物资，不应存入同一库房，以免造成消防工作的困难。

2. 保管场所的布置

保管场所的布置是将各种物资合理地布置到库房、货棚或货场的某个具体位置。保管场所是否合理布置在很大程度上影响着仓库的作业效率、储运质量、储运成本及盈利水平，对保证仓库生产的顺利运行都有重要的意义。因此，要合理布置保管场所。

保管场所合理布置要达到以下要求。

（1）仓库要根据仓库作业的程序布局，从而方便仓库作业，提高作业效率。

（2）要尽可能减少储存物资及仓储人员的运动距离，以提高仓储劳动效率。

（3）仓库内部的合理布局，要有利于仓库作业时间的有效利用，要避免各种工作的无效重复，避免各种时间上的延误，各个作业环节要有机衔接，尽量减少人员、设备的窝工，防止物资堵塞。

（4）最大限度地利用仓库面积和空间，提高仓库的利用率。

（5）要便于仓库的各种设施、机械能够充分发挥效用，提高设备效率。

（6）有利于人员、物资、设施、机械等在内的整个仓库的安全。

保管场所的布置分为平面布置和空间布置。

1）保管场所的平面布置

保管场所的平面布置是在有效的平面上，对库房、货棚、货场内的货垛、货架、通道、收发料区、垛间距、墙间距等进行合理的安排布置。需注意正确处理相互之间位置的关系。

平面布置首先是进行功能分区。根据仓库各种建筑物性质、使用要求、运输以及安全要求等，将性质相同、功能相近、联系密切、对环境要求一致的建筑物分成若干组，再结合仓库用地的具体条件，合理地进行功能分区，在各个区中布置相应的建筑物。保管场所可以划分为仓储作业区、辅助作业区、行政生活区。除了上述区域之外，还包括铁路专用线和库内通道。

仓储作业区是仓库的主体。仓库的主要业务和商品保管、检验、包装、分类、整理等都在这个区域里进行，主要建筑物包括库房、货场、站台以及加工、整理、包装场所等。

在辅助作业区内进行的活动是指为主要业务提供的各项服务，如设备维修、加工制造各种物料和机械的存放等。辅助作业区的主要建筑物包括维修加工以及动力车间、车库、工具设备库、物料库等。

行政生活区由办公室和生活场所组成，具体包括办公楼、警卫室、化验室、宿舍和食堂等。行政生活区一般布置在仓库的主要出入口，并与作业区用墙隔开，这样，既能方便工作人员与作业区联系，又能避免非作业人员对仓库生产作业的影响和干扰。

在仓库中，需要有库内运输通道，对于大型仓库，还要包括铁路专用线。商品出入库和库内搬运，要求库内外交通运输线相互衔接，并与库内各个区域相贯通。这些交通运输通道构成了仓库内部四通八达的交通运输网。仓库交通运输网布置得是否合理，对于仓库组织仓储作业和有效利用仓库面积将产生很大的影响。运输通道的布置应符合仓库各项业务的要求，方便物资入库储存和出库发运，还需适应仓库各种机械设备的使用特点，方便装卸、搬运、运输等作业操作。库内通道的规划必须与库房、货场和其他作业场地的配置相互配合，减少各个作业环节之间的重复装卸、搬运，避免库内迂回运输。各个库房、货场要有明确的进出、往返路线，避免作业过程中相互干扰和交叉，以防止因交通阻塞而影响仓库作业。

下面以库房布置为例说明平面布置的几个主要问题。

（1）库房平面布置要素。库房的平面布置是指在库房使用面积（库房内墙所围成的面积）内，对各布局要素的统一安排。各要素所占面积的总和等于库房使用面积。直接用于存放物资的面积为有效面积或保管面积，其他面积均为非保管面积。非保管面积主要包括通道、收发料区、垛间距和墙间距以及仓库管理人员办公地点等占用的面积。库房的合理平面布置，就是在保证物资储存需要的前提下，充分考虑到库内作业的合理组织，协调储存和作业的不同需要，合理地利用库房面积。

①通道。作为储存区与进出货区的通路，通道的设计应能提供存货正确存取、装卸设备进出的服务区间。它是根据搬运方法、车辆出入频度和作业路线等因素决定的。由于建筑物内部通道的设置与建筑物设施的功能、效率、空间利用率等因素有关，所以应根据进出库物资的品种和数量以及所选定的设备的作业特点来决定通道宽度与通道条数。通道的正确安排及尺寸是影响保管效率的一个关键。

库房内的通道可分为运输通道（主通道）、作业通道（副通道）和检查通道。运输通道供装卸运输设备在库内运行，其宽度主要取决于装卸运输设备的类型、外形尺寸、单元装载的大小及货物周转率。如铁路专用线入库，其通道宽不应小于4.5米；移动式起重机和汽车进库其通道宽度应为3~4米；若库内安装桥式起重机，其运输通道宽度可压缩到1~1.5米；当库内利用叉车作业时，其运输通道宽度由叉车驱动轴中心线距叉取物资的距离、车外侧转向半径、单元装载物资的长度和叉车转向轮滑行的操作余量等因素决定，可通过计算求出。作业通道是供作业人员存取搬运物资的行走通道，其宽度取决于作业方式和物资的大小。如果使用手推车进入作业通道，则通道的宽度应视手推车的宽度而定。检查通道是供仓库人员检查库存物资时的行走通道，其宽度只要能使检查人员自由通过即可，一般为0.5米左右。

②收发货区。它是专门供物资入库验收和配发货时临时存放物资之用，可分别设置收货区和发货区，也可设置一个收发货共用区。收发货区应靠近库门和运输通道，分别设在入库口和出库口，也可根据具体情况设在适中的位置，尽量避免收发货时互相干扰。如库房两边设有库边站台，收货区应靠近铁路专用线一侧，发货区靠近汽车道路一侧。收发货区所需面积根据一次收发物资批量大小、物资品种规格的多少、供货和发货的不均衡性及物资收发的有关制度等综合因素考虑确定。如果一次收发物资

批量很大、物资品种规格多、供货和发货的不均衡性大且采取配送制，则所需收发货区的面积就要大。

③墙间距和垛间距的宽度一般为0.5米左右。

（2）库内平面布置形式。保管面积是库房使用面积的主体，它是货垛、货架、货箱所占面积的总和。货垛、货架的排列形式决定了库内平面布置的形式。一般库内平面布置可分为垂直布置和倾斜布置两种类型。

①垂直布置指货垛或货架的排列与仓库的侧墙互相垂直或平行，具体包括横列式布局、纵列式布局和纵横式布局。

横列式布局是指货垛或货架的长度方向与仓库的侧墙互相垂直。这种布局主要优点是：主通道长且宽、副通道短，整齐美观，便于存取查点，库房布局，还有利于通风和采光，如图6-1所示。

纵列式布局是指货垛或货架的长度方向与仓库侧墙平行。这种布局的优点主要是可以根据库存物资的不同在库时间和进出频繁程度安排货位，在库时间短、进出频繁的物资放置在主通道两侧，在库时间长、进出不频繁的物资放置在里侧，如图6-2所示。

纵横式布局是指在同一保管场所内，横列式布局和纵列式布局兼而有之，综合利用两种布局的优点，如图6-3所示。

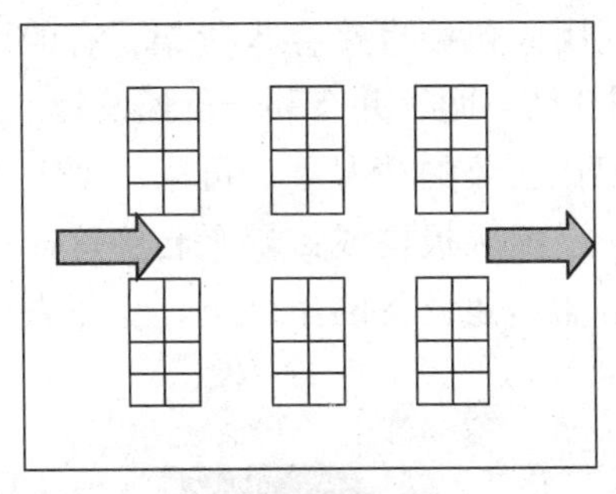

图6-1　横列式布局

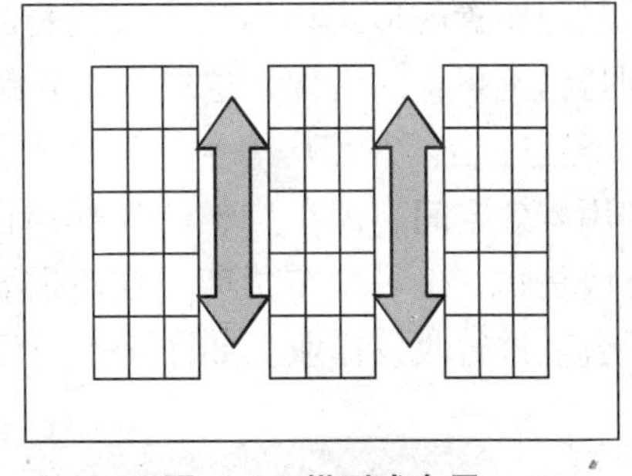

图6-2　纵列式布局

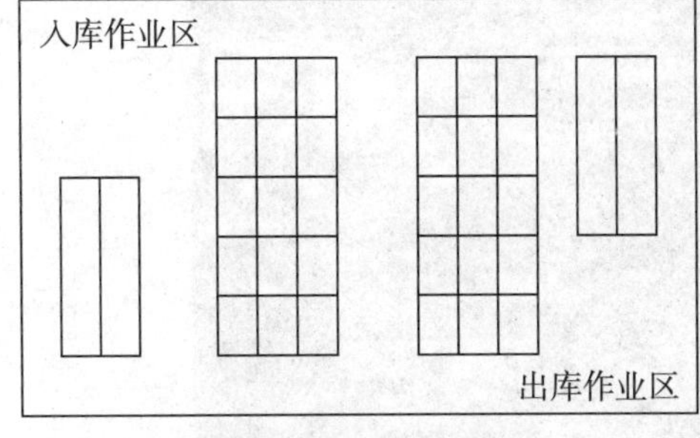

图6-3　纵横式布局

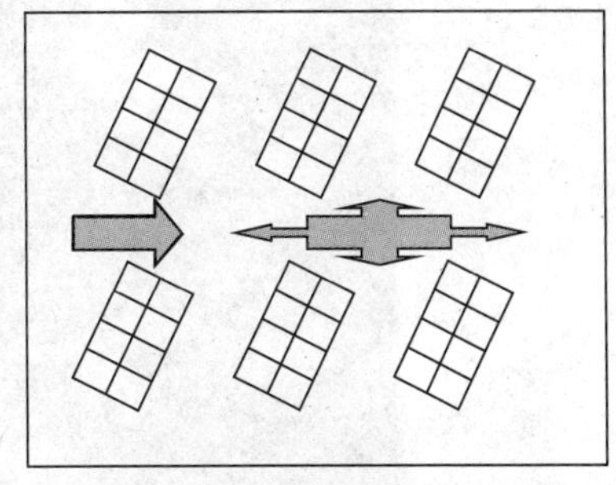

图6-4　货垛倾斜式布局

②倾斜布置是指货垛的长度方向与运输通道成一锐角（30°/45°/60°）。具体可分为货垛倾斜式布局和通道倾斜式布局两种情况。货垛倾斜式布局是指货垛的长度方向

相对于运输通道和库墙成锐角，如图6-4所示。倾斜式布局的最大优点是便于利用叉车配合集装单元进行作业，它能减少叉车作业时的回转角度，提高装卸搬运效率。比较倾斜布置的两种不同形式可得出通道倾斜式布局优于货垛倾斜式布局。因为货垛倾斜式布局，在货垛与墙角间会造成死角，不能充分利用仓库面积。

综上所述，各种平面布置形式因其自身的特点，适用范围各有不同。但总的来看，垂直布置采用最广，尤其是横列式垂直布置。倾斜布置有一定的优点，但有很大的局限性，仅适用于单一品种、大批量、集装单元堆垛和利用叉车作业的场合。

2）保管场所的空间布置

从有效利用仓储空间角度考虑，需综合考虑保管场所的平面和高度两方面因素，才能使仓储空间得到充分利用。下面主要讨论保管场所的高度利用问题，即库存物资在库房、货棚和货场垂直方向（高度）上的布置。保管场所垂直方向上的布置主要有：就地堆码、货架存放、架上平台等形式。

（1）就地堆码。就地堆码是大批量物资的垂直（竖向）布置形式。它是根据货物的包装、外形、性质、特点、重量和数量，结合季节和气候情况，以及储存时间的长短，将货物按一定的规律码成各种形状的货垛。物资堆码可以利用原包装堆码或利用托盘和集装箱堆码。堆码的主要目的是便于对货物进行维护、盘点等管理和提高仓容利用率。堆码的基本要求是：合理、牢固、定量、整齐、节约、方便。

（2）货架存放。物资进行竖向布置的主要手段是利用各种货架。货架的类型和高度决定了竖向布置的形式和高度。有些物品利用原包装直接存入货架，有的可装入货箱或码到托盘上再存入货架，这样可充分利用仓储空间，并有利于迅速发货。

（3）架上平台。在库房净空比较高和货架比较矮的情况下，可采用架上平台的方式充分利用有效空间，即在货架的顶部铺设一层承压板构成二层平台，这样可在平台上直接堆放货物，也可排布货架。在不需要增加其他设备的条件下，仓库人员可较方便地到平台上进行收发作业。如图6-5所示。

图6-5 架上平台

保管场所的空间布置潜力很大，在不增加仓库面积的情况下，向空间要货位，可成倍地扩大储存能力，节省基建投资。

第四节　仓储业务管理

仓储业务管理按仓库作业阶段可分为三个内容，即货物入库验收、货物保管养护、货物出库配送。具体包括货物从入库到出库之间的装卸、搬运、仓库内部布局、储存养护和流通加工等一切与货物实务操作、设备、人力资源相关的作业。其中入库作业要考虑入库货物的数据输入，入库厂商、车次调度（即月台的使用调度），入库货物装卸计划，入库货物检验，货物搬移上架所使用的搬运工具及人力规划、货位批示与管理等。货物在储存状态中的作业内容包括货位调整、搬运、库存数量清点、库存跟踪和货物维护等功能。出库作业包括核对出库凭证、备料、复核和点交货物。确定出库排定日期后，货物必须提领出存储区，并按照客户要求加以分类、包装和进行流通加工。这就要求进行拣货批次的规划、流通加工及包装批次规划，并打印拣货单、包装单和流通加工单等。图 6-6 为储存型仓库作业的流程。

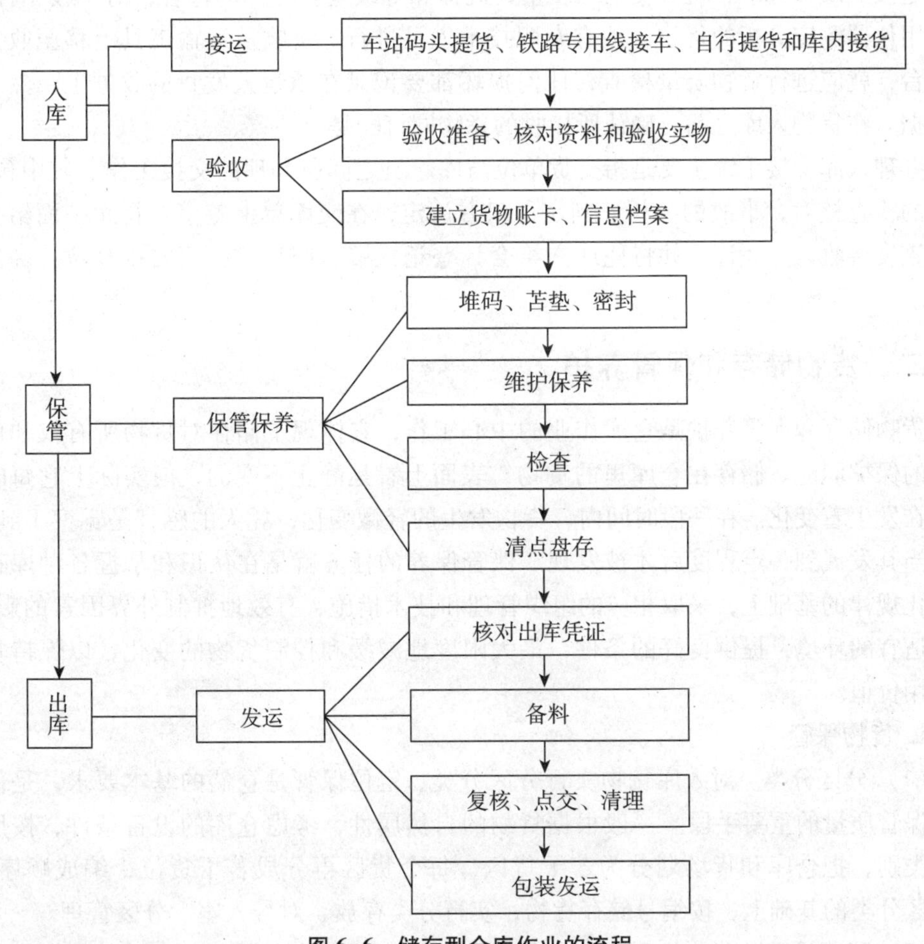

图 6-6　储存型仓库作业的流程

一、货物入库管理

入库是货物储存的准备工作。整个过程包括货物接运、入库验收、办理入库交接手续等一系列业务活动。

货物接运是指仓库对于通过铁路、水运、公路、航空等方式运达的货物，进行接收和提取的工作。接运的主要任务是及时、准确、齐备、安全地从交通运输部门提取和接收商品，为入库验收和检查做准备。提取货物应做到手续清楚，责任分明，避免把一些在运输过程中或运输前就已经发生损坏差错的货物带入仓库。接运的方式主要有：车站码头提货、铁路专用线接车、自行提货和库内接货。

入库验收是指检验实物的数量、质量以及相关的证件，是物资入库的第一关，为以后的库存管理和保管保养打好基础。主要工作包括验收准备、核对证件（入库通知单、订货合同；质量证书、合格证；运单、残损普通记录或商务记录）、实物检验、处理验收发生的问题等。尤其要进行数量点收和质量检验。数量点收，主要是根据货物入库凭证清点货物数量，检查货物包装是否完整，数量是否与凭证相符。质量检验，主要是按照质量标准，检查货物的质量、规格和等级是否与标准符合，对于技术性强，需要用仪器测定分析的货物，须有专职技术人员进行。货物从运输工具上移至收货装卸平台，就应进行货物质量检查，任何损坏都要记录在承运人发货的收据上，然后签收收据。在货物入库之前，确认所接收的货物同订购是否一致。

办理入库交接手续主要是指交货单位与库管员之间所办理的交接工作。其中包括：货物的检查核对，事故的分析、判定，双方认定，在交库单上签字。仓库一面给交货单位签发接收入库凭证，并将凭证交给会计登记入账、统计；一面安排仓位，提出保管要求。

二、货物储存和保管养护

货物储存和保管养护是仓库作业的中心工作，它体现了储存对货物所有权和使用价值的保护职能。储存在仓库里的货物，表面上看是静止不变的，但实际上它每时每刻都在发生着变化。在一段时间内，货物发生的轻微变化，凭人的感官是觉察不到的，只有当其发展到一定程度后才被发现。保管保养的任务就是在认识和掌握各种库存货物变化规律的基础上，采取相应的组织管理和技术措施，有效地抑制外界因素的影响，创造适宜的环境，提供良好的条件，最大限度地减缓和控制货物的变化，以保持货物的使用价值。

1. 货物保管

（1）分区分类。对入库货物实行分区分类、定位保管是仓储的基本要求，是保证货物保管质量的重要手段。一般根据货物的自然属性，考虑仓库的设备条件，按照货物的类别，把仓库和货场划分为若干货区，每个货区再分成若干货位，编成顺序号。在分区分类的基础上，按编号储存货物，实行分类存放、对号入座、分区管理。

（2）货物堆码。货物堆码是库存货物摆放的一种方法。仓库应该根据货物的自然属性、保管要求、包装状况、仓库自身的条件等因素确定入库货物的堆存方式。根据货物的特点选择不同的堆码方法。货物常用的堆码技术方法有直码、压缝码、交叉码、连环码、梅花码等。要根据货物的品种、性质、包装、体积、重量等情况，同时还要依照仓库的布局和有利于货物库内管理来确定货物的堆码形式，做到科学合理。仓库货物存放的方法主要有：散堆法、集装箱存放法、托盘单元化存放法、货架存放法、堆垛存放法等。货物堆码要遵守合理、牢固、定量、整齐、节约、先进先出等各项要求来进行。

货物堆码要做到货垛之间、货垛与墙柱之间保持一定距离，留有适宜的通道，以便于搬运、检查和养护。要保管好货物，"五距"很重要。五距是指顶距、灯距、墙距、柱距和垛距。

顶距是指货垛的顶部与仓库屋顶平面之间的距离。留顶距主要是为了通风，平顶楼房，顶距应在50厘米以上为宜。

灯距是指在仓库里的照明灯与货物之间的距离。留灯距主要是为了防止火灾，货物与灯的距离一般不应少于50厘米。

墙距是指货垛与墙的距离。留墙距主要是防止渗水与受潮，便于通风散潮。

柱距是指货垛与屋柱之间的距离。留柱距是为了防止货物受潮和保护柱脚，一般留10~20厘米。

垛距是指货垛与货垛之间的距离。留垛距是为便于通风和检查货物，一般留50厘米。

2. 货物养护

货物在物流过程中会产生物理机械变化、化学变化、生化变化及某些生物活动引起的质量变化，因此需要对仓储货物进行养护。货物养护就是根据各种货物的自然属性，分析其质量变化的不同形式，研究各种环境因素对货物质量变化的影响及其程度，掌握仓储货物质量变化的规律，以便提供和利用各种有利的条件，控制不利的影响因素，保证货物在储存期间的数量完备和质量完好。

货物发生质量变化，是由一定因素引起的。为了养护好货物，确保货物的安全，必须找出变化原因，掌握货物质量变化的规律。影响库存货物质量的因素很多，主要有内因和外因两个方面，内因是变化的根据，外因是变化的条件。

影响货物质量变化的内因主要有：①货物的物理性质。货物的物理性质主要包括货物的吸湿性、导热性、耐热性、透气性等。②货物的机械性质。其主要包括货物的弹性、可塑性、强力、韧性、脆性等。它们对货物的外形及结构变化有很大的影响。③货物的化学性质。与货物储存紧密相关的货物化学性质包括：货物的化学稳定性和货物的毒性、腐蚀性、燃烧性、爆炸性等。④货物的化学成分。⑤货物的结构。货物的种类繁多，各种货物有各种不同形态的结构，要求用不同的包装盛装。这些因素之间是相互联系，相互影响的。货物储存期间的质量变化，主要是物体内部运动或生理活动的结果，但与储存的外界因素有密切关系。

影响货物质量变化的外因因素主要包括：自然因素、人为因素和储存期。

（1）自然因素。自然因素主要指温度、湿度、有害气体、日光、尘土、虫鼠雀害、自然灾害等。

（2）人为因素。人为因素是指人们未按货物自身特性的要求或未认真按有关规定和要求作业，甚至违反操作规程的情况。这些情况主要包括保管场所选择不合理、包装不合理、装卸搬运不合理、堆码苫垫不合理和违章作业等。

（3）储存期。货物在仓库中停留的时间愈长，受外界因素影响发生变化的可能性就愈大，而且发生变化的程度也愈深。货物储存期的长短主要受采购计划、供应计划、市场供求变动、技术更新，甚至金融危机等因素的影响，因此仓库应坚持先进先出的发货原则，定期盘点，将接近保存期限的货物及时处理，对于落后产品或接近淘汰的产品限制入库或随进随出。

3. 保管保养措施

由上可知，存储货物是否发生变化，取决于其自身的理化性质和保管环境两方面的因素。货物自身的特性（理化性质），仓库无法控制，但保管环境对仓库来说是可控因素。因此货物保管保养不仅是技术问题，更是管理问题，是一门综合性应用科学。必须制定必要的管理制度和操作规程，贯彻“以防为主，以治为辅，防治结合”的货物保管工作方针。搞好货物保管，具体应做好温湿度控制、防锈除锈、防治虫、防火防盗等方面的工作。

温度和湿度是保证货物质量的决定性因素。各种货物由于其内在特性，要求有不同的温、湿度范围。如果仓库内的温、湿度长期超过这个范围，就会引起或加速货物质量变化。例如，沥青制品受热后易软化发黏，水泥受潮之后会结块，降低使用性能。所以，仓库必须根据气候条件和库存货物的保管保养要求，适时采取密封、通风、吸潮和其他控制与调节温、湿度的办法，力求把仓库温、湿度保持在适宜货物储存的范围内。

对于仓库温度的调节和控制：当仓库温度过高时，通常采取自然通风和机械通风的方法降温；在冬季储存防冻商品时，北方常采用暖气设备来提高温度，南方一般采用自然通风的办法来提高温度。对于仓库湿度的调节和控制：当需要降低相对湿度时，通常采用吸潮剂、生石灰、硅胶和吸潮机等方法；当需要加湿时，一般采用加湿器来进行加湿。

除温度、湿度外，空气、日光、雨露、尘土、虫害和灾难性气候等对存储物资也有明显的影响，这就要求对货物的霉变、金属腐蚀和虫害进行控制。为此，在入库前应认真检查货物是否有霉变、金属腐蚀和虫害现象；入库后，应采取积极有效的措施进行管理，定期检查，发现问题及时处理。金属表面受到周围各种介质（空气、水等）的化学及电化学作用后会引起锈蚀。为了防止金属制品和金属材料的锈蚀，应严格按照金属制品和金属材料的保管条件进行储存，隔绝促使金属腐蚀的一切外界因素，选择适宜的保管场所，妥善地进行堆码苫垫或密封等。此外，还可采用在金属表面喷涂保护层的措施，使金属与环境中的特定介质隔离，以起到一定时期内的防锈效果。针对不同的金属制品，可分别采用涂油防锈、涂漆防锈、造膜防锈、气相防锈等方法。此外，还可采取密封储藏、防腐蚀、防虫害等措施，保证货物的质量。

4. 货物的救治

在储存过程中，货物一旦发生了损坏和变化，应立即采用措施救治，如破损货物的修复、霉变货物的晾晒、锈蚀金属制品的及时除锈。根据金属表面锈蚀的程度以及不同种类的金属制品，可分别采用手工除锈、机械除锈、化学药剂除锈等方法。

三、货物出库管理

货物的出库作业与入库作业要求基本上是一致的，即要求对出库货物的数量、品种、规格进行一次核对，经复核与发货凭证所列项目无误后，当场与收货单位办妥交接手续。为保证货物及时、准确、迅速出库，货物出库必须坚持按一定的程序进行。出库程序一般包括以下内容。

1. 核对领发凭证

货物出库必须根据货主开出的“提货单”或“商品调拨通知单”等正式出库凭证进行。仓库接到出库凭证后，应该由业务部门进行仔细审核。核对的主要内容包括：出库凭证上的印鉴是否齐全、相符，有无涂改，出库货物的名称、编号、型号、实发数量及审批手续。

2. 集中拣货和备货

拣货就是仓库储存人员从存货区将客户订购的货物拣出。订单信息通过拣货单传送给仓储员。合理安排拣货过程，缩短拣货路线，可提高订单拣货率。

备货的主要任务包括以下内容。

（1）根据出库凭证所列的货物的品名、规格、数量等要求备货。同时，要准备好随货出库的货物技术资料、合格证、质量检验书等资料。

（2）检查和整理出库货物的包装及标志。

（3）有装箱、拼箱、改装等业务的仓库，在发货前，应根据货物的性质和运输部门的要求进行组合配装。

（4）最后，将出库货物搬运到备货区，以便及时装运。

3. 复核

对所有出库货物实行检查核对，保证实发货物准确无误。

4. 办理交接手续

库管员与领货人办理交接手续，货物要当面验证，在移交单上签字认定。

5. 善后处理

库管员在办完交接手续后要整理现场，清理单据，登记账册，资料归档，并制订出库计划，妥善安排出库的人力和车辆。

四、仓储的账务统计与记录管理

保管台账、货签和仓库档案是对货物实行控制和管理的有效措施，是库存货物的信息源。

（1）保管台账。其是详细反映货物入库、发出和结存的动态记录。

（2）货签。货签是货位与库存货物的显示标志，便于检点作业和库存数量管理。

（3）仓库档案。每类货物必须建立仓库档案，以集中该类货物的技术资料和各种单据，必要时以供查考之用。档案要由专人管理，资料要齐全完整。登账、挂签、建账是库存管理的重要内容。

由于仓库中保管的货物性质各异、品种繁多、规格型号复杂、进出库业务活动每天都在进行，而每一次货物进出库业务都要检斤计量或清点件数，加之货物受周围环境因素的影响，可能使货物发生数量或质量上的损失，因此，必须对库存货物和仓储工作进行定期或不定期的盘点和检查。

检查工作的主要内容包括：检查货物保管条件是否满足要求；检查货物质量的变化情况；检查各种安全防护措施是否落实，消防设备是否正常。检查中应注意货物的温度、水分、气味，包装物的外观及货垛状态是否有异常。

盘点是检查账、卡、物是否相符，把握库存货物数量和质量动态变化的手段。盘点的主要方法有：动态盘点法、循环盘点法、重点盘点法和定期盘点法。

动态盘点法是指对有收发动态的库存货物进行盘点，清查其余额及账卡。这种方法的优点是可以及时发现问题，盘点工作量小。

循环盘点法，又称循环计数法，是指在一定时期内对所有库存分别进行盘点的方法。该方法可使用ABC分析法对库存进行分级，A类的货物清点的次数较为频繁，B类的货物清点的次数少一些，C类的货物清点的次数更少一些。

重点盘点法是指对那些进出频繁的，或者易损耗的，或者价格昂贵的货物进行盘点。这种方法的优点是可以控制重点货物的动态，严防差错发生。

定期盘点法也称全面盘点法，是指对在库保管的全部货物，按照规定的日期进行全面盘点。这种方法通常是为了配合月末、季末、年末的财务结算。其优点是可以查清所有库存货物在某一时点的数量及质量状况，不易出现混串；缺点是企业需要在一定时间内停止各项进出库业务活动，这必定会影响对客户的服务。

复习思考题

1. 什么是仓储？有哪些分类？
2. 什么是仓容物资储存定额？
3. 仓储规划内容有哪些？
4. 货物入库业务有哪些内容？
5. 货物储存和保管保养有哪些内容？
6. 货物出库业务有哪些内容？
7. 仓储设备与设施有哪些？

第七章　包装、装卸搬运与流通加工

在物流系统的构成中，包装、装卸搬运与流通加工是物流环节中的三项辅助性活动，但是却起到了重要的衔接性作用，其发生频繁、成本消耗大，也是可能的物流服务增值性活动，因此，对这三项物流活动的研究与优化，是物流系统提升整体效率的关键，本章就这三项物流功能要素进行逐一讨论。

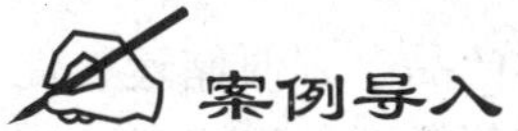

宜家家居不想花钱运空气

宜家家居（IKEA）是公认的执着于“平板包装”的企业，他们的名言是“我们不想花钱运空气”。据说平板包装的灵感来自宜家早期的一位员工——他突发奇想，决定把桌腿卸掉，这样可以把它装到汽车内，而且还可避免运输过程中的损坏。从那时起，IKEA便开始在设计时考虑平板包装的问题。平板包装进一步降低了产品的价格。从物流作业角度来看，这种包装设计可以降低家具在储运过程中的损坏率及仓库的占用空间，更主要的是平板包装实现了商品储运过程中的集装单元化，大大降低了运输成本，使得在全世界范围内进行规模化布局生产成为可能，也提高了物流中心现场作业中的装卸效率，实现自动化存储。因此自从宜家1956年首次推出自行组装家具以来，“平板包装”这个概念就成为宜家家居的核心。宜家平板包装仓储实景与宜家卖场手推车装载平板包装如图7-1所示。

图7-1　宜家平板包装仓储实景与宜家卖场手推车装载平板包装

第一节　包装

一、包装的概念及其在物流中的地位

包装在整个物流活动中具有特殊的地位，是物流系统中重要的组成部分，产品在包装过程中采用的包装材料、包装容器、包装技术和包装结构，需要结合装卸搬运、运输、仓储、配送等基本功能综合考虑、全面协调。例如采用单元化包装，可以顺利实现运输方式之间的转换，提高装卸搬运效率，降低货物损失，从而降低物流服务成本，提高物流系统效率。

国家标准《物流术语》将包装定义为：为在流通过程中保护产品、方便储运、促进销售，按一定技术方法而采用的容器、材料及辅助物等的总体名称。也指为了达到上述目的而采用容器、材料和辅助物的过程中施加一定技术方法等的操作活动。

二、包装的功能与分类

1. 包装的功能

从包装的定义可以看出，一个好的包装必须具备以下功能。

（1）保护产品。保护产品功能是包装最重要和最基本的功能，主要指保护产品的形状、性能、品质在流通过程中不受震动、挤压、冲击、风吹、日晒、雨淋、虫蛀、鼠咬等外力损坏。如我们常见的电子产品包装，一般多采用较厚的纸板，结构以封闭式包装为主，内衬泡沫等填充物，对静电敏感的产品还需要加上防静电包装袋，以避免内装物品损坏，充分体现了包装的保护产品功能。

（2）方便储运。产品生产出来需要经过流通环节才可以到达消费者手中，包括装卸搬运、运输、仓储、配送等物流环节，这就要求包装应该方便搬运，利于运输，在仓储时可以牢固地存放。

（3）促进销售。包装的促进销售功能是商品经济高度发展、市场竞争日益激烈的必然产物。在产品质量相同的条件下，精致、美观、大方的包装可以增加产品的美感，引起消费者的注意，进而激发购买的欲望，最终产生购买行为。同时根据产品在正常使用时的用量，进行适当包装，便于消费者携带和使用，起到便于使用和指导消费的作用。产品包装给予消费者的是“第一印象”，直接影响着产品的销售。

2. 包装的分类

根据不同的分类方法可以将包装分为以下几类。

（1）按包装在流通中的作用可以划分为商业包装和运输包装两类。商业包装是以促销为目的的包装，外形美观，包装单位适合客户的购买量，适合柜台货架的陈列。运输包装是以保护储运过程中的产品为目的的包装。既要达到保护产品的目的，又要尽量降低包装费用。

（2）按包装的通用性能可以分为专用包装和通用包装。专用包装是根据被包装对象的特点专门设计、专门制造，只适用于某种专门产品的包装，如水泥袋、蛋糕盒、可乐瓶等。通用包装是根据标准系列尺寸制造的包装容器，用以包装各种无特殊要求的产品。

(3) 按照包装容器分类。

①按照包装容器抗变形能力划分为硬包装和软包装两类。

②按包装容器的形状可分为包装袋、包装箱、包装盒、包装瓶、包装罐等。

③按包装容器结构形式划分为固定式包装盒和可拆卸折叠式包装。

④按照容器的使用次数可以划分为一次性包装和多次周转性包装。

⑤按照包装容器使用的技术可以分为防潮包装、防锈包装、防虫包装、防震包装和危险品包装等。

三、包装技术

1. 防震包装技术

防震包装又称为缓冲包装，是指在产品外表面周围放置能吸收冲击或震动能量的缓冲材料或其他缓冲元件，使产品不受物流损伤的一种包装技术。按照缓冲程度的不同，防震包装可以分为全面防震包装、部分防震包装和悬浮式缓冲包装。防震包装设计的主题是确定防震材料的种类和厚度，厚度值由物品的落下能量和防震材料吸收能量的关系式求出。在设计上，还应同时考虑成本问题；选择不同的材料，设计不同的衬垫形状都会影响成本。

2. 防潮包装技术

防潮包装是防止因潮气侵入包装件而影响内装物品质的一种包装方法。防潮包装方法主要有两种：一是用透湿度低的材料包装；二是控制包装容器内的湿气。防潮材料有多种，有在纸等纤维材料上进行防潮加工的纸系材料，还有塑料薄膜及铝箔等。不同材料的透湿率（克/平方米·24 小时）是不同的，铝箔最小（小于 7），塑料薄膜次之，纸类最大。控制包装内湿气的方法主要还是使用干燥剂，有化学干燥剂和物理干燥剂两类，用于包装的主要是物理干燥剂，最常见的是硅胶。

3. 防水包装技术

防水包装是防止因水侵入包装件而影响内装物品质的一种包装方法。防水包装可分为耐浸水包装和耐雨水、飞沫的耐散水包装两类。

4. 防锈包装技术

防锈包装是防止内装物锈蚀的一种包装方法，其目的是消除或者减少导致锈蚀的因素。防锈包装的首选技术是使用防锈剂，防锈剂有防锈油和气化性防锈剂两类。各种防锈油是在矿物油中加入防锈添加剂后制成的，气化性防锈剂是一种常温下就能挥发的物质，挥发出的气体附着在金属表面上，从而防止生锈。

5. 防虫包装技术

防虫包装是为保护内装物免受虫类侵害而采用一定防护措施的包装。如在包装材料中掺入驱虫剂，也可采用真空包装、充气包装、脱氧包装等技术。药剂有可能直接与内部物品接触而产生一些安全问题，所以在包装时需要考虑这些问题。

四、包装材料

用于物流包装的材料很多，从传统的纤维纸板到最新的记忆性塑料带，可谓应有尽有。他们按不同的用途可分为以下几类：容器材料，用于制作箱子、瓶子、罐子的纸制品、塑料、木料、玻璃、陶瓷、各类金属等；内包装材料，用于隔断物品和防震的纸制品、泡沫塑料、防震用毛等；包装用辅助材料，如各类接合剂、捆绑用细绳（带）等。以下就运输包装做介绍。

1. 纸包装材料

纸的品种是很多的，有专用包装纸，一般指牛皮纸，用途多半为选用强度较大的制成纸袋。纸袋为3~6层的多层叠合构造。如果需要，还可以做防潮处理，把牛皮纸和塑料薄膜制成复合多层构造。大型纸袋通常用于水泥、肥料、谷物等粉粒状货物的包装。牛皮纸的强度与每平方米纸张的重量有关，一般为60~200克。它的特性项目包括抗拉强度、抗裂强度、伸长率、耐水率等，这些均有对应的国家标准。

纸板是指用牛皮纸浆、化学纸浆、旧纸浆等为原料制成的厚纸板。根据不同的用途可分为瓦楞原纸、白纸板、黄纸板等，其中瓦楞原纸的用途最广泛，产量也最大。

瓦楞原纸分为中芯原纸和内衬原纸，前者用于制造瓦楞波形部分，后者贴在外侧，两者黏合制成瓦楞纸板。瓦楞波形有波高和波数两个参数，波高用毫米计量，一般为25~50毫米；波数用30厘米宽度内的波的数量计量，一般有36~50波。不同参数组合有不同的强度，分成A、B、C、E四种槽形。根据不同用途和方式可制成不同层数的瓦楞纸板，一般有单面瓦楞纸板、双面瓦楞纸板、两层双面瓦楞纸板和三层瓦楞纸板。

单面瓦楞纸板是仅在波形中心的一面贴上内衬而成，主要用于防震，做衬垫用；双面瓦楞纸板是在波形中心两侧贴上内衬制成，广泛用于制造瓦楞纸箱；两层双面瓦楞纸板一般用两张不同槽形的单面瓦楞纸板和一张瓦楞原纸黏合而成，多用于制作具有较高耐压强度的瓦楞纸箱；三层瓦楞纸板用两张单面瓦楞纸板和一张双面瓦楞纸板黏合而成，可代替重物包装的木箱，做成大型容器使用。

2. 塑料包装材料

塑料在包装中有广泛使用，可用于单个包装、内包装、外包装，用于运输包装时可制成各种塑料容器。聚乙烯塑料袋是最常见的包装物，可替代20~30千克包装用纸袋。聚乙烯和聚丙烯塑料编织袋（俗称蛇皮袋）可替代40~60千克的包装用麻袋。

在箱袋结合的运输包装中，将塑料制成各种盛液体的容器，以替代玻璃瓶、金属罐、木桶等，再把塑料容器放入瓦楞纸箱内。成型容器（塑料罐、箱）也是塑料包装的重要领域，受价格和成型难易影响，多数用聚乙烯材料制成，国家在容量、尺寸、强度等方面都有所规定。

塑料薄膜的收缩包缠与拉伸包缠近年来有广泛应用，收缩包缠是将一张预拉伸的塑料薄膜把托盘和货物包裹起来，然后将其热收缩起到固定作用；拉伸包缠是用拉紧的塑料薄膜（带）包缠一个包装单位，再将包装单位与托盘包缠在一起。这两种包装方式可使货包具有刚性容器的特点，而内部物品的可见性比较好。当今塑料薄膜与瓦楞纸板相结合，用来包装日常消费品已得到迅速发展。通常的方法是物品放置在瓦楞纸板上，用塑料薄膜收缩包缠成一个实际的装运单位。这种包装的好处是由专用设备自动操作、效率高。一卷塑料薄膜适用于多种不同外形的商品，包装后的体积和重量都很小，由于内部物品可见，搬运时会提高警觉性，因此货损减少。缺点是不能提供堆垛压力的支撑。

另外，用塑料箱替代木箱运输也有大量的使用，一般应用在食品、饮料等物品的运输包装方面。

3. 木材包装材料

木材是最传统的包装材料，至今仍有广泛的应用。由于木材资源的再生速度很慢，在许多包装领域已被纸或塑料替代。但是木材具有良好的包装特性，在重物包装以及出口物品等方面还有使用。木材较多地用于木桶、木箱和胶合板箱三类容器。普通的密闭木箱可装200千克货物，如果选用下设垫板的木箱，则可装运200千克以上的货物。木材的另一个用途是托盘。

4. 金属包装材料

用作运输包装的金属容器有罐和桶，用镀锌铁板制成。罐有方形和圆形两种，主要用于食品、药品、石油类、涂料类及油脂类物品包装；桶主要用于以石油为主的非腐蚀性半流体、粉末体、固体等物品的包装，容量为20~200升。

此外物流包装还有一项技术性较高的任务是包装试验，包括材料试验和货物试验。货物试验是指检验包装对货物的保护程度，是一项非常重要的试验。

五、包装合理化

1. 包装合理化的概念

包装在物流系统中发挥重要作用，在一定程度上增加了产品的价值，但也不可避免地增加产品的重量、体积及成本，同时包装材料的大量使用会引起环境保护方面的问题。包装合理化既包括包装总体的合理化，也包括包装材料、包装技术、包装方式的合理组合和运用。要做好包装合理化工作，应从以下三方面着手。

（1）防止包装不足。包装不足是指以下几个方面：①包装强度不足；②包装材料水平不足；③包装容器的层次及容积不足；④包装成本过低，不能保证有效的包装。

（2）防止包装过剩。包装过剩是指：①包装物强度设计过高；②包装材料选择过高；④包装技术过高，层次多，体积大；④包装成本过高。

（3）从物流管理的角度，用科学方法确定最优包装。由于物流的多种因素是可变的，包装也是不断发生变化的。确定包装形式，选择包装方法，都要与物流的各项因素的变化相适应。这些因素主要有：①装卸搬运。在确定包装时，必须对该种产品的装卸搬运手段、方法有所了解，使包装的形式、包装方法与之相适应。②保管。在确定包装时，必须对保管的条件和方式有所了解。③运输。输送工具的类型、运输距离的长短、道路情况等都会对包装产生影响。

2. 包装标准化

包装标准化是对产品的包装类型、规格、容量，使用的包装材料、包装容器和结构造型、印刷标志及产品的盛入、衬垫、封装方式、名词术语、检验要求等加以统一规定，并贯彻实施的政策和技术措施。标准化是组织现代化大生产的重要手段，是推动社会生产力迅速发展的强大动力，是经济发展和科学管理的重要基础。因此实现包装的标准化具有相当重要的意义。主要体现在以下方面：①便于提高包装生产率；②便于识别、使用和计量；③节约包装材料，降低包装成本；④提高包装质量，保护产品安全；⑤有利于产品走向国际市场；⑥有利于包装的回收利用。

第二节　装卸搬运

一、装卸搬运的概念及分类

1. 装卸搬运的概念

装卸（Loading and Unloading）是在运输工具间或运输工具与存放场地（仓库）间，以人力或机械方式对物品进行载上载入或卸下卸出的作业过程。搬运（Handling）是在同一场所内，以人力或机械方式对物品进行空间移动的作业过程。装卸搬运的基本功能是改变物品的存放状态和空间位置。

2. 装卸搬运的特点

（1）装卸搬运是附属性和伴生性活动。装卸搬运在物流每一环节开始及结束时必然发生，被视为其他物流功能（运输、仓储、配送等）不可缺少的组成部分。

（2）装卸搬运是支持性与保障性活动。附属性和伴生性特点决定了装卸搬运对物流活动的支持与保障作用。装卸搬运会影响其他物流活动的质量和速度。例如装车不当会引起运输过程中的损失，卸放不当会导致货物下一步移动困难。许多物流活动在有效的装卸搬运支持下，才能达到较高的水平。

（3）装卸搬运是衔接性活动。装卸搬运是衔接其他物流活动的桥梁，是物流各功能之间形成有机联系和紧密联系的关键，是整个物流的“瓶颈”。建立一个高效的物流系统，关键看这一衔接是否有效。如集装箱多式联运，可以使物流活动之间衔接性更好，物流系统更高效。

3. 装卸搬运的分类

（1）按照装卸搬运的作业内容分类。

①装货卸货作业。其是指向卡车、火车、船舶、飞机等运输工具上装货，以及从这些运输工具上卸货的活动。

②搬运移送作业。其是指对物品进行短距离的移动活动，包括水平、垂直、斜行搬运或由这几种方式组合在一起的搬运移送活动。

③堆垛拆垛作业（放置取出作业）。堆垛是把物品从预先放置的场所移送到运输工具或者仓库内的指定位置，再按要求的位置和形状放置物品的作业活动；拆垛是与堆垛相反的作业活动。

④分拣配货作业。分拣配货是把物品按品种、出入库先后顺序进行分类整理，再分别放到规定位置的作业活动。

（2）按照装卸搬运的作业对象分类

①单件作业法。单件作业顾名思义是单件、逐件装卸搬运的方法，这是人力作业阶段的主导方法。目前对于长大笨重、形状特殊的货物，或集装会增加危险的货物等，仍采用单件作业法。

②集装作业法。集装作业法是指先将货物集零为整，再进行装卸搬运的方法。有集装箱作业法、托盘作业法、货捆作业法、滑板作业法、网装作业法以及挂车作业法。

③散装作业法。散装作业法是指对煤炭、矿石、粮食、化肥等块、粒、粉状物资，采用重力法（通过筒仓、溜槽、隧洞等方法）、倾翻法（铁路的翻车机）、机械法（抓、舀等）、气力输送（用风机在管道内形成气流，应用动能、压差来输送）等方法进行装卸。

二、装卸搬运的原则及合理化

1. 装卸搬运的原则

装卸搬运对于现代物流的作用是不言而喻的，它与运输、仓储、包装、流通加工等其他物流要素有着密切联系，如果没有装卸搬运，物流的各个环节就无法衔接。装卸搬运不仅直接影响着物流服务的质量和效率，而且还影响着物流活动的安全和物流服务成本。因此，在现代物流条件下建立的装卸搬运系统，应遵循以下原则。

（1）有效作业原则。物流活动中所进行的装卸搬运作业是必不可少的，要在保证完成各要素和各物流环节顺利进行的情况下，尽量减少和避免不必要的装卸搬运，使装卸搬运作业量最小，所消耗的活劳动和物化劳动最少。

（2）集中作业原则。所谓集中，包括装卸搬运场地的集中和装卸搬运对象的集中两个方面，前者通常是指在条件允许的情况下，把数量较多的、作业量比较小的分散作业场地加以集中，通过固定式装卸搬运设备的配置、机械化作业水平的提升以及作业流程的合理组织，来提高作业效率；后者则是把分散、零星的货物汇集成较大的集装单元，以提高作业效率。

（3）简化流程原则。简化流程原则通常包括了两个方面：一是减少装卸搬运的作业环节，尽量实现作业流程在时间上和空间上的连续性，换句话说就是使装卸搬运作业无间歇、不中断；二是尽量提高货物放置的活性程度，以减少作业环节。

（4）安全作业原则。由于在装卸搬运作业中存在着诸多不安全的因素，所以在现代物流服务环境下如何确保装卸搬运作业安全非常重要。安全作业原则中包括人身安全、设备安全和货物安全，其目的是组织文明装卸，避免发生重大事故，尽量减少一般事故。

（5）系统优化原则。系统优化原则是指在现代物流条件下组织装卸搬运作业的出发点是实现装卸搬运作业的合理化，而其合理化的目标是使系统整体优化，充分发挥系统中各要素功能，从作业质量、效率、安全、经济诸多方面对装卸搬运系统进行评价。

2. 装卸搬运合理化的目标

装卸搬运是指装卸搬运人员借助于装卸搬运机械和工具，作用于货物的生产活动过程。它的效率直接影响着物流的整体效率。因此，科学地组织装卸搬运作业，实现装卸搬运的合理化对物流整体的合理化至关重要。在满足作业要求的前提下，装卸搬运要尽量实现距离短、时间少、质量高、费用省的目标。

（1）装卸搬运的距离要短。在装卸搬运作业中，最优秀的装卸搬运作业是没有装卸搬运，但是实际上很难达到这一点，货物发生位移的距离越大，相应发生的费用也越多。从节约成本的角度而言，应尽可能地缩短装卸搬运的距离。

（2）装卸搬运的时间要少。这一时间指从开始装卸搬运到任务完成所耗用的时间。装卸搬运是整个物流环节中耗时较多的环节之一，从提高物流速度，及时满足生产和客户的需求角度看，应根据实际的情况实现装卸搬运作业的机械化、自动化，减少人力搬运，尽量缩短时间。

（3）装卸搬运质量要高。质量高是指按照要求的数量、品种、包装等，安全、及时地将货物装卸搬运至指定的位置，是装卸搬运合理化的主体和实质。高质量的装卸搬运是为客户提供的优质服务的主要内容之一，也是保证生产顺利进行的重要前提。提高装卸搬运的质量是装卸搬运合理化目标的核心。

（4）装卸搬运费用要省。装卸搬运合理化既要求装卸搬运距离短、时间少、质量高，又要求费用省。这要求企业真正实现装卸搬运的机械化、自动化和物流系统的现代化，充分运用现代化的机械设备来提高作业效率，减少人工操作，从长期运行的效果来看，可以大幅降低成本。为此，应合理规划装卸搬运的工艺，研究操作流程，尽可能地实现装卸搬运作业的连续化，从而提高装卸搬运效率，降低装卸搬运成本。

3. 装卸搬运合理化的基本途径

（1）防止和消除无效作业。无效作业是指在装卸搬运活动中超出必要的装卸、搬运量的作业。显然，防止和消除无效作业对于装卸作业的经济效益有重要的作用。为了有效防止和消除无效作业，可以从以下几个方面入手加以改进。

①尽量减少装卸次数。货物在整个物流活动中往往要经过多次的装卸作业。要使装卸搬运次数降到最小，尤其要避免没有物流效果的装卸作业，减少人力、物力的浪费和货物损坏的可能性。采用集装箱运输和多式联运等方式都可以防止和消除无效的装卸搬运作业。

②提高被装卸货物的纯度。货物的纯度指货物中含有的除水分、杂质等无效部分以外的有效部分所占的比例。货物的纯度越高，装卸搬运的作业有效程度也越高；反之，则无效作业就会增多。例如去除煤炭中的矸石，矿石中的水分等。

③包装要适宜。包装是物流中不可缺少的辅助作业手段。要增强包装的轻型化、简单化、实用化，要在能够对货物起到有效保护的前提下避免过度包装，减小无效负荷，降低成本。随着集装箱的广泛使用，对货物的包装强度要求进一步降低，不仅可以节约包装成本，还可以增大一次装载量。

④减小装卸搬运作业的距离。货物在装卸搬运过程中，需同时进行水平和垂直两个方向上的位移，选择最短的路线完成这一活动，就可以避免超过最短线路的无效劳动。在可能的条件下，尽量使运载设备与货物堆放地点接近，减少作业距离，以节约劳动。

⑤提高装载效率。需要充分发挥装卸搬运机械的能力和装载空间，中空的货物可以填装其他小型货物再进行搬运，以提高装载效率。

（2）提高货物的装卸搬运活性。由于货物存放的状态不同，货物的装卸搬运难易程度也不同。人们把货物从静止状态转变为装卸搬运运动状态的难易程度称为装卸搬运活性。如果很容易转变为下一步的装卸搬运而不需过多做装卸搬运前的准备工作，则活性就高；如果难以转变为下一步的装卸搬运，则活性低。

在装卸搬运整个过程中，往往需要几次装卸搬运作业，为使每一步装卸搬运都能按一定活性要求操作，对不同放置状态的货物做了不同的活性规定，这就是装卸搬运活性指数（简称活性指数）。通常活性指数分为0~4共五个等级，如表7-1所示。

表7-1　装卸搬运活性指数

货物状态	需要进行的作业					不需要进行的作业数目（活性指数）
	集中	搬起	装车	运走	数目	
散放于地	√	√	√	√	4	0
存放在普通容器（箱）中的货物		√	√	√	3	1
存放在托盘或其他支垫上的货物			√	√	2	2
放置在无动力车辆上的货物				√	1	3
放置在输送机上的货物					0	4
运动中的货物					0	4

散放在地上的货物要运走，需要经过集中（装箱）、搬起（支垫）、装车、运走4次作业，作业次数最多，说明说它的活性水平最低，规定其活性指数为0；存放在普通容器（箱）中的货物，只要进行后3次作业就可以运走，装卸搬运作业较方便，活性水平高一等级，规定其活性指数为1；货物装箱后存放在托盘或其他支垫上的状态，规定其活性指数为2；货物放置在无动力车辆上的状态，规定其活性指数为3；而运行中的货物，因为不需要进行任何作业就能运走，其活性指数最高，规定为4。

在装卸搬运作业工艺方案设计中，应充分应用活性理论，合理设计作业工序，不断改善装卸搬运作业，以达到作业合理化、节省劳力、降低消耗、提高装卸搬运效率的目的。

（3）充分利用重力和消除重力影响，实现装卸搬运作业省力化。装卸搬运使货物发生垂直和水平位移，必须通过做功才能完成。因此在有条件的情况下，可利用货物的重量，进行有一定落差的装卸搬运。例如，可将没有动力的小型运输带（板）斜放在货车、卡车上，依靠货物本身重量进行装卸搬运，使货物在倾斜的输送带（板）上移动，这样就可以减轻劳动强度和减少能量的消耗。

在装卸搬运时，尽量消除或削弱重力的影响，也会获得减轻体力劳动及其他劳动消耗的可能性。重力式货架是利用重力进行省力化装卸的方式之一。如图7-2所示。

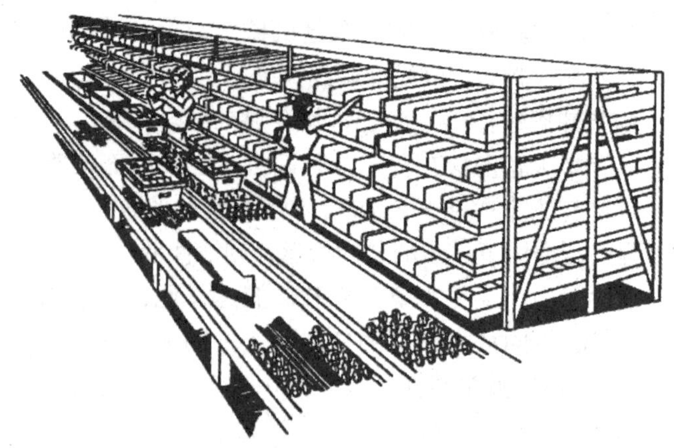

图7-2　重力式货架应用

这种重力式货架，因每层格均有一定的倾斜度，货箱或托盘可自己沿着倾斜的货架层板滑到输送机械上。为了尽可能减小货物滑动的阻力，通常将货架表面处理得十分光滑，或者在货架层上装上滚轮。

（4）合理选择装卸机械、方式和方法。

①首先，装卸搬运机械的选择必须根据装卸搬运货物的性质来决定。对以箱、袋或集装包装的货物，可以采用叉车、吊车、货车装卸；对散装粉粒体货物，可以利用传送带装卸；对散装液体货物，可以直接向装运设备或储存设备装取。其次，将货物集中到一定的数量，使之形成一个单元，从而利用机械进行装卸进而形成输送、保管的集装单元化，这是提高装卸搬运作业效率的有效方式。

②在装卸搬运过程中，必须根据货物的种类、性质、形状、重量来合理确定装卸搬运方式。在装卸时，对货物的处理大体有分块处理、散装处理和单元组合处理三种方式。

③合理分解装卸搬运活动，并采用现代化管理方法和手段，改善作业方法，实现装卸作业的连贯、顺畅、均衡和装卸搬运的合理化及高效化。

（5）保持物流的均衡畅通。最为理想的情况是保持装卸搬运作业连续，使货物顺畅地流动，将运输、仓储、包装、流通加工、配送等物流活动有序地连接起来，保持物流的均衡畅通。但是货物的处理量波动大时会使装卸搬运作业变得困难，并且装卸搬运作业受运输等其他物流环节的制约，其节奏不能完全自主决定，必须综合各方面的因素妥善安排，才能使物流量尽量均衡，避免忙闲不均的现象。

三、装卸搬运系统

物流系统中的装卸搬运是集中在配送中心、仓库中进行的。散装货物与包装货物的搬运存在着很大的区别，散装货物（如固体、液体、气体）需要专门的搬运设备。包装货物的装卸搬运具有一些通用性，我们主要讨论物流系统中包装货物的搬运。

近年来，国际上关于装卸搬运设计方面的基本准则如下：

①装卸搬运和存储的设备应尽量标准化；

②搬运系统应被设计成在作业时也能连续提供最大的货物流；

③应尽量投资装卸搬运设备而非仓储设备；

④应选取使用范围广的装卸搬运设备；

⑤选取装卸搬运设备时，应考虑设备自重与有效荷载之比最小的产品；

⑥系统设计应考虑重力流。

装卸搬运系统可以分为机械化装卸搬运系统、半自动化装卸搬运系统、自动化装卸搬运系统和信息引导系统等。在机械化装卸搬运系统中，装卸搬运人员和设备结合在一起，方便了货物入库、存库和出库作业。一般来说，机械化装卸搬运系统中的人工成本占总成本的比重较高。与机械化装卸搬运系统相比，自动化装卸搬运系统通过对自动化设备的投资而最大限度地减少员工数量，同时也提高了效率。自动化装卸搬运系统一般可以满足基本的装卸搬运需要。而如果某些装卸搬运作业使用自动化设备，其余的装卸搬运作业使用机械设备，这样的系统就属于半自动化装卸搬运系统，它是对机械化装卸搬运系统进行补充的一种装卸搬运系统。信息引导系统是使用计算机在最大范围内控制机械化卸装搬运设备的系统，是一个还处于试验阶段的相对新的概念。目前机械化装卸搬运系统是使用最普遍的系统，半自动化装卸搬运系统和自动化装卸搬运系统的应用程度正在提高。

1. 机械化装卸搬运系统

机械化装卸搬运系统所利用的装卸搬运设备范围很广，最常用的设备有叉车、步行码垛车、拖缆、牵引车挂车、输送机、货车尾板以及旋转式货架等。

（1）叉车。叉车主要用于举高和搬运货物。按举高能力可分为低提升车辆和高提升车辆两类。低提升车辆即为一般的托板车。按照操作者姿势、动力方式和应用范围等不同可再细分（叉车通常可以分为三大类：电动叉车、仓储叉车和内燃叉车）。

①电动叉车。以电动机为动力，蓄电池为能源，每个电池一般工作约 8 小时后需要充电。承载能力为 1.0~4.8 吨，作业通道宽度一般为 3.5~5.0 米。由于没有污染、噪声小，因此广泛应用于对环境要求较高的工况如医药行业、食品行业等。如图 7-3 所示。

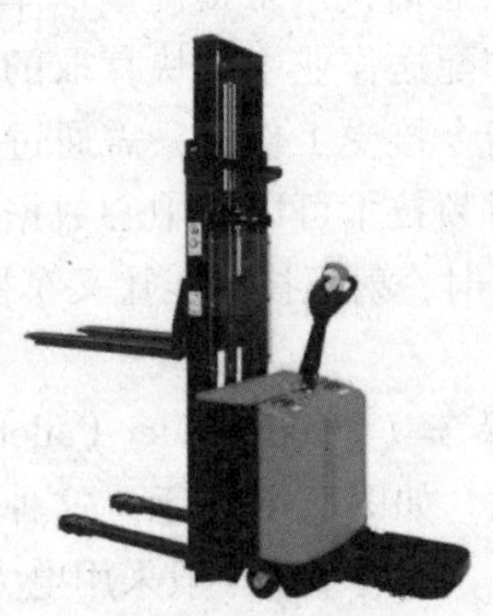

图 7-3　电动叉车

②仓储叉车。仓储叉车是指为仓库内货物的搬运而设计的叉车，少数采用人力驱

动，大部分仓储叉车以电动机驱动，其车体紧凑、移动灵活。如图 7-4 所示。

图 7-4　仓储叉车

③内燃叉车。一般采用柴油、汽油、液化石油气或天然气发动机作为动力，承载能力较大，一般均可承载 5 吨以上的重量，考虑到尾气排放和噪声问题，通常用在室外对尾气排放和噪声没有特殊要求的场所。由于燃料补充方便，因此可实现长时间的连续作业，而且能在恶劣的环境下工作。如图 7-5 所示。

图 7-5　内燃叉车

许多叉车作业正在利用数据通信技术来提高生产率。例如，利用射频数据通信可便于叉车操作人员在仓储作业和配送作业中加快存取的速度。射频数据通信可使工人不必通过手写或事先打印好的指令接受工作，只需通过手执的或者安装在车上的无线射频终端接受工作指令。利用射频技术可以向中心数据处理系统提供实时通信，而且当货物包装或者托盘上没有条码时，射频技术能让叉车操作人员收到并更新货物查询、顺序、移动和存货的调整情况。

（2）步行码垛车。步行码垛车（Walkie-rider Pallet Truck）适用于搬运一般的材料，具有低成本和高效率的特点，如图 7-6 所示。这种车辆通常用于卸车、拣选、集货以及仓库中长距离的往复搬运，动力系统一般采用电力驱动的方式。

图 7-6　步行码垛车

（3）拖缆。拖缆是指设置于地面或悬吊安装的与四轮拖车一起配套使用的一种牵引设备。拖缆是连续供电的，它的主要优点是可以连续运动，缺点是不具备叉车的灵活性。拖缆常用于仓库内拣选货物。拣选时，货物被放在四轮拖车上，然后拖缆将拖车拖到出运区。自动化分拣设备可以非常好地完成指引拖车从主线到出运区的路线的工作。

在拖缆使用上有争议的一个问题是：究竟将拖缆设置在地面上还是悬吊安装。如果在地面设置，那么调整和维护价格昂贵。而悬吊安装比设置在地面上灵活性要高，但要求仓库地面非常平整，否则拖线会将拖车的前轮拉离地面而造成货损危险。

（4）牵引车挂车。牵引车挂车是指一个牵引车拖带几个四轮挂车，而挂车上承载几组托盘货。挂车的尺寸一般为 48 英尺（约 14.63 米）。像拖缆一样，牵引车挂车也是为拣选货物服务的，其主要优点是灵活性强，缺点是需要大量人员的参与，而且经常是闲置的，经济性不高。自动化引导搬运车系统（AGVS）已经出现，这将在半自动化装卸搬运系统中讨论。

（5）输送机。输送机是物流中心必不可少的重要搬运设备。它有水平搬运和垂直搬运之分，也有整箱和托盘搬运之分。无论采用什么形式搬运，决定输送机的主要参数是搬运物的最大宽度和长度以及最大重量。此外，单位时间的搬运量也是一项重要参数。

在物流中心中使用最普遍的输送机是单元负载式输送机和立体输送机。这些输送机主要用于固定路线的输送。输送机的单元负载有托盘、纸箱和固定尺寸的物品。

单元负载式输送机按动力源区分，可分为动力式和重力式两种。重力式输送机的原理就是以输送物品的本身重量为动力，在倾斜的输送机上由上往下地滑动。重力式输送机因辊子不同，又可分为辊轮式、辊筒式和滚珠式三种类型。

动力式输送机是以马达为动力。此外按传送介质区分，单元负载式输送机可分为链条式、辊筒式和带式。如图 7-7 所示。

图 7-7 带式输送机

（6）货车尾板。货车尾板又叫汽车升降尾板、汽车装卸尾板、起重尾板、液压汽车尾板、尾板，是安装于货车和其他各种车辆尾部的一种以车载蓄电池为动力的液压起重装卸设备（如图 7-8 所示）。汽车尾板可分为悬臂式尾板、垂直式尾板、摇臂式尾板。尾板作为一种随车装卸工具可以极大地提高装卸的效率和便利性。

在城市物流中广泛使用的厢式货车，受制于城市装卸条件的不确定，在货车尾部加装尾板可有效提升装卸搬运效率，使货车装卸能够适用于多种不同的场合。近年来，随着国内城市物流的快速发展、装卸人工费用的持续上涨以及企业对装卸效率的迫切要求，货车尾板的使用正在进入需求集中爆发期。据估算，我国内地加装货车尾板的在用车量仅为 8 万辆，后续需求强劲，发展潜力巨大。

图 7-8 货车尾板

（7）旋转式货架。旋转式货架操作简单，存取作业迅速，适用于电子元件、精密机械等少批量、多品种小物品的储存及管理。货架转动很快，可达 30 转/分的速度。存取效率很高，通过计算机控制，可实现自动存取和自动管理。此外，旋转式货架的空间利用率较高，其特点如下。

①节省人力，增加空间。

②由标准化的组件构成，可适用于各种空间配置。

③存取入出口固定，物品不易丢失。

④计算机快速检索和寻找储位，拣货快捷。

⑤取料口高度符合人机学，适宜作业员长时间工作。

⑥储存物可以是纸箱、包、小件物品。

⑦需要电源，且维修费高。

旋转式货架一般有水平旋转式货架和垂直旋转式货架两种形式，如图 7-9 所示。

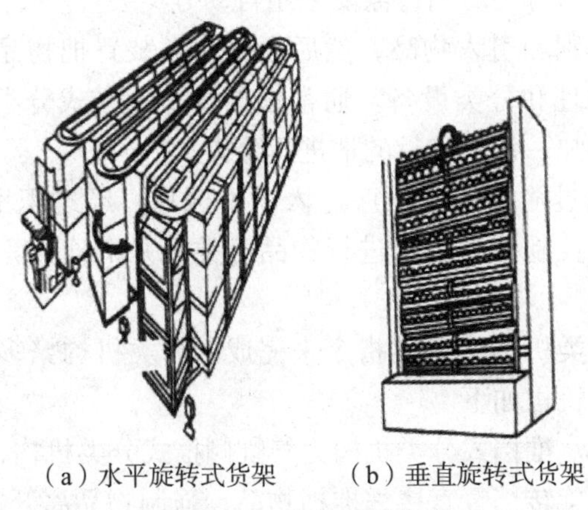

（a）水平旋转式货架　　（b）垂直旋转式货架

图 7-9　旋转式货架

①水平旋转式货架。这种货架又分一台马达驱动的和多台马达驱动的两种形式。用一台马达驱动的方式是把上下各层物品连在一起，实现水平方向旋转。另外一种水平方向旋转货架是各层均有一台马达驱动，可实现各层独立转动。

②垂直旋转式货架。这种货架的原理与水平旋转式货架大致相同，只是旋转方向垂直于水平面，充分利用了上部空间。这是一种节省空间的仓储设备，比一般传统式平置轻型货架节省 1/2 以上的货架摆放面积。但旋转速度比水平旋转式货架慢，每分钟为 5~10 米。垂直旋转式货架可以设计成独立式的，根据客户需要可任意组合。

由旋转式货架组成的自动化立体仓库单位储存成本低、安装容易，是一种自动化的储存设备，适用于少批量、多品种、高效率的存取。

以上讨论的机械化装卸搬运设备，是广泛使用的机械化装卸搬运设备中的一些基本类型。大多数的搬运系统把这几种不同的设备配合起来使用。例如，用叉车来完成垂直升降搬运，同时用牵引车挂车和步行码垛机来完成水平运输。

2. 半自动化装卸搬运系统

半自动化装卸搬运系统是使用一些专门的自动化装卸搬运设备对机械化系统进行补充的装卸搬运系统。因此，半自动化装卸搬运系统既有机械化装卸搬运设备也有自动化装卸搬运设备。半自动化装卸搬运系统的典型设备有：自动化引导搬运小车、计算机分拣设备、机器人以及不同形式的活动货架。

（1）自动化引导搬运小车又称无人搬运车。无人搬运车（Automatic Guided

Vehicle，AGV）与机械化装卸搬运系统中的牵引车挂车所起的作用基本相同。主要的不同在于AGV不需要操作人员的介入就可以自动运行和定位。

典型的AGV依赖于光导和磁导系统。在光导应用中，仓库地面上粘贴反光率高的胶带，该路径上的光束可引导AGV；磁导的AGV按照安装在地面上的电线行驶。该系统的主要优点是不需要驾驶人员。新型的AGV使用图像和信息技术而不需要固定的轨道。当代的AGV比20世纪80年代的设备更加小巧、更简单、更灵活。

（2）分类系统。分类系统在物流配送作业中是极其重要的。人工分类不但效率低下，劳动力耗费较大，同时错误率较高。为了提高分类的效率和准确率，提高服务水平，节约劳动力以及缩短分类时间，需要采用自动分类装置。

所谓的分类是先识别和引入物品，然后通过分类装置把物品分流到指定位置。可见分类作业包括信息处理和分类设备。通常根据以下的方式分类：根据物品形状、重量和形式分类；根据客户、订单和目的地进行分类。

分类过程是物品通过输送设备顺序进入识别区域，经过识别之后送入分类机构。控制器根据识别信息来控制分类机构进行物品分类，并把分类完成后的物品送到指定位置。

分类动作主要是分类机构按分类指令来完成。分类机构繁多，可根据实际需要来进行选择。常用的分类机构如下。

①推挡式分类机构。推挡式分类机构为气缸侧推式分类机构，如图7-10所示。这种分类机构主要由分类旋转挡臂直接去推挡物品，强制物品离开主线进入分流输送线。这是一种高速直角分类机构，分流速度可达60米/秒。

这类分类机构优点在于机构简单、造价便宜。但是它会直接突然冲击物品侧面，对于不耐冲击的物品不宜采用此种分类机构。

②导向式分类机构。所谓导向式分类机构是指利用浮起链条、传送带、辊筒或轮子之类把被分流物品抬高于主输送线，而引导流入分流输送系统中，如图7-11所示。当被分类物品进入浮动轮子分布范围时，高速旋转的浮动轮子根据分类指令迅速上浮起来，把来自主线的物品抬起来。在浮动轮子的引导下分流到分类输送机上，从而达到分类的目的。这一分类方法要求物品不能太高、太窄，否则易于倾倒。

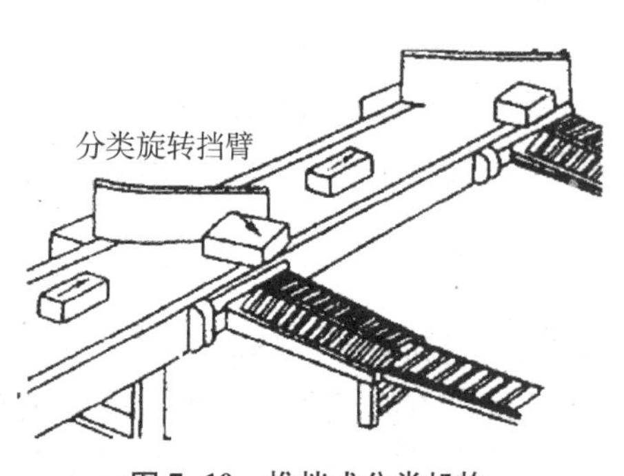

图7-10　推挡式分类机构

图7-11　导向式分类机构

③滑块式分类机构。滑块式分类机构是利用滑块在输送机的滑杆上前后滑动来推移分流物品，从而达到分流目的的。根据物品长度来组合不同数量的滑块。每分钟可分流 150 次，最大可推动 100 千克左右。驱动滑块移动的动力一般是电磁力。如图 7-12所示。

④斜带式分类机构。斜带式分类机构是物品在倾斜带上输送前进，到分流位置时，倾倒盘沿倾斜方向打开，使物品滑离主输送线而实现分流动作。如图 7-13 所示。

图 7-12　滑块式分类机构

图 7-13　斜带式分类机构

⑤倾倒板式分类机构。这种机构的分类方式是当物品到达分流位置时，倾倒板突然向上转动，把物品倾倒出来。这种分类方法效率高，每分钟可达 200 次。但是对物品冲击大，对物品在分类之后没有方位要求。如图 7-14 所示。

⑥落入式倾斜分类机构。这种分类方法是当物品从主输送线来到分类位置时，分类机构突然抬起来，使物品自然落入分流线的滑槽中，如图 7-15 所示。这种分类方式成本较低。

图 7-14　倾倒板式分类机构

图 7-15　落入式倾斜分类机构

（3）机器人。机器人是一种能完成一个或一系列类似人的动作的机器。机器人的优点在于：能在搬运过程中完成决策，起到专家系统的作用。机器人的普及可以追溯到 20 世纪 80 年代初期，当时，机器人代替人工被广泛应用到自动化工业中。但仓库与典型的加工制造工厂不同，仓库中满足客户订单的商品需要才是目的。因此，仓库的种类和作业内容会因客户要求的不同而不同，加工制造工厂对机器人的要求是常规的、例行的活动，仓库对机器人的要求不同于此。

仓库中，机器人的主要用途是将货物进行分门别类，并组成单位载荷。在分门别类作业中，机器人被用来识别垛形，并把指定位置的货物放到输送机皮带上。而在组成单位载荷作业中，机器人的操作过程则与分门别类的作业过程相反。

使用机器人的另一个主要原因是机器人可以取代人在某些恶劣环境下发挥作用。例如，机器人可在高噪声或冷藏库的极端温度下工作。图 7-16 为码垛机器人。

使用机器人的最大优势还在于机器人可在机械化仓库中发挥拣选作用。机器人是传统人工的一个极好的替代物，它除了具备速度和准确性之外，还具备人工智能。

（4）活动货架。储物架的设计是为了能让货物流向所指定的分选位置，这种设计减少了仓库中的人力消耗。典型的活动货架包括滚轴输送机和活动货架。如图 7-17 所示。活动货架的设计一般都是从后部装运，工作时，输送机的后部升高，使后部高于前部，因而产生向前的重力，这样货架上的货物自动地向前移动。

活动货架是材料搬运系统设计中重力流运用的一个典型例子。这种储存方式的一个显著优点是后部装上的货物可以自动地向前移动。后部装货方便了“先进先出”（First-in，First-out）的搬运作业。活动货架应用广泛，例如，活动货架可用于储存或定位，或者用于将供烤制的新鲜饼干或面包放在各自的货架上准备出运。活动货架台通常用于 JIT 系统（准时生产系统）的自动定位。

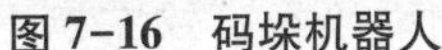
图 7-16 码垛机器人

图 7-17 活动货架

3. 自动化装卸搬运系统

自动化装卸搬运系统的概念出现在几十年前，但其实施的时间并不长。自动化装卸搬运系统开始实施时，主要用在货物的拣选上。目前自动化装卸搬运系统已经转向高层仓库自动存储取货系统（Automatic high-rise Storage and Retrieval System）。

（1）自动化装卸搬运的优势。自动化装卸搬运系统的优势在于它将资金投资于自动化设备，而不是将资金用来作为机械化装卸搬运系统的人工费用投资。除了减少直接的人员数量以外，自动化装卸搬运系统还提高了操作的速度和准确性。自动化装卸搬运系统的缺点是投资大，开发和应用复杂。

多数自动化装卸搬运系统要为不同的仓储材料搬运进行专门设计和建造。本章提到的机械化装卸搬运系统中的 6 项准则不适用于自动化装卸搬运系统。例如，自动化装卸搬运系统中的存储设备是系统中的一个整体部分，并占投资的 50%，设备总重与有效载重量的比例在自动化搬运应用上基本不相关。

尽管在所有的装卸搬运系统中，计算机都发挥着重要作用，但它在自动化装卸搬运系统中所起的作用更大。计算机为自动化拣选设备编写程序，并用来连接仓库和物流系统中的其他部分，由于自动化装卸搬运的要求不同，因而仓库控制系统也不同。

（2）拣选系统。起初，自动化用于仓库货物的拣选。由于拣选作业具有高劳动密集度，因此，拣选系统的一个基本目的就是把机械化系统和自动化系统应用在一起，从而成为一个自动化拣选系统，以降低劳动密集度。

早期的拣选系统的概念是预先装好一套自动化设备，该设备是由一系列垂直的货架组成。货物从设备的后部装载，然后从重力输送机流向活动货架，直到被货架门挡住才停止。在货架之间或货架的中下方，电力输送机产生货物流水线，多条流水线设置在空中的不同层面上，每条流水线都与货架门相连。

接受命令后，控制配送操作的信息系统发出“打开货架门”的指令，使指定的货物流向电力输送机，接下来电力输送机将货物运送到拣选区，使货物按顺序装载，以便货物能按顺序卸下。

与现代新型的拣选系统相比，以上的拣选操作是低效率的，在货物的输入、输出阶段仍需要大量的人力。而且自动化设备价值昂贵，那时的自动化搬运应用只局限于高价值的货物。例如，该系统被广泛用于冷冻货物的拣选。

目前，自动化拣选有了很大的发展，从收到货物到装上汽车，搬运箱货可以完全自动化。这一系统使用一个由电力和重力输送机组成的整体网络，电力和重力输送机连着电机活动货架，整个系统由计算机和仓库中的命令处理控制系统控制。货物到达后，自动运行到活动货架位置，这时存货记录更新。接到命令后，为了与运载工具的尺寸相一致，货物被预制成立方体并被安排了分拣的时间。在合适的时间里，所有货物都按照装运顺序被分选出来，并由输送机运到装运地点。（自动拣选系统在最短的时间内从庞大的高层存储系统中准确找到要出库的货物所在位置，并按所需数量出库，将从不同储位上取出的不同数量的货物按配送地点的不同运送到不同的理货区域或配送站台集中，以便装车配送。）大多数情况下，当把货物堆垛在运输车辆上时，仓库中的人工搬运才开始出现。

输入输出交接问题的解决和复杂控制系统的发展产生了高效的搬运系统，这样的系统如今已被广泛使用。

（3）AS/RS系统。最近，用于高层仓库的自动化单位载荷的搬运已经引起广泛的关注。自动存储取货系统即AS/RS（Automatic Storage and Retrieval System）是指不用人工直接处理、能自动存储和取出货物的系统。AS/RS是采用高层货架储存货物，从收货入库到出运完全实现自动化。其基本系统有四个组成部分：存储货架、存取设备、输入输出系统、控制系统。

高层仓库的设施一般是钢制货架，也可用钢筋混凝土货架。最大高度已有40多米，最大库存量可达数万甚至10多万个货物单元，可以做到无人操纵按计划入库和出库的全自动化控制，并且对于仓库的管理可以实现计算机网络管理。常用的货物搬运设备有巷道式堆垛机、桥式堆垛机、高架叉车、辊子输送机、链式输送机、升降机、AGV等。在机械化系统中托盘的堆垛高度通常为20英尺（约6.1米），由此可见高层仓库的优点。

物流系统的多样性决定了高层仓库的多样性，一般可按建筑结构形式和货架形式两个原则分类。

一是按建筑结构形式分类。

①整体式。整体式高层仓库的货架除了储存货物外，还可作为建筑物的支承结构，即库房和货架是一体的。这种结构无论在材料消耗、施工量还是仓库空间利用方面，都是比较经济合理的。这种结构重量轻、整体性好、对抗震也特别有利。

②分离式。在仓库建筑物内独立地建起货架，货架与建筑物是分开的。这种形式适用于利用原有建筑物做库房，当仓库高度在12米以下并且地面载荷不大时，采用这种形式还是比较方便的。由于这种仓库可以先建库房后立货架，所以施工安装比较灵活方便。

二是按货架形式分类。

①单元货格式仓库。单元货格式仓库是使用最为广泛、适用性较强的一种仓库形式，适用于集装化的托盘单元储存。其特点是货架沿仓库宽度方向分为若干排，每两排货架为一列。每层货架都是由同一尺寸的货格组成，货格开口面向货架之间的通道，

装取货机械在通道中行驶并能对左、右两边的货架进行装、取作业。每个货格中存放一个货物单元或组合货物单元。如图 7-18 所示。

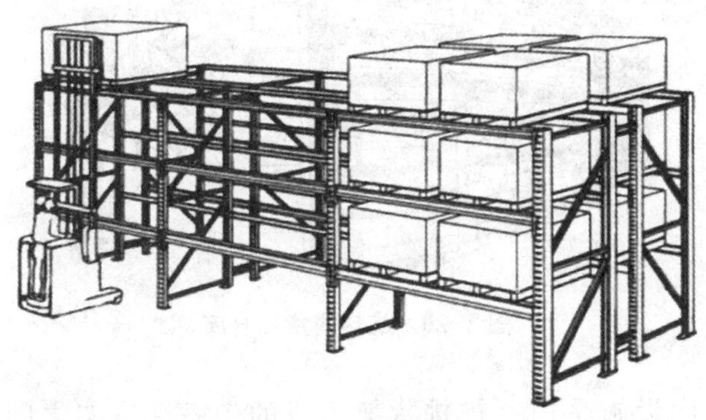

图 7-18　单元货格式仓库

②贯通式仓库。为了提高仓库面积的利用率，贯通式仓库取消了巷道，将所有货架并在一起，使同一层、同一列的货位互相贯通，形成能依次存放货物的单元的通道。通道的一端入库，另一端出库。货物可依靠通道坡度在自身重力下由高端向低端运动，若货架有自行运行机构，也可水平安装。如图 7-19 所示。

图 7-19　贯通式仓库

③旋转式货架仓库。旋转式货架仓库设有电力驱动装置（驱动部分可设于货架上部，也可设于货架底座内）。货架沿着由两个直线段和两个曲线段组成的环形轨道运行。由开关或用小型电子计算机操纵。存取货物时，把货物所在货格编号通过控制盘按钮输入计算机，该货格则以最近的距离自动旋转至拣货点停止。拣货路线短，拣货效率高。如图 7-20 所示。

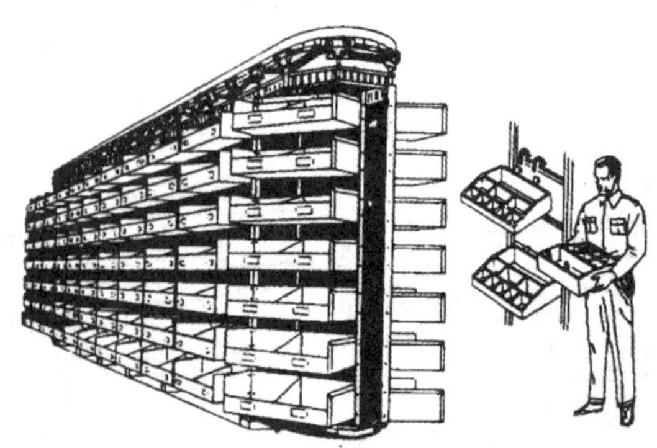

图 7-20　旋转式货架仓库

典型的高层仓库设施是由一排排货架组成的，每排货架之间有 120～800 英尺（36.576～243.84 米）长的通道，主要的存取作业都在这些通道里完成。存取机在通道里来回行走，把货物搬运到货架或者搬离货架。仓库中有许多存储机可供使用。为了达到水平移动和垂直升降所需的一定的稳定性，多数存取机自始至终都需要引导。存取机水平引导的速度为 300～400 英尺（91.44～121.92 米）/分钟，升降速度可达 100 英尺（约 30 米）/分钟或更高。

存取机的第一个作用是快速到达指定的存储位置，第二个作用是存取货物。多数情况下，存取货物都是由穿梭运输的放料盘（Shuttle Table）完成的，这个放料盘可以 100 英尺（约 30 米）/分钟的速度进出货架，并能加速移动和快速停下。

在一些设施中，存取机在通道之间的移动是由转运车完成的。当前，大量的转运规划和布局安排已得到发展。转运车有专用的和非专用的两种。专用的转运车总是配备在通道的一端，非专用的转运车在几个通道中作业，按计划提取货物，这种转运车设备可达到最大利用率。关于是否要在高层仓库系统的通道之间转运，要视生产率和整个系统的通道数量而定。

高层仓库货物的输入、输出系统与将货物移入移出货架区有关。这里要涉及两种移动：第一种是货物从收货区（或商品线）运到存储区；第二种是在离货架最近的外围区域内，货物的进出移动安置。这里潜在的、最大的搬运问题出在外围区。为了充分利用存取设备，一般要使分拣和卸货站为每个通道提供足够的货物供应。为了实现高效的输入、输出工作，对于同一个通道要设置几种不同的站点以完成货物的输入和输出工作。分拣和卸货站与搬运系统连接在一起，搬运系统可将货物转运到存储区或运出存储区。

高层仓库的控制系统与自动化拣选系统是相似的，在高层仓库的控制系统中，为了充分利用设备以及达到系统快速循环的目的，编程要求和控制方法十分复杂。现在，由于微处理器的运行速度提高并且成本下降，AS/RS 已经大量使用计算机。

日本村田机械（Muratec）公司的 AS/RS 如图 7-21 所示，该中心的大型 AS/RS 包括一个高达 31 米的，仓容为 9 万多立方米的仓库。首先货物自动堆垛形成一个单位载荷；其次单位载荷由电力输送机输送到高层仓库的存储区，单位载荷到达后，被装入存储箱中，再由电力输送机将其运送到相应的分选站；最后由存取设备把货物放置到计划的存储位置上。

AS/RS 除了进行货物入库和定位以外，控制系统还用于搬运盘存和周转的存货，命令控制系统可以指导货物的提取。电力和重力输送机将单位载荷从输出站运送到相应的出运区。在提取和输出货物的同时，所有出运所需的文件工作也正在完成。

图 7-21　日本 Muratec 公司的 AS/RS

4. 信息引导系统

信息引导系统的概念是一个还处于实验阶段的相对新的概念，它把自动化搬运控制与机械化系统的灵活性结合在一起。因此，这一系统是非常优越的。

信息引导系统运用了机械化搬运设备，多使用叉车。这一系统的仓库布置和设计，与使用机械化操作是一样的，不同之处在于所有的叉车移动由计算机指导和监控。

在作业时，所有的搬运移动都被输入计算机，由计算机来分析搬运需求和安排设备，这样可以确保有效的移动和减少空载移动。叉车移动由安装在叉车上的终端来安排，计算机与叉车之间的通信则利用射频（RF）来完成，叉车上的天线和仓库高处的天线可以接收和发射射频。信息引导系统具有明显的优势，因为该系统在不需大量投资的情况下，可获得自动化分选的益处，并提高生产率。该系统的主要缺点是工作安排的灵活性不够，在作业期间，专用叉车常会受到装卸搬运工具、分选作业等的影响。工作安排的范围广度使系统指导工作复杂化，并可能会降低效率。

第三节　流通加工

一、流通加工的概念及其在物流中的地位

1. 流通加工的概念

流通加工（Distribution Processing）是根据客户的需要，在流通过程中对产品实施的简单加工作业活动（如包装、分割、计量、分拣、刷标志、拴标签、组装等）的

总称。

流通加工是指在产品从生产领域向消费领域流动的过程中，为了促进销售、维护产品质量和提高物流效率，对产品进行一定程度的加工，以满足消费者的多样化需求和提高产品的附加值。在国民经济中，流通加工是重要的产业之一，对推动国民经济发展、完善国民经济产业结构具有重要意义。

2. 流通加工在物流中的地位

（1）有效地完善了流通。在实现物流的空间效用和时间效用方面，流通加工不能与运输和储存相比，因而流通加工不是物流的主要功能要素，但是它是不可或缺的功能要素，具有补充、完善、提高与增强的作用，能起到运输、储存等其他功能要素无法起到的作用。流通加工可以解决现代社会生产相对集中与消费相对分散之间的供需矛盾，是提高物流水平、促进流通向现代化发展的不可缺少的形态。

（2）流通加工是物流中的重要利润源。流通加工是一种低投入、高产出的加工方式，往往以简单加工解决大问题。在物流领域中，流通加工通过满足客户的需要、提高服务功能成为高附加值的活动。例如，有的流通加工通过改变包装使产品档次跃升而充分实现其价值，有的产品经过流通加工利用率提高20%~50%，这是采取一般方法提高生产率难以企及的。根据近年来的实践，流通加工向流通企业提供利润这一方面的成效不亚于从运输和储存中挖掘的利润，是物流中的重要利润源。

（3）流通加工在国民经济中也是重要的产业形态。目前，在世界许多国家和地区的物流中心或仓库经营中都大量存在流通加工业务，有的规模也很大，在美国、日本等发达国家则更为普遍。而在我国，随着经济增长，国民收入增多，消费者的需求出现多样化，从而促使在流通领域也开展流通加工。在整个国民经济的组织和运行方面，流通加工是其中重要的一种加工形态，对推动国民经济的发展与完善国民经济的产业结构和生产分工有一定的意义。

二、流通加工的类型及特点

1. 流通加工的类型

根据目的的不同，流通加工一般可分为以下几种类型。

（1）以保存产品为主要目的的流通加工。目的是保证产品的使用价值能够顺利实现，防止产品在运输、储存、装卸搬运等过程中遭受损失。如水产品、蛋产品、肉产品的保鲜、保质的冷冻加工；金属材料的防锈、除锈加工；木材的防腐、防干裂加工；水泥的防潮、防湿加工；煤炭的防高温、防自燃加工等。

（2）为适应多样化需求的流通加工。为了满足客户对产品多样化的需要，同时又保证高效率的社会化大生产，可将生产出来的单调产品进行多样化的改制加工。例如，对钢材卷板的舒展、剪切加工，对钢板进行集中套料加工；将平板玻璃按需要的规格开片加工；将木材集中开木下料，将原木锯裁成各种规格的木板、木方，同时将碎木、碎屑集中加工成各种规格的板材。

（3）为促进销售的流通加工。这种加工只是对产品进行简单的改装加工，起到促进销售的作用。例如，将大包装或散装产品改换成小包装产品，以满足消费者对产品多样化的需求；将以保护产品为主的运输包装改换成以促进销售为主的包装，提高产品的附加价值；将蔬菜、肉类等食品原料经过分选、洗净切块、分装，然后加工成半成品，以满足消费者对产品的需求。

（4）为提高原材料利用率和加工效率的流通加工。流通加工的集中加工形式，既能解决单个企业加工效率不高的弊病，又能利用其综合性强、客户多的特点，采用合理规划、集中下料的办法，提高原材料的利用率。例如，钢材的集中下料可更充分地合理下料、搭配套裁、减少边角余料，从而达到加工效率高、加工费用低的目的。

（5）为提高物流效率、降低物流损失的流通加工。许多产品由于本身的特殊形状，难以进行物流操作，效率较低，而通过适当的流通加工可以弥补这些产品的物流缺陷，使物流各环节易于操作。例如，自行车在消费地区的装配加工可以防止整车运输的低效率和高损失；造纸用木材磨成木屑的流通加工可极大地提高运输工具的装载效率；集中煅烧熟料、分散磨制水泥的流通加工，可有效地防止水泥的运输损失，减少包装费用，也可以提高运输效率；石油气的液化加工，使很难输送的气态物转化为容易输送的液态物，也可提高流通效率。

（6）为衔接不同运输方式、使物流更加合理的流通加工。在干线运输与支线运输的节点设置流通加工环节，可以有效地解决生产的大批量、低成本、长距离干线运输与消费的多品种、少批量、多批次的支线运输之间的衔接问题。例如，将散装水泥在中转仓库装袋，将大规模散装水泥的流通加工转化为小规模散装水泥的流通加工，就衔接了水泥厂大批量运输和建筑工地小批量装运。

2. 流通加工与生产加工的区别

流通加工和一般的生产加工在加工方法、加工组织、生产管理方面并无显著区别，但在加工对象、加工程度方面差别较大，其差别的主要点如下。

（1）流通加工的对象是进入流通过程的最终产品，其具有商品的属性。而生产加工对象不是最终产品，而是原材料、零配件、半成品。

（2）流通加工程度大多是简单加工，而不是复杂加工。一般来讲，如果必须进行复杂加工才能形成人们所需的商品，那么，这种复杂加工应专设生产加工过程，在生产过程中完成大部分加工活动，流通加工对生产加工是一种辅助及补充。

（3）从价值观点看，生产加工的目的在于创造产品价值及使用价值，而流通加工的目的则在于完善产品使用价值，并在不发生大改变情况下提高产品价值。

（4）流通加工的组织者是从事流通工作的人，能密切结合流通的需要进行这种加工活动。从加工单位来看，流通加工由商业或物资流通企业完成，而生产加工则由生产企业完成。

（5）商品生产的目的是消费，流通加工的一个重要目的，也是为了消费（或再生产），这一点与商品生产有共同之处。但是流通加工有时候则是以流通为目的，纯粹是为流通创造条件，从目的来讲这种为流通所进行的加工与直接为消费进行的加工是有区别的，这又是流通加工不同于一般生产加工的特殊之处。

三、流通加工的内容

根据产品的不同类型，流通加工的内容各不相同，主要有以下几种。

1. 水泥熟料的流通加工

在需要长途运入水泥的地区，变运入成品水泥为运进熟料这种半成品，在该地区的流通加工点（磨细工厂）磨细，并根据当地资源和需要情况掺入混合材料及外加剂，制成不同品种及标号的水泥供应给当地的客户，这是水泥流通加工的重要形式之一。

在国外，采用以上这种物流形式已有一定的比例。在需要经过长距离输送供应的情况下，以熟料形态代替传统的粉状水泥，有很多优点。

（1）可以大大降低运费、节省运力。调运普通水泥和矿渣水泥约有30%以上的运力消耗在运输矿渣及其他各种加入物方面。如果在使用地区对熟料进行粉碎，可以根据当地的资源条件选择混合材料的种类，这样就节约了消耗在混合材料上的运力和运费。

（2）可以更好地满足当地的实际需求。目前我国使用水泥的部门大量需要较低标号的水泥，而大部分施工部门没有在现场加入混合材料来降低水泥标号的技术力量和设备，因此，不得已使用标号较高的水泥，造成很大浪费。如果以熟料为长距离输送的形态，在使用地区加工粉碎，就可以按实际需要生产各种标号的水泥，减少水泥长距离输送的数量。

（3）降低使用成本，容易以较低的成本实现大批量、高效率的输送。

（4）可以大大降低水泥的输送损失。水泥的水硬性在充分磨细之后才表现出来，而未磨细的熟料，抗潮湿的稳定性很强。输送熟料可以基本防止由于受潮而造成的损失。此外，颗粒状熟料不像粉状水泥那样易于散失。

（5）能更好地衔接产需，方便客户。采用长途输送熟料的方式，水泥厂就可以和有限的熟料粉碎工厂之间形成固定的直达渠道，能实现经济效果较好的物流。

2. 机电产品的组装加工

机电产品储运困难较大，主要原因是不易进行包装，包装成本过大，并且运输装载困难，装载效率低，流通损失严重。但是这些货物有一个共同的特点，即装配较简单，装配技术要求不高，装配后不需进行复杂的检测及调试。所以，为解决储运问题，降低储运费用，可以采用半成品（部件）高容量包装出厂、在流通加工点进行组装再销售的方式，这种流通加工方式已在我国广泛应用。

3. 钢板剪板及下料加工

热连轧钢板和钢带、热轧厚钢板等板材最大交货长度常为7~12米，有的是成卷交货。对于使用钢板的客户来说，大型企业由于消耗批量大，可设专门的剪板和下料设备，按生产需要进行剪板；而使用量不大的多数中、小型企业，可利用钢板剪板及下料的流通加工达到使用要求。与钢板的流通加工类似的还有圆钢、型钢、线材的集中下料、线材冷拉加工等。

4. 木材的流通加工

（1）磨制木屑、压缩输送。木材是密度比较轻的物质，在运输时占有较大体积，往往使车船装满但不能满载，装车、捆扎也比较困难。从林区向外输送的原木中有相当一部分是造纸材料，美国采取在林木生产地就地将原木磨成木屑，然后压缩使之成为密度较大、容易装运的形状，之后运至靠近消费地的造纸厂。该种流通加工方式取得了较好的效果。根据美国的经验，采取这种方法比直接运送原木节约一半的运费。

（2）集中开木下料。在流通加工点将原木锯截成各种规格的锯材，同时将碎木、碎屑集中加工成各种规格板，甚至还可以进行打眼、凿孔等初级加工。过去客户直接使用原木不但加工复杂、加工场地大、加工设备多，更严重的是资源浪费大，木材的平均利用率不到50%，平均出材率不到40%。而实行集中下料、按客户要求供应规格料，可以使原木利用率提高到95%，出材率提高为72%左右，有相当好的经济效果。

5. 煤炭及其他燃料的流通加工

（1）除矸加工。除矸加工是以提高煤炭纯度为目的的加工形式。煤矸石是一种热值较低的煤炭资源，一般不能作为燃料使用，因此需要对开采出的煤炭进行除矸处理，从而提高运输过程中的纯度，充分利用运力，降低无效运输量。

（2）为管道输送煤浆进行的煤浆加工。煤炭主要采取运输工具载运的运输方式，但是在运输中损失浪费较大，又容易发生火灾。近代兴起了一种较为先进的技术，即将煤炭制成煤浆后采用管道运输。这是一种连续化的运输形式，可实现全年不间断的煤炭资源运输，在短途运输中，其运输成本具有极大的优势。此外，将煤炭制成煤浆，既能够实现流体的有效输送，也能够降低煤炭在运输过程中由于摩擦生热引起的自燃风险。因此，这是一种稳定、快捷又经济的运输方法。

（3）配煤加工。在使用地区设置集中加工点，将各种煤及一些其他发热物质按不同的配方进行掺配加工，生产出各种不同发热量的燃料，称为配煤加工。

这种加工方式可以按发热需要量生产和供应燃料，防止出现热能浪费和“大材小用”的情况，同时也防止出现发热量过小，而不能满足使用要求的情况。工业用煤经过配煤加工还可以起到便于计量控制、稳定生产过程的作用，在经济上和技术上都有价值。

除此之外，在煤炭开采过程中，由于地层结构的不同，所产出的煤按照燃烧热值、灰分等指标可分为蓝焰煤、无烟煤、烟煤、褐煤等不同的品种，而在下游客户的实际需求中，则对煤炭的燃烧热值、灰分、含硫量等诸多指标提出了特定的要求，因此，根据客户的需求将不同品质的煤进行配煤加工，这样既能满足客户的需求，又能够实现煤炭资源的合理利用。

（4）天然气、石油气等气体的液化加工。由于气体的输送、保存都比较困难，天然气和石油气往往只好就地使用，如果当地资源充足而用不完，往往就地燃烧掉，进而造成浪费和污染。两种气源的输送可以采用管道方式，但是因为投资较大、输送距离有限，也受到一定的制约。在产出地将天然气或石油气压缩到临界压力之上，使之由气体变成液体，就可以使用压力容器装运，使用时机动性较强。这是目前采用较多的方式。经过压缩后的液化气体能够有效提升其运输的批量，降低运输成本，扩大油气资源的应用面。

6. 平板玻璃的流通加工

平板玻璃的流通加工是指按客户提供的图纸对平板玻璃套裁开片，向客户提供成品，客户可以直接将其安装到采光面上。这种方式的好处有以下几个。

（1）平板玻璃的利用率可由不实行套裁时的62%~65%提高为90%以上。

（2）玻璃厂可以向套裁中心运输大包装平板玻璃，这样不但节约了大量包装用木材，而且可以减少玻璃在流通中的破损量。

（3）套裁中心按客户要求裁制玻璃，能够满足客户的个性化需要，提高服务水平。

（4）有利于玻璃生产厂简化生产规格，提高生产批量和生产效率。

（5）现场切裁玻璃劳动强度大，废料也难以处理，集中套裁可以采用专用设备进行裁制，玻璃废料相对数量少，且易于集中处理。

7. 生鲜食品的流通加工

生鲜食品的流通加工包括冷冻加工、分选加工、精制加工、分装加工等。目前在大多数发达国家和地区，消费者所需要的蔬菜和肉类的购买基本上是在超市中进行的，超市上架的商品均经过了生产与配送环节的预先加工。

冷冻加工，顾名思义即对一些不易常温保存的食品采取低温冻结方式进行加工，从而便于流通过程中的保鲜与搬运装卸；分选加工，则是采取人工或机械分选的方式对一些农副产品进行加工，使其变成具有一定规格的产品；精制加工，例如鱼类一般是加工成不含鱼骨的鱼排，同时集中处理大量的不可食用的鱼骨和内脏部分，将其加工成各种骨粉和饲料添加剂，有效实现了产品的综合利用，提升了其经济价值；分装加工，为了便于销售，在销售地区按所要求的零售起点进行新的包装，如大包装改小包装、散装改小包装等。

8. 加工定制

企业委托外厂进行加工和改制，是弥补企业加工能力不足或者商店不经营的一项措施，如非标准设备、工具、配料、半成品等，可分为带料加工和不带料加工。前者为使用单位供料，加工厂负责加工；后者为加工厂包工包料。

四、流通加工的合理化

流通加工合理化的含义是实现流通加工的最优配置，不仅做到避免各种不合理加工，使流通加工有存在的价值，而且综合考虑流通加工与配送、配套、合理运输、合理商流以及节约之间的关系，进行最优的选择。

为避免各种不合理现象，对是否设置流通加工环节、在什么地点设置、选择什么类型的加工、采用什么样的技术装备等，需要做出正确抉择。目前，国内在进行这方面合理化的考虑中已积累了一些经验，取得了一定成果。流通加工环节是生产加工的重要补充，将一些不适合或者不能在生产过程中进行的工作转移到流通加工环节进行，能够有效提升下游客户的满意度，并且能够充分利用流通过程中的各种等待时间。对物流过程来说，这一环节的增值意义和优化作用不容忽视。

实现流通加工合理化主要考虑以下几个方面。

（1）流通加工和配送结合。将流通加工设置在物流仓储和配送中心，可以充分利用产品的暂存时间，按照客户的要求有机整合产品的分拣、加工、配装、配送等一系列环节，提升服务水平和客户满意度，这是物流发展到一个较高阶段，提升专业化程度和物流服务层次的重要手段。

（2）流通加工和配套结合。对于企业的生产来说，在原材料的需求上按照生产工艺，根据物料清单进行成套化的采购和供应，因此，配送中心在提供下游客户的需求材料时，可按照客户的生产计划要求，进行成套供应，降低客户在原材料采购上的额外时间和精力投入。

（3）流通加工和合理运输结合。流通加工能有效衔接干线运输与支线运输，促进两种运输形式的合理化。在支线运输转干线运输或干线运输转支线运输这一需要停顿的环节，不进行一般的支转干或干转支，而是按干线或支线运输合理的要求进行适当加工，从而大大提高运输及运输转载水平。

（4）流通加工和合理商流相结合。通过流通加工有效促进销售，使商流合理化，也是流通加工合理化的考虑方向之一。流通加工和配送的有机结合，提高了配送水平与配送效率，促进了销售，这是流通加工与合理商流相结合的一个成功的例证。此外，通过简单地改变包装形成方便的购买量，通过组装加工消除客户使用前进行组装、调试的难处，都是有效促进商流的例子。

（5）流通加工和节约相结合。节约能源、节约设备、节约人力、节约耗费是流通加工合理化重要的考虑因素，也是目前我国设置流通加工，考虑其合理化的较普遍形式。

对于流通加工合理化的最终判断，要看其是否能实现社会和企业本身的两个效益，而且是否取得了最优效益。对流通加工企业而言，与一般生产企业一个重要不同之处是，流通加工企业更应树立社会效益为第一观念。如果只是追求企业的微观效益而不适当地进行加工，甚至与生产企业争利，这就有违于流通加工的初衷，或者其本身已不属于流通加工范畴了。

复习思考题

1. 什么是包装？其有哪些功能？
2. 包装技术有哪些？
3. 什么是装卸搬运？其有何特点？
4. 装卸搬运合理化的基本途径有哪些？
5. 何为装卸搬运活性指数？不同货物状态的装卸搬运活性指数为多少？
6. 装卸搬运系统有哪些种类？各有哪些代表性设施与设备？
7. 什么是流通加工？
8. 流通加工的合理化有哪些方面？

第八章　物流信息技术与管理

物流过程中的实体流和信息流是两个相互关联的流程，有效的物流信息技术与管理能够促进物流的进一步合理化。本章在物流信息技术与管理概述的基础上，系统介绍了条码技术、射频识别技术、定位技术、电子数据交换技术、销售时点系统等物流信息技术，介绍了物流管理信息系统战略规划、物流运输管理信息系统、物流仓储管理信息系统、物流配送管理信息系统。

第一节　物流信息技术与管理概述

一、物流信息

1. 物流信息的概念

物流信息是指反映物流各种活动内容的知识、资料、图像、数据的总称。从狭义看：物流信息是指与物流活动（如运输、保管、包装、流通加工等）有关的信息；从广义看：物流信息还包含与其他流通活动有关的信息，如商品交易信息和市场信息，以及与物流活动有关的标准化文件、法律法规等。物流信息具有信息量大、变化快、多样化等特征。

2. 物流信息的作用

物流信息对物流管理有十分重要的作用，其表现如下。

（1）物流信息是物流活动与管理的基本要素。信息与人、财、物一样，均是企业组织物流活动的基本要素。要合理组织企业物流活动，使采购、运输、储存、生产、装卸、包装、配送、销售等各个环节做到紧密衔接和协作配合，需要通过信息予以沟通，物流才能通达顺畅。物流信息的阻塞将影响企业物流系统的效率。

（2）物流信息是进行物流控制的手段。物流管理是动态管理，需要有效地运用信息的反馈作用，及时进行调度或做出新的决策。利用商品交易信息和市场信息、库存信息、供应信息等还能控制物流规模，降低企业物流费用。

（3）物流信息是制订物流战略决策和物流计划的重要依据。长期的物流战略决策或短期的物流计划的正确制订，需要足够的、正确的内外部信息。否则，物流战略决策和物流计划难以制订或偏离实际，进而导致全局性的失误。

（4）物流信息是整合供应链、实现有效管理的保证。物流信息是实现供应链管理的基础。一方面，共享高质量的物流信息能使供应链上的各个节点企业及时调整他们的生产策略；另一方面，利用物流信息可以对供应链各个企业的计划、协调、客户服务和控制活动进行更有效的管理。

基于以上分析，建立物流信息管理系统，应用先进的物流信息技术，提供准确、及时、全面的物流信息是现代企业获得竞争优势的必要条件。

3. 物流信息分类

在处理物流信息和建立物流信息管理系统时，首先要对物流信息进行分类。物流信息可以按以下标准进行分类。

（1）按功能分类。按信息产生和作用所涉及的不同功能领域分类，物流信息包括仓储信息、运输信息、加工信息、包装信息、装卸信息等。对于某个功能领域还可以进一步细化，例如，仓储信息可分为入库信息、出库信息、库存信息、搬运信息等。

（2）按环节分类。根据信息产生和作用的环节，物流信息可分为输入物流活动的信息和物流活动产生的信息。

（3）按作用层次分类。根据信息作用的层次，物流信息可分为基础信息、作业信息、协调控制信息和决策支持信息。基础信息是物流活动的基础，是最初的信息源，如物品基本信息、货位基本信息等。作业信息是物流作业过程中发生的信息，信息的波动性大，具有动态性，如库存信息、到货信息等。协调控制信息主要是指物流活动的调度信息和计划信息。决策支持信息是指对物流计划、决策、战略具有影响的有关的统计信息或有关的宏观信息，如科技、产品、法律等方面的信息。

（4）按加工程度的不同分类。按加工程度的不同，物流信息可以分为原始信息和加工信息。原始信息是指未加工的信息，是信息工作的基础，也是最有权威性的凭证性信息。加工信息是对原始信息进行各种方式和各个层次处理后得到的信息，这种信息是原始信息的提炼、简化和综合，是利用各种分析工作在海量数据中发现的潜在的、有用的信息和知识。

二、物流信息技术

物流信息技术是指物流各环节中应用的信息技术。它是以计算机和现代通信技术为主要手段，实现对物流各环节中信息的获取、加工、传递和利用等功能的技术总称。从构成要素上看，物流信息技术作为现代信息技术的重要组成部分，本质上属于信息技术范畴，只是因为信息技术应用于物流领域而使其在表现形式和具体内容上存在一些特性。

物流信息技术的分类有多种。根据物流信息技术的功能，可以将物流信息技术分为采集技术（如条码技术）、传输技术（如网络技术）、存储技术（如数据库技术）和处理与利用技术（如大数据技术）等。根据物流信息的所在层次划分，可以分为基础技术（如条码系统所用的光电技术）、系统技术（如信息采集和传输技术）、应用技术（如货物跟踪系统）和安全技术（如数据备份与恢复技术）。

三、物流信息管理

物流信息管理就是对物流信息资源进行统一规划和组织，并对物流信息的收集、加工、存储、检索、传递和应用的全过程进行合理控制，从而使物流供应链各环节协调一致，实现信息共享和互动，减少信息冗余和错误，辅助决策支持，改善客户关系，最终实现信息流、资金流、商流、物流的高度统一，达到提高物流供应链竞争力的目的。

对物流信息进行管理，既可以采取低水平的文件传递方式进行，也可以借助计算机网络进行。但无论采取哪一种方式，都必须具备以下基础条件。

（1）标准化。标准化是指在物流活动的不同环节中，为了协调物流活动，并获取最佳经济效益，而围绕物流信息制定、发布和实施的有关技术和工作的各类标准。包括：①分类及编码标准化，例如货物、车辆、容器等信息分类标准统一，货物、包装、托盘、货架等编码统一；②物流专业词汇表标准化，如《物流术语》国家标准；③物流单据、账票、卡片标准化；④物流信息传递标准化，如物流信息传递的方式、流程、技术、软件等标准需统一。

（2）基础设施。管理物流信息必须利用相应的基础设施。在现代物流活动中，物流信息主要表现为电子数据，所以管理现代物流信息时，可以利用电子信息传输系统。该系统所需的基础设施主要包括计算机、通信设施、网络设施等。

物流信息管理是物流信息从分散到集中、从无序到有序的过程。若要实现有效的物流信息管理，物流信息应满足以下几个方面的要求。

（1）可得性。保证大量分散、动态的物流信息在需要的时候能够容易获得，并且以数字化的适当形式加以表现。

（2）及时性。随着社会化大生产的发展和面向客户的市场策略变化，社会对物流服务的及时性要求也更加强烈。物流服务的快速、及时要求物流信息必须及时提供、快速反馈。及时的信息可以减少不确定性，增加决策的客观性和准确性。

（3）准确性。不准确的信息带来的决策风险有时比没有信息支撑的拍脑袋决策的风险更大。

（4）集成性。物流信息的基本特点就是信息量大，每个环节都需要信息输入，并产生新的信息进入下一环节。所涉及的信息需要集成，并使其产生互动，实现资源共享、减少重复操作、减少差错，从而使得信息更加准确和全面。

（5）适应性。适应性包含两个方面的内容：一是指适应不同的使用环境、对象和方法；二是指能够描述突发或非正常情况的事件，如运输途中的事故、货损，出库货物的异常变更、退货，临时订单补充等。

（6）易用性。信息的表示要明确、容易理解和方便应用，针对不同的需求和应用要有不同的表示方式。

四、物流管理信息系统

1. 物流管理信息系统概念

物流管理信息系统是指以人为主导，利用计算机硬件、软件、网络通信设备及其他办公设备，进行物流信息的收集、存储、传输、处理、维护和输出，为管理者提供信息服务或战略、决策支持的人机结合系统。因为物流各个活动环节的衔接和物流资源的调度，都需通过物流信息的沟通和共享来实现，因此通过物流管理信息系统对物流信息的实时、集中和统一管理，能够实现对物流活动的有效控制与协调。

从概念可知，物流管理信息系统的功能包括信息采集与处理、物流业务管理、物流发展预测、物流计划制订、物流活动监测、辅助决策和决策优化等。

2. 物流管理信息系统特点

随着越来越多的新技术应用在物流管理信息系统中，现代物流企业的物流管理信息系统主要具有以下特点。

(1) 网络化。其是指通过网络技术将不同地理位置上的物流业务信息、供应商信息、客户信息等连接成一个信息网，并实时地对从不同地理位置传来的物流信息进行汇总、分类、分析、存储和处理，然后将处理后生成的信息结果通过网络予以反馈，从而起到指导、协调和控制物流业务活动的作用。

(2) 集成化。其是指在设计信息系统时，用统一的标准、规范和规程将物流活动中业务逻辑上相关联的物流信息连接在一起，以便为物流信息的集中处理提供基础条件。

(3) 模块化。其是指整体物流管理信息系统由多个按统一标准开发的功能相对独立的模块子系统构成，这既有利于系统的开发和维护，也有利于“装配”出不同的物流管理信息系统，以满足企业多样性的需求。

(4) 实时化。其是指通过现代物流信息化技术对物流活动中的物流信息进行准确及时的采集，并通过计算机技术和网络通信技术将采集的信息进行及时处理和传送，以便客户能够及时地掌握和分享来自各个地区的供应商、物流业务活动和客户的信息。

(5) 智能化。其是指通过各个功能子系统的共同作用，使整体系统实现接近于人脑的信息收集、存储、处理和表达功能。

3. 物流管理信息系统分类

物流管理信息系统的分类有很多，本书主要按照以下标准对其进行分类。

(1) 按系统功能的性质不同分类，可以将物流管理信息系统分为操作型物流管理信息系统和决策型物流管理信息系统。操作型物流管理信息系统是指供物流管理者处理日常业务的具有记录、统计和汇总功能的信息系统。常见的操作型物流管理信息系统有快速采集信息的条码系统、射频及标签系统、货物跟踪系统、POS。决策型物流管理信息系统是指能够综合运用各种数据、信息、知识、模型和智能技术，为物流决策者提供决策依据或者方案的管理信息系统，又称为辅助决策支持系统或者决策支持系统（Decision Support System，DSS）。

(2) 按系统应用的对象不同分类，可以将物流管理信息系统分为生产企业物流管理信息系统、商业零售企业物流管理信息系统、第三方物流管理信息系统和以供应链管理为核心的物流管理信息系统。生产企业物流管理信息系统是指对生产企业内部和外部的物流活动进行优化管理的信息系统，如 ERP 系统（企业资源计划系统）。商业零售企业物流管理信息系统是指对商业零售企业的购入、存储和销售商品等物流活动进行优化管理的信息系统。第三方物流管理信息系统是指对第三方物流企业的仓储、运输、配送等物流活动进行优化管理的信息系统。以供应链管理为核心的物流管理信息系统是指对供应链伙伴之间的物流活动进行一体化管理的信息系统。物流活动包括供需信息传递、业务单据交换、货物储存、货物配送、客户服务等。

第二节　物流信息技术

一、自动识别技术

本小节介绍两种自动识别技术：条码技术和射频识别技术。

（一）条码技术

1. 条码技术的诞生

条码技术最早产生在 20 世纪 20 年代的美国西屋（Westinghouse）实验室，由约翰·克莫德（John Kermode）发明。但直到 1949 年的专利文献中才第一次有条码符号的全方位记载。二维码是易腾迈（Interface Mechanisms）公司在 1970 年发明。那时二维矩阵条码用于报社排版过程的自动化。此后不久，随着技术的不断发展，迎来了新的标识符号（象征学）和其应用的爆发，人们称之为“条码工业”。

今天很少能找到没有直接接触过既快又准的条码技术的公司或个人。这一领域的技术进步与发展非常迅速，并且每天都有越来越多的应用领域被开发，条码将会使我们每一个人的生活变得更加轻松和方便。

2. 条码的概念与分类

根据国家标准《物流术语》的定义，条码（Bar Code）是由一组规则排列的条、空及其对应字符组成的，用以表示一定信息的标识。条码包括一维条码和二维条码。其中“条”是指对光线反射率较低的部分，“空”是指对光线反射率较高的部分，这些条和空组成的数据表达一定的信息，并能够用特定的设备识读，转换成与计算机兼容的二进制和十进制信息，如图 8-1 所示。用条、空图案对数据进行编码的目的在于方便机器识读。这些条、空图案对数据不同的编码方法构成了不同形式的条码符号，即码制。

图 8-1　条码示例

条码可分为一维条码和二维条码。一维条码只在水平方向表示信息。一维条码按照应用可分为商品条码和物流条码。商品条码包括 EAN 码和 UPC 码，物流条码包括 128 条码、ITF 条码、三九条码、库德巴（Codabar）条码等，而国际上公认的物流条码只有三种，即 EAN-13 码、交插二五条码和 UCC/EAN-128 条码。二维条码根据构成原理、结构形状的差异，可分为两大类型：层（行）排式二维条码（2D Stacked Bar Code）和矩阵式二维条码（2D Matrix Bar Code）。一维条码与二维条码的比较如图 8-2 所示。

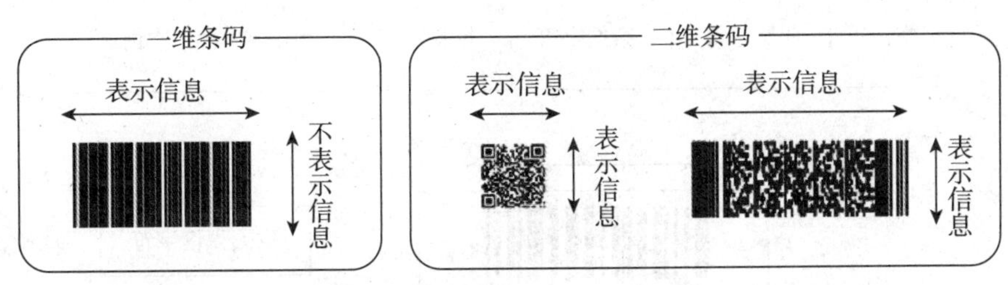

图 8-2　一维条码与二维条码的比较

3. 条码技术的特点

条码技术主要研究如何用条码来表示信息以及如何将条码所表示的数据转换为计算机可识别的数据，主要包括符号技术、识别技术和条码应用系统设计技术等。它是迄今为止最为经济、实用的一种自动识别技术。在自动识别技术中，条码技术具有如下特点。

（1）简单。条码符号制作容易，扫描操作简单易行。

（2）信息采集速度快。普通计算机的键盘录入速度是 200 字符/分钟，而利用条码扫描录入信息的速度是键盘录入信息的速度的 20 倍，并且能实现“即时数据输入”。

（3）采集信息大。利用条码扫描一次可以采集几十位字符的信息，而且可以通过选择不同码制的条码增加字符密度，使录入速度成倍增加。

（4）可靠性高。采用条码扫描录入方式，误码率仅有百万分之一，首读率可为 98%以上。

（5）灵活方便。条码符号可以单独使用，也可以和有关设备组合实现自动识别，还可以和其他控制设备联系起来实现整个系统的自动化管理。同时，在没有自动识别设备时，也可以实现手工键盘输入。

（6）成本低。条码自动识别系统所涉及的识别符号成本以及设备成本都非常低。特别是条码符号，即使是一次性使用，也不会带来多少附加成本。再者，条码符号识读设备的结构简单、成本低廉、操作容易，适用于众多领域和工作场合。

4. 一维条码

（1）条码结构与码制。条码技术的核心是条码符号。一个完整的一维条码是由两侧空白区、起始字符、数据字符、校验字符（可选）和终止字符以及供人识读字符组成的，如图 8-3 所示。

一维条码的码制，即指条码条和空的排列规则，每种类型的码制都是由符合特定编码规则的条和空组合而成的，都有固定的编码容量和条码字符集。

（2）商品条码。我国制定了国家标准《商品条码零售商品编码与条码表示》（GB/T 12904—2008）。商品条码结构与国际物品编码协会推行的 EAN 码结构相同，物流条码应用的是 EAN 码制中的 EAN-13 码。EAN-13 码是国际通用符号体系，它是一种定长、无含义的条码，有校验功能。EAN-13 码的 13 位数字分别代表不同的意义，其结构如图 8-4 和表 8-1 所示。

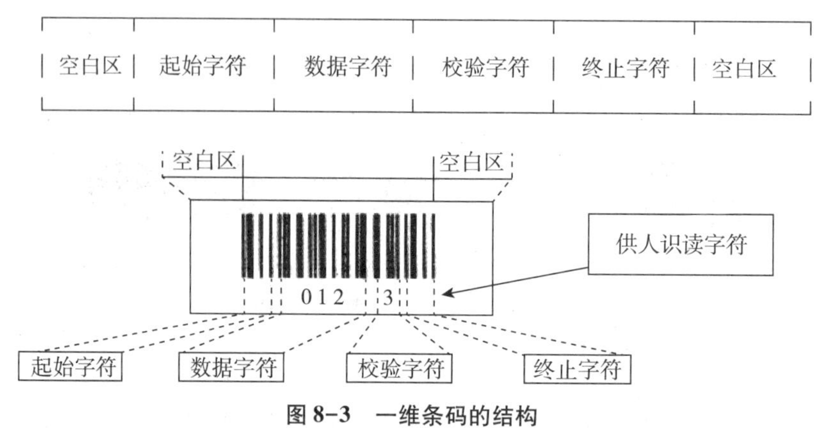

图 8-3　一维条码的结构

图 8-4　EAN-13 码结构

表 8-1　　EAN-13 码的三种结构

结构种类	厂商识别代码	商品项目代码	校验码
结构一	$X_{13}X_{12}X_{11}X_{10}X_9X_8X_7$	$X_6X_5X_4X_3X_2$	X_1
结构二	$X_{13}X_{12}X_{11}X_{10}X_9X_8X_7X_6$	$X_5X_4X_3X_2$	X_1
结构三	$X_{13}X_{12}X_{11}X_{10}X_9X_8X_7X_6X_5$	$X_4X_3X_2$	X_1

注：EAN 分配给中国物品编码中心的前缀码由三位数字 $X_{13}X_{12}X_{11}$ 组成，使用数字为 690~695，当 $X_{13}X_{12}X_{11}$ 为 690、691 时，采用结构一；当 $X_{13}X_{12}X_{11}$ 为 692 ~ 694 时，采用结构二；当 $X_{13}X_{12}X_{11}$ 为 695 时，采用结构三。

（3）交插二五条码。交插二五条码在仓储和物流管理中被广泛采用。2003 年，我国制定了国家标准《信息技术　自动识别与数据采集技术　条码码制规范　交插二五条码》（GB/T 16829—2003），交插二五条码是一种连续、非定长、具有自校验功能，且条空都表示信息的双向条码，可用于定量储运单元。

（4）ITF-条码。ITF（Interleaved Two of Five Add-on，交插二五附加代码）条码是在交插二五条码的基础上扩展形成的一种应用于储运包装箱上的定长条码，其符号表示和交插二五条码符号表示相同。ITF 条码符号包括 ITF-14 条码、ITF-16 条码及 ITF-6 条码（附加代码 Add-on），ITF-14 条码、ITF-16 条码只用于非零售贸易项目的标识，在物流系统中，常常用 ITF-14 条码和 ITF-6 条码来标识变量储运单元。该符号较适合直接印制于瓦楞纸板上，为适应特定的印刷条件，多数情况下都在条码符号的周围加上保护框。ITF 条码如图 8-5 所示。

0 6 9 0 1 2 3 4 5 6 7 8 9 2

图 8-5　ITF 条码

（5）EAN/UCC-128 条码。EAN/UCC-128 条码是由国际物品编码协会（EAN）、美国统一代码委员会（UCC）和自动识别制造商协会共同设计而成的，是唯一能够表示应用标识的条码符号。它是一种连续型、非定长、有含义的高密度代码。EAN/UCC-128条码是 128 条码的子集，EAN/UCC-128 条码是物流条码实施的关键。它能够更多地标识贸易单元的信息，如产品批号、数量、规格、生产日期、有效期、交货地等，使物流条码成为贸易中的重要工具。

EAN/UCC-128 条码有 A、B、C 三套字符集，其中 C 字符集能以双倍的密度来表示全数字的数据。这三套字符集覆盖了 128 个 ASCII（美国标准信息交换代码）字符。EAN/UCC-128 条码由双字符起始符、数据符、校验符、终止符及左右侧空白区组成，EAN/UCC-128 条码结构如表 8-2 所示。

表 8-2　EAN/UCC-128 条码结构

左侧空白区	双字符起始符	数据符	校验符	终止符	右侧空白区
10 模块	22 模块	11N 模块	11 模块	13 模块	10 模块

注：N 为数据字符与辅助字符。

图 8-6 为表示了 GTIN（全球贸易项目代码）、保质期、批号的一个 EAN/UCC-128 条码符号。EAN/UCC-128 条码符号的长度根据字符的数量、类型和尺寸（影响整个符号的大小）的不同而变化。

（01）93067280205495（3103）018750

图 8-6　EAN/UCC-128 条码符号

一维条码的对比如表 8-3 所示。

表 8-3　一维条码的对比

编码模式	39 码	库德巴码	128 码	交插二五条码	EAN 码	UPC 码
支持符号	数字与字符	数字与字符	数字与字符	数字	数字	数字
码义	0~9，A~Z，-，$，/，+，%	0~9，-，$，/，+，%	ASCII 代码	0~9	0~9	0~9

续表

编码模式	39码	库德巴码	128码	交插二五条码	EAN码	UPC码
码长	不限	最多32码	最多32码	不限长度 但需偶数	8，13	6，12，17
校验码	有	有	有	无	有	有
应用领域	汽车业， 工业界	图书馆， 血库	工业库存管制， 运销用途	产品识别， 包装识别， 一般工业与 汽车业	商品流通业	零售业， 包装业
优点	码长不限， 可支持英文 与数字	起始终止码 共四种变化	编码方式灵活 且长度较短	交错编码节省 卷标空间	世界流通且 编码不重复	流通条码 始祖
缺点	编码密度低， 占空间	市场使用率 较低	校验码运算 方式复杂	仅支持 数字资料	码数固定且只 支持数字资料	已经逐渐被 EAN码取代

5. 二维条码

（1）二维条码的产生。由于条码技术具有输入速度快、准确度高、成本低、可靠性强等优点，因此在各行业得到了广泛应用。但随着应用领域的不断扩展，传统的一维条码渐渐表现出了它的局限性。由于受信息容量的限制，一维条码仅仅能够充当物品的代码，而不能含有更多的物品信息，所以一维条码的使用不得不依赖数据库的存在。此外，一维条码无法表示汉字的图像信息，在有些应用汉字和图像的场合，效率很低。并且在某些场合下，一维条码通常受到标签尺寸的限制，所容纳的信息有限，且遭到损坏后不能阅读。二维条码正是为了解决一维条码无法解决的问题而诞生的。

二维条码是用按一定规律在平面（二维方向上）分布的黑白相间的特定几何图形记录数据符号信息的；在代码编制上巧妙地利用构成计算机内部逻辑基础的“0”“1”比特流的概念，使用若干个与二进制相对应的几何形体来表示文字数值信息，通过图像输入设备或光电扫描设备自动识读实现信息自动处理。

二维条码具有条码技术的一些共性，它在横向和纵向两个方位同时表达信息，具有密度高、容量大等特点，可以用它表示数据文件（包括汉字文件）、图像等，并可以由用户选择不同程度的纠错级别，在符号残损的情况下能恢复所有的信息。二维条码是各种大容量、高可靠性信息实现存储、携带并自动识别的最理想方法。

（2）二维条码的结构。从结构上讲，二维条码可以分为行排式二维条码和矩阵式二维条码。行排式二维条码形态上是由多行截短的一维条码堆叠而成，具有代表性的行排式二维条码包括四一七条码（PDF417）、四九条码（Code49）、16K条码（Code16K）等。矩阵式二维条码是在一个矩形空间通过黑、白像素在矩阵中的不同分布进行编码，它以矩阵的形式组成，在矩阵相应元素位置上用点的出现表示二进制“1”，空的出现表示二进制“0”，由点的排列组合确定了代码表示的含义。有代表性的矩阵式二维条码包括Maxi Code码、Aztec码、数据矩阵码（Data Matrix）、快速响应矩阵码（QR Code）等。如图8-7所示。

（a）PDF417

（b）QR Code

（c）Maxi Code

（d）Aztec

（e）Data Matrix

图 8-7 二维条码

二维条码属于高密度条码，在 1 平方英寸（约 6.45 平方厘米）内记录高达 2000 个字符。二维条码本身就是一个完整的数据文件，它在水平方向和垂直方向都表示了信息，在国外又被称为便携式数据文件、自备式数据库或纸上网络等。它具有信息容量大、编码应用范围广、保密防伪性能好、译码可靠性高、修正错误能力强、条码符号的形状可变等特点。

二维条码作为一种新的信息存储和传递技术，从诞生之时起就受到了国际社会的广泛关注。经过几年的努力，现已应用在国防、公共安全、交通运输、医疗保健、工业、商业、金融、海关及政府管理等多个领域。

（3）PDF417 码。PDF（Portable Data File，便携式数据文件）417 码是一种高密度、高信息含量的便携式数据文件，是实现证件及卡片等大容量、高可靠性信息自动存储、携带并可用机器自动识读的理想手段。

PDF417 码可表示数字、字母或二进制数据，也可表示汉字。一个 PDF417 码最多可容纳 1850 个字符或 1108 个字节的二进制数据，如果只表示数字则可容纳 2710 个数字。PDF417 码的纠错能力分为 9 级，级别越高，纠正能力越强。如图 8-8 所示。由于这种纠错功能，使得污损的 PDF417 码也可以被正确读出。我国已制定了 PDF417 码的国家标准。

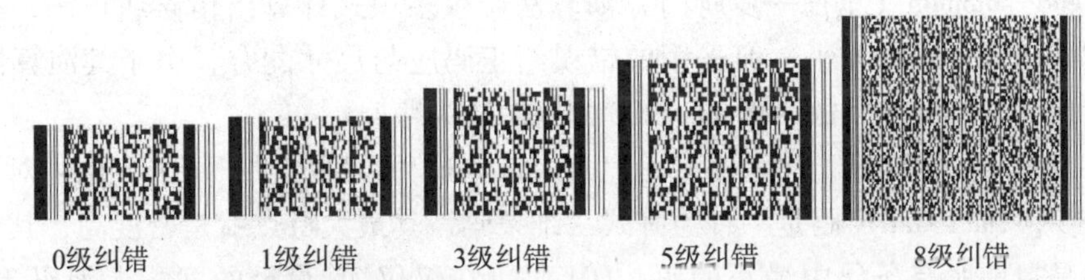

图 8-8 不同纠错级别下的 PDF417 码（部分）

（4）QR 码。QR 码是二维条码的一种，QR 来自英文“Quick Response”的缩写，即快速反应的意思，源自发明者希望 QR 码可让其内容快速被解码。QR 码比普通条码可储存更多资料，亦无须像普通条码在扫描时需直线对准扫描器。

QR 码 1994 年由日本 Denso-Wave 公司（日本电装株式会社旗下子公司）发明，QR 码的标准《信息技术 自动识别和数据捕获技术 QR 码条码符号规范》（JIS X0510）在 1999 年 1 月发布，而其对应的 ISO 国际标准 ISO/IEC18004，则在 2000 年 6 月获得批准。

QR 码原本是为了在汽车制造厂追踪零件而设计，今日 QR 码已广泛应用于各行各业的存货管理。QR 码在日本、韩国的应用越来越普及，其中日本 NTT Docomo（都科摩株式会社）的贡献不得不提，其手机内置的 QR 码解码软件让更多的消费者了解、使用了基于 QR 码所提供的服务。随着移动互联网的普及，QR 码在中国的使用也得到了推广，通过使用手机摄像头对 QR 码的扫描，直接获取相应的网络链接，访问指定的网站来获取信息。此外，在机票、车票等票务领域也开始普遍采用 QR 码进行扫描识别，从而大大加快了信息获取、身份认证的效率。QR 码符号结构示意如图 8-9 所示。

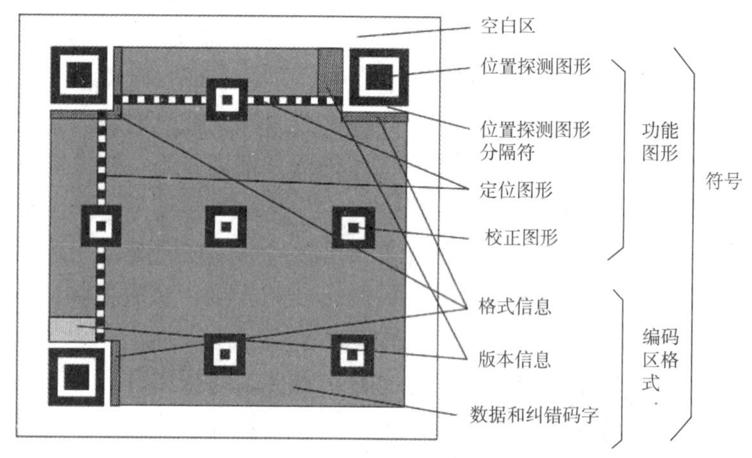

图 8-9　QR 码符号结构示意

（5）Data Matrix（DM）码。Data Matrix 码原名 Data Code，由美国国际资料公司（International Data Matrix，ID Matrix）于 1989 年发明。Data Matrix 码又可分为 ECC000-140 与 ECC200 两种类型，ECC000-140 具有多种不同等级的错误纠正功能，而 ECC200 则通过 Reed-solomon（里德—罗所门）演算法产生多项式计算出错误纠正码，其尺寸可以根据需求印成不同大小，但采用的错误纠正码应与尺寸配合，由于其演算法较为容易，且尺寸较有弹性，故一般 ECC200 的使用较为普遍。

Data Matrix 码密度高、尺寸小、信息量大，给这种识别提供了可能，国内对 DM 码研究也较少。Data Matrix 码是一种矩阵式二维条码，其最大特点就是密度高，其最小尺寸的条码是目前所有条码中最小的码。DM 码可在仅仅 25 毫米的面积上编码 30 个数字。DM 码采用了复杂的纠错码技术，使得该编码具有超强的抗污染能力。Data Matrix 码因提供极小又高密度的标签，且仍可存放合理的资料内容，故特别适用于小零件标识、商品防伪、电路标识等。如图 8-10 所示。

图 8-10　直接印制在 CPU 上的 Data Matrix 码

6. 条码技术在物流中的应用

条码在物流中有较为广泛的应用，主要在以下几方面。

（1）销售时点系统（Point of Sales，POS）。POS 是一个商业销售点实时系统，该系统以条码为手段，计算机为中心，实现对商店的进、销、存的管理，快速反馈进、销、存各个环节的信息，为经营决策提供信息。在商品上贴上条码就能快速、准确地利用计算机进行销售和配送管理。其过程为：对销售商品进行结算时，通过光电扫描读取信息并输入计算机，然后输进收款机，收款后开出收据，同时，通过计算机处理，掌握进、销、存的数据。

（2）仓储管理。立体仓库是现代物流和工业生产中的一个重要组成部分，利用条码技术，对仓库进行基本的进、销、存管理，可有效地降低库存成本，从而提高仓库管理水平。

（3）分拣配送系统。在商品配送时，需要快速处理大量的货物，在传统的作业流程中，分拣、配货要占全部所用劳力的 60%，且容易发生差错。在分拣、配送中应用条码，能使拣货迅速、正确，并提高作业效率。条码配合计算机应用于作业流程管理，不仅有助于提高作业的自动化水平和作业效率，也有利于提升配送中心的竞争力。

（4）货物运输过程。在货物运输过程中，一维条码和二维条码可以在货物运输的承运、中转、交付和清点等不同的作业环节中发挥作用。

货物运输作业的基本过程是承运、运输和交付，其他还包括装卸、保管、查询、赔付等。条码信息应该在货物受理、填写货票等单证时生成，货物承运后，在发生中转作业的装卸、清点、仓储等环节中，可以使用一维条码表示货物运输作业过程中所需的数据，使用一维条码识读设备扫描货票、货签上的条码信息，就可以快速、准确地采集货物运输中作业状态的变化信息，使计算机信息系统中的货物信息流与货物运输的货物流同步对应，自动更新计算机系统中的有关信息，使其保持一致性。在货物运输完成并向货主交付时，可以通过二维条码提取出货物交付时所需的诸如含有取货人密约的详细信息。

（二）射频识别技术

1. 射频识别技术概述

射频识别英文为 Radio Frequency Identification，简称为 RFID，是 20 世纪 90 年代开始兴起的一种自动识别技术，其基本原理是电磁理论。

一套完整的 RFID 系统由阅读器（Reader）与电子标签（Tag）〔也就是所谓的应答器（Transponder）〕及应用软件系统三个部分组成。其工作原理是阅读器发射一特定频率的无线电波能量给电子标签，用以驱动电子标签电路将内部的数据送出，此时阅读器便依序接收解读数据，发送给应用程序做相应的处理。

2. RFID 的优势

（1）快速扫描。一次只能有一个条码被扫描；RFID 阅读器可同时辨识读取数个 RFID 标签。

（2）体积小型化、形状多样化。RFID 在读取上并不受尺寸大小与形状限制，不需为了达到一定的读取精确度而配合纸张的固定尺寸和印刷品质。此外，电子标签（或称射频标签、RFID标签）可往更小型化与多样的形态发展，以应用于不同产品。

（3）抗污染能力强和耐久性好。传统条码的载体是纸张，因此容易受到污染，但RFID对水、油和化学药品等物质具有很强的抵抗性。此外，由于条码是附于塑料袋或外包装纸箱上，所以特别容易受到折损；RFID标签是将数据存在芯片中，因此可以免受污损。

（4）可重复使用。现今的条码印刷之后就无法更改，RFID标签则可以重复地新增、修改、删除储存的数据，方便信息更新。

（5）穿透性强和无屏障阅读。在被覆盖的情况下，RFID信号能够穿透纸张、木材和塑料等非金属或非透明的材质，并能够进行穿透性通信。而条码扫描机必须在近距离而且没有物体阻挡的情况下，才可以辨读条码。

（6）数据的记忆容量大。一维条码的容量是50字节，二维条码的容量可达2000~3000字符，RFID最大的容量则有数百万字节。随着记忆载体的发展，数据容量也有不断扩大的趋势。未来物品所需携带的资料量会越来越大，对卷标扩充容量的需求也相应增加。

（7）安全性好。由于RFID承载的是电子信息，其数据内容可由密码保护，不易被伪造及变造。

3. 射频标签（卡）的分类

按照不同的方式，射频卡有以下几种分类。

（1）按供电方式分为有源卡和无源卡。有源卡是指卡内有电池提供电源，其作用距离较远，但寿命有限、体积较大、成本高，且不适合在恶劣环境下工作；无源卡内无电池，它利用波束供电技术将接收到的射频能量转化为直流电源为卡内电路供电，其作用距离相对有源卡短，但寿命长且对工作环境要求不高。

（2）按载波频率分为低频射频卡、中频射频卡和高频射频卡。低频射频卡频率主要有125千赫兹和134.2千赫兹两种，中频射频卡频率主要为13.56兆赫兹，高频射频卡频率主要为433兆赫兹、915兆赫兹、2.45吉赫兹、5.8吉赫兹等。低频射频卡主要用于短距离、低成本的应用，如多数的门禁控制、校园卡、动物监管、货物跟踪等。中频射频卡用于门禁控制和需传送大量数据的应用系统。高频射频卡应用于需要较长的读写距离和高读写速度的场合，其天线波束方向较窄且价格较高，在火车监控、高速公路收费等系统中应用。

（3）按调制方式的不同分为主动式射频卡和被动式射频卡。主动式射频卡用自身的射频能量主动地发送数据给阅读器（读写器）；被动式射频卡使用调制散射方式发射数据，它必须利用读写器的载波来调制自己的信号，该类技术适合用在门禁或交通方面，因为读写器可以确保只激活一定范围之内的射频卡。在有障碍物的情况下，采用调制散射方式，读写器的能量必须来去穿过障碍物两次。而主动式射频卡发射的信号仅穿过障碍物一次，因此主动式射频卡主要用于有障碍物的应用，发射的信号达到的距离更远（可达30米）。

（4）按作用距离可分为密耦合卡（作用距离小于1厘米）、近耦合卡（作用距离小于 15 厘米)、疏耦合卡（作用距离约 1 米）和远距离卡（作用距离为 1~10 米，甚至更远)。

（5）按芯片分为只读卡、读写卡和 CPU 卡（一种带有中央处理器的集成电路卡)。

4. 射频识别技术的应用

由于射频识别技术的自身优势及特点，其应用越来越广泛。目前，国内外将射频识别技术广泛应用于访问者控制、店铺防盗系统、物品和库存跟踪、自动收费、动物追踪、制造流程管理、联运集装箱和货物运输跟踪等方面，尤其是在现代物流管理和军事后勤保障中应用更为广泛。

（1）车辆的自动识别。北美铁道协会 1992 年年初批准了采用 RFID 技术的车号自动识别标准，到 1995 年 12 月首次在大范围内成功建立了自动车号识别系统。此外，欧洲的丹麦、瑞典也先后以 RFID 技术建立了局域性的自动车号识别系统。澳大利亚近年来开发了自动识别系统，用于矿山车辆的识别和管理。

（2）高速公路自动收费及智能交通系统（Intelligent Traffic System，ITS)。高速公路自动收费系统是 RFID 技术最成功的应用之一。在车辆高速通过收费站的同时自动完成缴费，解决交通瓶颈问题，避免拥堵，提高收费结算效率，同时也防止了现金结算中贪污路费等问题。装有电子标签的车辆通过装有射频阅读器的专用隧道、停车场或高速公路路口时，无须停车缴费，大大提高了行车速度，提高了效率。

（3）非接触识别卡。用射频卡替代各种“卡”（如会员卡、公交卡)，解决了以往的各种磁卡、IC 卡（集成电路卡）受机械磨损和外界强电、磁场干扰及易伪造等问题。日本从 1999 年着手开始用射频卡换掉原有的电话磁卡，日本经营地铁、游戏机等业务的公司大量采用非接触识别卡。我国的上海、深圳、北京、南京等地区的部分公交路线的电子月票采用了射频卡方式。

（4）生产线的自动化及过程控制。RFID 技术用于生产线实现自动控制，监控质量，改进生产方式，提高生产率。如用于汽车装配生产线，德国宝马公司在汽车装配线上配有 RFID 系统，以保证汽车在流水线各位置正确地完成装配任务。RFID 技术因其具有抗恶劣环境能力强、可非接触识别等特点，在生产过程控制中有许多应用。摩托罗拉（Motorola)、意法半导体有限公司（SGS-THOMSON）等集成电路制造商采用加入了 RFID 技术的自动识别工序控制系统，满足了半导体生产对于超净环境的特殊要求，而像其他自动识别技术，如条码在如此苛刻的化学条件和超净环境下就无法工作了。

（5）货物的跟踪、管理及监控。RFID 技术为货物的跟踪、管理及监控提供了快捷、准确、自动化的技术手段。如澳大利亚将它的 RFID 产品用于澳大利亚机场旅客行李管理中并发挥了重要的作用，英国的希思罗机场采用 RFID 技术完成机场行李的分拣，大大提高了效率，减少了差错。以 RFID 技术为核心的集装箱自动识别，成为全球范围最大的货物跟踪管理应用。

很多货物运输需准确地知道其位置，像运钞车、危险品等，沿线安装的 RFID 设备可跟踪运输的全过程，有些还结合 GPS 实施对物品的有效跟踪。RFID 技术用于商店，可防止某些贵重物品被盗，如电子商品防窃系统（EAS)。

RFID 技术目前在仓储、配送等物流环节已有许多成功的应用，随着 RFID 技术在开放的物流环节统一标准的研究开发，物流行业将成为 RFID 技术最大的受益行业之一。

二、定位技术

本小节介绍两种定位技术：卫星定位技术和地理信息系统。

（一）卫星定位技术

1. 概述

世界目前有多个以卫星定位技术为基础的卫星定位系统，包括美国的 GPS 系统、俄罗斯的全球卫星导航系统〔格洛纳斯（GLONASS）系统〕、中国的北斗卫星导航系统和欧盟的伽利略卫星导航系统。

全球卫星定位系统（Global Positioning System，GPS）原是美国国防部建立的。其是具有在海、陆、空进行全方位实时三维导航与定位能力的新一代卫星导航与定位系统。整个 GPS 由 24 颗人造卫星构成，其中包括 3 颗备用卫星。GPS 接收器可以同时接收 4~12 颗卫星的信号，从而判断地面上或接近地面的物体的位置，还可以计算出它们的移动速度和方向等。

俄罗斯的全球卫星导航系统（Global Navigation Satellite System，GLONASS）由苏联政府投资，现由俄罗斯接管，从 1978 年开始部署，1996 年投入运行。GLONASS 也由 24 颗工作卫星组成，卫星轨道比 GPS 低 1000 多公里，GLONASS 的地面构成部分与 GPS 相似。GLONASS 是 GPS 的竞争对手，被俄罗斯军方所拥有和控制，同时也提供民用服务。

北斗卫星导航系统（BeiDou Navigation Satellite System，BDS）是中国自主发展、独立运行的全球卫星导航系统。中国自 20 世纪 80 年代开始探索适合国情的卫星导航系统。1994 年启动北斗一号系统建设，并于 2000 年发射第一颗北斗导航卫星。2004 年启动北斗二号系统建设。2009 年启动北斗三号系统建设，2020 年 7 月 31 日，北斗三号系统正式开通。北斗卫星导航系统由空间段、地面段和用户段三部分组成，空间段包括 5 颗静止轨道卫星和 30 颗非静止轨道卫星，地面段包括主控站、注入站和监测站等若干个地面站，用户段包括北斗用户终端以及与其他卫星导航系统兼容的终端。北斗卫星导航系统可在全球范围内全天候、全天时为各类用户提供高精度、高可靠定位、导航、授时服务，并且具备短报文的通信能力。短报文的通信功能是北斗卫星导航系统的亮点。

伽利略卫星导航系统是欧洲于 1999 年年初正式推出的旨在独立于 GPS 和 GLONASS 的世界上第一个基于民用的全球卫星导航定位系统。系统由两个地面控制中心和 30 颗卫星组成，其中 27 颗为工作卫星，3 颗为备用卫星。卫星轨道高度约 2.4 万公里，位于 3 个倾角为 56°的轨道平面内。中国曾为该系统投入研发资金，后来由于欧洲政治转向，联合美国排挤中国。中国转向全力开发自己的北斗卫星导航系统。

2. 卫星定位系统在物流业的应用

在物流领域，卫星定位系统将会越来越普遍地应用于各个环节，主要表现为以下几个方面。

（1）道路交通管理。卫星定位将有利于减缓交通阻塞，提升道路交通管理水平。车辆的位置信息可通过卫星定位系统转发到中心站。这些位置信息可用于道路交通管理。例如，指示车辆走畅通的道路，限制进入拥挤的道路，或通告司机前方拥堵的情况，建议走车辆较少的路线。如果车辆超速行驶而发生交通事故，则撞车时的速度、位置和时间信息均会被记录，作为判断是否违章的依据；如果车辆被盗或被抢，卫星定位系统会跟踪其位置，使盗贼无处藏身。

（2）铁路智能交通。卫星定位系统将促进传统运输方式升级与转型。例如，在铁路运输领域，通过安装卫星导航终端设备，可极大缩短列车行驶间隔时间，降低运输成本，有效提高运输效率。未来，卫星定位系统将提供高可靠与高精度的定位、测速、授时服务，促进铁路交通的现代化，实现传统调度向智能交通管理的转型。

（3）海运和水运。海运和水运是卫星定位系统最早应用的领域之一。卫星定位系统可在任何天气条件下，为水上航行船舶提供导航定位和安全保障。中国的北斗卫星导航系统特有的短报文通信功能将支持各种新型服务的开发，实现了卫星双向通信功能，将会有效降低船舶航行过程中的通信成本，提高通信效率。

（4）航空运输。当飞机在机场跑道着陆时，最基本的要求是确保飞机相互间的安全距离。利用卫星定位系统导航精确定位与测速的优势，可实时确定飞机的瞬时位置，有效减小飞机之间的安全距离，甚至在大雾天气情况下，可以指导飞机实现自动盲降，极大地提高飞行安全和机场运营效率。

（5）特殊货物监管。通过卫星定位，可实现对贵重货物或危险品运输的远程跟踪与监管。安装北斗卫星导航终端设备的车辆，支持实时查询货物位置或到达信息，通过与相关设备的配合，在车辆偏离预定路径，发生盗抢、交通事故等意外情况下，可支持车辆位置及有关情况的报告，实现有效的全过程运输监管。

（二）地理信息系统

1. GIS 概述

GIS（Geographical Information System），即地理信息系统，它是 20 世纪 60 年代开始迅速发展起来的以计算机为基础的地理学研究技术，是多种学科交叉的产物。地理信息系统是以地理空间数据库为基础，采用地理摸索分析方法，集遥感应用、数据统计分析、地理学专家分析和计算机制图为一体，适时提供多种空间的和动态的地理信息，为相关地理研究和地理决策服务的计算机技术系统。

地理信息系统可以按地理坐标或空间位置对空间数据进行各种处理，对数据进行有效管理，研究各种空间实体及相互关系。通过对多因素的综合分析，它可以迅速地获取满足应用需要的信息，并能以地图、图形或数据的形式表示处理的结果。

2. GIS 在物流方面的应用

把 GIS 融入物流过程中，就能更容易地处理物流过程中货物的运输、仓储、装卸、配送等各个环节，并对其中涉及的问题如运输路线的选择、仓库位置的选择、仓库的容量设置、合理装卸策略、运输车辆的调度和投递路线的选择等进行有效的管理和决策分析。GIS 在物流中的应用主要有配送需求分析、系统模型分析设计、系统功能实现等。

（1）配送需求分析。以某一城市中的配送过程为例进行分析。那么基于GIS的配送系统的需求主要集中在以下几个方面：①通过客户提供的详细地址字符串，确定客户的地理位置和车辆路线；②通过对地理坐标的描述，可以在地图上对新客户进行地理位置的定位或者修改老客户的地理位置，从而在地理地图坐标中用特定的地图符号最终确定客户的地理位置，并用不同的符号表示不同类型的客户；③通过GIS的查询功能显示此客户符号的属性信息，并可以编辑属性；④通过基于GIS的查询、地图表现的辅助决策，实现对车辆路线的合理编辑，不同的客户和不同的产品的需求量对应的等待服务的时间点和时间段各不相同，应根据具体情况分配不同的优先级，使客户满意度最大化；⑤在地图上查询客户的位置以及客户周围的环境以发现潜在客户。

（2）系统模型分析设计。完整的GIS物流分析软件集成了车辆路线模型、最短路径模型、网络物流模型、分配集合模型、配送中心选址模型、配送区域划分模型、空间查询模型和设施定位模型等。

（3）系统功能实现。基于GIS的配送系统可实现以下主要功能：①车辆和货物追踪。利用GPS和电子地图可以实时显示出车辆或货物的实际位置，并能查询出车辆和货物的状态，以便进行合理调度和管理。②规划运输路线并导航。规划出运输线路，使显示器能够在电子地图上显示设计线路，并同时显示汽车运行路径和运行方法。③信息查询。对配送范围内的主要建筑、运输车辆、客户等进行查询。查询资料可以通过文字、语音及图像的形式显示，并在电子地图上显示其位置。④模拟与决策。如可利用长期客户、车辆、订单和地理数据等建立模型来进行物流网络的布局模拟，并以此来建立决策支持系统，以提供更有效而直观的决策依据。

三、电子数据交换（EDI）技术

1. EDI技术概述

国际标准化组织（ISO）于1994年确认了电子数据交换（Electronic Data Interchange，EDI）的技术定义：根据商定的交易或电文数据的结构标准实施商业或行政交易从计算机到计算机的电子传输。使用EDI能有效减少甚至消除贸易过程中的纸面文件。

EDI技术始于20世纪60年代，于70年代在西方发达国家得到了迅速发展。20世纪70年代初美国就已开始制定行业标准，于1975年出现了第一个EDI标准。欧洲于20世纪80年代早期推出了欧洲的EDI标准。后来在联合国的协调和主持下制定了联合国EDI标准，即将1986年颁布的UN/EDIFACT（United Nations/Electronic Data Interchange For Administration，Commerce and Transport）作为国际通用标准。20世纪80年代末我国才开始研究EDI技术的应用和发展。我国计算机技术和网络通信技术的飞速发展为推广EDI应用创造了良好的条件。为了提升我国企业在世界上的竞争力，必须大力推广EDI的应用。

2. EDI的特点

（1）使用对象是具有固定格式的业务信息和具有经常性业务联系的单位。

（2）所传送的资料是一般业务资料，如发票、订单等，而不是一般性的通知。

（3）采用共同标准化的格式，例如联合国EDIFACT标准。

(4) 尽量避免人工的介入操作，由收送双方的计算机系统直接传送，交换资料。

(5) 与传真或电子邮件（E-mail）相比，EDI 不需要人工阅读判断处理就可将数据输入计算机系统，因此，EDI 可节约人力资源，避免输入错误。

EDI 的主要功能表现在电子数据传输和交换、传输数据的存证、文书数据标准格式的转换、安全保密、提供信息查询、提供技术咨询服务、提供信息增值服务等。

3. EDI 的组成

EDI 的运行示意如图 8-11 所示。EDI 系统主要由 EDI 标准、EDI 软件及硬件、通信网络三个部分组成。

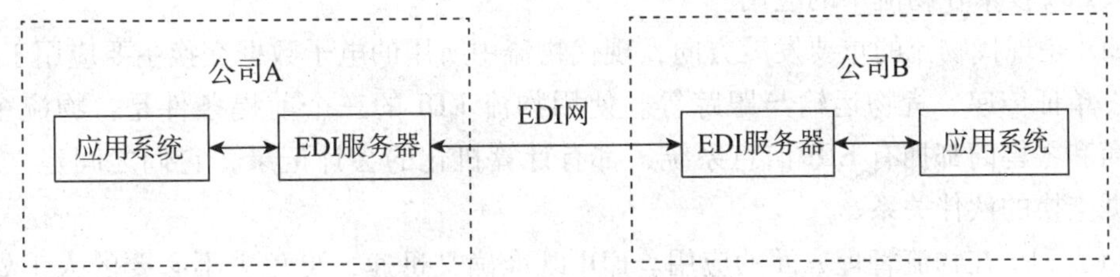

图 8-11　EDI 的运行示意

(1) EDI 标准。EDI 标准是由各企业、各地区代表共同讨论、制定并遵守的格式和顺序，是电子数据交换的共同标准，可以使各组织之间的不同文件格式，通过共同的标准达到彼此之间文件交换的目的。标准化的工作是实现 EDI 互通和互联的前提和基础。包括 EDI 网络通信标准、EDI 处理标准、EDI 联系标准和 EDI 报文标准等，其中 EDI 报文标准是 EDI 技术的核心。

(2) EDI 软件及硬件。实现 EDI，需要配备相应的 EDI 软件和硬件。EDI 软件具有将客户数据库系统中的信息译成 EDI 的标准格式，以供传输交换的能力。EDI 软件主要包括转换软件、翻译软件和通信软件。EDI 所需的硬件设备大致有：计算机（所有型号均可）、调制解调器（Modem）及电话线。

(3) 通信网络。通信网络是实现 EDI 的手段。EDI 通信方式有多种，大致可分为两种方式，即直接连接和增值网络。直接连接按连接方式的不同，又可以分为点对点、一点对多点、多点对多点的方式。该方式适用于贸易伙伴数量较少的情况。增值网络（Value Added Network，VAN）是指利用（一般是租用）通信公司的通信线路连接分布在不同地点的计算机终端形成的信息传递交换网络。它类似于邮局，为发送者与接收者维护邮箱并提供存储转送、记忆保管、格式转换、安全管制等功能。该方式适用于贸易伙伴较多、通信协议相异、工作时间不易匹配等多种情形。VAN 是实现 EDI 功能的外部设备，目前被广泛应用的销售时点系统（POS）数据、电子订货系统（EOS）都是 VAN 应用的具体形式。通过增值网络传送 EDI 文件，可以大幅度降低相互传送资料的复杂度和难度，从而提高 EDI 的效率。

4. EDI 的工作过程

EDI 的工作过程有：①购买方根据己方需求在订单处理系统上制出一份订单。②购买方将该订单通过 EDI 系统传送给供货商。③供货商从 EDI 交换中心己方电子信箱中收取购买方订单。④供货商签发订单回执，再经 EDI 交换中心存放到购买方的电子信箱中。⑤购买方从 EDI 交换中心己方电子信箱中收取供货商的订单回执。整个订货过程至此完成，供货商收到订单，客户（购买方）则收到了订单回执。

但是，应用传统增值网络的 EDI 成本较高，一是因为通过增值网络进行通信的成本高，二是制定和满足 EDI 标准较为困难，因此过去仅有大企业因规模经济能从利用 EDI 中得到利益。近年来，因特网电子商务的迅速普及为物流信息活动提供了快速、简便、廉价的通信方式。因而，以因特网作为互联手段，可以为 EDI 提供一个较为廉价的服务环境，以满足大量中小企业使用 EDI 的需求。

5. EDI 技术在物流中的应用

EDI 是现代物流的重要发展方向，现代物流中所用的电子数据交换主要应用于物流管理、单证传递、货物运输与跟踪等。使用物流 EDI 的三个前提条件是：物流企业、供应商和零售商都拥有 EDI 信息系统，都有计算机化的会计记录，它们之间建立了电子数据交换的伙伴关系。

（1）EDI 在物流管理方面的应用。EDI 既准确又迅速，可免去不必要的人工处理，节省人力和时间，同时可减少人工作业可能产生的差错。由于它出口手续简便，可减少单据费用的开支，因此给使用 EDI 的企业带来了巨大的经济利益。美国创汇大户 GE（通用电气公司）1985—1990 年数据表明，应用 EDI 使其产品零售额上升了 60%，库存由 30 天降到 6 天，每天仅连锁店文件处理一项就节约了 60 万美元，每份订单费用由 325 美元降到 125 美元，运送时间缩短 80%，并缩短了国际贸易文件的处理周期。

（2）EDI 在处理物流单证方面的应用。EDI 可处理的物流单证类型如下。①运输单证包括提单、订仓确认书、多式联运单证、货物运输收据、铁路发货通知单、空运单、联运提单、货物仓单、装货清单、集装箱装货单和到货通知等；②贸易单证包括订单、发票、装箱单、尺码单和装船通知；③海关单证包括报关单、海关发票、海关转运报关单、海关放行通知等；④商检单证；⑤其他单证。

（3）EDI 在国际运输中的应用。近年来，国际运输领域已经通过 EDI 系统用电子提单代替了传统的提单实现运输途中货物所有权的转移。由于电子提单是通过 EDI 系统根据特定密码使用计算机进行的，因此它具有所有权快速、准确地转移以及防冒领和避免误交等许多传统提单无法比拟的优点。它不但对国际运输，而且对整个国际物流领域都是一场深刻变革。

（4）EDI 在国内运输业的应用。EDI 已正式在铁路运输、公路运输和空运中使用。美国铁路运输业较早采用 EDI。到 1987 年，美国大部分主要的铁路运输公司已经可以提供这种服务，客户通过拨号查询他们货物的所在地。EDI 使主要港口自动化。它能把有关海运的各行各业（海关手续代办人、货运人、货运代理人、终点接货人和港务局）连接起来。客户使用 EDI 可以在船到达之前获得完整的货物运到通知，还可以用 EDI 安排发货顺序和滞留期保证书。最重要的是，客户能直接从收货人那里得知他们货物的状况和信息。此外，EDI 还可以用于货运跟踪、供应链管理等多个领域。

6. EDI 系统应用实例

物流行业中应用 EDI 系统运作就是一个由发送货物业主、物流运输业主和接收货物业主组成的物流模型。这个物流模型的运作步骤如下。

（1）发送货物业主（如生产厂家）在接到订货后制订货物运送计划，并把运送货物的清单及运送时间安排等信息通过 EDI 发送给物流运输业主和接收货物业主（如零售商），以便物流运输业主预先制订车辆调配计划和接收货物业主制订货物接收计划。

（2）发送货物业主依据客户订货的要求和货物运送计划下达发货指令、分拣配货、打印出物流条码的货物标签并贴在货物包装箱上，同时把运送货物品种、数量、包装等信息通过 EDI 发送给物流运输业主和接收货物业主，依据指示下达车辆调配指令。

（3）物流运输业主在向发送货物业主取运货物时，利用车载扫描读数仪读取货物标签的物流条码，并与先前收到的货物运输数据进行核对，确认运送货物。

（4）物流运输业主在物流中心对货物进行整理、集装并做成送货清单，通过 EDI 向接收货物业主发送发货信息。在货物运送的同时进行货物跟踪管理，并在货物交给接收货物业主之后，通过 EDI 向发送货物业主发送完成运送业务信息和运费请示信息。

（5）接收货物业主在货物到达时，利用扫描读数仪读取货物标签的物流条码，并与先前收到的货物运输数据进行核对确认，开出收货发票，货物入库。同时通过 EDI 向物流运输业主和发送货物业主发送收货确认信息。

物流 EDI 的优点在于供应链组成各方基于标准化的信息格式和处理方法通过 EDI 共同分享信息、提高流通效率、降低物流成本。例如，对零售商来说，应用 EDI 系统可以大大降低进货作业的出错率，节省进货商品检验的时间和成本，能迅速核对订货与到货的数据，易于发现差错。

四、销售时点系统

1. 销售时点系统（POS）的概述

POS 包含前台 POS 系统和后台 MIS 系统两大基本部分。它最早应用于零售业，以后逐渐扩展至金融行业、酒店行业等，利用 POS 信息的范围也从企业内部扩展到整个供应链。现代 POS 系统已不仅仅局限于电子收款技术，它要考虑将计算机网络、电子数据交换技术、条码技术、电子监控技术、电子收款技术、电子信息处理技术、远程通信、电子广告、自动仓储配送技术、自动售货与备货技术等一系列科技手段融为一体，从而形成一个综合性的信息资源管理系统。同时，它必须符合和服从商场管理模式，按照对商品流通管理及资金管理的各种规定进行设计和运行。

2. POS 系统的结构

POS 系统的结构主要依赖于计算机处理信息的体系结构。一个完整的 POS 系统由硬件和软件结构两大部分构成。

（1）POS 系统的硬件结构。结合商业企业的特点，POS 系统的基本结构可分为三类：一是单个收款机结构；二是收款机与计算机相连构成 POS 系统；三是收款机、计算机与网络构成的 POS 系统。

目前大多采用第三种类型，它的硬件结构主要包括收款机、扫描器、显示器、打印机、网络服务器、计算机等，如图 8-12 所示。

①收款机（即 POS 机）。共享网上商品库存信息，保证了对商品库存的实时处理，

便于后台随时查询销售情况，进行商品销售分析和管理。

②网络。计算机网络系统应采用高速局域网为主、电信系统提供的广域网为辅的整体网络系统。操作系统为开放式系统。

③硬件平台。大型商业企业的商品进、存、调、销的管理复杂，账目数据量大，且须频繁地进行管理和检索，选择较先进的客户机/服务器结构，可大大提高工作效率，保证数据的安全性、实时性及准确性。

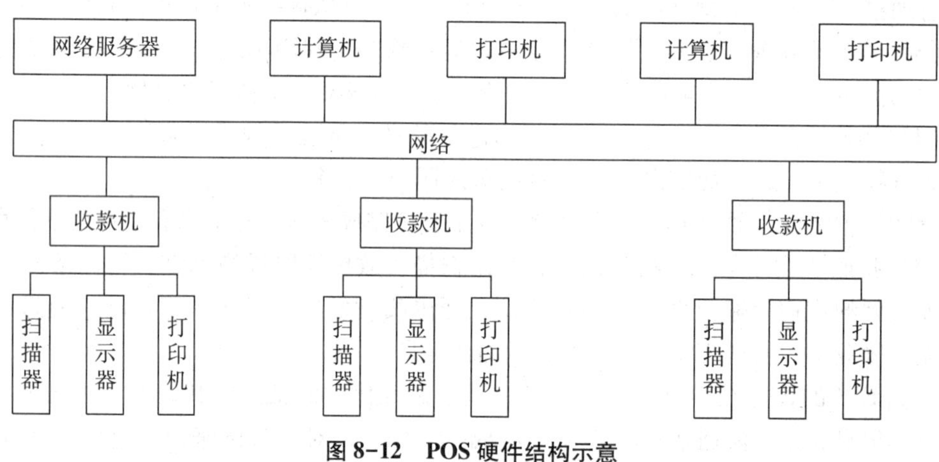

图8-12　POS硬件结构示意

（2）POS系统的软件结构及其功能。POS系统的软件由前台销售系统和后台管理信息系统两部分构成，POS软件示意如图8-13所示。

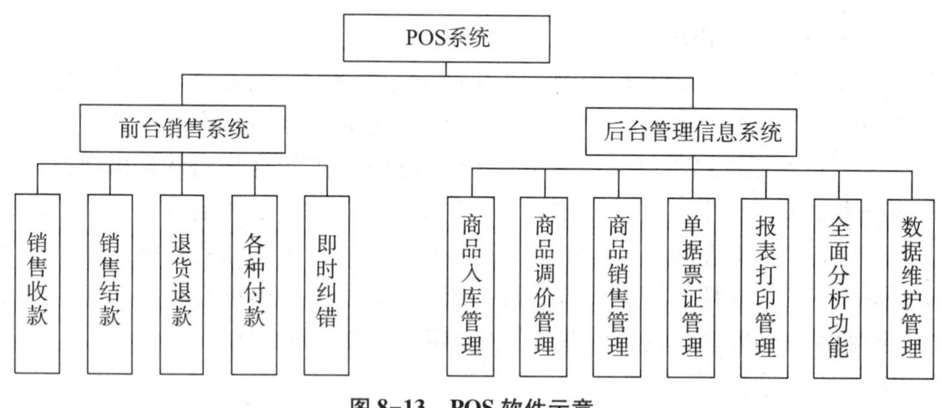

图8-13　POS软件示意

前台销售系统应具有如下功能：销售收款、销售结款、退货退款、各种付款、即时纠错。

后台管理信息系统具有如下功能：商品入库管理、商品调价管理、商品销售管理、单据票证管理、报表打印管理、全面分析功能、数据维护管理。

3. POS系统的基本流程

（1）店铺销售的商品都贴有表示该商品信息的条码或光学字符识别（OCR）标签。

（2）在客户购买商品结账时，收银员使用扫描器自动读取商品条码标签或 OCR 标签上的信息，通过店内的微型计算机确认商品的单价，计算客户购买总金额等，同时返回给收银机，打印出客户购买清单和付款总金额。

（3）各个店铺的销售时点信息通过 VAN 以在线联结方式即时传送给总部或物流中心。

（4）总部、物流中心和店铺利用 POS 信息来进行库存调整、配送管理、商品订货等作业。通过对 POS 信息进行加工分析找出畅销商品和滞销商品，并进行商品品种配置、商品陈列、价格设置等方面的作业。

（5）在零售商上游企业（批发商、生产厂家、物流业者等）结成协作伙伴关系（也称为战略关系）的条件下，零售商利用 VAN 在线联结的方式把 POS 信息即时传送给上游企业。上游企业可利用最及时准确的销售信息制订经营计划、进行决策。例如，生产厂家利用 POS 信息进行销售预测，对 POS 信息和订货信息进行比较分析来掌握零售商的库存水平。以此为基础制订生产计划和零售商库存连续补充计划。

4. POS 系统的特征

POS 系统能够对商品进行单品管理、员工管理和客户管理，并能适时自动取得销售时点信息和集中管理信息，它紧密地连接着供应链，是供应链管理的基础，也可以说是物流信息管理的起点。POS 系统有以下四个特征。

（1）分门别类管理。POS 系统可以针对商品、员工及客户进行分门别类的管理。

（2）销售时点信息输入。可随时将有关商品的销售信息输入到系统中，因此随时可查询商品的销售和库存状况，为实时控制经营活动提供了帮助。

（3）信息的集中管理。各个 POS 终端获得的信息可与其他部门发送的有关信息以在线联结方式汇集到总部的信息系统中，进行集中整理、分析加工。

（4）连接供应链的有力工具。通过它能及时把握客户的需要信息，供应链的参与各方可以利用 POS 信息并结合其他的信息来制订企业的经营计划和市场营销计划。

5. POS 系统的作用

（1）营业额及利润增长。采用 POS 系统的企业供应的商品众多，其单位面积的商品摆放数量是普通情况的 3 倍以上，有利于吸引客户，这必然会带来营业额及利润的相应增长。

（2）节约大量人力、物力。由于库存管理是动态管理，即每卖出一件商品，POS 的数据库中就相应减少该商品的库存记录，免去了商场盘存之苦，节约了大量人力、物力；同时，企业的经营报告、财务报表以及相关的销售信息，都可以及时提供给经营决策者，以支持企业（主要来自商场）等的快速反应。

（3）缩短资金流动周期。采用 POS 系统，商场的决策者可随时了解库存商品的销售情况，因此，可将商品的进货量始终保持在合理水平，从而提高有效库存，缩短资金流动周期。

（4）提高企业的经营管理水平。首先，可提高企业的资本周转率，使库存水平合理化，避免出现缺货现象。其次，可进行促销方法的效果分析，掌握客户购买动向，按商品品种进行效益管理，基于销售水平制订采购计划，有效地进行店铺空间管理。

五、大数据技术

1. 大数据的概念

大数据是信息技术行业术语，是指无法在一定时间范围内采用常规软件工具进行捕捉、管理和处理的数据集合，是需要新处理模式才能具有更强的决策力、洞察发现力和流程优化能力的海量、高增长率和多样化的信息资产。

2. 大数据的特征

经过近年来的研究与实践，发现大数据具有以下4个基本特征。

（1）数据体量（Volume）巨大。百度资料表明，其新首页导航每天需要提供的数据超过1.5拍字节（PB）（1拍字节=1024太字节），这些数据如果打印出来将超过5000亿张A4纸。有资料证实，到目前为止，人类生产的所有印刷材料的数据量仅为200拍字节。

（2）数据类型（Variety）多样。现在的数据类型不仅是文本形式，更多的是图片、视频、音频、地理位置信息等多类型的数据，个性化数据占绝对多数。

（3）处理速度（Velocity）快。数据处理遵循“1秒定律”，可从各种类型的数据中快速获得高价值的信息。

（4）价值（Value）密度低。以视频为例，在不间断的监控过程中，一小时的视频可能有用的数据仅仅只有一两秒。

3. 大数据技术

大数据技术的体系庞大且复杂。最核心的技术主要包括四个方面：大数据采集、大数据预处理、大数据存储、大数据分析。

大数据采集，即对各种来源的结构化和非结构化海量数据进行的采集。主要有三种方式：数据库采集、网络数据采集（如网络爬虫）、文件采集。

大数据预处理指的是在进行数据分析之前，先对采集到的原始数据进行的诸如“清洗、填补、平滑、合并、规格化、一致性检验”等一系列操作，旨在提高数据质量，为后期分析工作奠定基础。数据预处理主要包括数据清理、数据集成、数据转换、数据规约四个部分。

大数据存储指用存储器，以数据库的形式，存储采集到的数据的过程。

大数据分析是指从可视化分析、数据挖掘算法、预测性分析、语义引擎、数据质量管理等方面，对杂乱无章的数据进行萃取、提炼和分析的过程。通过大数据分析可以提高运输与配送效率，降低物流成本，提高客户满意度。例如可以利用大数据技术优化配送路线、合理选择配送中心地址、优化仓库储位。

第三节 物流管理信息系统

一、物流管理信息系统战略规划

1. 概述

物流管理信息系统是由计算机软硬件、网络通信设备及其他办公设备组成的，服务于物流作业、管理、决策等方面的应用系统。物流管理信息系统战略规划是对物流企业（或企业的物流部门）总的信息系统的目标、战略、资源和开发工作的一种综合性计划。其目的是保证物流管理信息系统长期战略的实现，更有效地开发和管理组织的信息资源，使物流信息系统的建设在统一的目标、战略和有序的环境下进行。

物流管理信息系统战略规划的主要内容如下。

（1）物流信息系统的目标、约束与结构。其包含企业的战略目标、外部环境、内部环境、内部约束条件、信息系统的总目标计划和信息系统内的总体结构等。信息系统的总目标为系统发展提供了准则，总方案和结构规定了信息的主要类型、主要的子系统，为系统开发提供了框架。

（2）当前能力状况。其包括软硬件情况、应用开发人员情况、费用使用情况，以及项目进展和评价。

（3）对影响计划的信息技术发展的预测。其包括当前和未来信息技术发展的影响。

（4）近期计划。其是指对最近一段时间（如一年）做出具体安排。例如硬件设备的采购时间表、应用项目开发时间表、软件维护与转换工作时间表、人力资源的需求以及人员培训时间安排、财务资金需求等。

2. 步骤

（1）确定规划的基本问题。规划的基本问题包括规划的年限、规划的方法，确定是集中式还是分散式，是进取的规划还是保守的规划。

（2）收集初始信息。初始信息可以从上级各主管部门，相似的其他企业，本企业内各部门、各种信息系统，以及各种文件、书籍和杂志中收集信息。

（3）评价现存状态和识别计划约束。其包括目标、系统开发方法、计划活动、现存硬件及其质量、信息部门人员、运行和控制、资金、安全措施、人员经验、手续和标准、中期和长期优先序、外部和内部关系、现存的设备、现存软件及其质量，以及企业的思想和道德状况。

（4）设置目标。目标由企业的最高领导和信息系统规划小组来设置。它应包括服务的质量、范围、政策、组织以及人员等，它不仅包括信息系统的目标，而且应包含整个企业的目标。

（5）准备规划矩阵。这实际上是信息系统规划内容之间相互关系所组成的矩阵，列出这些矩阵后，实际上就确定了各项内容以及实现的优先顺序。

（6）确定实施方案。识别上面所列活动是一次性工程项目活动，还是重复性活动。

由于资源有限，不可能同时进行所有项目，只能选择一些益处大、比较容易见效的项目。要正确选择工程类项目和日常重复类项目的比例，正确选择风险大的项目和风险小的项目比例。

（7）确定项目优先权和估计项目成本费用。

（8）编制项目实施进度计划。

（9）编制长期战略规划书。此过程需不断与客户、信息系统工作人员以及信息系统规划小组的领导交换意见。

（10）审批战略规划书。写出的规划书要经过企业领导审批。批准后才宣布战略规划任务的完成；否则，需根据相关意见，重新进行规划。

3. 方法

物流管理信息系统战略规划的常用方法与一般管理信息系统的规划方法一样，主要有企业系统规划法、关键成功因素法和战略目标集转化法等。

企业系统规划法的基本要领是首先通过自上而下路径识别系统目标、企业的过程、数据，其次再自下而上地设计系统目标，最后把企业的目标转化为信息系统战略的过程。其中，信息系统规划的主要任务可以归结为定义管理目标、定义管理功能、定义数据分类、定义信息结构四个环节。

（1）定义管理目标。主要通过调查活动，帮助提炼、归纳、汇总工作目标以及为达到这个目标所采取的策略和方针与实现目标的约束条件，并最终绘制出企业的目标树。

（2）定义管理功能。管理功能是管理各类资源的各种相关活动和决策的组合。企业系统规划法强调从企业的全部管理工作中分析、归纳出相应的管理功能。通过资源及其生命周期的方法来识别和定义企业的管理功能。这里的资源是指被管理的对象，包括产品、服务、人、材料、设备和资金等。资源的生命周期指一项资源从获得到退出所经历的过程，一般分为四个阶段：产生、获得、服务和归宿。通过小组讨论，将功能汇总和定义，并绘制组织机构/功能矩阵。

（3）定义数据分类。在做战略规划时，把系统中密切相关的信息归结为一类数据，如客户、产品、合同等。其目的在于了解企业当前的数据状况与数据要求，为下一步定义信息结构提供依据。

（4）定义信息结构。该结构主要是划分信息系统的功能子系统，基本方法是通过构造与调整“实体/数据类矩阵”来实现。

关键成功因素是指对任何成功的企业或组织的成功起决定性作用的因素。关键成功因素法实际上是对那些必须被管理人员经常关注的活动区域的运行情况进行不断的度量，并将度量信息提供给决策活动。这种方法就是“抓主要矛盾”。

战略目标集转化法的核心是将企业的战略目标视为一个“信息集合”，由使命、目标、战略和其他战略变量（包括管理的复杂性、重要的环境约束及改革习惯等）组成。物流管理信息系统的规划过程实际上就是把企业的战略目标转化为管理信息系统战略目标的过程。按照战略目标集转化法的核心内容，将企业战略目标转化为管理信息系统战略目标的过程，主要有两步：构造企业战略目标集和将企业的战略目标集转化为管理信息系统战略。

4. 可行性分析

在信息系统总体规划阶段，需对信息系统进行初步调查，从总体上了解企业概况、基本功能、信息需求和主要薄弱环节。调查后，对所获得的材料进行整理和分析，从而给出可行性研究报告。可行性研究的目的是明确物流管理信息系统的目的、规模和功能，对系统开发背景、必要性和意义进行调查分析，并根据需要和可能性，提出新系统的逻辑模型、制订系统的初步方案和计划，从而为开发项目提供科学的决策。这里逻辑模型不同于物理模型，前者解决“做什么”的问题，是系统分析的任务；后者解决“怎样做”的问题，是系统设计的任务。简单地说，可行性研究的目的就是用最小的代价在尽可能短的时间内确定问题是否能够解决、是否值得去解决。

可行性研究要回答下列问题：①目标和方案是否可行？②技术能力上是否可行？③系统开发运行环境是否可行？④经济投资能力如何？⑤系统需要多长时间才能建立起来？⑥需要多少人力、物力？

可行性研究内容主要包括以下几个方面。

（1）目标和方案可行性研究。目标和方案可行性是指目标是否明确，方案是否切实可行，是否满足进一步发展要求等。

（2）技术可行性研究。根据现有技术条件，考虑所提出的要求能否达到、所需的物理资源是否具备。一般来说，技术可行性包括：人员技术力量的可行性、基础管理的可行性、组织系统开发方案的可行性、计算机硬件的可行性、计算机软件的可行性、环境条件以及运行技术方面的可行性。

（3）经济可行性研究。经济可行性研究指系统建立后带来的经济效益能否超过其系统研制和维护的费用。一般来说建立的系统效益大于花费在系统研制和维护方面的费用；否则经济上不可行。经济可行性包括费用估计和经济效益评估。费用估计包括硬件费用、人员费用、材料费用等。经济效益评估包括直接效益评估和间接效益评估。直接效益评估指系统使用后对利润的影响，如节省多少人员、减少多少库存等。间接效益评估包括物流管理人员获得了更准确的信息，为管理决策提供了有力的支持，改变了企业形象，增强了企业的竞争力等。

（4）操作可行性研究。操作可行性主要是指管理层、员工、供应商以及其他人员愿意且能够操作、使用和支持这个系统。

二、物流运输管理信息系统

物流运输的有效运作能够节约大量的物流成本，同时为物流运输企业带来丰厚的利润。因此，如何实现物流运输成本最小化和物流利润最大化，成为物流运输企业发展壮大的重要难题。解决这一难题的方法之一是构建物流运输管理信息系统。为了更好地了解和运用物流运输管理信息系统，有必要首先了解物流运输的业务流程。因此本小节首先介绍物流运输管理的业务流程，随后介绍物流运输管理信息系统的组成。

1. 物流运输管理的业务流程

物流运输管理的业务流程如图 8-14 所示，主要包括接单、调度配载、提货发运、在途跟踪、验收货物、单证处理、财务结算等。

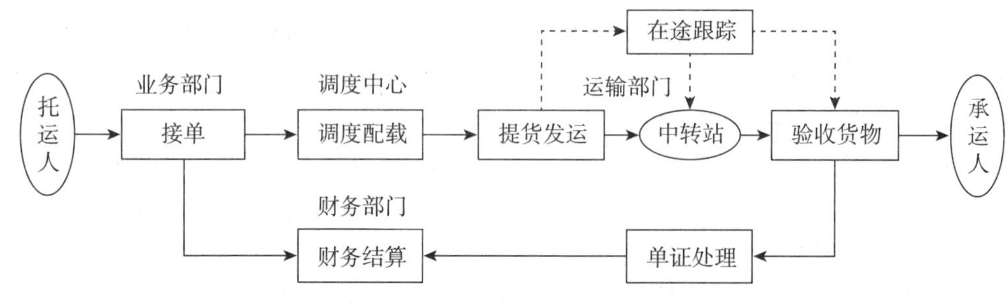

图 8-14 物流运输管理的业务流程

（1）接单。接单是指物流运输企业的业务部门接收客户指令的过程。具体包括：以多种方式（面对面、电话、传真、网络等）接收客户的运输指令或计划、与客户订立运输合同、制作运输单、将运输单分配给调度员、做好货物保险等。

（2）调度配载。调度配载是指物流运输企业的调度中心在接到业务部门的运输单后，根据客户提出的运输计划，调派人员和车辆，确定货物运输线路、运输工具和运输方案，并为具体的车辆配载合适的货物。

（3）提货发运。调度配载完毕后，司机及相关人员凭装货清单等单据到仓库或客户处提货，并检查车辆情况、核对货物与装货清单、确认载货完整等，然后办理提货手续和发运手续，由相关人员做好作业记录。一切准备就绪后，则按照运输计划开始运输。

（4）在途跟踪。在途跟踪是指货物发运后，利用人工沟通或者 GPS 对货物运输情况进行实时跟踪和调控，并向客户汇报货物的在途状态和提供查询服务，直至货物送达收货地。

（5）验收货物。当货物被送货上门或被运送到指定地点后，运输部门相关人员应在指定仓位按要求卸货。卸货时，由收货人或仓库管理人员检查货物和单据情况，在确认货物和单据一致且无其他异常情况后，由双方人员在交接单或收货清单上签字或盖章，并及时将回单发回调度中心，以便调度员调派运力；若货物存在短缺、损坏、受潮、污染、腐烂等情况，则由双方填写事故清单，并由双方共同签字确认。

（6）单证处理。调度员收到回单后，对回单与其他业务单据进行核对，确认无误后将回单交给回单结算员。回单结算员对相关数据进行统计，整理好收费票据，并制作收费汇总表交给客户，再将客户返回的确认单交给财务部门。

（7）财务结算。财务部门对回单结算员发送的单据进行审核并结算收支费用，然后向客户收取应收款，并向相应人员支付应付款。最后，财务部门对应收账款、应付账款、实收账款、实付账款、运输成本、预计利润等项目进行明细汇总，并根据一定要求按日、月、季度进行结算统计，以便实现对企业运营资金的管理，同时为企业决策者提供决策依据。

2. 物流运输管理信息系统模块

构建物流运输管理信息系统时，首先应该明确需要进行管理的物流运输信息有哪些。根据物流运输的业务流程可知，物流运输管理信息不仅包括运输业务流程中产生的信息，还包括与运输活动相关的其他信息，具体内容可归纳为以下方面：①宏观运输信息。其是指发生物流运输活动的地理空间和人文环境的特征或规定，具体包括各国、各地的交通运输法规、物流政策、地理状况信息、路况信息（如陆路、水路、航空线路）、市场需求信息等。②微观运输信息。其是指在物流运输活动中产生的货物信息、运输工具信息和其他信息。

根据物流运输业务运营的需求，物流运输管理信息系统常用的功能模块如图 8-15 所示。

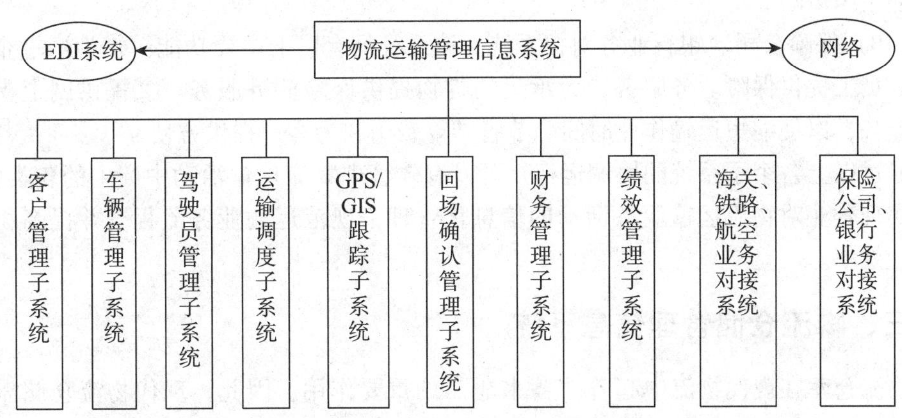

图 8-15　物流运输管理信息系统常用的功能模块

（1）客户管理子系统。客户管理子系统主要实现对业务订单、合同、客户查询和投诉理赔等信息的管理。

（2）车辆管理子系统。车辆管理子系统主要实现对运输车辆（包括企业自用车辆和外包车辆）的信息进行日常管理和维护，它有利于管理人员随时了解车辆运行状况，确保调度中心及时调配运输车辆。

（3）驾驶员管理子系统。驾驶员管理子系统主要实现对驾驶员档案、驾驶员业务和驾驶员考勤信息的管理。

（4）运输调度子系统。运输调度子系统可以实现对运输计划安排、运输方式选择和运输路线规划等方面的信息管理。

（5）GPS/GIS 跟踪子系统。GPS/GIS 跟踪子系统具有对车辆和货物进行实时跟踪和实时调度管理等功能，其跟踪原理是车载 GPS 将定位信息通过通信系统发送到 GPS 监控中心，然后在 GIS 电子地图上直观地显示出车辆的实时坐标位置。除此之外，还能够提供运输任务的实时监控和信息查询（如车号、车型、状态、去向等信息）、设置行驶路线或行驶区域并提供预警功能、可向车辆发送调度指令、支持货物情况查询和自动报警等。

（6）回场确认管理子系统。驾驶员将货物送到目的地且车辆回场后，将客户收货确认单上的信息输入回场确认管理子系统，作为数据统计分析的信息基础。

（7）财务管理子系统。其主要功能包括：①查询各地的运输价格和运输时间；②设置联盟运输商的价格信息数据库；③登记每一笔运输业务的费用；④制作发票；⑤支持多种结算方式及利率统计；⑥生成企业统计分析报表。

（8）绩效管理子系统。其主要功能包括：提供相关数据供高层决策者参考，以便做出合理决策，对运输业务的经营和管理进行控制和优化；方便管理者对运输业务进行事前、事中和事后的管理和控制。

（9）海关、铁路、航空业务对接系统。该系统的主要功能是实现不同运输方式的衔接互补，并实现运输企业与海关部门的连接，为外贸交易提供系统的报关服务，从而优化客户服务和扩大企业业务。该系统能够实现多种运输方式的联运，并实时地提出运输组织策略。

（10）保险公司、银行业务对接系统。该系统具有以下主要功能：①为运输企业的车辆和员工提供保险业务服务，为承运的货物提供保险业务服务。②提供网上支付和结算业务，以便缩短运输作业时间、节省结算费用和为客户提供方便。

通过以上各个子系统的协调运行，可以有效管理物流运输活动中产生的各类信息，从而实现企业对物流运输业务活动的信息化管理，规范运输业务流程，并提高物流运输作业效率。

三、物流仓储管理信息系统

物流仓库在现代物流中起着“蓄水池”的重要作用。因此，现代物流仓储需要一个非常专业的物流仓储信息化平台对物流仓储信息进行有效管理，以便充分地发挥物流仓库的“蓄水池”功能，从而尽量实现零库存、按需运送、缩短在途时间等理想的物流状态。因此本小节首先介绍物流仓储管理的业务流程，随后介绍物流仓储管理信息系统方案。

1. 物流仓储管理业务流程

物流仓储管理业务流程如图 8-16 所示，主要包括入库管理、在库管理、出库管理、费用结算和统计分析五个环节。

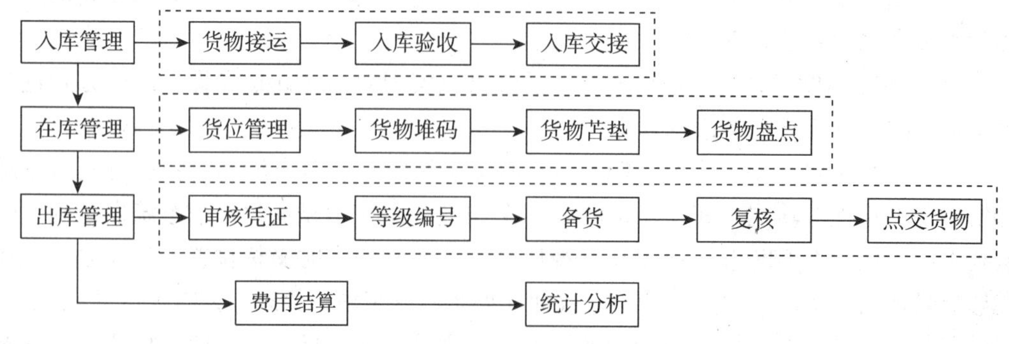

图 8-16　物流仓储管理业务流程

（1）入库管理。一般由货物接运、入库验收和入库交接三个环节构成。①货物接运主要任务是及时准确地将货物提取入库，并保证手续清楚、责任分明，从而避免将一些在运输过程中或者运输前就已损坏的货物入库。②入库验收是指在货物正式入库之前，严格按照合同要求或入库标准，及时准确地对接运的货物进行必要的检查，以保证货物凭证和货物实物相符合。③入库交接是指货物经检验合格后，安排货物入库并由仓库相关人员对货物及其单证进行复核、登账和建档。

（2）在库管理。在库管理的目的在于充分利用场地和仓储设施，保证存货质量，并提高仓库容积的利用率，从而减少仓储费用，主要包括货位管理、货物堆码、货物苫垫和货物盘点。①货位管理是指在进行仓储作业时，对用于储存货物的货位进行确定和编号。②货物堆码是指将货物按一定方式摆成整齐的货垛的作业活动。③货物苫垫是指对货物进行苫盖和垫垛，目的是保护和防潮。④货物盘点是指将仓库内实际储存的货物数量、质量和状态与账簿上记载的货物数量、质量和状态进行核对的作业过程。

（3）出库管理。其主要包括审核凭证、等级编号、备货、复核和点交货物。货物出库必须以配送计划单或客户（货主）开出的出库单作为凭证。出库时，应对出库货物凭证进行审核。主要审核凭证的真实性、准确性和有效性。出库凭证经审核无误后，就可按凭证所列项目进行备货，备货需确保准确。备货完毕后还需进行复核，主要复核数量、质量、附件等。出库货物经复核无误后，则可点交给提货人，以完成货物交接并划清责任。点交货物后，由仓库保管员和提货人在出库凭证和仓库账册上签字确认，并允许货物出库，完成出库作业。

（4）费用结算和统计分析。点交货物之后，仓库保管员应将出库单据及相关资料及时转交财务，以便财务与客户办理费用结算业务。同时，应将货物出库数据及时上传计算机系统，以便统计中心对物流仓储整体业务数据进行统计分析，从而为决策者提供有效的决策依据。

2. 物流仓储管理信息系统模块

根据物流仓储管理业务的运营需要，物流仓储管理信息系统一般包括入库管理子系统、出库管理子系统、库存管理子系统、基本信息管理子系统和系统管理子系统等，如图 8-17 所示。

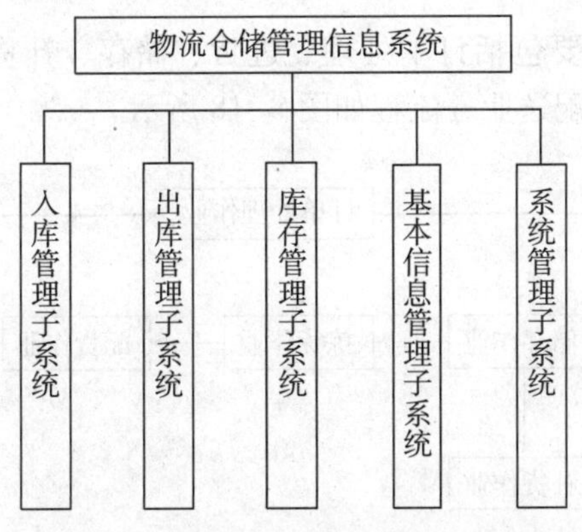

图 8-17 物流仓储管理信息系统模块

（1）入库管理子系统。该子系统主要负责管理入库货物信息、托盘条码信息、货物条码信息、货位分配信息及入库作业信息等。包括入库单数据录入、条码打印及管理、货物装盘及托盘数据注记、货位分配及入库指令发出、监控和追踪作业情况、入库成功确认、入库单据打印。

（2）出库管理子系统。该子系统主要负责管理出库货物信息、备货信息、货位分配及出库作业信息等。包括出库单数据录入、备货及出库指令发出、错误货物或倒空的货位重新分配、出库成功确认、出库单据打印。

（3）库存管理子系统。该子系统通常包括货位查询、库存查询和盘点作业。货位查询可查询货位空闲、占用、故障情况等。库存查询可查询现有货物（包括不合格货物与过期货物）库存情况，还可以按货物编码、入库时间查询库存并生成库存查询报表等。盘点作业可对全库所有货物进行实物盘点，也可对某一部分货物进行重点盘点。

（4）基本信息管理子系统。该子系统通常包括货物编码管理、安全库存量管理、供应商资料管理、部门信息管理、统计分析、未被确认操作的查询和处理、数据与实际不符的情况查询和处理。货物编码管理可输入和管理货物编码等信息。安全库存量管理提供某种货物的最大库存、最小库存的参数设置功能。供应商资料管理可录入与管理供应商联系方式等信息。部门信息管理可录入管理仓储部门的人员信息和岗位信息。统计分析可对各种仓储数据进行统计和分析，并计算出库容量利用系数、库存周转次数等数据。未被确认操作的查询和处理可逐条核对操作记录并对其进行处理。数据与实际不符的情况查询和处理可提供手工输入记录或更改记录的功能。

（5）系统管理子系统。该子系统主要实现以下功能：①使用者信息输入及其权限设置；②系统登录和退出；③每日定时备份数据库和日志；④可以打开和关闭系统与各种仓储设备的通信操作。

四、物流配送管理信息系统

物流配送是现代流通机制中的一个重要节点，在物流供应链中具有缩短上、下游流通过程，减少中间环节和降低物流成本的重要功能。为了充分地发挥以上功能，现代物流配送需要一个信息化平台对物流配送信息进行有效管理。

1. 物流配送业务流程

物流配送业务流程主要包括订单处理、进货、储存、补货、拣货、配货和送货这几个基本作业环节。物流配送业务流程如图 8-18 所示。

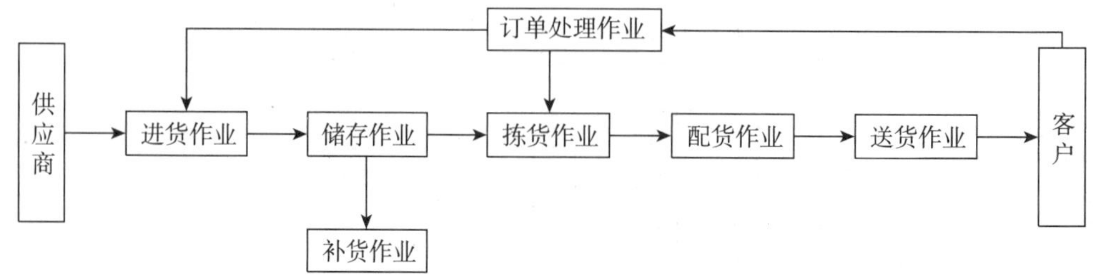

图 8-18　物流配送业务流程

（1）订单处理作业。订单处理作业的基本过程包括接受订货、确认订单内容、设定订单号码、建立客户档案、存货查询及根据订单分配存货、输出订单资料等。

（2）进货作业。进货作业是指根据客户订单向供应商订购货物，货物到达后将其从货车上卸下，并开箱检查货物单据、货物数量、货物质量等情况，同时正确记录检验信息并接收货物入库的过程。其基本过程包括制订进货作业计划、货物到达、卸货、货物分类和标示、货物核单和验收、处理进货信息等。

（3）储存作业。储存作业是指将货物存放仓库储位区域临时存储区，方便补货作业和批量作业。

（4）补货作业。补货作业是指将货物从仓库保管区搬运到拣货区的活动过程。其目的是保证拣货区有货可拣。

（5）拣货作业。拣货作业是指根据客户的订货要求或者配送中心的送货计划，尽可能迅速、准确地将货物从储位或其他区域拣取出来，再按一定方式对货物进行分类和集中，等待配装送货的作业过程。其基本过程包括形成拣货资料、选择拣货方法和路径、行走、搬运、拣货等。

（6）配货作业。配货作业是指作业人员根据客户要求或配送计划，对分拣出来的货物进行分类、检查、组合和包装后，集中运送到发货区，等待装载和配送的活动过程。其基本过程包括分货、配货检查和包装、打捆。

（7）送货作业。送货作业是指利用配送车辆将货物送到客户手中的活动过程。其基本过程包括车辆安排、选择送货线路并确定送货顺序、车辆配装、送达服务与交割等。

2. 物流配送管理信息系统模块

根据物流配送管理业务的运营需要，可将物流配送管理信息系统设计为包含销售出库管理子系统、采购入库管理子系统、配送管理子系统、财务会计管理子系统和经营绩效管理子系统的综合信息系统，如图 8-19 所示。

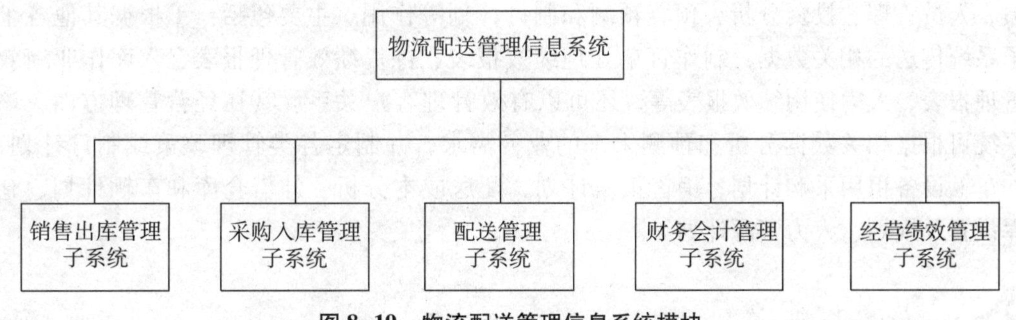

图 8-19　物流配送管理信息系统模块

（1）销售出库管理子系统。该系统主要负责管理客户订单、客户基本情况、货物分拣和出库、销售分析和预测等信息。该系统能够对客户订单进行接收、确认、跟踪和查询管理。可以根据订单资料生成并打印拣货单、出货单等单据，并能打印拣货路线。待拣货完毕后，系统自动记录出库数据、修改库存数据，并将数据传到采购入库管理子系统和财务会计管理子系统，以及生成货物销售量统计表等，以便管理人员全面了解销售数据，并预测未来的销售、库存等信息。

（2）采购入库管理子系统。该系统主要负责管理预定入库数据、实际入库数据、货物在库数据、采购预警和单据、供应商资料等信息。根据采购单上的预定入库日期、预定入库货物名称和数量等数据，定期生成入库数据报表。当供应商把货交给配送中心时，可输入实际入库货物数据，完成入库货物验收信息的记录。

（3）配送管理子系统。该系统主要负责管理配载调度、运输过程信息、运输资源等信息，可根据送货任务生成相应的送货作业指令，并根据客户地址信息，提供最佳路线方案。确定路线后，系统将调度可用的车辆、人员等资源，然后根据货物重量、体积、目的地、车辆情况、驾驶员情况等信息，制订出车辆、货物和路线的最优配载和组合方案，并记录配装信息和生成配装单据。对运输过程信息的管理主要包括以下内容：记录车辆载货情况、打印行车单、标示在途车辆、撤销行车单、分析出车情况、记录回车情况、配置卸货地点和卸货方式、分析配送取消原因或退货原因等。对运输资源信息的管理主要是指对车辆信息和运输作业人员信息的管理，如系统可生成车辆基本情况报表、驾驶员基本情况报表、车辆配送明细表、驾驶员业绩表、车辆保养和维修信息报表等。

（4）财务会计管理子系统。该系统主要负责管理应付账款、应收账款和制作财务报表，其具体功能包括：①根据销售出库管理子系统传送来的货物出库和配送数据，制作应收账款催款单及其明细。②根据采购入库管理子系统传送来的供货商的供货数据，统计出应付账款数额及其明细。③根据销售出库管理子系统、采购入库管理子系统和配送管理子系统传送来的人员考勤和业绩数据，制作工资报表、打印工资单、实现银联工资转账等。④根据其他各个子系统的相关数据，制作会计总账、分类账、现金流量表、财务报表等账表。⑤进行现金和支票管理，并对供货商和客户进行奖惩金额管理等。

（5）经营绩效管理子系统。该系统主要用于绩效管理和经营管理，它起着信息反馈、人员管理、投资分析、预算预测和制订计划等作用。主要包括：①根据其他各个子系统传送的相关数据，制作订单处理绩效报表、拣货绩效管理报表、入库作业绩效管理报表、人力使用绩效报表等，还可以有效管理客户关系。②在经营管理方面，该系统可根据相关数据分析和预测未来的业务需求，并制定各类管理政策或制订计划，如车辆设备租用采购计划、销售策略计划、配送成本分析、外借仓库和车辆计划、仓库设置及规划、人力资源计划等。

复习思考题

1. 什么是物流信息、物流信息技术、物流信息管理？
2. 什么是条码？有何特点？
3. 什么是 RFID？有何优势？
4. 定位技术有哪些？各有什么特点？

5. 什么是 EDI 技术？有何特点？
6. 什么是 POS 系统？有何特点？
7. 什么是大数据？有何特点？
8. 物流管理信息系统有哪些？各有何特点？

第三篇

物流业务

第九章　采购与供应管理

采购管理是企业管理工作中的一项重要组成部分，是企业获得资源、保障生产经营持续的必要手段。企业采购不仅仅是一项事务性的职能活动，更是企业获得长期竞争优势的重要手段，通过对采购活动的有效管理，可以提升企业的资源获取能力，建立与供应商之间的良好关系，保障企业的生产质量水平，减少摩擦与纠纷，实现企业的持续经营。

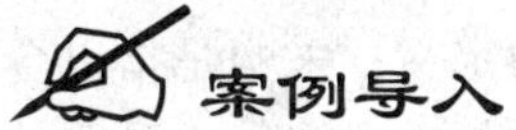

案例 1

在做强供应链方面，华为倡导与供应商共同成长，共享收益。讯强电子是一家传统散热器供应商，2016 年开始与华为合作，在 5G 散热器转型开发过程中，讯强电子积极投入，在华为的帮助下，实现了表面处理工艺等技术的突破，同时，通过与华为协同，讯强电子优化了加工工序和物流路径，大幅提升了产品质量、生产效率和供应能力，成本也下降了 30%。和华为合作 3 年，讯强电子在华为的销售量的增长超过 20 倍。华为将持续投入力量提升合作伙伴能力，同时保障合作伙伴获得合理收益，与合作伙伴共同成长。

案例来源：华为全联接大会 2020。

案例 2

西门子公司设立了一个全球采购委员会来协调全球的采购需求，把六大产业部门所有公司的采购需求汇总起来，这样，西门子公司可以用一个声音同供应商进行沟通。大订单在手，就可以吸引全球供应商进行角逐，西门子公司在谈判桌上的声音就可以响很多。对于供应商来说，这也是一个好事情。以前一个供应商可能要与西门子公司的六个不同产业部门打交道，而现在只需要与一个“全球大老板”谈判，只要产品、价格和服务过硬，就可以拿到全球的订单，当然也省下不少时间和精力。西门子公司的全球采购委员会直接管理全球的材料经理，每位材料经理负责特定材料领域的全球性采购，寻找合适的供应商，达到节约成本的目标，确保材料的充足供应。

案例来源：https：//m. sohu. com/a/384635620653366。

案例 3

政采云平台于 2016 年 8 月成立，其将大数据、云计算、互联网等新兴技术引入传统政府采购领域，建成网上政府采购交易、监管、服务三大子平台，以及电子卖场和项目采购两大系统，实现政府采购“一网打尽、全程服务、实时监控”。截至2020年8月，该平台已服务浙江、重庆、广西等“九省三市”的700多个区县市及国家税务总局等，订单数破400万笔，汇聚政府采购供应商近38万家，其交易规模已突破6000亿元。

案例来源：https：//dy. 163. com/article/FJUI3H4I055061FK. html。

第一节　采购管理概述

一、采购的定义与内涵

1. 采购的定义

在《中华人民共和国政府采购法》中，对采购给出了如下的定义：采购是指以合同方式有偿取得货物、工程和服务的行为，包括购买、租赁、委托、雇用等。采购的方式可以是批发或零售，可以是公开招标采购或网上电子采购，也可以是供需双方面对面地直接交易采购。采购是需方为获得货物、技术、信息和服务进行的一种交易活动，在流通活动中属于商流，货物、技术、信息所有权已发生转移与服务的完成意味着采购的完成。

2. 采购的五大要素

采购的五大要素包括供应商、质量、价格、时间和数量。具体而言，合格的采购一定是从合格的供应商（Right Supplier）那里，在需要的时间内（Right Time），以合理的价格/成本（Right Price/Cost），取得最合适的数量（Right Quantity）和符合质量要求（Right Quality）的物料或服务。如图9-1所示。

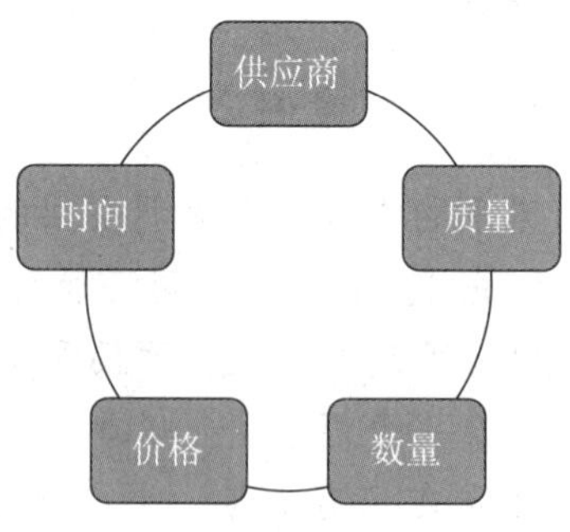

图9-1　采购的五大要素

二、采购方式

1. 集中采购与分散采购

1）集中采购的含义

集中采购是相对于分散采购而言的。集中采购是指企业在核心管理层建立专门的采购机构，统一组织企业所需物品的采购进货业务。跨国公司的全球采购部门的采购就是集中采购的典型应用。集中采购以组建内部采购部门的方式，来统一管理其分布于世界各地分支机构的采购业务，减少采购渠道，通过批量采购获得价格优惠。

随着连锁经营、特许经营和生产外包（Original Equipment Manufacturer，OEM）模式的增加，集中采购更是体现了经营主体的权力、利益、意志、品质和制度，是经营主体赢得市场，保护产权、技术和商业秘密，提高效率，取得最大利益的战略和制度安排。

2）实施集中采购的优势

（1）有利于获得采购规模效益，降低进货成本和物流成本，争取主动权。

（2）易于稳定本企业与供应商之间的关系，得到供应商在技术开发、货款结算、售后服务支持等诸多方面的合作。

（3）集中采购责任重大，采取公开招标、集体决策的方式，可以有效地制止腐败。

（4）有利于采购决策中专业化分工和专业技能的发展，同时也有利于提高工作效率。

（5）如果采购决策都采取集中控制方式的话，所购物料就比较容易达到标准化。

（6）减少了采购管理上的重复劳动。

（7）有利于节省运费和获得供应商折扣。

（8）对于供应商而言，这也可以推动其有效管理。他们不必同时与公司内的许多人打交道，而只需和采购经理联系。

3）集中采购所适用的采购主体和采购客体

（1）所适用的采购主体：集团范围实施的采购；跨国公司的采购；连锁经营的采购；OEM 厂商的采购；特许经营企业的采购。

（2）所适用的采购客体：大宗或批量物品，价值高或总价多的物品；关键零部件、原材料或其他战略资源，保密程度高、产权约束多的物品；容易出问题的物品；最好是定期采购的物品，以免影响决策者的正常工作。

4）分散采购的含义

与集中采购相对应，分散采购是由企业下属各单位，如子公司、分厂、车间或分店实施的满足自身生产经营需要的采购。这是集团将权力分散的采购活动。

分散采购是集中采购的完善和补充，有利于采购环节与存货、供料等环节的协调配合，有利于增强基层工作责任心，使基层工作富有弹性和成效。

分散采购方式具有以下基本特点。

（1）批量小或单件物品，且价值低、开支小。

（2）过程短、手续简、决策层次低。

（3）问题反馈快，针对性强，方便灵活。

（4）占用资金少，库存空间小，保管简单、方便。

5）分散采购的优势和劣势比较

分散采购的优势与劣势如表 9-1 所示。

表 9-1　　分散采购的优势与劣势

优势	劣势
对利润中心直接负责	缺乏规模经济
对于内部客户有更强的客户导向	缺乏对供应商统一的态度
较少的官僚采购程序	市场调查分散
较少需要内部协调	在采购和物料方面形成专业技能的可能性有限
与供应商直接沟通	对于不同的经营单位可能存在不同的采购条件

6）分散采购适用的采购主体（或情况）和客体

（1）分散采购适用的采购主体（或情况）：二级法人单位（子公司、分厂、车间）；离主厂区或集团供应基地较远，其供应成本低于集中采购成本的情况；异国、异地供应的情况。

（2）分散采购适用的采购客体：小批量、单件、价值低、总支出在产品经营费用中所占比重小的物品（各厂情况不同，自己确定）；分散采购优于集中采购的物品，包括费用、时间、效率、质量等因素均有利，不影响正常的生产与经营的情况；市场资源有保证，易于送达，较少物流费用的物品；分散后，与各基层的采购与检测能力配套的物品；产品开发研制、试验所需的物品。

2. 联合采购

集中采购是指企业或集团企业内部的集中化采购管理，而联合采购是指多个企业之间的采购联盟行为；因此，可以认为联合采购是集中采购在外延上的进一步拓展。随着市场竞争的日益激烈，企业在采购过程中实施联合已成为企业降低成本、提高效益的重要途径之一。

1）联合采购的优点

多个企业在采购环节上实施联合可极大地减少采购及相关环节的成本，为企业创造可观的效益。联合采购的优点，主要体现在以下几个方面。

（1）采购环节。一般来讲，采购的数量越大，采购的价格越低。例如，飞机制造用器材的价差有时可达90%。企业间联合采购，可合并同类器材的采购数量，通过统一采购使采购单价大幅度降低，使各企业的采购费用相应降低。

（2）管理环节。多个企业在需要的物品、质量保证的相关环节的要求基本相同的情况下，就可以在管理环节上实施联合，归口管理相关工作。联合后的费用可以由各个企业分担，从而使费用大大降低。

（3）仓储环节。通过实施各企业库存资源的共享和物品的统一调拨，可以大幅减少备用物资的积压和资金占用，提高各企业的紧急需求满足率，减少因物品供应短缺造成的生产停顿损失。

（4）运输环节。物品单位重量运费率与单次运输总量成反比，特别是国际运输更为明显。企业在运输环节的联合，可通过合并小重量的货物运输，使单次运量加大，从而可以以较低的运费率计费，减少运输费用支出。

2）联合采购的方式

国际上一些跨国公司以及国内的一些中小企业为降低采购成本，发展了一些联合采购的具体形式。

（1）采购战略联盟。采购战略联盟是指两个或两个以上的企业出于对整个世界市场的预期目标和企业自身总体经营目标的考虑，采取一种长期联合与合作的采购方式。这种联合是自发的，非强制性的，联合各方仍保持各个公司采购的独立性和自主权，彼此依靠相互间达成的协议以及出于经济利益的考虑联结成松散的整体。现代信息网络技术的发展，开辟了一个崭新的企业合作空间，企业间可通过网络保证采购信息的即时传递，使处于异地甚至异国的企业间实施联合采购成为可能。国际上一些跨国公司为充分利用规模效益、降低采购成本、提高企业的经济效益，正在向采购战略联盟发展。采购战略联盟如图 9-2 所示。

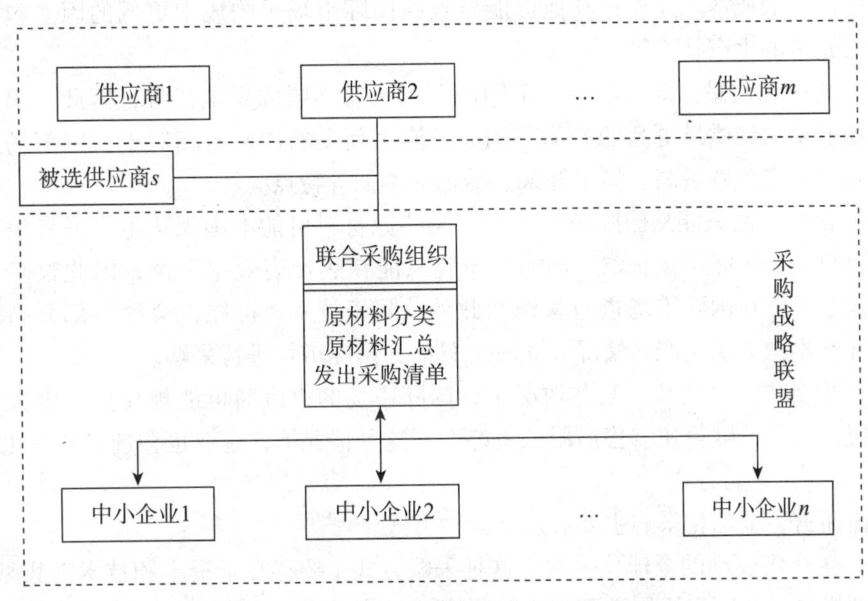

图 9-2 采购战略联盟

（2）通用材料的合并采购。这种方式主要运用于有互相竞争关系的企业之间，通过合并通用材料的采购数量和统一归口采购来获得大规模采购带来的低价优惠。在这种联合方式下，每一项采购业务都交给采购成本最低的一方去完成，使联合体的整体采购成本低于各方原来单独进行采购的成本之和，这是这些企业的联合准则。这种合作的组织策略主要分为虚拟运作策略和实体运作策略。其中虚拟运作策略应用较为广泛，它的特点是组织成本低，可以不断强化合作各方最具优势的功能和弱化非优势功能。如美国施乐公司（Xerox）、史丹利公司（Stanley Works）和美国联合技术公司（United Technologies Corporation）三家组成的钢材采购集团。虽然美国施乐公司的钢材用量仅是其他两家用量的 1/4，但是它通过这种方式获得了这两家公司大规模采购带来的低价好处。这种企业间的合作正在世界范围内盛行。联合采购已超越了企业界限、行业界限，甚至国界。目前，我国一些企业为解决采购环节存在的问题，正在探讨企业间联合采购的可能性。如铁矿砂的全行业联合谈判与采购等。

3. 全球化采购

全球化采购是指利用全球的资源，在全世界范围内去寻找价格、质量、交货期和服务等各方面具有综合优势的供应商。全球化采购是经济全球化的必然产物，为了在激烈的市场竞争中占据优势，越来越多的企业开始整合全球资源，在国际市场进行采购，进而降低采购成本。

1）全球化采购的优点

全球化采购对全球资源加以整合并进行采购，优点主要体现在以下几点。

（1）更低的成本。根据国际贸易分工理论，不同的国家具有不同的比较优势。在国际市场上采购本国不具备竞争优势的产品的价格，很可能会比在本国市场采购该产品的价格更低。例如，广大发展中国家的劳动力价格较低，从这些国家采购劳动密集型产品能够降低成本。此外，其他可能导致在国际市场采购成本更低的因素包括汇率变动、更先进的生产技术等。

（2）更高的质量。如前所述，不同的国家具有不同的竞争优势，因此，很可能在国际市场上采购到质量更高的产品。例如，澳大利亚的铁矿石相对于我国市场所提供的铁矿石，具有含铁量高、易于开采、冶炼成本低等特点。

（3）部分产品只能从国际市场获得。某些原材料可能本国无法生产或者生产效率低，所以只能从国际市场获取。例如，橡胶只能在热带高效率生产，因此很多不处于热带的国家只能在国际市场进行采购。此外，限于技术，可能也会存在部分高精尖产品或零部件本国无法生产的情况，此时也只能在国际市场进行采购。

（4）服务方面的优势。某些情况下，国际市场的供应商可能规模更加庞大，供给更加稳定，交付速度更快，售后服务更好。在这种情况下，企业也会选择全球化采购。

2）全球化采购方式

具体而言，全球化采购主要有以下两种方式。

（1）生产者驱动的全球化采购。这种采购方式主要存在于资本和技术密集型行业，例如大型机械设备、飞机制造等。在这些行业一般存在大型的跨国公司，具有雄厚的资本和技术，在全球化采购中占据着主导地位。

（2）购买者驱动的全球化采购。这种采购方式主要存在于劳动密集型行业，例如服装、日用品等。在这些行业一般存在大型的零售商和批发商，它们具有更多的市场需求信息，并对市场需求有更深入的认识，并能够在此基础上提出对产品的具体要求，然后在全球市场选择供应商。

4. 数字化采购

数字化采购是指通过应用人工智能、物联网、机器人流程自动化和协作网络等技术，打造可预测战略寻源、自动化采购执行与前瞻性供应商管理的功能，从而实现降本增效，显著降低合规风险，将采购部门打造成企业新的价值创造中心。数字化采购主要功能如图 9-3 所示。

可预测战略寻源

· 预测采购需求
· 实时分类和管理支出
· 预测未来供应来源
· 洞察商品所有原产地的上岸成本
· 完善支出知识库

前瞻性供应商管理

· 预测供应商绩效趋势
· 结合第三方数据源，实时监控潜在的供应商风险
· 应用VR（虚拟现实）技术实现供应商访问与现场审核

自动化采购执行

· 自动感知物料需求和触发补货请购
· 消除重复性手动操作
· 基于实时物料配送信号自动触发付款
· 自动执行安全付款
· 应用供应链金融实现按需融资

图 9–3　数字化采购主要功能

资料来源：德勤：采购的未来，数字化颠覆传统采购模式，2017。

5. 招标采购

招标采购是在一定范围内公开购买信息，说明拟采购物品或项目的交易条件，邀请供应商或承包商在规定的期限内提出报价，经过比较分析后，按既定标准选择条件最优惠的投标人并与其签订采购合同的一种采购方式。

招标采购是在众多的供应商中选择最佳供应商的有效方法。它体现了公平、公开和公正的原则。通过招标程序，招标企业可以最大限度地引起投标方之间的竞争，从而使招标方有可能以更低的价格采购到所需要的物资或服务，更充分地获得市场利益。招标采购方式通常用于比较重大的建设工程项目、新企业寻找长期物资供应商、政府采购或采购批量比较大等场合。

总体来看，目前世界各国和国际组织的有关采购法律、规则都规定了公开招标、邀请招标、议标三种招标投标方式。

1）公开招标

公开招标，又称为竞争性招标，即由招标人在报刊、网络或其他媒体上发布招标公告，吸引众多企业参加投标竞争，招标人从中择优确定中标单位的招标方式。按照竞争程度，公开招标方式又可分为国际竞争性招标和国内竞争性招标。

（1）国际竞争性招标。这种方式是在世界范围内进行招标，国内外合格的企业均可以投标。它要求招标者制作完整的英文标书，在国际上通过各种宣传媒介刊登招标公告。例如，世界银行对贷款项目货物及工程的采购规定了三个原则：必须节约资金并提高效率，即经济有效；要为世界银行的全部成员国提供平等的竞争机会，不歧视投标人；有利于促进借款国本国的建筑业和制造业的发展。世界银行在确定项目的采购方式时都从这三个原则出发，其中国际竞争性招标是采用最多、占采购金额最大的一种方式。

世界银行根据不同国家和地区的情况，规定了凡采购金额在一定限额以上的货物和工程合同，都必须采用国际竞争性招标。对一般借款国来说，25 万美元以上的货物采购合同、大中型工程采购合同，都应采用国际竞争性招标。我国的贷款项目金额一般都比较大，世界银行对中国的国际竞争性招标采购限额也放宽一些，工业项目采购凡在 100 万美元以上，均应采用国际竞争性招标。国际竞争性招标的优缺点如表 9-2 所示。

表 9-2　　国际竞争性招标的优缺点

优点	缺点
（1）能以对买主有利的价格采购到需要的设备和工程。 （2）能引进先进的设备、技术及管理经验。 （3）为合格的投标人提供公平的投标机会。 （4）减少作弊的可能性，因为采购程序和采购标准具有公开性	（1）需要较多的时间。这种招标方式下，从招标公告、投标人做出反应、评标到授予合同一般需要半年甚至一年以上的时间。 （2）所需文件比较多。招标文件要明确规范各种技术规格、评标标准以及买卖双方的义务等内容。需要将大量的文件翻译成国际通用文字，因而增加了工作量。 （3）中标的供应商和承包商中发展中国家所占的份额比较少

（2）国内竞争性招标。这类招标方式可用本国语言编写标书，只在国内的媒体上刊登广告，公开出售标书，公开开标。在国内招标的情况下，如果外国公司愿意参加，则应允许它们按照国内竞争性招标参加投标，不应人为设置障碍，妨碍其公平参加竞争。国内竞争性招标的程序与国际竞争性招标大致相同。由于国内竞争性招标限制了竞争范围，通常国外供应商不能得到有关投标的信息，这与招标的原则不符，所以有关国际组织对国内竞争性招标都加以限制。

2）邀请招标

邀请招标也称为有限竞争性招标或选择性招标，即由招标单位选择一定数目的企业，向其发出投标邀请书，邀请他们参加竞争。一般选择 3~10 个企业参加较为适宜，当然要视具体的招标项目的规模大小而定。邀请招标具有以下几个主要特点：邀请招标不使用公开的公告形式；接受邀请的单位才有资格参加投标；投标人的数量有限。由于被邀请参加的投标竞争者有限，不仅可以节约招标费用，而且提高了每个投标者的中标机会。然而，由于邀请招标限制了充分的竞争，因此招标投标法规一般都规定招标人应尽量采用公开招标。

采用邀请招标方式的前提条件是对市场供给情况比较了解。在此基础上，还要考虑招标项目的具体情况：一是招标项目的技术新而且复杂或专业性很强，只能从有限范围的供应商或承包商中选择；二是招标项目本身的价值低，招标人只能通过限制投标人数来达到节约和提高效率的目的。

3）议标

议标也称为谈判招标或限制性招标，即通过谈判来确定中标者。它的主要方式有以下几种。

（1）直接邀请议标方式。

（2）比价议标方式。

（3）方案竞赛议标方式。

另外，在科技招标中，通常使用公开招标、但不公开开标的议标。招标单位在接到各投标单位的标书后，先就技术、设计、加工、资信能力等方面进行调查，并在取得初步认可的基础上，选择一家最理想的预中标单位并与之商谈，对标书进行调整协商，如能取得一致意见，则可定为中标单位，若不行则再找第二家预中标单位。这样逐次协商，直到双方达成一致意见为止。这种议标方式使招标单位有更多的灵活性，可以选拔出比较理想的供应商和承包商。

由于议标的中标者是通过谈判产生的，不便于公众监督，容易导致非法交易，因此，我国机电设备招标规定中禁止采用这种方式。即使允许采用议标方式的采购，也大都对议标方式做了严格限制。

联合国《贸易法委员会货物、工程和服务采购示范法》规定，经颁布国批准，招标人在下述情况下可采用议标的方法进行采购。

①急需获得该货物、工程或服务，采用公开招标程序不切实际。这种情况还要求造成此种紧迫性的情况并非采购实体所能预见，也非采购实体自身所致。

②由于某一灾难性事件，急需得到该货物、工程或服务，而采用其他方式，则会导致耗时太多，是不可行的。

6. 政府采购

1）政府采购的概念与特点

政府采购，也称公共采购，已有 200 多年历史。政府采购以政府机构或履行政府职能的部门为主体。作为市场经济国家管理政府公共支出的一种基本手段，最早的政府采购法律规范可追溯到 1761 年的《美国联邦采购法》。据有关资料介绍，各国政府采购的资金一般占 GDP（国内生产总值）的 10%以上，实行政府采购制度可节约资金 10%左右。政府采购制度不是一成不变的，随着各国政府在市场经济发展过程中角色的不断变化，政府采购制度的目标和作用也发生着相应的变化。同时，随着政府不断改进其采购方式，政府采购制度的规则也在不断地更新。

（1）政府采购的概念。政府采购（Government Procurement），是指各级国家机关和实行预算管理的党政组织、社会团体、事业单位，在政府的管理和监督下使用财政性资金，采购依法制定的集中采购目录以内的或者采购限额标准以上的货物、工程和服务的行为。政府采购不仅是指具体的采购过程，而且是采购政策、采购程序、采购过程及采购管理的总称，是一种针对公共采购管理的制度。

上述定义包括了以下几层含义。

①实行政府采购制度的，不仅仅是政府部门，还应包括其他各级各类机关和实行预算管理的所有单位。

②政府采购资金不仅包括预算内资金，同时把使用预算外资金进行政府采购的活动也纳入政府采购统一管理范围。

③强调购买方式的转变，将过去由财政部门提供经费，再由各个单位分散购买所需货物、工程和服务的方式，转变为在政府的管理和监督下，按照规定的方法和程序，将集中购买和分散购买相结合的管理模式。

（2）政府采购特点。

①资金来源的公共性。政府采购的资金的最终来源为纳税人的税收和政府公共服

务收费，在财政支出中具体表现为采购支出。从本质上来讲，正是采购资金来源的不同才将政府采购和私人采购区别开来。

②采购主体的特定性。政府采购的主体，也称采购实体，是依靠国家财政资金运作的政府机关、事业单位和社会团体、公共机构等部门。

③采购活动的非营利性。政府采购的目的不是赢利，而是为了实现政府职能和公共利益。

④政府采购的社会性。政府采购的社会性实际上是蕴涵在其非营利性特征中的，是非营利性的更深刻表现。政府采购通过采购活动为政府部门提供消费品或向社会提供公共利益。

⑤采购对象的广泛性。政府采购的对象包罗万象，既有标准产品也有非标准产品，既有有形产品又有无形产品，既有价值低的产品也有价值高的产品，既有军事用品也有民用产品。为了便于管理和统计，国际上通行的做法是按其性质将采购对象分为三大类：货物、工程和服务。

⑥行政性。采购实体在采购时不能体现个人的偏好，必须遵循国家政策的要求，包括最大限度地节约支出，购买本国产品等。

⑦规范性。政府采购要按采购的法规，根据不同的采购规模、采购对象及采购时间要求等，采用不同的采购方式和采购程序，使每项采购活动都规范运作，体现公开、竞争的原则，接受社会监督。

⑧影响力大。政府是一个国家内最大的单一消费者，其购买力非常巨大。政府采购对社会经济有着非常大的影响力，采购规模的扩大或缩小、采购结构的变化对社会经济发展状况、产业结构以及公众的生活环境有着十分明显的影响。

2）政府采购方式

（1）按招标范围分类。根据招标范围可将采购方式分为公开招标采购、选择性招标采购和限制性招标采购。世界贸易组织的政府采购协议就是按这种方法对政府采购方式进行分类的。

（2）按是否具备招标性质分类。按是否具备招标性质可将采购方式分为两大类：招标性采购和非招标性采购。采购金额是确定招标性采购与非招标性采购的重要标准之一。一般来说，达到一定金额以上的采购项目，应采用招标性采购方式；不足一定金额的采购项目，采用非招标性采购方式。

非招标性采购是指除招标采购方式以外的采购方式。非招标性采购方式很多，通常使用的主要有单一来源采购、竞争性谈判采购、自营工程等。

单一来源采购即没有竞争的采购，它是指达到了竞争性招标采购的金额标准，但所购产品的来源渠道单一，或属专利、首次制造、合同追加、原有项目的后续扩充等特殊情况。在此情况下，只能由一家供应商供货。

竞争性谈判采购是指采购实体通过与多家供应商进行谈判，最后从中确定中标供应商的一种采购方式。这种方法适用于紧急情况下的采购或涉及高科技应用产品和服务的采购。

自营工程是土建项目中所采用的一种采购方式，它是指采购实体或当地政府不通过招标或其他采购方式而直接使用当地的施工队伍来承建土建工程。采取自营工程方式，有严格的前提条件：①事先无法确定工程量有多大；②工程小而分散，或工程地点较远，承包商要承担过高的动员费用；③必须在不干扰正在进行的作业情况下完成的工程；④没有一个承包商感兴趣的工程；⑤在工程不可避免地要出现中断的情况下，其风险由采购实体承担比承包商承担更为妥当。对自营工程必须严格控制，否则会出现地区保护的问题。

（3）按采购规模分类。按采购规模分类可将采购方式分为小额采购方式、批量采购方式和大额采购方式。

（4）按采购手段分类。按运用的采购手段可分为传统采购方式和现代化采购方式。

三、采购的战略价值

传统意义上的采购管理是从外部获取原材料的一个必要手段。而当前对采购管理的研究与实践上升到了一个全新的高度，即如何通过有效的采购管理实现企业竞争力的提升。这也是学习采购管理的重要目的之一。

从采购管理的战略性上思考，首要把握的一个问题是如何利用经济上的杠杆来获得优势地位。简言之，如何促进供应商之间的竞争。在战略层面上考虑这一问题需要有长期战略眼光。西方发达国家的企业在面对国内成本增加、市场压力增大的环境下，寻找国际市场供应成为必然的选择，将部分低值、低风险的产品进行外包，获得上游供应商的能力，并且将风险进行有效的转嫁，借此在自身核心优势上集中尽可能多的资源，实现更为快速的扩张。在由采购关系组建的供应链上，核心企业依靠自身的优势地位聚集一批企业形成一个供应链网络，并且获得供应链网络上的支配性地位。一切企业需要但是无法自行满足的需求都通过市场交易的方式从外部获取，即将采购的战略价值发挥到极致。在一个相对过剩的供给市场上，特别是卖方在生产对于买方具有较高弹性的产品时，卖方处于一个相对弱势的地位。在难以有效开拓市场寻找新的买家时，卖方会对现有采购方过分依赖，形成了采购者优势。同样，为了避免对供应方的依赖，采购方从产品设计阶段即开始思考，尽量避免采购产品落入独家供应的陷阱，尽量利用标准化、模块化的产品实现产品的功能。

第二节　采购外部环境与内部需求分析

一、采购外部环境分析

1. 外部环境

供应链成为企业之间合作的一种重要的组织形式，企业的采购供应职能也开始逐渐从满足自身的需求发展为如何通过采购获得竞争力的提升。因此在采购活动中，并不能孤立地将其看作是企业内部的一项职能，而应该更多地与将其外部环境结合，在充分的环境分析的基础上进行采购管理的决策。

一般来说，企业的外部环境与供应市场会影响企业的采购对象、采购来源、采购方式以及企业内部各职能之间的衔接。因此，对采购环境的分析能够帮助企业更好地理解采购活动定位，实现企业的竞争优势地位。

企业所面临的环境包括工作环境与外部（宏观）环境两个部分。工作环境包括了企业的直接利益相关者，对企业的发展主要起到短期作用，而外部（宏观）环境则包含了企业长期发展所必须面对的各种长期趋势，是研究企业战略定位以及采购活动定位不可缺少的重要外部因素。采购环境分析要素如图 9-4 所示。

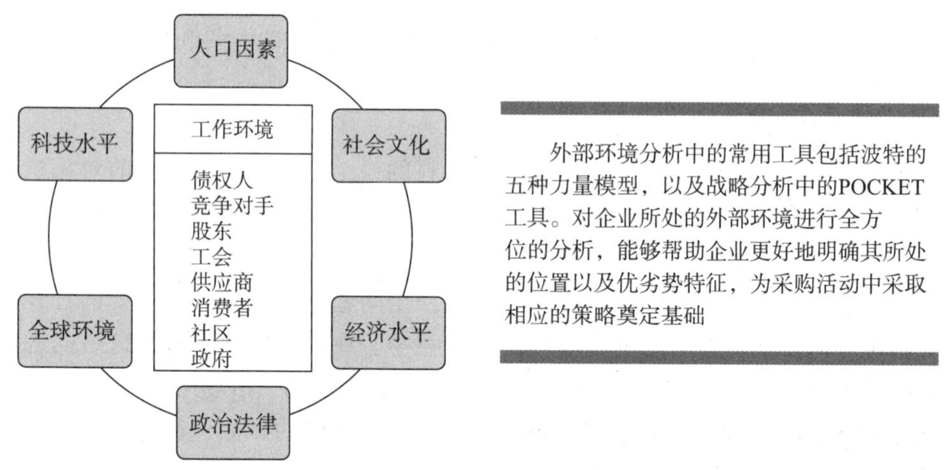

图 9-4　采购环境分析要素

外部环境的分析能够帮助企业确立自身的战略目标，更好地明确采购的目标，实现采购效率的提升。

2. 供应市场分析

供应市场是企业采购所面对的直接外部环境。因此在供应市场分析中需要从对外部环境的认知开始。对供应市场的分析包括确认市场的一般性特征以及各市场参与者所处的位置。通过供应市场分析，能够满足企业采购的基本需求，同时也能够进一步发现市场中的机会与风险，实现采购成本的降低、质量的提升以及交货期的保障。

进行供应市场分析需要遵循一定的步骤，如图 9-5 所示。这七个环节从准备供应市场分析开始，到筛选细分供应市场为止，共有 7 个前后相接的步骤。

（1）准备供应市场分析。供应市场分析的准备主要包括明确采购的目标、采购时间的充裕程度、现有资源、供应市场分析的风险以及分析市场所需要用到的信息等。

（2）评价竞争程度与影响。竞争程度的不同影响采供双方的力量对比关系。竞争程度主要受供求关系、竞争水平、市场风险程度等要素的影响。在一个供大于求的市场中，买方处于相对优势地位，有更好的议价能力，作为买方，应尽力寻找到这样的供应市场，避免在一种卖方市场条件下进行采购。市场中存在着完全竞争、完全垄断和寡头垄断三种情况，对买方来说，促进或选择供应市场形成完全竞争的状态是最佳的，此时供应市场中竞争条件充分，买方具有较高的选择权，卖方为了争夺买方而不断提升质量及服务水平，并不断降低供货价格，为买方带来较高的收益可能性。

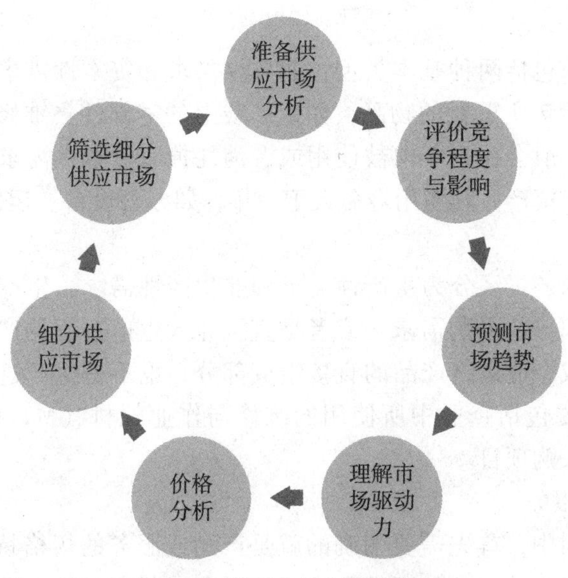

图 9-5　供应市场分析的步骤

（3）预测市场趋势。其是对未来的供应市场状态进行研究，从而得到市场的不同发展趋势。可以通过主观评价方法、客观的定量分析方法以及采购品项所处的生命周期阶段方法进行预测。

（4）理解市场驱动力。不同行业都会有不同的市场驱动力，市场驱动力的差异决定了供应商在所处领域的竞争水平。常见的驱动因素包括：产品差异化程度、新产品开发速度、与特定群体的关系、成本降低能力、分销及渠道管理能力等。

（5）价格分析。采购品项的价格主要由生产与分销成本、客户感知价值水平以及市场竞争程度等因素决定。通过对价格构成的分析，能够使采购方更好地理解供应商的意图，并为后期的价格谈判奠定基础。

（6）细分供应市场。并非全球供应市场都能够成为采购方潜在的供应源，对市场进行细分的目的是帮助采购方更好地进行评价和选择合适的供应商，避免在无效的供应商处浪费更多的时间和精力。常用的细分变量包括地理细分、技术细分以及供应渠道细分等。

（7）筛选细分供应市场。不同的细分供应市场对采购方意味着不同的供应机会与风险。采购方需要根据企业采购中的目标利用排除的方法筛选掉不合适的细分供应市场，并对留下的细分供应市场再进行进一步的风险与机会分析。

二、采购内部需求分析

明确需求的目的是向供应商提供满足客户需求所需的信息。因此在采购说明中，体现这些预期非常重要。否则供应商可能会满足采购说明的需求，但是却不能满足客户的实际需求。作为采购人员，往往并非采购对象的实际使用人，而仅仅是承担采购代理的职责。如果由于企业内部沟通不足，导致采购需求未能完全被理解，则可能导致：①产品或服务供应的中断或延迟；②采购数量过剩带来额外成本。

1. 需求的类型

企业的采购需求包括两种基本类型：业务性需求和资本性需求。业务性需求是指为了保证组织日常运转所需要的物品，如生产线上的零部件、维修性供给材料、办公耗材等，这些产品一般会在一年内被使用或者消耗掉。资本性需求是指组织日常运转中不被消耗掉的固定资产，其使用寿命大于一年，如办公设备、运输车辆、机器设备、厂房等。

企业的采购需求还可区分为生产性需求和非生产性需求。生产性需求是指企业最终产品的直接组成部分的采购需求，或者是直接介入生产过程的产品采购需求。非生产性需求指既不构成企业最终产品的直接组成部分，也不是生产过程中所使用的产品或服务的采购，主要包括企业中所使用的维修与作业耗材（Maintenance，Repair and Operating，MRO）采购项目。

2. 明确产品与服务

在一份采购说明中，首先需要明确的就是产品或服务的规格特征，一般来说，对规格的描述需要根据产品或服务所需要达到的要求来制定，过于详细或者过于简略的规格要求都会导致采购出现障碍。

对于产品规格，可以使用以下几种类型来进行描述。

（1）品牌和商标。品牌和商标是产品规格的抽象形式，以名称的不同来区别不同的产品，并根据品牌的知名度、美誉度等特征来决定是否进行采购，选择品牌采购的形式能够有效降低采购方的风险，但是同时会导致采购成本的提升以及竞争受限等问题。

（2）供应商或行业编码。越来越多的供应商和行业部门开发了详细的编码，以便采购方确认需求。简单的产品使用供应商特有的编码，以便向特定的供应商购买，从而保证采购沟通中的有效性。

（3）样品。样品经常是在所购产品很难描述时使用。如铸模或者不规则部件、产品等。对于那些难以直接描述规格特征的采购产品，样品可以让供应商更好地了解客户的具体需求，同时，对于采购方来说，也可以在购买之前了解产品的适用性和性能等指标。样品采购中对样品和交货产品之间的微小偏差的处理是较为困难的。

（4）技术规格。技术规格包括了文字信息和设计图纸两个部分，一般包括下列参数：物理性质、设计细节、公差、使用材料、生产过程与方法、维护要求、操作要求等。在买方向供应商提交了具体的技术规格后，供应商的责任就较为明确了，即生产与规格要求一致的产品。这在买方具有一定的设计能力，采购对象具有一定复杂性的情况下适用。但是这对于采购方来说需要投入相当的人力，并且较高的规格要求会导致供应商不得不为采购方定制产品，导致成本的大幅增加，并且采购方需要面对未达到所要求绩效的设计风险。

（5）构成规格。构成规格涉及一个产品的构成，一般是从其化学和物理性质两方面进行描述。比如纯度、密度、成分、添加剂等。这类规格通常用于原材料以及食品和化学类产品。构成规格也用于安全和环境因素很重要的地方，或者这种材料对生产过程至关重要的场合。

在利用构成规格时，其定义是相当严谨和明确的，采购方可据此判定供应商是否满足了采购要求。在采用构成规格进行采购时，往往需要通过相应的测试设备以及测试步骤来确定产品的质量水平。

（6）功能规格和性能规格。功能规格用于描述采购产品所要执行或者达到的功能，而性能规格通常描述有关如何更好地达到这种功能的附加要求。如功能规格要求一辆卡车能够装载5吨的货物，而性能规格包括了附加的要求，如平均运行成本低于每公里5元。

功能规格和性能规格一般不描述所需的功能和性能是如何实现的，对采购方而言只需要知道自己对产品的需求，并且很大程度上依赖供应商提供合适产品的能力，所以，在需要使用性能规格时，选择一个信誉度较高的供应商显得尤为重要。各类产品规格需求的适用场合如表9-3所示。

表9-3　各类产品规格需求的适用场合

规格类型	适用场合
品牌和商标	（1）通用产品； （2）需要使用特殊的品牌名称加以区别时； （3）质量比成本更重要时
供应商或行业编码	（1）简单产品； （2）易于从一个特定供应商处采购
样品	（1）采购前难以评估质量； （2）当展示需求比用文字描述确认它更容易时
技术规格	（1）供应商不具备所需设计的专有知识或技能； （2）组织希望保留内部设计的专有知识和技能； （3）具有与现有设备的复杂接口
构成规格	（1）采购原材料、食品和化学类产品等； （2）安全或环境因素非常重要时； （3）性能依赖于构成
功能规格和性能规格	（1）供应商拥有比采购方更多的专有知识和技能； （2）注重创新； （3）供应商所在的行业的技术正发生着迅速的变化

采购方若想要提高采购绩效，以及降低采购风险，利用行业标准、国家标准以及国际标准来进行采购会是一项好的选择。采用这些标准也为企业降低后续生产以及销售中的风险奠定了基础。采用标准进行采购具有较多的优势，主要表现如下。

（1）供应商对标准可能非常熟悉，在生产过程中会参照标准进行。

（2）由于供应商在竞价时依据同一标准，因此可以促进供应商只在价格层面上竞争，对采购方较为有利。

（3）采用标准的严谨性可以规避大量的不确定性。

（4）采购标准化产品比采购定制化产品的风险要小很多。

（5）采购方无须另外再为标准范围内的产品编写具体的规格。

（6）相比较而言，供应商更容易为采购方报价。

尽管采购中可以采取多种不同的方法来明确产品以及需求，但是过多的品项采购仍然会为采购人员带来繁重的工作困扰。特别是在产品生命周期缩短，品种数不断增加的时候，采购对象数目也在急剧增加，这不利于发挥集中采购的优势，也使预测品项需求的准确性大大下降。因此在采购活动开始之前，通过企业在产品设计过程中推行内部标准化，在尽可能广的范围内减少不同规格型号的数量，使采购品项具有较大的可复用性，从而提升采购绩效。利用内部标准化的好处如下。

（1）使公司内部减少了开发新规格所需的时间和精力。

（2）有助于企业集中精力于更少的项目上，更好地关注质量，花费更多时间来寻找优质供应源。

（3）使企业大批量采购较少的品种，进而同少数供应商谈判，达成更好的供货价格。

（4）同少数供应商形成更大的交易量，促进双方的沟通与理解，促进质量水平的提升。

（5）需要存储物品的种类与数量减少将直接降低安全库存，从而降低了库存成本和缺货风险。

3. 明确数量、交付与服务

（1）采购数量。企业采购的产品数量由内部的需求者直接提出，但是在对产品或者服务的采购量进行计划时，采购人员需要有效地估计出一段时间内该产品或服务的可能需求量。由于企业对采购产品的要求会不断变化，因此实际需求也会随着时间而变化。采购人员应该尽可能详尽地制订采购计划，否则采购数量就有可能与实际需求发生较大的脱节。

企业中的采购需求可以划分为独立需求和相关需求两类。独立需求与其他产品没有直接关联，如新建一座办公楼的工程采购项目。而相关需求与其他产品相关，例如生产产品的各个零部件的采购一般要根据客户的订单分解成物料清单（Bill of Material，BOM）进行采购。

在需求的预测中，可以采用定性预测和定量预测两种方法，在面对较为长期的需求趋势预测时，一般采取定性预测法，对未来的发展情况进行估计。而定量预测法可利用一定的数学工具与模型根据过往的数据对未来一段时间内的需求进行预测，这两种方法对采购需求的预测都具有重要的作用。在一段时间内的总需求数量一定的情况下，采购人员根据库存持有成本的大小、订购成本等因素决定订购次数以及每次订购批量的大小。供应链上下游企业之间的合作以及双方信息的有效沟通，能够节约大量的采购成本和时间，使双方都能够从这种高效的合作中获益。

（2）交付条件。采购活动履行的实现环节体现在能否如期保质保量地交货。不仅需要知晓送货的时间、交货地点和交货数量，还需要知道供应商为了满足采购方需求的数量所需的订单履行时间。了解采购订单下达后供应商的交货前置时间是必须的，因为这将决定供应商能否按期交货，便于采购方及时控制采购过程中的风险。交付条件作为采购合同中的一项关键条款，需要按照采购方的要求逐一明确，并在合同中详细列出。

(3) 供应商服务与响应。在设备采购及原材料采购过程中，供应商的后期服务是降低企业运行风险的重要手段。一般来说，设备的采购不仅仅是设备购买，还包括了设备的安装调试、人员培训、后期零备件服务、维修维护等工作，供应商提供后期的服务承诺是采购方在选择时所考虑的一个重要方面。在原材料的采购方面，能够及时对采购方订单需求的变化做出及时的响应也是供应商能力与柔性的重要体现。

越来越多的供应商开始意识到，通过提供后期良好的服务能够实现客户的生命周期价值。在客户选择了供应商的设备之后，即存在了一个转移成本，如果供应商能够通过较低价格的产品达成和采购方之间的合作，那么供应方就有可能在后期的服务上面实现更多的价值和长期收益。

第三节　采购战略分析工具

采购管理工作是在对外部宏观环境、供应商、与供应商的关系类型、采购合同类型以及自身战略目标等要素的分析基础上做出的。企业的采购战略是从属于企业战略的，因此，在宏观上需要保持战略的高度一致性，保证采购战略能够对企业战略起到有效的支撑作用。同时，在采购战略的目标上，主要从成本、质量、交货时间、服务保障等方面进行具体的细化。

为了能够对采购战略进行规范化描述，可以根据采购对象在总采购支出中的比重以及相对重要性两个指标对所有的采购品项在同一框架下进行描述，从而实现对采购品项的分类化管理。

一、采购战略定位模型

在采购管理中，采购员需要对企业中不同的物资进行采购，物资种类繁多，供应商数量也较多，如何进行有效管理，充分利用有限的时间及资源，成为采购管理中的核心内容。因此，可以对企业中的采购对象进行分类，按照支出金额大小和风险程度高低进行分类。首先将企业中所有的物资根据总价值进行排序，将累积价值占总采购额 80%的物资定义为高价值采购对象，剩余部分为相对低价值采购对象。同样，可以根据物资供货过程中成本、质量、时间三个方面的重要性进行评估和排序，分为高风险与影响的物资和低风险与影响的物资。通过两个维度的划分，将所有的采购对象划分为四个大类。

第一类为低风险、低采购价值的物资（日常）。这一类物资在企业中的种类数较多，属于不重要的大多数，因此，所采取的采购方法应考虑如何降低管理成本，关注的重点是释放管理人员在此项物资采购上的时间和精力。在供应商的选择上，尽可能由单一供应商进行供应，与供应商之间建立起长期合同关系。要求供应商尽可能多地满足企业的需要，能够对采购方的需求做出积极的响应，持续稳定地为采购方供货。

第二类为高风险、低价值的物资（瓶颈）。此类物资由于资金占用量较小，因此成本问题不构成主要的矛盾。考虑的重点是如何维持供应的连续性，需要通过加强与供应商之间的关系来保证供应，在面对供应风险时，首要考虑的问题是采购物资的可得性与质量。由于市场的供给量较小，可能的供应商数量较少，因此只能够保持1~2家备选供应商，为了能够稳定供应，需要做一个好客户——及时付款、信息交流通畅以及适当地增加采购量。这类物资的采购要求供应商在某一特定的领域有较强的生产能力，能够保障稳定供货，同时供应商不可以利用其有利的议价地位榨取下游客户的额外收益，与客户能够保持着一种较长时间内的一致性，实现双方长期共同成长的目标。

第三类为高价值、低风险的物资（杠杆）。此类物资在企业的需求量一般较大，而市场供应条件较好，货源充足，因此针对这类物资应考虑如何通过数量优势降低采购成本，达到更好的价格条件。对采购方而言，这是最为理想的采购区域，买方处于相对优势地位，能够获得持续的价格竞争优势，同时风险较低。与供应商之间的关系主要取决于采购品项的转换成本以及市场价格的波动情况。

第四类为高价值、高风险的物资（关键）。对于采购人员来说应该集中精力于这一部分的采购品项，做好优化采购成本、降低采购风险的工作，尤其是在与供应商的关系上，要考虑如何能够与供应商之间建立起稳定的长期战略合作伙伴关系。这一部分的采购需要建立的供应商关系为战略性合作伙伴关系，因此供应商的数量维持在最小水平，双方之间建立的是一种收益共享、风险共担的长期伙伴关系。要求这类物资的供应商具有独特的核心能力，能够满足客户的长期需求，两者之间的战略具有高度的一致性，发展较为稳定，同时供应商未和采购方的竞争者建立更为紧密的关系。

供应定位模型如图9-6所示，企业采购的任务就在于通过降低风险和增加支出使采购获得优势地位。

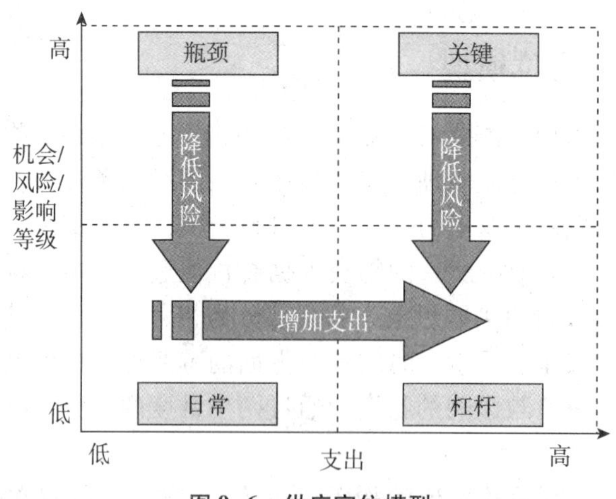

图9-6 供应定位模型

通过对采购对象的分类，采购人员能够更好地调整精力与时间的分配，对采购成本、质量以及交货期等要素根据其自身不同的特点选择其不同的优先级，进而做好采购管理工作。

二、供应商感知模型

上文论述了采购方如何看待供应商以及采购品项的定位，同时作为采购方也需要知道供应商是如何看待采购方的，这样才能更好地寻找到具有战略一致性的空间，实现双方的合作。

供应商的感知可以通过供应商感知模型进行评估。这一模型关注以下两个方面。

（1）同供应商的营业额相比，采购方的业务价值的高低。

（2）决定采购方对供应商的吸引力水平的因素。这些因素包括企业的付款记录、企业文化的适应性、私人关系、信任程度、业务发展潜力以及采购方声誉等。

供应商感知模型就是建立在对上述两个方面的评估基础之上的，供应商将客户划分在了核心、发展、盘剥以及边缘四个象限，每一个象限都代表了供应商对采购方的不同看法。如图 9-7 所示。

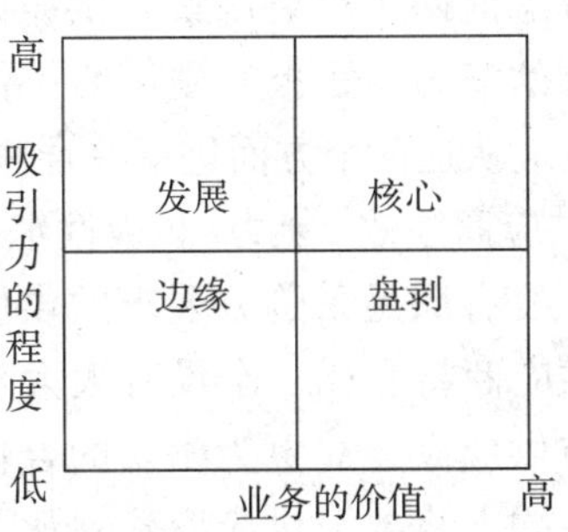

图 9-7　供应商感知模型

1. 核心象限

如果一个客户被放置在这一象限，意味着供应商将此客户当作核心业务的重要组成部分。这是由客户现有的采购量和未来的业务发展潜力决定的。处于这一象限的客户，可以期望供应商会花费较多的时间和精力来维持这一种关系，并寻求与客户的共同发展与合作。此时，如果供应方更加依赖客户，对于采购方而言将会处于一种相对主导地位，这是一种非常有利的战略位置。

2. 发展象限

供应商认为处于该象限的客户现在的业务价值量虽然不大，但是在客户声誉、未来发展潜力等方面均具有较大的吸引力，供应商为了实现未来的市场发展目标，愿意与这样的客户保持较好的关系，同时为了能够发展未来的合作关系，供应商还可能给予客户额外的优惠和支持。

3. 盘剥象限

处于该象限的客户的特征是具有较大的采购量，但是客户对于供应商并不具备太大的吸引力，而客户往往更加依赖供应商的产品供应能力。供应商在这种关系中占据了较强的主导性地位，因此供应商在产品供应时，所提供的价格以及其他条件并不会像核心象限及发展象限的采购方的价格及其他条件那样好。

4. 边缘象限

处于该象限的客户既没有多少采购量，同时对供应商来说也没有深入合作的兴趣，这是供应商竭力避免合作的客户。因此，供应商并不期望与这样的客户建立合作关系，如果这样的客户产生了购买需求，那么为了抵偿供应商的小额销售成本，供应商会给出一个非常高的报价水平。如果一个采购方被放置在这一象限，将会处于非常不利的位置，采购方应尽力避免这样的局面。

第四节　供应商选择与管理

一、供应商评估的基本模型

在评估供应商时，需要考虑的两个重要因素是供应商的能力和积极性。能力说明了一个供应商满足采购方要求的潜力；积极性则说明了供应商满足采购方要求的可能性和兴趣。评估供应商的绩效应从这两个方面进行综合考虑。供应商绩效满足下式：

供应商绩效=能力×积极性水平

上式意味着，供应商不仅要有满足采购方要求的供应能力，还要有完成供应任务的积极性。一个非常积极的供应商将会比一个没有太大合作兴趣的供应商更好地完成供应任务。采购方如果希望与供应商建立更为密切的合作关系，那么积极性因素所起的作用就更重要。因此，当采购方将要与供应商建立伙伴关系时，或者企业的采购品项是供应商不太感兴趣的瓶颈项目时，积极性因素将会成为采购方考虑的重点内容。

如果将能力和积极性标示在坐标轴上，供应商的绩效就可以清晰地显现出来，如图 9-8 所示。

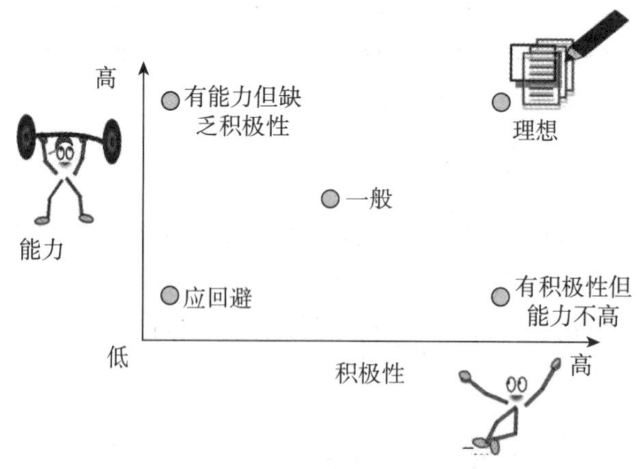

图 9-8　供应商绩效评价模型

如何提升供应商的能力或者积极性，使其成为理想的供应商，成为采购方必须关注的问题。提升供应商能力的策略包括以下三个方面。

（1）为供应商提供与产品和操作程序有关的专家技术建议和援助。

（2）通过预付货款等形式为供应商提供生产资金。

（3）帮助供应商整合其 IT 系统，使该系统与采购方的系统更具兼容性，方便两家公司的有效沟通与合作。

提升供应商积极性的策略包括以下两个。

（1）增加对该供应商的采购量，提升业务价值所占比重。

（2）通过证明公司是供应商的一个优质客户来提升采购方对供应商的吸引力，这些做法可能包括准时付款、高效合作、主动响应供应商等方式。

二、供应商的识别与筛选

在前面供应商评估框架的基础上，需要通过设定供应商评估的标准，有效识别供应商和筛选供应商。

采购方所关注的供应商要求包括了以下四个主要方面：供货质量、可获得性、成本以及供应商服务。采购方根据自身对采购品项的不同要求，应有所侧重地评价供应商的不同方面，并通过综合打分、加权评分等方法得到供应商综合评价，进而筛选供应商。

采购方需要寻找的供应商可能分布在不同的细分市场中，其环境具有较大的差异性。为了能够有效识别供应商，采购方可以根据市场买卖双方力量对比关系来决定是等待供应商主动上门接洽客户还是主动发布需求信息，通过供应市场分析寻找合适的潜在供应商。

如果企业在寻找供应商阶段根据一系列的基本条件得到了一定数量的备选供应商，就需要考虑对这些候选供应商进行更进一步的评估，为了避免在明显不合适的供应商身上浪费更多的时间，就需要对供应商进行筛选，将需要评估的供应商数量降低到一个可管理的水平。

经过了上述步骤，就需要对少数的候选供应商进行更为详尽的评估，以确定是否进行更进一步的合作。对供应商进行调研需要大量的信息，可能的信息途径包括二手渠道信息、供应商自己公布的信息、供应商调查问卷、实地考察、供应商现有客户证言等。多方面获取信息以及评价能够保证更为全面地了解供应商，从而进一步降低合作中的风险。

通过详细评价被筛选留下的供应商已经具有了合作的可能性，那么就需要在采购的对象、合作条件以及采购过程履行等方面一步步开展工作，使一个未合作过的供应商变成企业的合作伙伴，这样可以有效提升采购的效率。

三、供应商选择与评价

供应商选择与评价是采购实施过程之中非常重要的一项工作。在选择供应商时，企业主要从质量、价格、服务、可获得性等方面来考虑。

1. 供应商供应能力评价标准

通常供应商供应能力评价的标准为现在的和未来的质量、价格、服务、可获得性指标等。

（1）质量。一般可供企业使用的供应商质量评价标准为：①性能；②废品率；③退货率；④保养间隔期；⑤可更换部件的消耗水平；⑥平均故障间隔时间；⑦耐用性；⑧保修的全面性。

对于非标准产品来讲，评价的指标还应包括：研究与开发投资；知识产权；供应商企业的员工具备产品设计及生产管理方面的资质和经验；合适的设计工具；生产能力与技术；供应商质量与环境保证体系；提供类似产品或服务的经验等。

反映供应商未来质量的指标，主要是通过持续改进的质量保证体系，或反映质量改善的指标来体现的。

体现供应商提供符合企业质量要求的产品或服务的积极性方面的因素为：参与企业产品的设计；联合进行价值分析活动；进行特别的质量控制与检验；赋予企业转让技术及知识产权的权利等。

（2）价格。企业可从供应商方面获得的价格指标的相关信息为：①价格或收费率标准；②折扣水平；③货款支付时间；④赊销；⑤报价币种；⑥装卸与运输总费用；⑦设备类采购项目的寿命周期成本；⑧合并账单处理服务等。

供货商未来价格趋势可以从供应商直接原材料成本、直接劳动力成本、企业管理成本、生产效率、物流成本、融资能力、支付条件等方面来评价。

表明供应商满足企业降低成本要求的积极性的指标可从这几个方面考虑：参与联合成本评价和成本降低活动；给予企业特殊的价格折扣、支付条件和其他优惠；按优惠条件为企业提供供应商信用等。

（3）服务。企业可从以下因素中判断供应商的供应服务情况：①供应商的服务陈述或业务目标中所承诺的服务；②对客户的服务计划；③对客户所提问题的响应与处理速度；④是否拥有服务队伍；⑤是否提供技术培训与售后服务支持；⑥是否有能力为不同文化与语言背景的企业服务；⑦是否拥有有效的信息系统和诊断工具为客户服务；⑧是否有持续改进客户服务的策略和体系。

供应商的服务积极性表现为：对企业需要紧急支持时能否提供优先安排；是否指派客户服务人员处理企业的业务等。

（4）可获得性。可获得性是指供应商能够随时随地提供企业所需产品或服务的能力。可获得性的评价指标为：为供应商提供服务的细分市场的归属性；为企业竞争者提供服务的冲突性；综合服务能力；接近性与物流；库存水平；企业所需产品在供应商标准产品范围中所占的百分比；出口检验与经验；供应保障；一般提前期；交货可靠性；订单跟踪系统；劳资关系；销售分包人的服务能力等。

供应商未来供应可获得性的表现为：供应商产品供应范围的趋势；供应产品是否属于其核心范围；供应产品处于生命周期何阶段；是否提高和改善生产能力；交货率变化趋势等。

2. 供应商供应积极性评价

供应商的积极性对企业采购业务的最终成功是非常关键的，尤其是当企业采购的材料属于采购额小、技术要求高的或供应市场紧张的物资时，积极性就是评价供应商的一个关键因素。供应商积极性的评价是通过供应商感知模型来进行的，供应商感知模型可以帮助企业了解供应商怎样看待企业业务，会以何种程度的积极性与企业进行业务合作。

供应商感知模型是通过两个方面来进行的，一是企业的业务在供应商心目中的价值，它是由采购额在供应商的营业额中所占的比例反映出来的，该比例越高，供应商可能被激发出的积极性就越高；二是企业的业务对供应商的吸引力，如企业记录良好，与企业业务往来较便利，建立了良好的私人关系的可能性及信任程度等。通过 ABC 分类方法，可以把供应商的积极性分成高、中、一般、低四个等级，便于企业做出对策。

3. 供应商选择评价

选择供应商与企业采购目标直接相关，而企业的采购目标又与采购项目的重要性、供应风险直接相关。通常企业的采购可根据计划期内的采购费用水平、供应市场风险、企业经营中的重要程度来进行分类，以此对采购项目进行不同的定位和选择供应商。

供应商选择的评价是基于供应能力、供应积极性、采购项目定位进行的。一般是按采购目标与定位给各种指标确定权重，按照加权平均法来进行评分，最后对评分划分等级，确定供应商的供应等级。

四、签订采购合同

选定供应商之后，接着需要做的工作是同供应商签订正式的采购合同。采购合同根据采购商品的要求、供应商的情况、企业本身的管理要求、采购方针等要求的不同而不尽相同。在复杂的采购情况下，企业的采购合同并不采用统一的标准格式。任何合同都是由具有法人资格的双方当事人共同商定的，其中的条款必须符合国际惯例、相关的国际通用规则及相应的国家性、地方性法律法规。

1. 合同组成

合同、合约、协议等作为正式契约，应该条款具体、内容详细完整。一份买卖合同主要由首部、正文与尾部三部分组成。

1）首部

合同的首部主要包括以下内容：①名称：如生产用原材料采购合同、品质协议书、设备采购合同、知识产权协议、加工合同；②编号：如 2021 年第 1 号；③签订日期；④签订地点；⑤买卖双方的名称；⑥合同序言：如×××××企业 3000 千瓦时燃气透平发电机大修项目合同。

2）正文

（1）主要内容。合同的正文主要包括以下内容。

①商品名称。商品名称是指所要采购商品的名称。

②品质规格。品质是指商品所具有的内在质量与外观形态的结合，包括各种性能指标和外观造型。该条款的主要内容有技术规范、质量标准、规格、品牌。

③数量。数量是指用一定的度量制度来确定买卖商品的重量、个数、长度、面积、容积等。该条款的主要内容有交货数量、单位、计量方式等。必要时还应该清楚地说明误差范围以及交付数量超出或不足的具体规定等。

④单价与总价。价格是指每一计量单位交易物品的货币数值。如：一台计算机9000元。该条款的主要内容包括：计量单位的价格金额；货币种类；国际贸易术语〔例如：离岸价（Free on Board，FOB）、成本加保险加运费（Cost，Insurance and Freight，CIF）、运费付至（…指定目的地）（CPT）等〕；物品的定价方式（固定价格、批量价格等）。

⑤包装。包装是为了有效地保护商品在运输存储过程中的质量和数量，并有利于分拣和环保而把商品装进适当容器的操作。该条款的主要内容有：包装标识、包装方法、包装材料要求、包装容量、质量要求、环保要求、规格、成本、分拣运输成本等。

⑥装运。装运是把商品装上运输工具并运送到交货地点。该条款的主要内容有：运输方式、装运时间、装运地与目的地、装运方式（分批、转运）和装运通知等。在FOB、CIF和CFR合同中，卖方只要按合同规定把商品装上船或者是其他运输工具，并取得提单，就算履行了合同中的交货义务。提单签发的时间和地点即为交货时间和地点。

⑦到货期限。到货期限是指约定的最晚到货时间。到货期限要以不延误企业生产为标准。

⑧到货地点。到货地点是商品到达的目的地。到货地点的确定并不一定总是以企业的生产所在地为标准。有时为了节约运输费用，在不影响企业生产的前提下，也可以选择交通便利的港口等。

⑨付款方式。国际贸易中的支付是指采用一定的手段，在指定的时间、地点，使用确定的方式支付货款。付款条款的主要内容有：支付手段，如货币或股票，一般是汇票；付款方式，如银行提供信用方式（如信用证）、银行不提供信用但可作为代理方（如直接付款和托收）；支付时间，如预付款、即期付款、延期付款；支付地点，可以是付款人或指定银行所在地。

⑩保险。保险是企业向保险公司投保，并缴纳保险费，货物在运输过程受到损失时，保险公司向企业提供经济方面的补偿。该条款的主要内容包括：确定保险类别及其保险金额，指明投保人并支付保险费。根据国际惯例，凡是按照CIF和CIP条件成交的出口商品，一般由供应商投保；按照FOB、CFR和CPT条件成交的进口商品由采购方办理保险。

（2）选择内容。合同正文可以选择的部分有：①保值条款；②价格调整条款；③误差范围条款；④法律适用条款（买卖双方在合同中明确说明合同适用何国、何地法律的条款称作法律适用条款）。

对大批量、大金额、重要设备及项目的采购合同，要求全面详细地描述每一条款；对于金额不大、批量较多的小五金、土特产等，而且买卖双方已签有供货、分销、代理等长期协议（认证环节完成）的，则每次采购交易使用简单订单合同，索赔、仲裁和不可抗力等条款已经被包含在长期认证合同中。

企业因频繁批量采购而与供应商签订的合同分为两个部分：认证合同、订单合同。认证合同是买卖双方之间需要长期遵守的协议条款，由认证人员在认证环节完成，是对企业采购环境的一个需求。订单合同就每次采购的需求数量、交货日期、其他特殊要求等条款进行表述。

3）尾部

合同的尾部包括：合同的份数；使用语言及效力；附件；合同的生效日期；双方的签字盖章。

2. 合同管理

1）合同管理的内容

合同管理由采购管理专职人员操作，主要有以下几个方面内容。

（1）计划审查。审查采购计划是否在规定的时间内转化成采购合同。

（2）合同审批。审查合同号、数量、单位、单价、币种、发运的目的地、供应商、到货日期等。

（3）合同跟踪。检查采购合同的执行情况，对未按期到货的合同研究对策，加强监督。

（4）缺料预测。与计划人员一起操作，根据生产需求情况，推测可能产生缺料的供应合同，研究对策并实施。

根据实际采购情况，妥善处理合同的变更、合同提前终止、合同纠纷等。合同纠纷的解决办法有：买卖双方协商解决；第三方调解解决；仲裁机构仲裁解决；司法机关组织的诉讼解决。

2）合同正常执行的条件

（1）按照合同规定条款执行，加强与供应商的沟通，合同提前或延缓要征得供应商的同意。

（2）满足企业物料需求。不仅正常到货物料的时间要严格执行，而且要有柔性，对要求紧急到货的物料要能按时完成，对于需要延迟到货时间的物料要妥善处理。

（3）控制库存水平在合理的范围内，在缺料与库存之间找到平衡点，订单人员需要丰富的工作经验，才能领悟其中的奥妙。

3. 合同跟踪

合同跟踪是订单人员的重要职责。合同跟踪的目的有三个：促进合同正常执行；满足企业的物料需求；保持合理的库存水平。在实际订单操作过程中，合同、需求、库存三者之间会相互产生矛盾，突出表现为：因各种原因合同难以执行；需求不能满足导致缺料；库存难以控制。恰当地处理供应、需求、缓冲余量之间的关系是衡量订单人员能力的关键指标。

1）合同执行前跟踪

当一个采购合同制定之后，供应商是否接受订单，是否及时签订等都需及时了解。在采购环境里，同一物料有几家供应商可供选择是十分正常的情况，独家供应的情况是个别情况。虽然每个供应商都有分配比例，但是在具体操作时还可能会遇到供应商因为各种原因拒绝订单的情况。由于时间的变化，供应商可能会提出改变“认证合同条款”，包括价格、质量、期货等，作为订单人员应该充分与供应商进行沟通，确认可选择的供应商。如果供应商按时返回订单合同，则说明供应商的选择正确；如果供应商确实难以接受订单，千万不可勉强，可以在采购环境里另外选择其他供应商，必要时要求认证人员协助办理。

2）合同执行过程跟踪

与供应商签订的合同具有法律效力，订单人员应该全力跟踪，合同确实需要变更时要征得供应商的同意，不可一意孤行。合同跟踪要把握以下事项。

（1）严密跟踪供应商准备物料的详细过程，保证订单正常进行。如果发现问题要及时反馈，需要中途变更的要立即解决，不要在这方面耽误时间。

（2）紧密响应生产需求形式。如果因生产需求紧急，要求本批物料立即到货，采购员就应该马上与供应商进行协调，必要时还应该帮助供应商解决疑难问题，保证准时供应。现在常把供应商视为战略伙伴，这时正是“伙伴”表现友情的时候。有时市场需求出现滞销，企业经过研究决定延缓或取消本次订单物料采购，订单人员应该立即与供应商进行沟通，确认可以承受的延缓时间，或者终止本次订单操作，同时应该给予供应商相应的赔偿。

（3）慎重处理库存。库存水平在某种程度上体现了订单人员的水平。既不能让生产缺料，又要保持最低的库存水平，这确实非常具有挑战性。订单人员表现如何，从库存水平就可以看出高低。当然，库存问题还与采购环境的柔性有关，这方面会反映出认证人员的水平，另外库存问题也与计划人员有关。

（4）控制好物料验收环节。物料到达订单规定的交货地点，订单操作者必须按照原先所下的订单对到货的物料品种、批量、单价及总金额等进行确认及录入归档，并且开始办理付款手续。通常境外物料的付款条件可能是预付款或即期付款，一般不延期付款。如果与供应商进行一手交钱一手交货的，则要求订单人员必须在交货前把付款手续办妥。

3）合同执行后跟踪

在按照合同规定的支付条款对供应商进行付款后需要进行合同跟踪。订单执行完毕的条件之一是供应商收到本次订单的货款，如果供应商未收到货款，订单人员有责任督促付款人员按照流程规定加快操作，否则会影响企业的信誉。另外，物料在运输或者检验过程中，可能会出现一些问题，偶发性的小问题可由订单人员或者现场检验人员与供应商进行联系解决。

4）补充说明

合同跟踪还有几点需要进行以下补充说明。

（1）在合同跟踪过程中，要注意供应商的质量、货期等的变化情况。需要对认证合同的条款进行修改的，要及时提醒认证办理人员，以便订单操作。

（2）注意把合同、各类经验数据的分类保存工作做好。有条件的，可以采用计算机软件管理系统进行管理，将合同进展情况录入计算机中，借助计算机自动处理跟踪合同。

（3）供应商的历史表现数据对订单下达以及合同跟踪具有重要的参考价值，因此应当注意利用供应商的历史情况来决定合同实施的过程和办法。掌握采购环境中供应商表现数据的多寡是衡量订单人员水平的一个重要指标。

五、采购绩效控制

基于管理角度，任何工作都应遵循 PDCA（计划—实施—检查—总结）的工作程序，采购也不例外。作为企业，制定了采购方针、战略、目标及制订了实现相应目标的行动计划后，在计划实施时还需有相应的绩效指标，用于对采购过程进行检查控制，并在各个阶段对工作进行总结，在此基础上提出下一阶段的行动目标与计划，如此循环往复、不断改进。

1. 采购绩效与指标

所谓采购绩效，是指由采购行为所产生的业绩和效果以及效率的综合程度。采购效果是指通过特定的活动，实现预先确定的目标和标准额的程度。即从合适的地方用最低的价格采购最好的材料，获得最优的服务，并及时运送到最佳的地点。采购效果通常用采购成本、原材料质量、交货等相关的指标表示。采购效率是指为了实现预先确定的目标，计划耗费和实际耗费之间的关系。采购效率一般用与采购能力相关的衡量采购人员、行政机构、方针目标、程序规章等的指标表示。

1）采购绩效的衡量

有位管理学家曾经说过“你永远控制不了不能衡量的事情”。要控制采购过程，必须制定采购绩效或表现的衡量指标。采购绩效的衡量指标可根据采购工作范围、采购能力与采购结果等划分为采购效率指标与采购效果指标两大类。采购绩效衡量的主要范围如图 9-9 所示。

2）采购绩效指标

（1）价格与成本指标。采购的价格与成本指标包括参考性指标和控制性指标。参考性指标主要有采购总额、供应商采购额、物品采购基价等。它们一般是计算采购相关指标的基础，同时也是体现采购规模、了解采购人员及供应商负荷的参考数据，是进行采购过程控制的依据和出发点，常提供给公司管理层做参考。而控制性指标则是指体现采购改进过程及其成果的指标，如采购降价幅度、本地化比率等。

（2）质量指标。质量指标主要是指供应商的质量水平以及供应商所提供的产品或服务的质量表现，它包括供应商质量保证体系、来料质量水平等方面。

（3）运行指标。运行指标指供应商在接收订单过程、交货过程中的表现及其运作水平。包括交货周期、交货可靠性以及采购运作的表现（如原材料库存等）等。

（4）其他采购效果指标。其他采购效果指标是指其他与供应商表现相关的指标，如供应商总体水平、综合考核以及参与产品或业务开发、支持与服务等方面的指标。

（5）采购效率指标。采购效率指标是指与采购能力相关的指标。

①人员。涉及采购部门总人数以及各类采购人员的比例、采购门人员的年龄、工作经验与教育水平结构、采购人员语言结构、采购人员培训目标及实施情况、采购部门人员流失率等。

②管理。可考虑采购人员的工作时间使用结构（处理文件、访问供应商等）及比例，采购人员的纪律执行情况（考勤等），采购人员的工资级别及费用情况，采购行政管理制度的完整性，供应商管理程序的完整性，采购系统的评审及评估目标水平等。

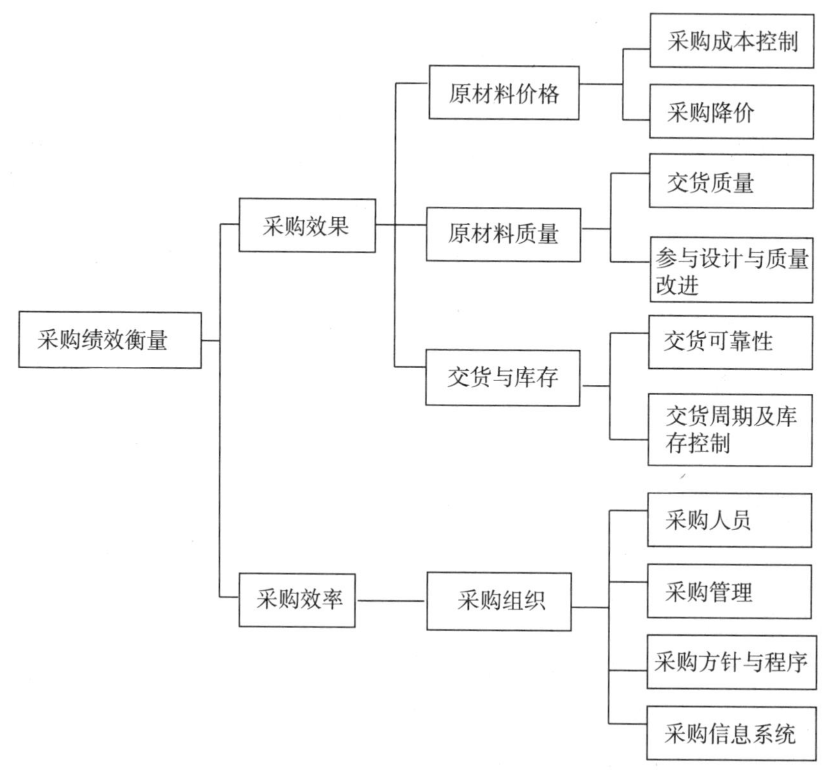

图 9-9　采购绩效衡量的主要范围

3）采购绩效指标的设定

采购绩效指标设定包括三个方面内容：一是要选择合适的衡量指标；二是绩效指标的目标值；三是确定绩效指标要符合的原则。

（1）采购绩效指标的选择需要同企业的总体采购水平相适应。对于采购体系尚不健全的单位，开始时可选择批次质量合格率、准时交货率等来控制和考核供应商的供应表现，而平均降价幅度则可用于考核采购部门的采购成本业绩。基本完善采购管理制度后，采购绩效指标也就相应地系统化、整体化了。

（2）确定采购绩效指标目标值要考虑以下几个前提。一是内外客户的需求，尤其是要满足下游客户如生产部门、品质管理等的需要。原则上，供应商的平均质量、交货等综合表现应该高于本公司内部的质量与生产计划要求，这也是“上游控制”原则的体现。二是所选择的目标以及绩效指标要同本公司的大目标保持一致。三是设定目标时既要实事求是、客观可行，又要具有挑战性，要以过去的表现作为参考，更重要的是要与同行的佼佼者进行比较。

（3）选择绩效指标的原则。选择的绩效指标可适用 SMART[①] 检查，即符合具体明确、可测量性（即尽量量化）、可接受（即能让自己、客户及相关的人员认同）、现实可行以及时间性要求等。

---

① SMART 原则是指 Specific（具体的）、Measurable（可测量的）、Attainable（可实现的）、Relevant（相关性的）、Time-bound（有时限的）。

2. 采购绩效评估

采购绩效评估是对采购工作进行系统的评价、对比，从而判定整体的采购水平。绩效评估方式有自我评估、内审、管理评审等。评估审核一般依据事先制定的审核评估标准，对照本公司的实际采购情况逐项检查、打分，依据实际得分对照同行或世界最好水平找出薄弱环节进行相应改进。

1）采购绩效评估的基本要求

美国采购专家威尔兹针对采购绩效评估的问题，曾提出以下几点要求。

（1）采购主管必须具备对采购人员工作绩效进行评估的能力。

（2）采购绩效评估必须遵循以下基本原则：绩效评估必须持续进行，要定期地审视目标达成程度；当采购人员知道会定期地评估绩效，自然会致力于绩效的提升；必须从企业整体目标的观点出发来进行绩效评估；评价必须持续不断而且长期进行。

（3）评估尺度。评估时可以使用过去的绩效为尺度作为评估的基础，更可以采用其他企业的采购绩效作为评估尺度。

2）采购绩效评估的标准

确定了绩效评估指标之后，必须设置标准以便考核。常见的标准有以下几种。

（1）历史绩效。选择本公司历史绩效作为评估目前绩效的基础是相当正确、有效的做法。如果公司的采购部门、职责或人员等有重大变动时，历史绩效就不适合作为评估标准。

（2）预算标准绩效。如果历史绩效难以取得或采购业务变化比较大，我们可以使用预算标准绩效作为衡量的基础。

（3）行业平均绩效。如果同行业其他公司在采购组织、职责以及人员等方面与本公司相似，则可与其绩效进行比较，以辨别彼此在采购工作成就上的优劣。数据资料既可以使用个别公司的相关采购结果，也可以应用整个行业绩效的平均水准。

（4）目标绩效。目标绩效则是在现有条件下，经过一番努力才能实现的。目标绩效代表公司管理层对工作人员追求最佳绩效的“期望值”。

3）采购绩效评估人员与方式

（1）评估人员。

①采购部门。采购部门评估人员主要是指采购主管，其对所管辖的采购人员最为熟悉，而且所有工作任务的指派、工作绩效的优劣，都在其直接监督之下。因此，由采购主管负责评估，可以注意到采购人员的一贯表现，体现公平客观的原则。但是主管进行评估会包含很多个人情感因素，从而使评估结果出现偏颇。

②相关部门。与采购部门业务相关的部门来评估采购绩效，可避免采购主管评估的不足。如会计与财务部门通过掌握的产销成本数据、资金的使用与占用数据等，对采购部门的工作绩效进行评估；工程或生产主管部门通过掌握的物料质量数据、供应的及时性数据对采购部门绩效进行评估；还可以探询供应商对本公司采购部门或人员的意见，以间接了解采购作业绩效和采购人员素质。

③外界专家或管理顾问。为避免公司各部门之间的本位主义或门户之见，可以特别聘请外部采购专家或管理顾问，针对企业全盘的采购制度、组织、人员及工作绩效，

做客观的分析与建议。

（2）评估方式。对采购人员进行工作绩效评估的方式，可分为定期绩效评估和不定期绩效评估。定期绩效评估方式一般采用目标管理法。目标管理法可以摒除“人”的抽象因素，以“事”的具体结果为考核重点，比较客观公正。由于使用这种方法时人们会特意追求考核目标的提高而忽略其他方面，因此对目标选择的要求比较高，要求目标选择全面。

不定期绩效评估往往以特定项目方式进行。例如公司要求某项特定物料的采购成本降低 5%，当设定的期限一到，公司就评估实际的成果给予采购人员适当的奖惩。这种评估方式对提高采购人员的士气有很大的帮助。这种不定期的绩效评估方式，特别适用于新产品开发计划、资本支出预算、成本降低专项方案等。

第五节　供应管理

企业物流管理主要功能是保障生产经营活动正常进行。供应管理是企业内部物流管理的主要内容。本节主要讲述供应管理的概念、物料消耗与供应定额、供应计划等内容。

一、供应管理概述

1. 供应管理的定义

供应物流是为生产企业提供原材料、零部件或其他物品时，物品在提供方与需求方之间的实体流动。供应管理是指在企业供应物流活动过程中，为了以最低的物流成本实现保障供给，对供应活动进行的计划、组织、协调与控制的过程。企业把采购来的物料，根据生产需要，按品种、质量、数量、期限，成套齐备地供应生产，促进企业经济合理地使用物料，挖掘物料潜力，消除物料积压，降低物耗成本，加速资金周转。

2. 供应管理与生产方式的关系

供应管理是企业内部生产的重要控制手段，是从企业的原料库到生产过程的物流流程管理。这一过程为生产企业提供了原材料、零部件以及各种在制品。其目的是在保障企业生产经营需求的前提下，实现物料供应的最优化。该过程具有降低物耗，挖掘资源利用潜力，减少库存积压，降低成本，加速资金周转等作用。

做好供应物流能够实现企业生产的均衡，同时也是企业内控制物料使用的主要环节。特别是对于我国大量的生产型企业，物料管理质量直接关系企业成本的控制以及生产过程的管理。

在计划经济时代，物料的供应管理处于非常重要的地位，主要是因为当市场处于绝对的供小于求的状态时，企业的经营活动即转化为简单的为了及时以及低成本地满足市场的需求如何有效生产的问题。在这样一种环境下，企业的关注重点在于如何增加产量、降低生产成本，而缺少市场层面的考虑。因此，供应管理主要也是围绕着降低成本进行，其主要方式是根据生产能力大小进行定额供料，保障生产线的连续运转。

市场环境的变化为企业带来了新的问题，市场的供给量持续增加，在终端消费品领域已经出现了供给大于需求的现象，企业的关注焦点不仅仅为如何进行生产，还要考虑如何能够更好地满足市场的需求，响应客户需求的变化。传统的基于计划的生产模式已经难以准确预测市场需求波动的情况，因此，企业的决策行为变成了如何将生产计划与客户订单进行结合，通过快速的市场响应来满足企业生存的需要。

在这一新环境下，供应管理被赋予了新的使命。即将企业的订单与 MRP 系统进行对接，按照 MRP 系统中的 BOM 表进行定时定量供货，既要保障企业的正常生产，同时还要做好供货安排，降低供货成本和减少浪费。在 JIT 模式下，企业的供货管理系统和上游的供应商之间建立起了密切的联系，实现了供应商到生产线的直接供货方式，更进一步实现了生产效率的提升以及客户需求的满足。

二、物料消耗与供应定额

1. 物料消耗与供应定额的概念、分类与作用

定额是生产过程中对人、财、物消耗的量化指标。实施定额管理是企业科学化管理的基础。物料消耗定额研究的是从投料到产品完成的全过程中应消耗的合理物资数量。物料消耗数量的多少与生产技术水平、管理水平以及原料自身都有着密切的关系，可以通过技术手段和经验来认识和掌握物料消耗的规律，并制定相应的物料消耗标准，用来考核生产经营的效率。

1）物料消耗定额的概念与分类

（1）物料消耗定额的基本概念。物料消耗定额是指在一定生产技术条件下，为制造单位产品或完成单位工作量所规定消耗物料的数量。如制造一艘船、一台柴油机或一个零件要耗用多少钢材；浇铸一吨合格铸件要耗用多少生铁、回炉铁和焦炭等，一般通过技术测定和经验测定的方法获得。

（2）物料消耗定额的分类。由于物料本身的特点以及生产和管理工作的要求不同，物料消耗定额有多种分类方法。

按物料消耗的用途特征分类如下。

①主要原材料消耗定额。

②辅助材料消耗定额。

按物料消耗定额的综合程度分类如下。

①单项定额：按具体品种、规格的产品或具体品种、规格的材料逐项制定的消耗定额。

②综合定额：在单项定额基础上，按扩大规格的产品或扩大规格的材料综合制定的消耗定额。

如在机器制造企业中，单项定额一般是指零件的消耗定额。综合定额一般是指产品的消耗定额，它是零件消耗定额的汇总。

按物料消耗定额的作用和性质分类如下。

①工艺消耗定额：从工艺角度规定的完成单位产品（或工作量）合理消耗的物料

数量，其不包括不属于工艺规定范围的各种损耗。

②供应消耗定额：从物料供应角度规定的完成单位产品（或工作量）所需消耗的物料数量标准。其中包括废品消耗的物料数量，以及装卸、运输、保管等供应过程中所产生的各种合理损耗。

按物料消耗的不同类别分类如下。

①原材料消耗定额。

②燃料消耗定额。

③动力消耗定额。

④配件消耗定额。

⑤工具消耗定额。

⑥其他消耗定额。

2）物料消耗定额的作用

企业的各项业务管理工作，都与物料消耗定额有着密切的联系。物料消耗定额在不同程度上对各项业务管理工作起着直接或间接的影响。在物料管理中，它是编制物料供应计划的基础，是限额供料、核定原材料储备和控制消耗的依据。在财务管理中，它是成本核算和核定流动资金的依据。在原材料节约中，它是衡量原材料节约或浪费的标准。管理物料消耗定额能够深入研究物料消耗的全过程，分析消耗的合理性，不断利用技术和管理的手段降低损耗和浪费，提高企业原材料的利用水平，节约生产成本。

2. 原材料消耗定额的基本结构

1）原材料消耗的构成

制定原材料消耗定额，首先要分析原材料消耗与消耗定额的构成，以及各构成部分之间的相互关系。所谓原材料消耗的构成是指从取得原材料一直到制成品产出的整个过程中，原材料消耗在哪些方面。原材料消耗与消耗定额如图 9-10 所示。

原材料消耗的构成，一般包括以下三部分。

（1）物资的有效损耗——构成产品（或零件）实体的净重。它是原材料的有效损耗部分。

（2）工艺性损耗。它是指在准备或加工过程中，由于工艺技术上的原因，使原材料形状或性能发生改变而产生的损耗。如准备过程中产生的锯切口、料头、边角残料，切削过程中产生的切屑；铸造过程中产生的炉耗和烧损等。工艺性损耗的大小受工艺技术条件和工人操作技术水平的影响。

（3）非工艺性损耗。它是指在准备和加工过程之中或以外，由于非工艺技术原因而产生的损耗。包括由于废品而产生的损耗；由于运输、保管不善等原因而产生的途耗、库耗；由于材料代用所增加的损耗；供应条件不符产生的损耗；原材料检验时的损耗；以及由于其他非工艺性原因产生的损耗等。

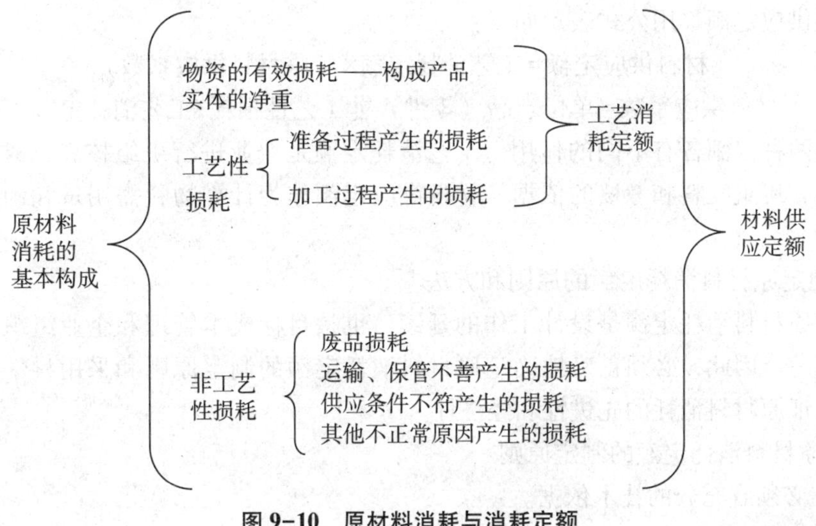

图 9-10　原材料消耗与消耗定额

2）原材料消耗定额的构成

在确定原材料消耗构成的基础上，即可确定原材料消耗定额的构成。所谓原材料消耗定额的构成，是指定额中应包括哪些原材料消耗。产品（或零件）净重是原材料的有效消耗，是原材料消耗定额的基本构成部分；工艺性损耗是由于技术加工的特性引起的补充消耗，是不可避免的，但应力求最小。原材料消耗定额就是由这两部分消耗构成的。在实际工作中，把它称为工艺消耗定额，或者简称工艺定额。用公式表示如下：

单位产品（零件）工艺消耗定额=单位产品（零件）净重+各种工艺性损耗的重量总和

或

单位产品（零件）工艺消耗定额=单位产品（零件）净重×〔1+各种工艺性损耗重量总和占产品（零件）净重的百分比〕

对于企业内部的机具设备维修、技术措施、工卡模具、胎架样板、中间试验、劳动保护、科学研究、教学实习、产品包装和未列入生产计划的产品试制等，可各自单列原材料消耗定额，不能列入主体产品的原材料消耗定额中，也不能当作非工艺性损耗处理。

在产品制造中的加工外协件，凡带料的，应计入本企业的单位产品原材料消耗定额内；不带料的加工外协件，不应计入本企业定额内。

3）材料供应定额

非工艺性损耗一般是由工作中的缺点造成的，并非产品制造所必需的原材料消耗，因此不应包括在原材料消耗定额之内，否则就会削弱定额对生产和管理的促进作用，造成物料的合法浪费。但是，在一定的生产技术组织条件下，有些非工艺性损耗又是难以完全避免的。为保证生产需要，确保供应，就需要在工艺消耗定额的基础上，按一定比例加上这部分损耗。一般以材料供应系数来表示。这样计算出来的定额，通常叫作材料供应定额。用公式表示如下：

材料供应定额=工艺消耗定额×（1+材料供应系数）

材料供应系数=单位产品（零件）非工艺性损耗/工艺消耗定额

上述两种定额各有不同的作用。工艺消耗定额是企业进行班组核算、成本核算以及向车间、班组发料和考核的依据，材料供应定额作为计算物料需用量和确定采购量的依据。

3. 制定原材料消耗定额的原则和方法

因为原材料消耗定额是设计工作的延续，也是目标成本管理和企业组织生产的技术标准之一。因此，必须正确地确定原材料消耗定额的制定原则和采用科学的制定方法，以保证原材料消耗的先进性和经济性。

1）原材料消耗定额的制定原则

（1）必须有充分的技术依据。

（2）在保证产品质量的前提下，降低消耗。

（3）必须以先进技术（设计与工艺）为基础，而不是迁就落后的技术和管理。

（4）讲求综合效益。综合效益包括企业的和国家的经济效益。对企业的经济效益要进行价值分析，全面衡量原材料的选择和消耗对产品成本的影响。企业的经济效益必须服从国家的经济效益。

（5）要有实用性。所制定的原材料消耗定额必须能够指导生产，并真正起到控制原材料消耗的作用。

2）原材料消耗定额的制定方法

原材料消耗定额的制定方法很多，企业一般主要采用以下五种方法。

（1）技术计算法。技术计算法是根据产品零件结构、工艺规程和正常的生产技术条件，通过科学分析和计算，从而制定原材料消耗定额的方法。它通过计算分析确定出零件的下料尺寸、展开面积，按零件汇总出净重、下料重量，制定工艺消耗定额，这种方法是较科学的。它基本贯穿了从产品设计、下料到加工的全过程，能够控制每个环节的不合理因素，能最大限度地利用和节约原材料，该方法是最经济的方法。

（2）实际测定法。实际测定法是在生产实践过程中用称重、量尺等测量的方法，来确定零件的原材料消耗定额，或通过实际测试来确定单位面积、单位容量、单位长度、单位试验时间的原材料消耗量。它适用于零件加工、焊接材料、油漆、表面镀层材料等消耗定额的制定。

（3）系数计算法。系数计算法是用统计分析的方法，找出加工对象某些容易度量的物理特性与工艺消耗定额之间的相互关系，间接地计算出工艺消耗定额的方法。对于技术计算复杂、实际测定也有一定困难的加工对象，可通过系数计算法来制定原材料消耗定额。但必须在占有大量数据，能准确得出相关数值之间的比例时，才能用于原材料消耗定额的制定。目前，铸件原材料的工艺消耗定额允许以系数计算法确定。

（4）经验估算法。经验估算法是根据技术人员和生产工人的实际经验，参考有关技术文件（如设计图纸、工艺规程）和产品实物，考虑计划期内的生产技术组织条件等因素，通过估算制定物料消耗定额的方法。这种方法比较简便易行，但技术依据不足，受主观经验的影响很大，因而定额的精确程度较差。一般适用于品种繁多而占用资金较少的物料，或在缺乏技术资料和统计资料的情况下采用。

（5）统计分析法。统计分析法是根据原材料消耗的统计资料，考虑到计划期内生产技术和生产组织条件的变化等因素，经过对比、分析、计算，从而制定原材料消耗定额的方法。只要有比较健全的统计资料，都能采用这种方法。但由于它是以过去的统计资料为依据，所以在采用统计分析法时，对统计资料必须进行深入细致的分析。

三、供应计划

1. 物料供应计划的编制

企业编制物料供应计划的主要内容包括：确定各种物料的需用量，确定期初、期末库存量，编制物料平衡表。

（1）确定各种物料需用量。物料需用量是指完成生产经营任务需要消耗的物料数量。物料需用量的合理确定，是及时、齐备、经济合理地保障供应的前提。

（2）确定期初库存量和期末库存量。企业在计划期内期初库存量和期末库存量往往是不相等的。这样，即使在物料需用量不变的情况下，物料的采购数量也会发生相应的增减。当期初库存量大于期末库存量时，物料的采购量就可减少，反之，就要增加。

（3）编制物料平衡表。企业在确定各种物料需用量和期初库存量、期末库存量的基础上，就可以编制物料平衡表，即物料需要与资源的平衡。一般可以用下列公式计算物料申请采购量：

某种物料的申请采购量=物料的需用量+期末库存量-
期初库存量-企业内部可利用的物料

物料平衡表是按物料的具体品种规格编制的，并以实物和货币表示，以便与成本计划、财务计划衔接起来。编好物料平衡表后，就可以按物料的类别加以汇总，编制出年度物料供应计划，同时作为物料采购依据。

2. 物流需求计划（MRP）

1）MRP 原理

每个制造企业必须不断地回答下面四个问题：①我们要制造什么？②我们用什么来制造？③我们有什么？④我们还应得到什么？实际上 MRP 系统的实施过程就是回答这些问题的过程，如图 9-11 所示。

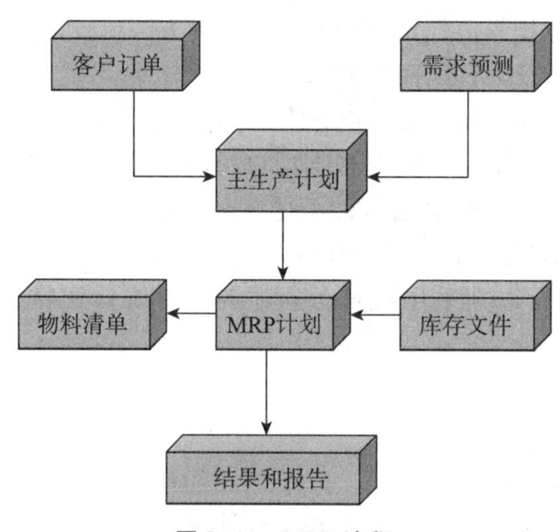

图 9-11　MRP 流程

（1）主生产计划（MPS）。根据实际的客户订单和需求预测，主生产计划指导整个 MRP 系统的实施过程。MPS 精确、详细地规定了公司生产或组装的最终产品的品种与数量，MPS 将提供每个存货单元（SKU）的详细生产计划，它回答了“我们要制造什么”这个问题。管理人员负责制订每月的产品主生产计划，材料计划则将其细化，制订为周主生产计划。

（2）物料清单（BOM）。物料清单确切地规定了制造或组装最终产品所需的各种原材料、零部件和中间产品。除了确定总的需求，如数量，BOM 也显示每个投入品应在什么时候供应。同时它也确定这些投入品之间的相互关系，并说明它们对最终产品的相对重要性。物料清单回答了“我们用什么来制造”这个问题。工程师负责确保其准确性，并及时根据实际情况进行修改。

（3）库存文件。该文件保存有每种物料的库存记录，还包括有关物料需求的安全存货及备货期等方面的信息。公司可以从总需求中减去现有的部分，这样就可以知道任一时候的净需求。库存文件回答了“我们有什么”的问题。由库房工作人员来负责库存文件的记录与更新，并保证它的准确性。

（4）MRP 计划。基于主生产计划确定的最终产品需求、物料清单和库存文件提供的相关信息，MRP 系统首先把最终产品需求分解成对每个零部件和原材料的总需求，然后减去现有的库存，得到净需求，最后下达生产和装配过程中必需的投入指令，并给出相应的订货要求信息。“我们还应得到什么”这个问题的答案就来自这一步骤。

（5）结果和报告。最后，MRP 系统将相关结果报告给有关的物流、制造和组装的管理人员，指导他们进行相关的操作。几个基本的结果和报告包括与下面相关的信息和记录：公司需订购的数量和时间；任何需要加快或调整到达的日期或数量；MRP 系统状态。这些报告用于控制 MRP 系统和复杂环境，并每天检查以做出适当的调整，提供相应信息。

2）MRP 的应用案例

（1）基本情况。为了更全面地理解 MRP，我们来看一个生产定时器的公司的案例。假如根据总体生产计划，公司在第 8 周周末要生产出一个定时器并交付客户。

图 9-12 表示的是生产一个定时器的原料清单，一个成品需要 2 个盖子、1 个球、3 个支撑件和 1 公斤沙子。图中也表明，必须先把沙子装入球内，才能组装成定时器。

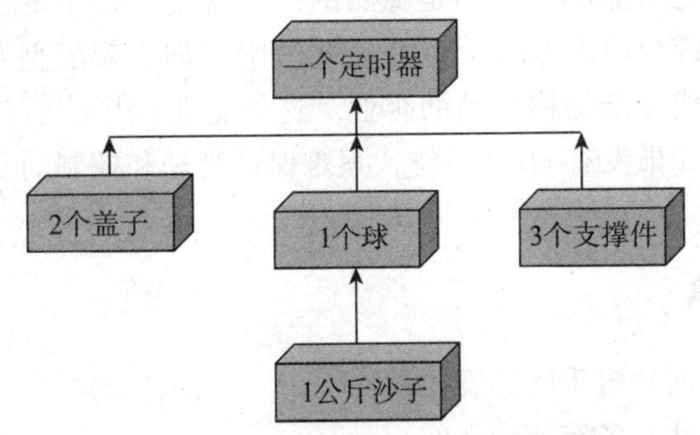

图 9-12　MRP 应用案例——生产定时器

表 9-4 是生产定时器的存货状况及各原料的净需求，它是总的需求与现有存货之差。表 9-4 也表明了各部件的备货时间，如采购支撑件与空心球（简称球）的备货时间是 1 周，而沙子需 4 周，盖子要 5 周。当所有的部件备齐后，组装定时器需 1 周时间。

表 9-4　存货状况与各原料的净需求

产品与材料	总需求	存货	净需求	备货时间（周）
定时器	1	0	1	1
盖子	2	0	2	5
支撑件	3	2	1	1
球	1	0	1	1
沙子	1	0	1	4

表 9-4 是有关定时器生产的订货、接收、组装和完成的活动的总体计划。因为公司必须在第 8 周周末把一个定时器准备完毕，所以合适的部件必须在第 7 周准备就绪。通过第 7 周需要的部件向前推算，通过表 9-4 中可找出订购与接收部件存货。例如，2 个盖子需要 5 周的备货时间，公司必须在第 2 周下订单。支撑件需要 1 周的备货时间，公司应在第 6 周下达订单。最后，公司需在第 6 周订购球，以备第 7 周使用，在第 2 周订购沙子以备第 6 周到货。

这个例子说明了 MRP 方法如何与存货计划和存货控制相联系。事实上，MRP 系统本身会做出如表 9-4 所示的计划。当程序做出总体计划后，就会以便于管理人员使用的格式打印出来。公司将据此规定时间与数量并下达所需备件的订单。

实践中，MRP 对于需求量大的零部件生产的订单计划与控制特别适用。除了如定时器之类的简单例子外，计算机化是使用 MRP 的先决条件。只有具备了现代计算机的处理速度和能力，公司才能够以经济合理的方式应用 MRP。

（2）应用分析。MRP 系统要想有效地发挥其作用，需要应用该系统的企业具备以下条件：①产品装配提前期较长；②原材料、零部件的备货提前期较短；③原材料、零部件的备货提前期是可靠的，而不是臆测的；④有一个稳定的生产主进度表；⑤批量的大小变动较小。综合以上考虑，MRP 系统适用于加工装配型企业，尤其是生产由成千上万个零部件组成复杂结构产品的企业。这类企业在生产管理与物料控制中需进行大量的数据处理，如果没有 MRP 系统，很难保证管理和控制的及时、准确和有效。

复习思考题

1. 何为采购？如何理解采购的五要素？
2. 采购方式有哪些？各有何特点？
3. 如何进行采购环境和内部需求分析？
4. 如何运用采购战略定位模型对供应商进行分类？并结合供应商感知模型阐述不同供应商的关系战略。
5. 如何提升对供应商的吸引力？
6. 如何进行供应商的选择与管理？
7. 不同项目定位的物资采购管理策略是什么？
8. 原材料消耗定额有哪些构成？

第十章　库存管理

首先，本章介绍了库存的基本概念、作用与弊端，库存的分类以及库存成本的构成。其次，详细地介绍了库存控制管理。最后，系统地介绍了供应链环境下存在的库存控制问题，以及库存控制方法。

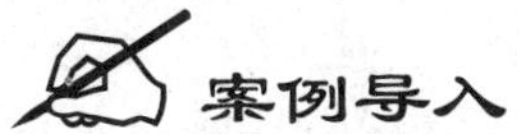

案例导入

剪标处理，解决库存的另类捷径

库存一直是多数服装企业头疼的问题，处理得太过分容易损伤品牌价值，不处理又极易造成企业亏损。海澜之家的存货规模庞大，目前没有爆发经营危机，与其采取的“上游赊销货品+下游财务加盟”的合作模式有关。

海澜之家（以下简称公司）下游门店分为直营店和加盟店，其中，加盟店占比90%。加盟商只负责出钱开店，海澜之家代运营，商品的所有权在海澜之家手里，加盟商和加盟店无须承担存货风险。在与上游供应商之间的合作中，双方采用了“赊购+可退货”采购模式。公司在采购时可先拿货销售，之后再逐月结款，从而保证了公司现金流健康；采购合同则以可退货为主，不可退货为辅，因此分流库存风险。

这种共担风险的合作模式是海澜之家用1.15倍加价率换来的。合作中，供应商可实现约13%的毛利，盈利水平高于同业的10%，加之海澜之家采购规模巨大、稳定，供应商的合作意愿较强。从2019年财报来看，90亿元的库存中，除去6亿元的原辅材料和职业装存货，剩下的84亿元存货里有46亿元是可以退货的。

供应商无须承担退货风险，而是在收到退货后，转手将这些剪标产品销售到市面上，交由大量小微卖家解决。凭借“中国第一男装品牌”的广告效应，剪标产品在市面上非常畅销，甚至形成了一个完整的海澜之家剪标产品生态链，顺便将品牌推进了低端市场。

对于那些更加“顽固”的库存，海澜之家也有捷径可走。“海一家”是海澜之家为专门处理过季服装成立的子品牌，1~2年内不可退的滞销库存，一部分可以丢给这个品牌进行剪标打折处理。供应商和子品牌前后护航，既保护了海澜之家的品牌形象和价值，也解决了部分库存压力。

存货高企的问题已经困扰海澜之家多年，目前的账面存货也是多年累积下来的。2015年公司库存最高值达95.8亿元，经过五年时间，在保持营收稳定增长的情况下，库存保持不增长，已经算是不错的成绩了。

第一节　库存概述

一、库存的定义

库存是指储存作为今后按预定的目的使用而处于闲置或非生产状态的物品。

广义的库存还包括处于制造加工状态和运输状态的物品。

二、库存的作用与弊端

1. 库存的作用

自从有了生产，就有了库存物品的存在。库存对市场的发展、企业的正常运作与发展起了非常重要的作用。具体体现在以下几方面。

（1）调节供求差异，保证生产、经营活动的正常需要。对物品的需求是随生产、经营活动的进行而不断发生的。但销售预测型企业并不预先知道市场真正需要什么，只是按对市场需求的预测进行生产，需求与供应在时间和数量上往往是不同步的，这种方式下，企业对最终销售产品必须保持一定数量的库存才能保证企业生产、经营活动的正常需要。其目的是应付市场的变化，因此，只有保持一定的库存量，才能保证生产经营的持续性，防止因缺货而发生非正常中断。但随着供应链的形成，这种库存也在减少或消失。

（2）维持生产的稳定。企业按销售订单与销售预测安排生产计划，并制订采购计划，下达采购订单。采购物品需要一定的提前期，这个提前期是根据统计数据或者是在供应商生产稳定的前提下制订的。由于某些主观或客观的因素（如预测、计划不准确、生产事故、运输故障等）影响，供应商有可能会拖后而延迟交货，最终影响企业的正常生产，造成生产的不稳定。如果企业保持一定量的库存作为缓冲，就能保证生产经营正常进行。

（3）平衡企业物流。在企业采购材料、生产用料、在制品及销售物品的物流环节中，库存起着重要的平衡作用。对于采购的材料会根据库存能力（资金占用等）协调来料，收货入库。同时对于生产部门的领料也应考虑库存能力、生产线物流情况（场地、人力等）平衡物料发放，并协调在制品的库存管理。另外，对销售产品的库存也要视情况进行协调（各个分支仓库的调度与出货速度等）。

（4）运输合理化。从运输费用整体角度看，在工厂和消费地之间设置配送中心，将大批量商品从工厂运至配送中心，使配送中心保有一定的库存商品，然后再按配送方向进行小批量配送，这种方法才是最经济的。在配送中心保持一定的库存，有利于运输的合理化。

（5）平衡企业流动资金的占用。库存的材料、在制品及成品是企业流动资金的主要占用部分，因而库存量的控制实际上也是流动资金的平衡。例如，加大订货批量会降低企业的订货费用，保持一定量的在制品库存会减少生产调整次数，提高工作效率，但这两方面都要寻找最佳控制点。

维持适当的库存对于调节工序，保证生产经营活动正常有效地进行，并获得良好的经济效益，都是十分必要的。

2. 库存的弊端

库存的作用是相对的。客观地说，任何企业都想把库存压到最低，无论是原材料、在制品还是成品，这是因为库存还会给企业带来很多不利因素，库存的弊端主要表现在以下几个方面。

（1）占用企业大量资金。通常情况下，库存占企业总资产的比重为20%～40%，库存管理不当会形成大量资金的沉淀。

（2）增加了企业的产品成本与管理成本。库存材料成本的增加直接导致产品成本的增加，而相关库存设备、管理人员的增加也加大了企业的管理成本。

（3）掩盖了企业众多管理问题，如计划不周、采购不力、生产不均衡、质量不稳定及市场销售不畅等。

三、库存的分类

1. 按库存在再生产过程中所处的领域分类

按库存在再生产过程中所处的领域不同，库存可分为生产库存、流通库存和国家储备。

（1）生产库存：生产库存是制造商为了满足生产消耗的需要，保证生产的连续性和节奏性而建立的储备，其中按库存的用途分为原材料库存、材料库存、半成品库存和产成品库存，也有辅助生产用的工具库存、零件库存和设备库存。按库存的目的分为周转库存、安全库存和季节库存。

（2）流通库存：流通库存是为了满足生产和生活消费的需要，补充制造储备和生活消费储备的不足而建立的库存。包括批发商、零售商为了保证供应和销售而建立的库存，以及在车站、码头、港口和机场中等待中转运输和正在运输过程中的货物。

（3）国家储备：国家储备是国家为了应对自然灾害、战争和其他意外事件而建立的长期储备，如石油储备、粮食储备等。

2. 按库存在企业中的用途分类

按库存在企业中的用途可分为原材料库存、在制品库存、维护/维修/作业用品库存、包装物和低值易耗品库存及产成品库存。

（1）原材料库存。原材料库存是指企业通过采购和其他方式取得的用于制造产品并构成产品实体的物品，以及供生产耗用但不构成产品实体的辅助材料、修理用备件、燃料以及外购半成品等，是用于支持企业内制造或装配过程的库存。

（2）在制品库存。在制品库存是指已经过一定生产过程，但尚未全部完工、在销售以前还要进一步加工的中间产品和正在加工中的产品。

（3）维护/维修/作业用品库存。维护/维修/作业用品库存是指用于维护和维修设备而储存的配件、零件、材料等。

（4）包装物和低值易耗品库存。包装物和低值易耗品库存是指企业为了包装本企业产品而储备的各种包装容器和由于价值低、易损耗等原因而不能作为固定资产的各种劳动资料的储备。

（5）产成品库存。产成品库存就是已经制造完成并等待装运，可以对外销售的制成产品的库存。

3. 按企业库存性质分类

（1）安全库存。安全库存是指用于应对不确定性因素而准备的缓冲库存。这种库存在企业的库存总量中占有相当的比例，据有关资料统计。安全库存在零售业总库存中所占的比例为 1/3 左右，一般实行较长时间的贮存，短时间内不打算动用，除非碰上紧急情况。即使动用，也要以新换旧，保持物资的使用价值。

（2）周转库存。周转库存是指生产企业或者流通企业为进行生产或流通周转而进行的不断流转的储备。周转库存主要是用来缓解采购和生产批量不一、采购与投产时间不一、上下加工环节效率不一而形成的矛盾，它是生产和流通的前提。

四、库存成本的构成

伴随着库存全过程，将消耗相应的活劳动和物化劳动，其货币表现即库存成本。全部库存过程会发生各种各样的费用，库存成本大致可以分为以下几类。

1. 订货成本

订货成本即在订货过程中发生的全部费用，包括差旅费、订货手续费、通信费、招待费以及因为订货而支付给订货人员的有关费用等。订货成本的特点：在一次订货中，订货成本与订货量的多少无关。而若干次订货的总订货成本与订货次数有关，订货次数越多，总订货成本越大。

2. 存储成本

存储成本（又称持有成本）即在保管过程中所发生的一切成本，包括出入库时的装卸、搬运、验收、堆码、检验费用；保管用具和用料费用；仓库房租、水电费；保管人员有关费用；保管过程中因货损货差等支付的费用；被保管物资作为流动资金的积压应支付的银行利息费用等。显然，存储成本的特点是存储成本大小与被保管物资数量的多少和保管时间的长短有关。一次订货量太高，将导致库存量和平均存储成本增加。因此要选择合适的订货批量。

3. 缺货成本

所谓缺货，就是当客户来买货时，仓库没有现货供应。缺货会造成缺货损失，即缺货成本。缺货对供应商和客户都会造成不同程度的经济损失。对供应商来说，失去了销售机会，减少了盈利收入；或违背了合同条约，遭受罚款；或加班加点，紧急补救；或多次缺货，失去信誉和客户，从而失去市场竞争能力。对客户来说，增加了采购费用（需到别的地方采购），或停工待料，影响了正常的生产运营，甚至不得不停工改产。这些经济损失都可以折算为缺货成本。在最简单的情况下，可以认为缺货成本与缺货量或缺货时间成正比。

由以上分析可知，库存过程的全部成本应当包括订货成本、存储成本、缺货成本等，在制定库存策略时，应综合考虑这些成本。

第二节　库存管理

一、库存管理的目标

库存管理就是对库存物资的管理。库存管理的目标主要是在保障供应的前提下尽可能降低成本。拥有足够的库存是为了满足客户对产品的需求，不至于因库存短缺而停产或丧失销售机会；同时可能在规模生产、运输和购买折扣中获得成本的节省。但持有存货需要付出成本，如资金占用、库存物资保管、库存损失和库存风险等。因此，库存管理就是要通过科学而巧妙的运作，做到既保障供应又降低成本。库存管理主要包括库存成本管理和库存控制管理，而库存管理的核心问题就是库存控制管理。

二、库存分类管理——ABC 分类法

1. ABC 分类法的基本原理

企业的库存对象种类繁多，其货值大小不一，如果对库存的物资按照价值排序，可以明显地看出其分布符合 80/20 法则，即重要的少数和不重要的大多数。通过对库存物资按照累积百分比进行分类，将重要的少数定义为 A 类，加以精细化管理，控制其供应风险以及获取成本。将不重要的大多数则定义为 C 类，考虑如何降低库存管理人员在精力方面的支出，而介于两者之间的则定义为 B 类。这是一种按照货值大小的分类方法，但是在实际应用中，还需要考虑其他的因素，ABC 分类不是只能按固定的模式分成三类，在实际应用中，ABC 分类（也称为 ABC 分析）还有许多灵活、深入的方法。

（1）分层 ABC 分析。在物品种类较多，无法全部排列于表中；或者即使可以排成大表，但是没有必要的情况下，也可以先进行品目的分层，以减少项数，再根据分层结果将 A 类品目逐一列出，进行个别的重点管理。

（2）多重 ABC 分析。多重 ABC 分析是在第一次 ABC 分析基础上，再进行一次 ABC 分析。比如，分层的 ABC 分析中 A 类的品目非常多，则可以对这一集合群再进行一次 ABC 分析。其结果是，原来 A 类中又划分出 A、B、C 三类，可分别冠以 A—A、A—B、A—C，这样可以使管理者进行更有针对性的管理。

（3）综合 ABC 分类。在实际工作中，管理目标往往不止一个，不同的目标又有不同的要求，不同的要求形成不同的分类。采购管理中的采购品项定位，就是分别对物品按支付水平、供应风险、影响程度三种分类标志进行 ABC 分类，然后再按一定的权重进行综合，形成综合 ABC 分类，以此确定库存与采购策略。

2. ABC 分析的一般步骤

一般来说，企业的库存反映着企业的管理水平，通过调查企业的库存，可以大体了解企业的经营状况。虽然 ABC 分析法已经形成了企业中的基础管理方法，有广泛的适用性，但目前主要应用于库存管理活动。

ABC 分析的一般步骤如下。

（1）收集数据。按分析对象和分析内容，收集有关数据。例如，对仓库中所有的物品的成本情况进行统计，以了解库存物资的资金占用情况，便于实施重点管理。

（2）处理数据。根据上一阶段所得到的物品数据，按照平均资金占用额进行排序，并进行资料的整理与汇总。

（3）绘制 ABC 分析表。如表 10-1 所示。

表 10-1　　ABC 分析

序号	物品名称	品项数累计	品项数累计百分比	物品单价	平均库存	平均资金占用额	平均资金占用额累计	平均资金占用额累计百分比	分类结果

制表按下述步骤进行：将第 2 步已算出的平均资金占用额，由高至低填入表中第七栏。以此栏为准，将对应物品名称填入第二栏、物品单价填入第五栏、平均库存填入第六栏、在第三栏中按 1、2、3、4……编号，则为品项数累计。此后，计算品项数累计百分比并填入第四栏；计算平均资金占用额累计，填入第八栏；计算平均资金占用额累计百分比，填入第九栏。

（4）根据 ABC 分析表确定分类。按 ABC 分析表，观察第四栏品项数累计百分比和第九栏平均资金占用额累计百分比，将品项数累计百分比为 5%～15%而平均资金占用额累计百分比为 60%～80%的前几个物品，确定为 A 类；将品项数累计百分比为 20%～30%，而平均资金占用额累计百分比也为 20%～30%的物品，确定为 B 类；其余为 C 类，C 类情况正和 A 类相反，其品项数累计百分比为 60%～80%，而平均资金占用额累计百分比仅为 5%～15%。

（5）绘制 ABC 分析图。以品项数累计百分比为横坐标，以平均资金占用额累计百分比为纵坐标，按 ABC 分析表第四栏和第九栏所提供的数据，在坐标图上取点，并连接各点曲线，绘成 ABC 曲线。

按 ABC 曲线对应的数据，以 ABC 分析表确定 A、B、C 三个类别的方法为依据，在图上标明 A、B、C 三类，制成 ABC 分析图。

3. 确定重点管理要求

ABC 分析的结果理顺了复杂事物，搞清了各类库存物品的地位，明确了重点。但是，ABC 分析的主要目的更在于解决困难，它是一种解决困难的技巧，因此，在分析的基础上必须提出解决问题的办法，才真正达到 ABC 分析的目的。目前，许多企业为了应付验收检查，在形式上进行 ABC 分析，但并未真正掌握这种方法，未能将分析转化为效益，这是应避免的。

按 ABC 分析结果，再权衡管理力量与经济效果，对三类库存物品进行有区别的管理。如表 10-2 所示。

表 10-2　　库存 ABC 管理

	A	B	C
管理要点	投入较大力量精心管理，将库存压缩到最低水平	按经营方针调节库存水平	集中大量订货，以较高的库存来减少订货费用
订货方式	计算每种物品的订货量，按最优订货批量，采用定期订货的方式	采用定量订货方式，当库存降到最低点时订货，订货量为经济订货批量	采用双箱或三箱法，用两个库位储存，一个库位的货发完了，用另一个库位的货发，并补充第一个库位的存货
定额水平	按品种甚至规格控制	按品种大类控制	按总金额控制
检查方式	经常检查	一般检查	按年度或季度检查
统计方法	详细统计，按品种、规格规定统计项目	一般统计，按大类规定统计项目	按金额统计

三、库存控制原理与采购订货策略

1. 库存控制原理

因此，从库存控制的角度看，库存的四个过程（订货、进货、保管、销售供应）中，能影响库存量大小的只有订货过程、进货过程和销售供应过程。订货过程、进货过程使库存量增加，销售供应过程使库存量减少。控制订货过程、进货过程和销售供应过程都可以达到库存控制的目的。

2. 采购订货策略

（1）要分析需求类型，要弄清需求的性质和规律。

（2）要弄清企业的经营方式。

（3）选择合适的库存控制方法。

四、定量订货法与定期订货法

库存管理者无法决定库存的品种，但是可以控制订货的数量和订货的时间。因此通过合理调节库存的补充频率和补充量，能够优化库存管理的绩效。

常见的库存控制（管理）方法有定量订货法和定期订货法，可适用于不同的环境。

1. 定量订货法

所谓定量订货法，就是预先确定一个订货点和订货批量，随时检查库存，当库存下降到订货点时就发出订货。

1）定量订货法的原理

订货点 Q_K（Q_K是发出订货时的实际库存量）和订货批量 Q_0的确定，取决于库存物资的成本和需求特性，以及相关的存货持有成本和再订购成本，订货批量一般取经济订货批量 Q^*。定量订货法的运行模型如图 10-1 所示。

从图 10-1 可以看出：假设实施订货点控制技术之前，已确定好了订货点 Q_K、订货批量 Q^*。其中 Q_K由两部分构成，一部分是安全库存 Q_S，另一部分是订货提前期平均需求量 $\bar{R}$。定量订货法最主要控制的订货参数有两个，一是订货点 Q_K，二是订货批量 Q^*。

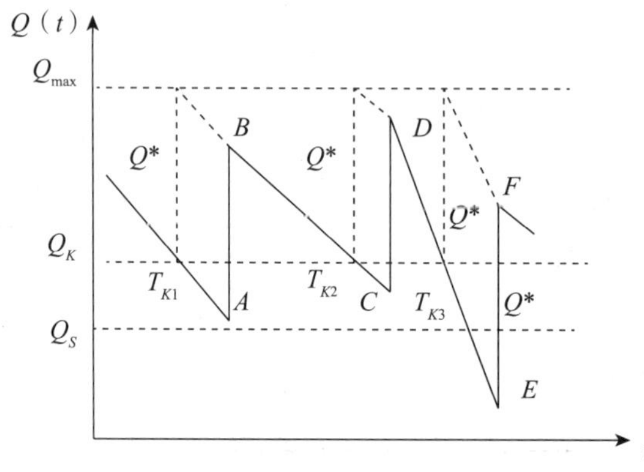

图 10-1　定量订货法的运行模型

2）确定订货点 Q_K

由于订货提前期需求量 R 和订货提前期 T_K的取值经常是随时间而随机变化的，不是一个固定的值，是随机变量，其分布属随机型分布，一般情况下都假设其服从正态分布。

正态分布有两个特征参数：一个是订货提前期平均需求量（或消耗量、供应量）$\bar{R}$，其对应的标准偏差为 σ_R；另一个是平均订货提前期 $\overline{T_K}$，其对应的标准偏差为 σ_T。

其中，$\bar{R}=\dfrac{\sum_{i=1}^{n} R_i}{n}$；$\overline{T_K}=\dfrac{\sum_{i=1}^{n} T_{Ki}}{n}$。

$Q_K=\bar{T}_K\bar{R}+\alpha\sqrt{\bar{T}_K\sigma_R^2+\bar{R}^2\sigma_T^2}$

两个特征参数的协方差：$\sigma_D=\sqrt{T_{\bar{K}}\sigma_R^2+\bar{R}^2\sigma_T^2}$

其中 $Q_S=\alpha\sqrt{\bar{T}_K\sigma_R^2+\bar{R}^2\sigma_T^2}$

说明：当 R 为确定量、T_K 为随机变量时，$\bar{R}=R$，而 $\sigma_R=0$。则：

$$Q_K=R\,\overline{T}_K+\alpha R\sigma_T=R(\overline{T}_K+\alpha\sigma_T)$$

当 T_K 为确定量、R 为随机变量时，$\overline{T}_K=T_K$，而 $\sigma_T=0$。则：

$$Q_K = \overline{R}T_K + \alpha\sqrt{\overline{T_K}}\sigma_R$$

当 R 、T_K 均为确定量时，$\overline{T_K} = T_K$，而 $\sigma_T = 0$，$\overline{R} = R$，而 $\sigma_R = 0$。则：

$$Q_K = RT_K \text{（变成确定型）}$$

式中，α 是安全系数，安全系数由缺货率 q 或者库存满足率 p 来确定。Q_S是安全库存量，它等于安全系数与标准协方差的乘积。

所谓库存满足率 p，就是库存物资满足用户需求的程度。在这里，特指由订货点库存量对于订货提前期需求量的满足程度。因为库存满足率与缺货率是互补的（$p+q=1$），所以知道缺货率便可知道库存满足率。安全系数 α、库存满足率 p、缺货率 q 和安全库存量 Q_S 都是一一对应的关系，已知 α 或 p 或 q 都可以知道 Q_S。如当 $\alpha=0$ 时，$p=0.5$，$q=0.5$，$Q_S=0$；$\alpha=1$ 时，$p=0.84$，$q=0.16$，$Q_S=\sigma_D$；当 $\alpha=2$ 时，$p=0.977$，$q=0.023$，$Q_S=2\sigma_D$ 等。α 的计算可根据既定的服务水平（库存满足率），通过查正态分布表得出。几个典型的安全系数特性对照如表 10-3 所示。

表 10-3　　几个典型的安全系数特性对照

p	q	α	Q_S	Q_K
0.5	0.5	0	0	$\overline{D_L}$
0.84	0.16	1.00	$Q_S=\sigma_D$	$Q_K=\overline{D_L}+\sigma_D$
0.85	0.15	1.04	$Q_S=1.04\sigma_D$	$Q_K=\overline{D_L}+1.04\sigma_D$
0.90	0.10	1.28	$Q_S=1.28\sigma_D$	$Q_K=\overline{D_L}+1.28\sigma_D$
0.95	0.05	1.65	$Q_S=1.65\sigma_D$	$Q_K=\overline{D_L}+1.65\sigma_D$
0.977	0.023	2.00	$Q_S=2.00\sigma_D$	$Q_K=\overline{D_L}+2.00\sigma_D$
0.9987	0.0013	3.00	$Q_S=3.00\sigma_D$	$Q_K=\overline{D_L}+3.00\sigma_D$

安全系数，实际上就是正态分布系数，可以由正态分布表给出。安全系数如表 10-4 所示。

表 10-4　　安全系数

α	0.0	0.13	0.26	0.39	0.54
p	0.5	0.55	0.6	0.65	0.70
q	0.5	0.45	0.4	0.35	0.30
α	0.68	0.84	1.00	1.04	1.28
p	0.75	0.80	0.84	0.85	0.90
q	0.25	0.20	0.16	0.15	0.10
α	1.65	1.75	1.88	2.00	2.05
p	0.95	0.96	0.97	0.977	0.98
q	0.05	0.04	0.03	0.023	0.02
α	2.33	2.40	3.00	3.08	3.09

续表

p	0.99	0.992	0.9987	0.9999	1.0000
q	0.01	0.008	0.0013	0.0001	0.0000

以上是随机型正态分布情况下以及确定型情况下订货点的计算方法。

如果是随机型情况，但不是正态分布，而是非正态分布（包括泊松分布、负指数分布等）的情况则都可以用下面的办法来求订货点：

$$Q_K = D_L \mid \ p = p_0$$

$$\text{或 } Q_K = D_L \mid q = q_0$$

即订货点等于其中某个 D_L值，其条件是：这个值对应的库存满足率 p 等于给定的库存满足率 p_0，或者其缺货率 q 等于给定的缺货率 q_0。

3）确定订货批量

在定量订货法中，对一个具体的品种而言，每次的订货批量都是相同的。所以对每个品种都要制定一个确定的订货批量。制定订货批量可以采用以下几种方法。

（1）通常取订货批量为一个经济订货批量（EOQ）。为了使存货总成本最小，订购批量必须适中。在不允许缺货、瞬间到货情况下的存货总成本为：

$$T_{\text{AC}} = Q\ c_1/2 + c_0 Q/\ Q_0$$

对 Q_0 求导，得经济订货批量（EOQ）：

$$Q^* = \sqrt{\frac{2c_0R}{c_1}}$$

上式中，Q 为一定时期的需求量；Q_0 为订货批量；c_0 为一次订货费用；c_1 为单位物资单位时间的保管费用，$c_1 = Kc_i$；c_i 为一定期间内的保管费率；K 为单位物资的价值；T_{AC}为一定时期的总成本。

使用公式时需要对每次的订货费用 c_0 和单位物资单位时间的保管费用 c_1 或一定时期内保管费率 c_i 进行计算，这需要健全的基础数据。另外，由此式算出来的订货批量可能不一定符合现实的包装单元、运输单元或者时间单元的额定，有时甚至是小数，所以，这样计算出来的经济订货批量一般不完全符合实际情况，还要根据具体的情况做适当的调整。

在整个系统运作过程中订货点和订货批量都是固定的。在库存管理中设立一个数量的触发器，当库存下降到再订货点时，即向外发出订货，以补充库存的不足。而补充的方法也较为简单，直接根据预先确定的最大库存量减去安全库存水平。这种订货法对于企业中所需要的大量 C 类物资有较好的效果。定量订货法可以适用于以下几个方面。

①价钱便宜、订货量大的物资。

②需求量变动大以及难以预测需求的物资。

③数量很多、管理手续繁杂的物资。

④适用于订货不受限制的情况，市场上的该种物资供应充足，可自由流通。

⑤只能直接运用于单一品种物资的采购。如果要实施几个品种联合采购，需要进

行更为灵活的处理。

⑥它不但适用随机型需求，也适用确定型需求。

例：已知过去六个订货提前期的销售量分别为 10 吨、16 吨、14 吨、20 吨、16 吨、14 吨，$c_0=75$ 元，平均单位物资保管费 $c_1=10$ 元/吨，预计今后一段时间将继续以此趋势销售，取库存满足率为 84%，实行定量订货法，求具体订货策略。

解：

$$\bar{R}=\frac{1}{6}\times(10+16+14+20+16+14)=15(\text{吨})$$

$$\sigma_R=\sigma_D=\sqrt{\frac{1}{6}\sum_{i=1}^{6}(R_i-15)^2}=3(\text{吨})$$

由 $p=84\%$，查表得 $\alpha=1$。则 $Q_K=15+1\times3=18$（吨）。所以订货点 Q_K 为 18 吨。

订货量取经济订货批量：

$$Q^*=\sqrt{\frac{2c_0\bar{R}}{c_1}}=\sqrt{\frac{2\times75\times15}{10}}=15(\text{吨})$$

所以此种物资的订货策略为：随时检查库存，当库存下降到 18 吨时，就发出订货，经济订货批量为 15 吨。

2. 定期订货法

1）定期订货法的原理

预先确定一个订货周期 T 和一个最高库存量 $Q_{\max}$，周期性地检查库存，求出当时的实际库存量 Q_{Ki}、已订货还没有到达的物资量 I_i 以及已经售出但还没有发货的物资量 B_i，然后发出一个订货量 Q_i。第 i 次的订货量 Q_i 的大小应使得订货后的“名义库存”达到 $Q_{\max}$。

定期订货法的运行模型如图 10-2 所示。图中表示的是一般情况：$R_1\neq R_2\neq R_3\neq\cdots$，$T_{K1}\neq T_{K2}\neq T_{K3}\neq\cdots$。在系统运行以前，先确定订货周期，假设为 T，定好库存控制的最高量 $Q_{\max}$。若库存销售按正常规律进行，从时间轴的 0 点开始运行定期订货，定期检查库存量。第一个周期，库存以 R_1 的速率下降。因为预先已经确定了订货周期 T，也就是规定了订货时间。到了订货时间，不论库存量还有多少，都要发出订货。所以当到了第一次订货时间（A 点）时，就检查库存，求出当时的库存量 Q_{K1}，并发出一个订货批量 Q_1，使名义库存上升到 $Q_{\max}$。随后进入第一个订货提前期，提前期结束、所订 Q_1 的货物到达，实际库存升高 Q_1 到达高库存。然后进入第二个周期的销售，销售仍然按正常销售过程进行。待到经过一个订货周期 T，到了按周期该订货的日子，进入第二个周期，又检查库存，得到此时的库存量 Q_{K2}，并发出一个订货批量 Q_2，使名义库存又上升到 $Q_{\max}$。如此重复。

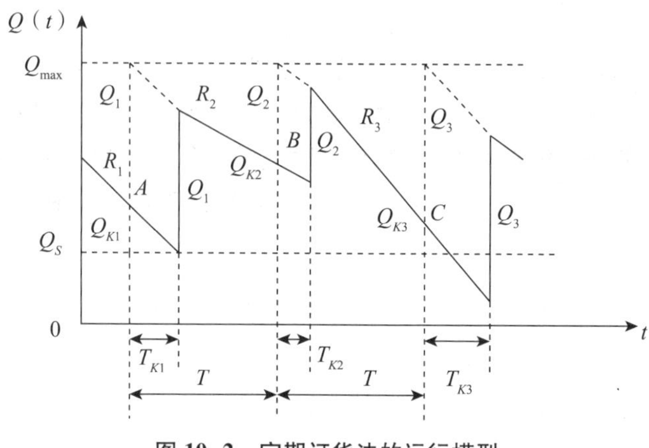

图 10-2　定期订货法的运行模型

为什么这样操作能达到既控制了库存量又保证满足用户需要的目的呢？

控制库存量是很明显的。整个运行过程的最高库存量不会超过 Q_{max}，因为，刚订货时，包括订货量在内的名义库存量最高为 Q_{max}，待经过一个订货提前期的销售，所订货物实际到达时，实际最高库存量比 Q_{max} 还少一个提前期平均需求量。所以 Q_{max} 实际上就是库存量的控制线，是定期订货法用以控制库存量的一个关键参数。

定期订货法保证用户需求满足程度的原理与定量订货法不同。定量订货法是以提前期用户需求量为依据，所制定的策略的目的是按一定满足程度来保证提前期内用户的需求量。定期订货法不是以满足提前期内的用户需求量为目的，而是以满足订货周期内的需求量再加上满足提前期内用户的需求量，即满足 $T+T_K$ 期间的用户总需求量为目的的，它是根据 $T+T_K$ 期间的用户总需求量为依据来确定 Q_{max} 的。因为 $T+T_K$ 期间的总需求量也是随机变化的，所以也是一个随机变量。其值由两部分构成，一部分是 $T+T_K$ 期间的平均需求量，另外一部分是为预防随机性延误而设置的安全库存量。而安全库存量的大小是根据一定的库存满足率设置的。库存满足率越高，则安全库存量也越大，Q_{max} 就越大，库存满足程度也越高。反之亦然。

定期订货法是一种基于时间控制的订货方法。它主要是确定一个订货周期 T 和一个最高库存量 Q_{max}。订货周期 T 就是控制库存的订货时机；最高库存量 Q_{max} 就是我们控制库存的一个给定库存水准。然后每隔一个周期 T，就检查库存，发出订货，订货量的大小就是最高库存量与当时的实际库存量的差。

2）订货周期 T 的确定

所谓订货周期，是相邻两次订货之间的时间间隔。在定期订货法中，这个时间间隔是一个固定不变的常数。每隔一个周期 T 就发出订货。所以，一旦 T 确定，则每次订货的时机也就确定了。因此也把它看成是订货点。

订货间隔的长短，直接决定着最高库存量的大小，即库存水平的高低，因而决定了库存费用的大小。所以订货周期不能过长，也不能过短。

定期订货法的订货周期 T 有多种确定方法。

（1）订货周期取经济订货周期 T^*。严格来说，定期订货法订货周期的制定原则，应该使得在采用该订货周期过程中发生的总费用最省，故可以在计算出运行过程总费用的基础上，使其一阶微分等于0而求出订货周期 T。在一般情况下，用经济订货周期公式来计算，经济订货周期与经济订货批量一样。如果经济订货周期（Economic Order Interval，EOI）记为 T^*，则 T^* 可以表示为：

$$T^* = \sqrt{\frac{2c_0}{c_1 R}}$$

（2）订货周期也可取人们习惯的日历时间单元，如周、旬、月、季、年等。人们通常按这些时间单元安排生产计划、工作计划。取这样的时间单元可以与生产计划、工作计划相吻合，比较方便。

（3）订货周期可取供应商的生产周期或供应周期。有些供应商是多品种轮番批量生产或是季节性生产，都有一个生产周期或供应周期。订货周期与生产周期、供应周期一致，才能够订到货物。

3）$Q_{\max}$ 的确定

如前所述，定期订货法的最高库存量应该满足 $T+T_K$ 期间的需求量。也就是说，可以取最高库存量为 $T+T_K$ 期间的总需求量。参照定量订货法中的订货点 Q_K 公式结构，只要把其中的 T_K 更换为（$T+T_K$），就可求出 $Q_{\max}$：

$$Q_{\max} = (T + \bar{T}_K)\bar{R} + \alpha\sqrt{(T + \bar{T}_K)\sigma_R^2 + \bar{R}^2\sigma_T^2}$$

上式也有三种特殊情况：①当 T_K 为确定值，即 $\sigma_T = 0$；②当 R 为确定值，即 $\sigma_R = 0$；③当 T_K、R 都为确定值，即 $\sigma_R = \sigma_T = 0$。

对非正态分布，$Q_{\max}$ 的求法也类似于定量订货法的 Q_K 的求法。

4）第 i 次订货量 Q_i 的确定

在定期订货法中，定期订货技术没有固定不变的订货批量，每个周期订货量的大小都是按照当时实际的库存量的大小确定的，等于最高库存量与当时的实际库存量的差值。严格地说，实际库存量是指检查库存时仓库实际具有的能够用于销售的全部物资的数量。虽然 $Q_{\max}$ 都一样，但由于当时的实际库存量、已订未到量、已售出尚未发货量不一样，所以每次的订货数量都是不同的。第 i 次的订货量由下式确定：

$$Q_i = Q_{\max} - Q_{Ki} - I_i + B_i$$

式中，Q_{Ki}、I_i、B_i 分别是第 i 次盘点时求出的实际库存量、已订未到量和已售出尚未发货量。

5）定期订货法的实施和应用范围

具体实施定期订货法时，首先应分析需求、经营方式、控制方法、费用和选用合适的模型等，在确定使用定期订货法后，需要分析确定决策参数订货周期 T 和最高库存量 $Q_{\max}$。每隔一个订货周期就检查库存，发出订货，订货量的大小取最高库存量与当时的实际库存量的差值，不断循环进行。

定期订货法主要用于A类库存物资管理，即那些数量少却价值高、利润高，因而需要重点管理的物资的订货。对这些少数的品种实行重点管理，可以最大限度地保障供应，降低成本。

定期订货法最大的优点是管理人员不必每天都检查库存，只有到了订货周期规定要订货的时间，才检查库存，发出订货量。这就大大减轻了管理人员的工作量，而又不影响工作效果和经济效益。

另外，这种订货法能通过订货周期来控制库存，它可以合并订购或进货以减少费用；周期盘存也比较彻底、精确；由于是定期订货，所以能预先制订订货计划和工作计划。

定期订货法的主要缺点是安全库存量比定量订货法高，因为它的保险时间 $T+T_K$ 较长，因此 $T+T_K$ 期间的需求量也比较大，因而其标准偏差也比较大，所以安全库存量也就比较大。此外，它没有定量订货法那样利用经济订货批量进行订货，因而也就不能发挥经济订货批量的优越性。

例：某种物资月需求量服从均值为15吨、标准差为 $\sqrt{\frac{10}{3}}$ 的正态分布，$c_0=30$ 元，$c_1=1$ 元/吨·月，$T_K=1$ 月。实施定期订货法，首次盘点得到 $Q_{Ki}=21.32$ 吨，$I_i=5$ 吨，$B_i=5$ 吨。当库存满足率达到97.7%，求订货周期 T 和最高库存量 $Q_{\max}$。

解：库存满足率要达到97.7%，则安全系数 $\alpha=2$。

订货周期 $T=\sqrt{\frac{2c_0}{c_1R}}=\sqrt{\frac{2\times 30}{1\times 15}}=2(\text{月})$

最高库存量 $Q_{\max}=(T+\bar{T}_K)\bar{R}+\alpha\sqrt{(T+\bar{T}_K)\sigma_R^2+\bar{R}^2\sigma_T^2}$

$$=15\times(2+1)+2\sqrt{(2+1)}\times\sqrt{\frac{10}{3}}\approx 51.32(\text{吨})$$

订货量 $Q_i=Q_{\max}-Q_{Ki}-I_i+B_i=30(\text{吨})\ =51.32-21.32-5+5=30$（吨）

订货策略为：每两个月检查一次库存，发出订货，订货量等于最高库存量与当时的实际库存量的差值，如第一次的订货量为30吨，不断循环下去。

定期订货法是确定最高库存量和库存检查周期，对A类物资的库存有着较好的管理效果，管理人员只需要在订货周期所确定的检查时间点对库存进行检查，发出订货需求。这样既可以减轻管理人员的工作量，同时也不会影响工作的效果和经济效益。

第三节　供应链环境下的库存控制

库存管理中面临的最大挑战是个体理性化决策造成的整体非理性，这称之为“牛鞭效应”。导致牛鞭效应的原因很复杂，牛鞭效应往往是企业之间合作无法正常进行的最大阻碍。每个企业在试图降低自身风险的同时，选择了备有安全库存的策略，而这又恰恰是供应链上波动性风险的来源。因此，对于供应链风险问题的解决，根本的方案是如何降低信息传递过程中的风险，以及通过合作的形式来降低不确定性风险。供应链环境下库存管理策略有零库存管理、供应商管理库存、联合库存管理等。

一、零库存管理

零库存管理实质上是将库存外移，供应链上的核心企业，通过将库存转移至供应商或者下游客户的方式，保证自身的库存数量达到最低限度，从而降低自身的成本，使企业自身产品能够在市场上获得竞争优势，以此来实现整条供应链上更高的价值。这是一种采用供应链核心思考问题的方式，要求其他的合作伙伴都配合供应链核心企业的运作，按照确定的时间，将所需要的物资准确地送到指定地点。这在市场稳定的情况下收效良好，但是当市场出现波动的时候，供应链核心企业并不能很好地处理零库存为上下游合作伙伴带来的风险。零库存管理对于上下游力量较为悬殊的合作形式有一定的效果，但不适用于企业间战略联盟的形式。

二、供应商管理库存

VMI（Vendor Managed Inventory）是一种供应商管理库存的形式。对企业的生产来说，实质上无论库存在上游还是在下游，物品本身并没有发生任何变化。因此，对于地理位置比较接近的企业来说，各自建立库存不仅增加了成本，同时也不利于双方之间的信息沟通，易造成信息传递延迟带来的波动。因此，有些企业开始考虑将两部分库存进行合并，对于下游的需求者来说，只需要从 VMI 仓库中提取需要的物品，而 VMI 仓库的监控以及管理权归上游企业所有，那么这是一个对双方都有利的方案。一方面下游企业只有使用了 VMI 仓库中的物品才需要进行付费，而上游的供应商则可以随时监控下游企业物品的消耗情况，将以前由下游客户产生需求、下达订单给供应商的行为直接转为上游的实时监控，以利于上游供应商自身安排生产和补货。

供应商管理库存的优点主要体现在两个方面：一是成本的缩减，二是服务水平的改善。具体的，对于供应商而言，通过信息共享，能够更准确了解需求市场的信息，简化配送预测工作，可以实现及时补货以避免缺货，同时结合需求信息进行有效的预测可以更好地安排生产计划。对于需求方而言，VMI 提高了供货速度，减少了缺货，将计划和订货工作转移给供应商，降低了运营费用，在恰当的时间适量补货，提升了总体物流绩效。

供应商管理库存尽管可以为供需双方带来成本缩减、服务改善的优势，但在实施中也存在许多局限。

（1）VMI 中供应商和需求方协作水平有限。作为独立的经济个体，供应商和需求方的合作原则还是基于自身利益的最大化，因此在 VMI 实施过程中，双方的协作水平会受限制。

（2）VMI 对于企业间的信任要求较高。要真正实施 VMI，就要求供需双方充分信任，从而实现信息共享、密切合作。但在现实中，这种充分的信任是很难实现的。

（3）VMI 中的框架协议虽然是双方协定，但 VMI 是将需求方库存决策权代理给供应商，因此供应商是处于主导地位的。在决策过程中如果缺乏足够的协商，很容易造成失误。

（4）VMI 的实施减少了库存总费用，但在 VMI 系统中，库存费用、运输费用和意外损失（如物品毁坏）不是由需求方承担，而是由供应商承担。

三、联合库存管理

VMI是一种供应链集成化运作的决策代理模式，它把需求方的库存决策权代理给供应商，由供应商代理分销商或批发商行使库存决策的权力。联合库存管理（JMI）则是一种风险分担的库存管理模式。地区分销中心体现了一种简单的JMI思想。传统的分销模式是分销商根据市场需求直接向工厂订货。比如汽车分销商根据客户对车型、款式、颜色、价格等的不同需求，向汽车制造厂订货，汽车则需要经过一段较长时间才能到货。然而客户不想等待时间太长，因此各个分销商不得不进行库存备货。而这样大量的库存使分销商难以承受。采用地区分销中心管理库存的方式，各个分销售商只需要储备少量的库存，大量的库存由地区分销中心储备，也就是各个分销商把其库存的一部分交给地区分销中心负责，从而减轻了各个分销商的库存压力，也大大减少了库存浪费现象。地区分销中心就起到了JMI的功能，其既是一个商品的联合库存中心，同时也是需求信息的交流与传递枢纽。

受地区分销中心功能的启发，JMI是解决供应链系统中由于各节点企业的相互独立库存运作模式导致的需求放大问题，提高供应链同步化程度的一种有效方法。JMI和VMI不同，它强调双方同时参与，共同制订库存计划，使供应链过程中的每个库存管理商（供应商、制造商、分销商）都从相互之间的协调性考虑，使供应链相邻的两个节点之间的库存管理者对需求的预期保持一致，从而消除需求放大现象。但是，由于联合库存管理过度以客户为中心，使得供应链的建立和维护费用都很高。

复习思考题

1. 库存的定义是什么？有何作用？
2. 定量订货法的含义是什么？为何适用于C类物资？
3. 定期订货法的含义是什么？为何适用于A类物资？
4. 库存控制方法有哪些？

第十一章　应急物流

案例导入

汶川大地震应急物流

2008年5月12日14时28分04秒，四川汶川发生8.0级地震，震中位于四川省汶川县映秀镇与漩口镇交界处［渔子溪长城（中国长城世界遗产）正西方向2.5公里处，牛眠沟莲花心山脚下］。震源深度为10~20公里，与地表近，持续时间约2分钟，破坏性巨大，严重破坏地区超过10万平方公里，地震烈度达到11度。地震波及大半个中国及亚洲其他多个国家和地区，北至辽宁，东至上海，南至中国香港和中国澳门及泰国、越南，西至巴基斯坦均有震感。地震造成的受灾区域中，极重灾区共10个县（市），较重灾区共41个县（市），一般灾区共186个县（市）。据民政部报告，截至2008年9月25日12时，四川汶川地震已确认有69227人遇难，374644人受伤，17923人失踪。截至2008年9月25日，抢险救灾人员已累计解救和转移1486407人。截至2008年9月4日，汶川地震造成的直接经济损失达8452亿元人民币。因此，汶川地震是中华人民共和国成立以来破坏力最大的地震，也是唐山大地震后伤亡最惨重的一次。

地震发生后，相关部门迅速介入指挥救援，首先是由地方政府进行指挥，之后上级部门陆续到达并接管指挥权。党中央国务院高度重视，立即作出重要指示，要求尽快抢救伤员，保证灾区人民生命安全；时任总理温家宝赶赴灾区指导救灾工作；原成都军区、武警四川总队和驻川某师5000余官兵根据上级命令紧急赶赴汶川地震灾区参加救灾；中国地震局派出一支180人的地震灾害紧急救援队赶赴四川地震灾区；成都空军的两架直升机起飞赴汶川震中灾区了解灾情，帮助抗震救灾；通信部门、铁路部门、公安部门、航空部门、电力部门、卫生部门等也立即启动应急预案，开展救援工作。截至2008年5月18日12时，军方及武警共出动113080人，涉及五个军区、20多个兵种；出动各型飞机1069架次，动用各种运输、后勤保障设备11万台。从废墟中挖掘被埋人员21566名，救治受伤人员34051名，转移安置受灾群众和游客205371名；调运各类物资7.8万多吨；抢修道路557公里。基于救灾需要，原总参谋部按照应急预案，首次无偿征用了国内民航公司的12架民用客机，以弥补军队运输力的不足。在此次抗震中，参与地震救援行动的军队人数总共达14.6万名，其涉及地域、动用力量等，都创下了中国人民解放军和武装警察部队抗灾历史纪录。同时，在汶川地震救援的过程中，社会力量发挥了突出的作用。救灾现场，志愿者身影频现，全国各地民众踊跃为灾区献血、募捐，政府、企业与其他社会组织之间有效地组合力量，形成了政府主导、全社会共同参与抗震救灾的局面。此外，国际社会向中国政府和人民表达了真诚的同情和慰问，并提供了各种形式的支持和援助。截至2008年7月18日，外交部及中国各驻外使领馆、使团共收到外国政府、团体和个人等捐资17.11亿元人民币。

地震发生后，灾情信息透明，发布及时。地震发生后不到半小时，我国几乎所有的媒体都在第一时间进行了报道，包括当地灾情、死亡人数、地震局的权威发布、政府采取的救援措施、专家的讲解、各方面的反应以及地震发生时的应急办法等，中央电视台新闻频道更是长时间直播相关消息，使全国人民尽可能快地了解灾情，并根据当地实际采取应对措施。

地震响应阶段救援工作结束后，国家高度重视灾区恢复重建工作。2008年6月18日，国务院正式颁布《汶川地震灾后恢复重建对口支援方案》，决定举全国之力，建立灾后恢复重建对口支援机制，以加快地震灾区灾后恢复重建。具体由中央政府根据各地经济发展水平和区域发展战略，组织东部和中部地区省市以“一省帮一重灾县原则”在3年期内、以不低于1%的财力对口支援重灾县市重建工作。其中支援方为广东、江苏、上海、山东、浙江、北京、辽宁、河南、河北、山西、福建、湖南、湖北、安徽、天津、黑龙江、重庆、江西、吉林共19个省市，受援方为四川省北川县、汶川县、青川县、绵竹市等18个县市，以及甘肃省、陕西省受灾严重的地区。主要援助项目为提供规划编制、建筑设计、专家咨询，工程建设和监理，建设和修复学校、住房、医院、交通等内容。同时，2008年9月19日，国务院颁布《汶川地震灾后恢复重建总体规划》，决定用3年时间使灾区的基本生活条件和经济社会发展水平达到或超过灾前水平，其中具体对住房、建设、公共设施、产业重组、生态环境、民族关系、重建基金等9大类专项36个子项目进行具体规划。截至2012年5月，四川省纳入国家灾后恢复重建总体规划的29692个项目已完工99%，概算投资8658亿元已完成投资99.5%；地震灾区实现了“家家有房住”，基本实现了“户户有就业”“人人有保障”。

问题分析如下。

在上述汶川地震案例中，应急物流活动始终贯穿于抗震救灾中，请结合案例叙述应急物流的特征、生命周期、模式以及应急物流的运作体系。

人类历史既是一部发展史、进步史，也是一部灾难史、危机史。近年来，地震、洪水、暴风雨、飓风和海啸等自然灾害在世界各地频繁发生，给人民的生命与财产造成了巨大的损失。根据应急事件数据库（Emergency Events Database，EM-DAT）报道，1980—2016年世界各地共发生了11826起自然灾害，累计造成2614072人死亡，导致的经济损失高达28110亿美元。例如，2004年印度洋海啸袭击了10多个国家，造成29.2万人死亡或失踪。2011年，日本东北地震与海啸导致19846人死亡，近37万人被疏散到应急避难所，需要应急医疗救助的伤员达几千人，大量受害者处于急需应急物资供应状态。尼泊尔在2015年发生8.1级地震，导致8786人死亡，受伤22303人。

正如恩格斯所说：“没有哪一次巨大的灾难不是以历史进步为补偿的。”虽然灾害的毁坏性影响不可避免，但是通过采取预先措施与制订合适的准备计划，能够有效降低灾害影响程度。例如，古今中外应对突发事件的实践表明，战胜灾难与危机必须要有坚强有力的物质基础作为支撑，及时、充足、可靠的应急物资供应保障能够有效提高应急救援效率，大大降低人民生命与财产损失。因此，人们在不断的实践探索中，逐渐提出了应急物流概念，相关应急物流理论与方法也在不断补充与完善，并不断用于指导实践。

第一节　应急物流概念

一、应急物流定义

国外学者较早研究应急物流相关理论，在传统物流的概念与模式下，通常将应急物流与军事物流进行结合。例如，第二次世界大战以后，Roger（罗杰）和 Roland（罗兰，1960）、Hermansen（赫尔曼森，2000）开展了战争期间的后勤物资保障问题研究。Carter（卡特，1992）在其出版的《灾害管理手册》一书中，定义应急物流为：按照所需的数量、顺序、地点与时间将灾区所需物资送达的过程。然而，国外文献资料中，"应急物流（Emergency Logistics）"一词并不多见，国外学者主要研究"人道主义物流（Humanitarian Logistics）"。例如，Thomas 认为："物流是任何一种应急救援行动的关键所在，没有它，将会导致大量人员伤亡。"

国内针对应急物流的研究起步较晚，主要从 2003 年"非典"事件后开始。何明珂（2003）首先提出应急物流的概念，即由于某些突发因素产生的物流需要的物流活动，应急物流是满足突发因素产生的物流供给的物流活动。欧忠文（2004）提出应急物流的内涵，并指出应急物流是指在突发公共卫生事件或突发性自然灾害等应急情况下以减少人民生命和物质财产损害为目的的物流活动。王丰等（2007）定义应急物流为"应对严重自然灾害、突发性公共卫生事件、公共安全事件及军事冲突等突发公共事件而对物资、人员、资金等的需求进行紧急保障的一种特殊物流活动"。黄定政（2018）定义应急物流为"应急物资从供应地到突发事件发生地的流动转移，包括筹措、运输、储存、配送等环节"。

针对以上文献的梳理，可以看出，虽然应急物流是物流的一种，但是有其自身的特性。首先，它是在紧急情况下必须采取的一种社会保障活动；其次，不以赢利为目的，而是以灾害损失最小化为目的；再次，它是由于突发性因素导致的具有特殊性的物流活动，其服务对象也仅限于突发性事件涉及的地区；最后，应急物流的构成要素是在普通物流基础上形成的，有着严格的时效性。

因此，借鉴已有研究成果，国家标准《物流术语》（GB/T 18354—2006）定义应急物流为：针对可能出现的突发事件已做好预案，并在事件发生时能够迅速付诸实施的物流活动。

二、应急物流的特点

特点是事物特有的本质属性的表现，或者说是事物发展的特殊规律在一定条件下的外在表现，是事物具有的区别于其他事物的特殊矛盾。应急物流是在突发事件处置中紧急进行物资保障的一种特殊物流活动，与常态条件下的物流活动相比，应急物流通常具有突发性、不确定性、高时效性、非常规性、多主体性、弱经济性。

（1）突发性。应急物流主要针对自然灾害、公共卫生等紧急事件，而这些紧急事件的发生，具有突发性和偶然性。因此，应急物流同样具有这样的特征，它需要根据自然灾害等紧急事件的具体情况，快速制动，能够在紧急事件发生后的第一时间，为受灾地区提供物资支援，从而降低灾害产生的危害，以最大限度保证人民生命财产安全。

（2）不确定性。应急物流受多种外部因素的制约和影响，具有很强的不确定性。首先，应急物流的启动时机难以确定。当今科技水平下，地震、海啸、洪涝等自然灾害的发生地点、强度、影响范围等仍难以准确预测。这使得应急物流的响应时间、服务区域、需求数量、运输道路的通畅性等因素很难事先进行准确预测。其次，应急物流的情报信息难以实时获取与更新。由于需求信息不准确，应急物流服务活动也相应处于一种灰色状态，应急物流决策只能在有限信息资源情况下进行。例如，2003年我国抗击“非典”与2020年抗击新冠肺炎疫情初期，人们对医疗防护用品与药品、病床等需求数量都无法准确评估，导致初期缺乏大量的医疗防护用品，并且由于确诊患者的增多导致缺少救治安置场所。最后，应急物流具有动态变化性。应急物流服务活动本身就始终处于动态发展变化中，受到道路、人员、气候等多种因素的叠加影响，往往不能完全按照人们的预期进行，而且突发事件还会衍生出各种次生灾害，这些使得应急物流相关决策具有不确定性与动态性。

（3）高时效性。由突发事件引发的应急物流的一个突出特点就是物流活动的高时效性。在突发事件情境中，时间就是生命。所以，一般物流运行机制难以有效满足应急状态下的物资需求。应急物流强调时间、效率至上，要求在最短时间内调集应急物流力量，尽量压缩一般物流环节，使整个运作流程更加紧凑，从而确保整个应急物流服务活动能够在第一时间完成，最大限度地降低灾害造成的损失。

（4）非常规性。应急物流是在常态物流的基础上，增强物流活性，提高应急应变能力，按照急事急办、特事特办的原则，紧急动用全社会物流力量，进行非常规的应急物流活动。在突发事件应对中，应急物流往往临时组建指挥决策机构，采取非常规的措施手段，紧急调集各级各类储备物资或向全社会采购及募集物资，并协调应急运力，必要时临时动员征用社会物流资源，在组织方式、时限要求、运作模式等方面都异于常态物流。应急物流力量的指挥调度，也不可能完全按平时程序进行。同时，应急物流的运作涉及多个部门，其组织协调运作难度明显高于常态物流运作。

（5）多主体性。应急物流的多主体性表现在应急物资来源的多主体和物资筹集运送等作业参与的多主体两个方面。首先，应急物资来源的多主体性，即应急物资的来源可能包括政府、社会人员捐赠或者国际社会组织赠送等。其次，物资筹集运送等作业参与的多主体性。在整个应急物资筹集实施运送过程中的主体包括军队、警察、干部群众、志愿者、救援社会组织等多方面的力量，在该过程中需要多主体的密切配合，如专业的协调人员、专业的设备操作人员等。

（6）弱经济性。在应急物流中，更多开展的是社会公共事业物流而非商业物流，相对于经济利益，公共利益势必具有更高的地位。因此，应急物流成为一种公益性行为，其呈现出明显的弱经济性。然而，应急物流也不能完全不讲究经济效益。在应急物流体系的建设中，需要折中处理好时效性与经济性的关系。成本-效能原则仍然是构建应急物流体系总思路的核心，必须按照建设节约型社会的要求，在获取最大化效率的基础上，尽可能地降低物流运作成本。

三、应急物流的分类

按照不同的标准，应急物流可以划分为不同的类型。

（1）应急物流根据其是否有军事意义可以分为军事应急物流和非军事应急物流，非军事应急物流又可以进一步分为灾害应急物流和疫情应急物流。

（2）应急物流按等级可以分为一般、较大、重大、特别重大应急物流。

（3）应急物流按影响范围可以分为国际级、国家级、区域级、企业级、应急物流。

（4）应急物流按层次可以分为微观、中观与宏观应急物流。

（5）应急物流按预测难度分为可预测和非可预测应急物流。

（6）应急物流根据引起灾难原因分为：自然灾害应急物流，即由自然灾害引起的应急物流，如泥石流、旱灾、地震、洪水等；人为灾害应急物流，如恐怖袭击、作业操作失误导致的事故等；技术灾害应急物流，如化学物品泄漏、核污染、火灾事故等。

（7）依据《中华人民共和国突发事件应对法》对突发事件的定义，应急物流主要可以分为以下四种：自然灾害应急物流、事故灾难应急物流、公共卫生事件应急物流和社会安全事件应急物流。一般来讲，事故灾难应急物流影响相对较小，需求的物资器材专业性较强，通常情况下可以归属于微观层面应急物流。而自然灾害应急物流、公共卫生事件应急物流和社会安全事件应急物流往往涉及面大、波及地域广、物资需求多样，需要从宏观层面进行指挥调度。

四、应急物流的生命周期

在面对突发事件的过程中，针对不同时期，政府或者其他组织所承担的任务也不尽相同，这就引出了应急物流生命周期的概念。可以将应急物流的整个发生过程看成是一个完整的生命周期，每一个阶段都有各自不同的运行状态。根据突发事件应急管理定义的预防、准备、响应和恢复 4 个阶段，应急物流的生命周期也可以相应分为预防、准备、响应和恢复 4 个阶段。预防、准备、响应和恢复是一个动态实施过程。尽管在实际情况中，这些阶段往往相互交叉，但每一阶段仍然有其明确的目标，而且每一阶段又是在前一阶段的基础上进行发展的。

（1）预防。预防阶段的任务就是要在突发事件的监控中做好事前的预警工作，通过安全管理和安全技术等手段，尽可能地防止与预警突发事件的发生，预先采取预防措施，以达到降低或减缓事件的影响或严重程度的目的。例如，针对危化品安全管理问题，开展从业人员安全培训教育等。预防阶段涉及的物流活动主要围绕采取预防措施而进行。

（2）准备。应急准备是指为有效应对突发事件而事先采取的各种措施的总称，包括组织、机制、预案、队伍、资源、演练等各种准备。例如，为了应对自然灾害，政府部门通常建立应急物资储备中心、应急医疗中心、应急避难场所等设施，并事先采购与储备各类救灾物资；针对灾害的可能影响程度，制订相应的应急物流预案。从突发事件防范的效果来讲，有准备比无准备发生灾难的概率低，早准备比迟准备防范效果好。为此，应急准备应做到“未雨绸缪，常备不懈”。

（3）响应。应急响应是指在突发事件发生以后所进行的各种紧急处置和救援工作。进入该阶段以后，决策者基于实时灾情信息动态调整应急物流预案，对更新后的预案予以实施。准备阶段储备的物资以及临时调集的物资被配送到灾区。通常，通过应急物流的响应，受灾地区的所需物资将逐渐得到基本的保障。

（4）恢复。恢复是指突发事件的威胁和危害得到控制或者消除后所采取的处置工作。恢复工作包括短期恢复和长期恢复。这一阶段的工作内容已经逐渐向灾后重建、恢复正常的生活秩序等靠拢，应急物流的工作逐渐进入后期整合阶段，应急物流任务已经同普通物流的内容没有太大差别，最终将回到生命周期中的预防阶段。

五、应急物流与普通物流的区别

应急物流是普通物流的一种特殊情况，是由诸多要素、环节以及实体组成的相辅相成又相互制约的有机整体。本文从物流流体、载体、流向、流速、流量、流程六大要素的角度对普通物流与应急物流进行比较，应急物流与普通物流的区别如表11－1所示。

表11－1　应急物流与普通物流的区别

要素	普通物流	应急物流
流体	一般性流体，其来源可能较为单一	流体来源较为复杂，具体特指灾后的保障物资
载体	存在固定的场所、设施、设备等	场所、设施、设备等既有机动、临时的，也有固定、永久的
流向	通常情况下可以确定	突发事件发生前较难确定
流速	总体完成时间较为确定	总体完成时间不确定
流量	完成数量较为确定	灾后保障物资需求量较大，数量不确定，需求分布不均衡
流程	流程基本可以确定，满足物流合理化的需求	可能受到路径损毁、设施失效等方面的阻碍而发生改变

第二节　应急物流发展模式

模式是指某种事物的若干要素在发展过程中，在一定的内外部条件影响下逐渐形成的具有典型特征的表现形式。应急物流发展模式是对应急物流发展规律的总结，也是指导应急物流发展实践活动的参考标准。2006 年，国务院发布的《国务院关于全面加强应急管理工作的意见》强调要建设专业化、社会化相结合的应急管理保障体系，形成政府主导、部门协调、军地结合、全社会共同参与的应急管理工作格局。经过十多年的实践发展，我国应急物流大致形成了“准军事化”“泛行政化”和“弱市场化”三种发展模式（黄定政，2018）。

一、以军民融合为牵引的“准军事化”发展模式

“准军事化”发展模式是由政府主导，军地密切协作，充分发挥军队在应对突发事件中的骨干和突击作用，共同推动应急物流事业的发展模式。该发展模式主要由政府主管部门牵头，构建常态化的军地沟通联络机制，按照项目牵引思路，军地协同开展应急救援物资军民联储联供合作项目，依托军民结合的军事物流体系，充分发挥军事物流的优势，优化整合军地应急物流相关力量，军地协同一体组织应急物流建设与发展。

2011 年，原总后勤部与河南省签署《关于推进应急运输与物流军民融合式发展战略合作协议》。军地相关单位将按照“平时服务、急时应急、战时能战”的要求，密切合作，共同建设全国首个军民融合式应急投送保障基地，建立军地一体化应急保障体系，开展应急救援物资联储、联运、联供和应急物流中心共建、共用、共管的试点，完善国家应急保障体系。军民融合应急保障基地的规划建设，必将推动应急物流军事化发展进入更高层次。

“准军事化”发展模式可以充分发挥军队强大的组织优势和资源优势，加快应急物流的反应速度和增强保障效能，提高对各种复杂严峻条件和不确定因素的适应能力。在应急物流的建设和发展中，还可以参考军队的组织管理制度，对非军事性质的单位实行军事化管理，建立健全制度，保持一定比例的人员在位率、称职率以及设备完好率、出动率，提高应急响应能力，确保一旦发生突发事件，便能够按照指令要求，高效组织应急物流服务保障。例如，在应对 2020 年的“新冠肺炎”疫情中，我国按照战时要求，高效组织了多支军队应急医疗服务队前往武汉开展应急医疗服务活动，军队应急医疗服务的参与为最终战胜疫情提供了保障。

二、以突发事件应急为导向的“泛行政化”发展模式

“泛行政化”发展模式是指政府有关部门按照突发事件应急管理的职能要求，优化配置应急物流资源，组织开展应急物流建设的发展模式。该模式中，政府按照应对突发事件的战略目标，着眼有效满足应急管理的需要，全面调查掌握突发事件危险源的分布情况以及发生发展规律，以现有救灾物资储备体系为基础，科学整合调用铁路、民航等国有大中型企业的应急物流力量，通过行政手段推动应急物流的建设和发展。

自 2003 年“SARS”疫情暴发以来，突发事件应急管理逐步纳入各级政府重要议事日程。应急物流也随着 2009 年国务院《物流业调整和振兴规划》的发布施行，正式进入到国家经济社会发展战略决策中。2011 年《商贸物流发展专项规划》也明确表示要关注商贸流通领域社会层面应急物流资源的优化整合、科学配置和统筹利用，也着

重强调突出政府层面的应急物流指挥调度和组织协调。2018年3月，中华人民共和国应急管理部的正式设立更是彰显了国家对应急管理体系构建及应急计划制订和实施之重视。

以各级政府有关部门规划的物资储备库、应急物流基地等为基础，投入适当的资金，配套建设仓储、运输等相关基础设施，制订完善应急物流预案，配备充足的运力，培养具备较强应急应变能力的应急物流专业队伍；在突发事件发生时，由政府相关部门集中统一指挥调度应急物流力量，组织突发事件应急物流服务保障。

以突发事件应急为导向的“泛行政化”发展模式，由各级政府集中统一组织领导，责任目标明确，具有较高的保障效率，能够充分体现政府“以人为本”的执政理念。但其对社会资源的整合利用不够充分，管理维护成本较高，尤其在条块分割及属地管理体制下，出现资源整合水平弱、局部冗余或短缺、资源与信息共享程度低等问题。

三、以应急产业发展为基础的“弱市场化”发展模式

“弱市场化”发展模式是指在政府有关部门产业发展规划的宏观调控指导下，应急物流相关企业依据“平时生产、急时应急”的要求，按照价值规律，自主参与应急物流事业的发展模式。该模式以应急服务产业发展为基础，由政府出台必要的优惠政策，依托丰富的社会物流资源，用市场手段来优化配置应急物流资源，从而形成政府、企业等有关方面互惠共赢、各有所得的良好局面。一方面，政府通过鼓励与引导社会力量全面参与应急物流建设与发展，以此减少直接资金投入，并保持较高的应急物流服务保障能力，获得可观的社会效益。另一方面，企业在参与应急物流建设的过程中，可以获得一定的经济效益，同时可以赢得政治荣誉与获得社会认可，提升知名度，扩大社会影响力。

近年来，政府部门大力开展应急物流服务项目外包，积极培育应急物流服务产业，相关部门出台法规政策与规范，不断发展壮大应急物流服务产业，确保在平时维持足够的应急物流服务保障力量。例如，2008年，国家经济动员办公室依托商业企业，成立了“湖北物流配送应急保障动员中心”；2009年，江苏省国防动员委员会经济动员办公室依托高邮市诚信物流园区，成立了首家民营物流载体的“江苏诚信应急物流救援保障动员中心”；2012年，中国首个应急物流实践基地重庆秀山县物流园区转型为综合性物流园区。

“弱市场化”发展模式可以发挥竞争优势，充分利用全社会的物流资源，将突发事件应急物流的资源根植于社会力量中，借力而为，取得低投入、高产出的效果。但是，依赖于市场化的应急物流服务保障也存在诸多风险因素。完全的市场化手段可能使相关企业采取趋利避害的策略，以致在面临危险时选择退缩而不履行应尽的社会责任。因此，政府部门应当加强对应急物流服务产业市场化的监管与干预，紧密结合实际，完善法律法规和标准规范，出台相应的优惠措施，给予企业一定的经济补偿，确保应急物流服务产业持续健康有序发展。

总之，应急物流的三种发展模式，并不是完全割裂与不相关的，而是各有优点、可以互为补充的有机整体，需要在实践中因地制宜，灵活运用，使其发挥出最佳的综

合效益。根据组织建设的主体不同，依托军队单位主导的建设项目，在军民深度融合的基础上，宜采取“准军事化”发展模式，积极推进共建、共管、共用、联储、联运与联供；由政府部门主导的建设项目，应进一步规范管理和使用程序内容，按照“泛行政化”发展模式，积极建设政府主导的突发事件应急物流力量；政府应加强引导由市场主体主导的建设项目，按照“弱市场化”发展模式，鼓励与严格监管应急物流服务产业。

第三节　应急物流体系

应急物流体系从总体上可以划分成为四个方面，具体包含组织协调体系、储备体系、配送体系、信息处理体系（吴茜，2013），其中信息处理体系贯穿于组织协调、储备、配送各个环节当中，而组织协调体系确保储备、配送与信息处理环节有序顺畅开展，在储备、配送与信息处理过程中都需要涉及组织机构的统一指挥与协调。应急物流各体系关系如图 11-1 所示。

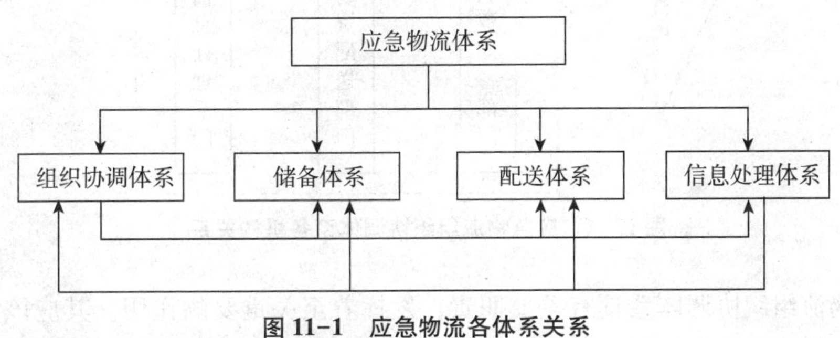

图 11-1　应急物流各体系关系

一、组织协调体系

为了进一步提升应急物流组织协调的效率，形成统一指挥与统一领导，做好信息共享，实现人员与物资的最优化合理配置，有必要在政府体系中建立一个常设的、权威的、专业的应急物流组织协调体系，实现对灾后救援的统一领导。

应急物流组织协调体系各机构关系如图 11-2 所示，由决策机构以及指挥机构两部分内容组成，其中，决策机构由国家、省、市、县等级别的上级主管部门（即各级政府部门）组成。指挥机构由国家、省、市、县等级别的应急物流指挥中心组成。各级应急物流指挥中心对物资储备部门、物资配送部门、信息处理部门进行组织协调，确保救援有序开展。

国家级的应急物流指挥机构主要是 2018 年组建的应急管理部。应急管理部将原国家安全生产监督管理总局的职责，国务院办公厅的应急管理职责，公安部的消防管理职责，民政部的救灾职责，原国土资源部的地质灾害防治、水利部的水旱灾害防治、原农业部的草原防火、原国家林业局的森林防火相关职责，中国地震局的震灾应急救援职责以及国家防汛抗旱总指挥部、国家减灾委员会、国务院抗震救灾指挥部、国家森林防火指挥部的职责进行整合，成立为国务院组成部门。按照分级负责的原则，一般性灾害由地方各级政府负责，应急管理部代表中央统一响应支援；发生特别重大灾害时，应急管理部作为指挥部，协助中央指定的负责决策同志组织应急处置工作，保证政令畅通、指挥有效。应急管理部要处理好防灾和救灾的关系，明确与相关部门和地方各自职责分工，建立协调配合机制。

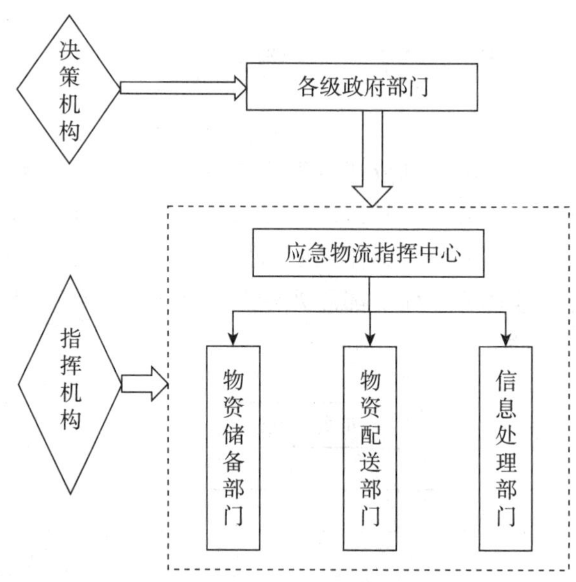

图 11-2　应急物流组织协调体系各机构关系

应急物流组织协调体系具有重要职责，发挥着至关重要的作用。其应该完成对突发事件的预警与监控；做好灾害数据的收集、分析以及整理工作；对灾区所需物资进行科学预测；根据灾害发生的实际情况，协调与指挥应急物流工作的稳步开展；做好各部门相互间的沟通与联系，完成信息高效传递，最终为灾后应急物流整体体系的运作提供一个强有力的保障。

应急物流组织协调体系的运行机制如图 11-3 所示。当某一地区发生突发事件时，首先县级组织协调机构对其进行认定，倘若自身能够完成应急救援的任务，则需向上级汇报工作，随即开展应急救援；倘若经认定，自身不能够完成救援任务，则寻求上级支援，等待上级下达进一步指示。市级组织协调机构接到通知后，对灾害进行认定，倘若无须上级支援，则协同下级组织协调机构共同处理灾后的救援工作；倘若需要上级支援，就要向上级汇报情况。如果遇到灾情十分严重的情况，则由国家级组织协调机构认定，有无进行国际求助的必要，从而最终形成一种科学、高效的循环运行机制。

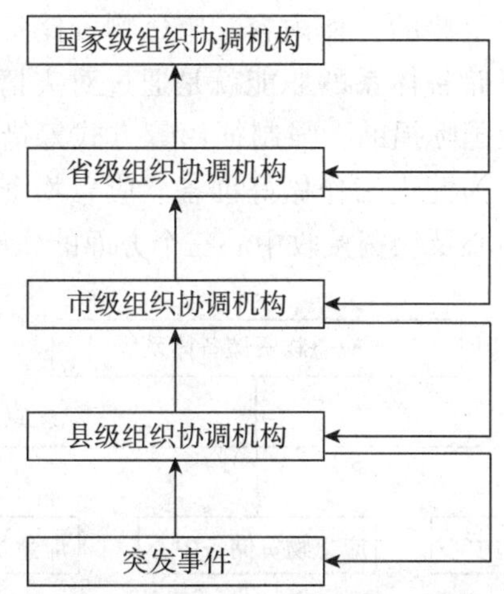

图 11-3　应急物流组织协调体系的运行机制

二、物资储备体系

应急储备体系的对象主要为应急物资，它是指为应对严重自然灾害、事故灾难、公共卫生事件和社会安全事件等突发公共事件应急全过程中所必需的物资保障。从广义上概括，凡是在突发公共事件应对的过程中所用的物资都可以称为应急物资。作为应急物流体系运作的基础，应急物资分类如表 11-2 所示。

表 11-2　应急物资分类

类别	项目
防护用品	医用防护服、护目镜、防毒面具、防火服、潜水服、防爆服、安全帽、安全鞋、水靴等
生命救助	止血绷带、骨折固定托架（板）、救生圈、救生衣、救生艇、红外探测器、担架、直升机救生吊具、生命探测仪等
生命支持	便携呼吸机、高压氧舱、输液设备、输氧设备、急救药品、防疫药品等
救援运载	救护车、飞机、卡车、轮船等
生活食宿	炊事车、瓶装水、食品、被褥、帐篷、宿营车、移动房屋、简易厕所、简易淋浴等
污染清理	消毒车、垃圾箱、垃圾车等
动力燃料	发电车、燃料、配充电设备、防爆防水电缆等
工程设备	推土机、挖掘机、铲运机、压路机、抽水机、通风机、切割机、消防车等
器材工具	绞盘、撬棍、滚杠、千斤顶、断线钳、灭火器、照明弹、普通五金工具等
照明设备	手电、矿灯、风灯、潜水灯、探照灯、应急灯等
通信广播	电话、广播车、扩音器（喇叭）等
工程材料	帆布、水泥、钢材、木桩、管道、砂石料、麻袋（编织袋）、铁锨等

作为应急物流准备阶段重要的工作内容，应急物资储备充足对降低灾害影响具有极其重要的作用。应急物资储备体系的职能就是通过对灾情的预测及分析，以预先储备、临时采购、接受社会及国际捐助、强制征用等方式筹措各种应急物资，然后对物资进行分类、加工和打包，为配送工作做好准备。应急物资储备体系的建设可以分为物资储备中心、物资采购中心及物资接收中心三个方面的建设，如图11-4所示。

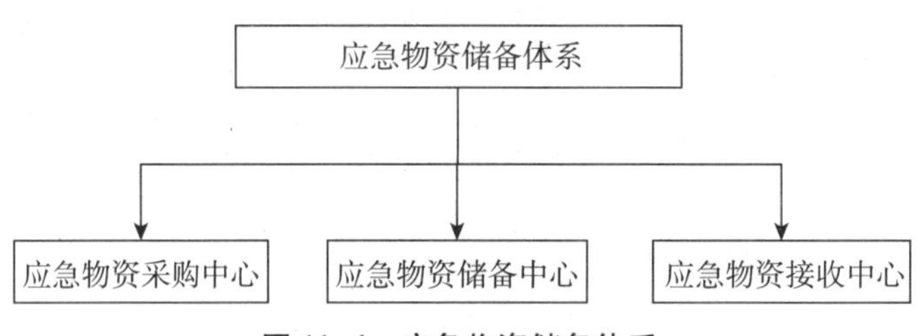

图11-4　应急物资储备体系

应急物资储备中心主要负责对各级民政部门储备机构中的应急物资进行统一管理与储存，展开一些日常的管理工作，尽可能地在突发事件发生后，使得应急物资发挥出其最大效用，保质保量地在第一时间将物资供给灾区。在应急物资储备中心的建设方面，要注重提升物资储备规模，改变原有的规模小、来源单一的问题，使救灾物资准备更为丰富，以满足救灾发展需要。目前，我国各级民政部门已经建立了一定数量的国家级应急物资储备中心、省级应急物资储备中心、市级应急物资储备中心、县级应急物资储备中心。例如，2017年5月6日，上海首个省级现代化救灾物资储备库在嘉定区揭牌启用。该储备库位于嘉定工业区内，周边临近机场、铁路、高速，交通辐射广泛，对内、对外物流运输便捷。逾1.6万平方米面积内储帐篷、棉被、折叠床、棉大衣、床垫、应急灯、移动厕所及耗材等应急救灾物资，不仅可保证上海市启动三级应急响应时紧急转移安置受灾群众的物资需要，也可满足上海支援兄弟省市救灾应急时的物资需要。

应急物资采购中心主要针对各级应急物资储备中心而言，对应急物资数量进行动态监督，一旦预计到数量可能不足时，立即启动采购程序，及时向合作供应商采购物资。由于突发事件具有较强的不确定性，应急物资采购中心应为常设机构，必要时立即启动紧急采购程序，保证物资采购能够具有较好的效率性，并且也需要具备一定的预知性和预防性特征。

应急物资接收中心主要负责对社会各界捐助的物资和一些灾时临时紧急征用的应急物资进行分类、分级、包装、收集。灾难发生时，应根据灾区的情况，快速将灾区需要的物资发送，灾区不需要的物资交给救灾物资储存库直接保管，即及时接收和及时配送。目前，我国负责应急物资接收工作的组织主要有红十字会等慈善机构。

此外，应急物资储备体系构建中涉及的优化决策问题主要包括：物资储备仓库选址、数量、库存优化；应急物资需求量预测；应急物资供应商选择。针对物资储备仓库选址与数量优化问题常用的研究方法为数学建模，如混合整数规划；库存控制问题采用的方法主要为库存理论；应急物资需求量预测采用时间序列、回归模型、组合预测等；应急物资供应商选择采用层次分析、多准则评价等方法。

三、物资配送体系

应急物资想要被及时、准确地送达到灾区以及灾民手中，就必须依靠强大的配送体系作为有力保障。因此，应急物流体系中的配送体系十分重要。

应急物流配送体系示意如图 11-5 所示。该结构包括正向应急物资配送与逆向应急物资回收两个过程。在正向应急物资配送中，应急物资配送中心（以下简称配送中心）将应急物资采购中心紧急采购的物资、应急物资储备中心储存的物资以及应急物资接收中心接收的社会捐赠等按事先优化确定的配送量，通过各种配送载体（如飞机、卡车、火车等）运输到各个应急物资分发救助点，再由各个物资分发救助点按需求量分配给各个受灾者。在逆向应急物资回收过程中，可循环利用的救灾物资在灾后将通过物资分发救助点、应急物资配送中心回收到应急物资储备中心。

正向应急物资配送与逆向应急物资回收两个过程均由应急物资配送中心与物资分发救助点构成。应急物资配送中心是指在受灾区与相邻地区建立临时物资中转站，接收、管理各地运送的救灾物资，并在各个应急物资配送中心之间转运、调配。配送中心还担负着信息交换的功能，它能够在第一时间收集到灾害现场对救灾物资品种及数量的需求情况，从而把信息迅速反馈给应急物流指挥中心，方便其做出正确的决策。此外，配送中心也是物资的回收中心，在灾害过后，配送中心要负责将可循环利用的救灾物资回收。物资分发救助点是一个临时性机构，可以选择灾区附近的大型空旷场所（如广场、操场、体育场等）建立物资分发救助点。在构建物资分发救助点时要注意将物资的存放点和受灾人民临时安置点分隔开，以防止人们在灾害面前失去理性，哄抢物资。在分发物资时要事先规划出难民入场及离场通道，确保物资发放有序进行。同时，为保证物资发放的有序性，物资分发救助点不接受民间自发组织或个人捐赠的物资，民间组织或个人应将爱心物资统一捐赠到应急物资接收中心，这不但能促进救助工作的有序进行，同时有助于物资的科学分配，实现资源的优化配置。

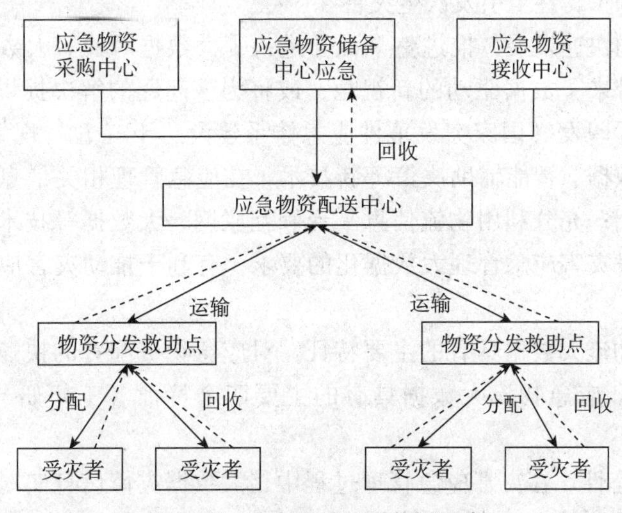

图 11-5　应急物流配送体系示意

此外，应急物资配送体系构建中涉及的优化决策问题主要包括：应急物资配送中心与物资分发救助点选址；应急物资配送量确定；应急物资配送车辆数量确定、物资配送路线优化。而物资配送路线优化是配送体系构建的关键优化问题，它的优化受到多种因素的影响与制约，主要包括时效因素、安全因素、成本因素和信息因素。时效是物资配送路线优化最重要的基本因素，它重点考虑决策时间、配送时间和可能延误时间。安全是物资配送路线优化的基础条件，它重点考虑通行路段的危险程度、人员车辆是否处于良好状态等方面的情况。成本是物资配送路线优化需要兼顾的重要因素，追求应急物流路径优化的经济性与高效可靠性地完成物资配送并不矛盾，因为只有科学选择应急物流路径，合理减少运输周转量，有效降低运输工具工作使用的数量，才能满足紧急情况下海量物资发运和大批量运力集中调度使用的需要。信息是物资配送路线优化不可或缺的支持因素。通常情况下，突发事件及其导致的次生灾难可能对路段、配送中心等基础设施造成破坏，导致路网通行能力、路线长度等数据具有不确定性，而及时地动态更新这些信息有助于配送路径的动态决策与优化。同时，及时更新路段车辆的拥堵信息也有助于动态决策车辆路径选择，总体减少整个配送的时间。

四、信息处理体系

加强应急物流体系信息化建设是提升应急物流系统工作效率和工作质量的关键。然而现实中，由于应急物资需求预测和配置过程不精准，导致应急物资冗余浪费的案例却时有发生。例如，2013年5月27日，央视网、凤凰网等多家媒体报道雅安市宝兴县陇东镇政府将未经拆封、检验和处理的部分救灾物资直接焚烧销毁，事件经各大新闻媒体转载，造成了较坏的社会影响。究其原因，主要是在灾后应急物资配置过程中，存在物资供给与需求信息不对称问题，较少基于实时灾情信息进行应急物资配置。这种对灾情实时信息更新的忽略往往造成物资配置与灾民实际需求不一致、资源冗余或不足、救援效率低下；而物资配置的低效率和高成本现象，则可能使灾区灾民的人身和财产损失不断加重，甚至引发次生灾害。

互联网技术的快速发展，推进整个社会进入了大数据时代。大数据相关技术的发展，为应急物流带来了数据驱动的新视角，或将为该问题的解决提供有效途径。2017年，国务院办公厅印发《国家突发事件应急体系建设“十三五”规划》，指出要充分利用互联网、大数据、智能辅助决策等新技术，在应急管理相关信息化系统中推进应急预案数字化应用；充分利用物流信息平台和互联网、大数据等技术，提高应急物流调控能力。对突发灾害应急管理大数据化的要求，有利于推动灾害应急物流的精准化发展。

然而，应急物流大数据具有的主要特征，对应急物资配置的快速、及时和精准提出了更大的挑战。应急物流大数据具有的主要四个特征（王妍妍与孙佰清，2019）如下。

（1）实时动态性。在灾害应急管理过程中，大数据灾情信息实时变化，产生大量的实时动态数据信息源，数据增长速度快、流转速度快，每一时刻的信息都反映不同的灾害受损情况及相应的物资需求情况。

（2）多维多源异构性。应急管理数据的来源广泛、内容海量、结构异样，是多维、多源、多渠道、多结构的大数据，既包括统计报表、日志、文档、影音多媒体等常规数据信息，也包括实时半结构化和非结构化动态数据。

（3）需求紧急性。灾害往往事发突然，并且造成严重的后果，因此应急管理大数据必须在短时间内全面收集灾害信息，及时对非常规突发灾害迅速做出准确判断以及响应策略。

（4）难以复制性。不同的灾害将产生不同的多维、多源的灾情、灾民、救援信息，大数据灾害信息内容海量、形式多样，每一次突发灾害都有自己独特的大数据信息，灾害事件之间很难复制和共享相关数据。

虽然，大数据在突发事件应急管理领域已有应用，但相关研究都是基于宏观方面分析大数据在灾害应急管理及物资配置过程中的作用，涉及将大数据技术与分析方法贯穿于整个应急物资配置全过程的研究较少，并且缺少具体的基于大数据实时信息更新的应急物流信息处理体系的研究。考虑应急物流大数据具有的特征以及信息处理体系始终贯穿于组织协调、储备、配送体系，及应急物流信息应用于不同主体，本文提出了基于大数据思维的应急物流信息处理体系，如图 11-6 所示。构建基于大数据实时信息更新的应急物流信息处理体系有利于实现对突发事件信息数据的收集、储存、分析、预警、响应、决策，借助大数据信息源更新进化与信息挖掘的同步性，精准定位物资需求群体及其实际物资需求，提高政府部门的组织协调效率、应急物资配送实施的精准高效性，有效解决政府应急物资配置与灾民需求之间的供需不匹配问题，降低灾区由于物资短缺而产生的各种损失，从而在微观层面促进灾害应急物流的精准化发展。

图 11-6 描述了基于大数据思维的应急物流信息处理体系。首先，对来自政府门户网站、社交网络、新闻媒体、物联网、卫星遥感等渠道的实时海量灾情舆情数据进行高效采集、异构融合、关联与空间分析，挖掘并获取灾害影响范围、道路受损情况、路网拥堵情况、设施受损情况、物资供给状况等信息，深度挖掘应急物资需求特性，计算实际物资需求量。建立标准化的信息格式、信息接口与统一的信息处理流程，以信息为黏合剂，建立应急物流信息数据库以便信息共享。

其次，基于形成的应急物流数据库，构建组织协调子模块、物资储备子模块、物资配送子模块、满意度调查子模块。针对应用模块中的组织协调子模块，决策机构与指挥机构可以基于各参与救援单位的救灾人员与资源状况，实时下达与调整各救援单位的任务，并协调各救援单位关系与资源配置。

物资储备子模块的任务主要是开展物资需求预测，基于预测数量采购与储备相应物资。为快速进行应急救援并保证满足灾民对应急物资的最低需求，决策人员应该以历史案例为数据库进行相似案例的搜索，依据以往的类似相关历史数据、灾害记录数据以及专家经验估计，并结合具体灾情信息，运用案例推理和时间序列分析相结合的方法，构建灾后人员伤亡人数预测模型，结合救灾应急物资需求预测模型估计具体灾害事件的需求预测总量，并以真实突发灾害事件案例库为研究对象进行模型校验，预测灾害应急物资可能的需求。

物资配送子模块的任务是应急物资调度优化与分配。在形成的应急预案基础上，运用大数据技术获取灾害等级、影响范围、道路受损情况等实时地理信息和实时灾情信息，通过实时海量数据抽取与分析，运用占线优化方法合理调整物资调度路径。同时，在确定应急物资调度优化路径的基础上，针对灾害应急物资分配的时间紧迫性和信息难获取性，结合大数据分析技术，引入时间、风险和成本等综合效用值构建基于非确定性信息的应急物资靶向分配模型，通过载入相关灾害数据形成物资分配的初始推荐方案。然后，通过大数据技术对灾害信息进行识别与提取，形成实时大数据灾害信息源，实时抓取个性化数据，追踪不同受灾点的个性化需求，进而根据不同灾民特性提供更有针对性的物资援助和服务，并结合初始推荐方案形成一体化协调的受灾点物资分配方案，以实现应急物资的精准分配。

而满意度调查子模块有助于明确灾害应急物资配置过程中存在的不足以及为不断优化物资配置模式提供支持。通过抽样调查、网络调查、访谈等多种方法获取灾民满意度大数据，对现实灾害应急物资配置过程、效果以及灾民满意度情况进行收集、分析、汇总和评价，发现问题并及时反馈，进而总结和提出基于大数据实时信息更新的灾害应急物资精准配置模式的改进和优化策略。

最后，建立应急物流信息反馈更新机制，实时更新灾情与物资需求信息，以实现数据库与各应用子模块的匹配更新。

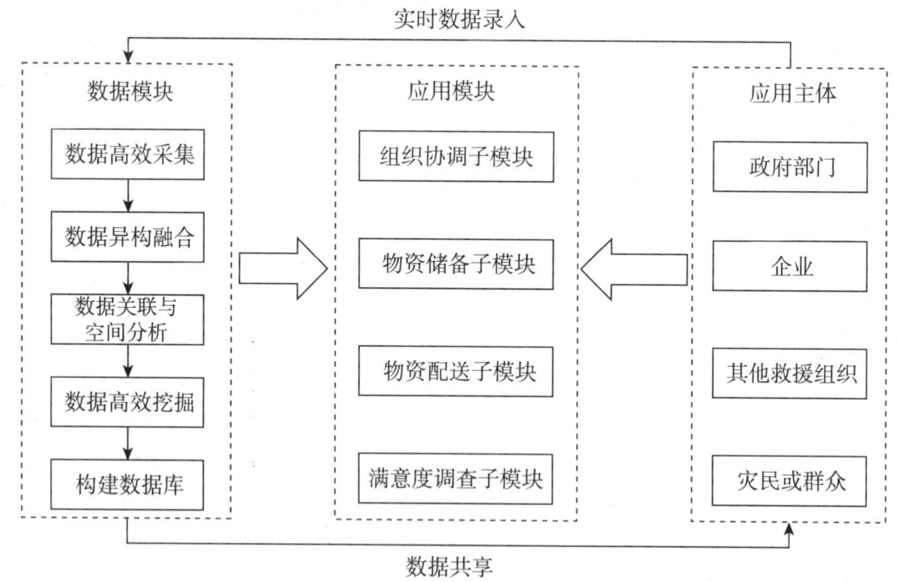

图 11-6 基于大数据思维的应急物流信息处理体系

1. 应急物流活动需要实现的目标包括哪些？各目标之间的冲突性与一致性关系

如何？

2. 应急物流与普通物流的区别包括哪些？

3. 请叙述应急物流的“准军事化”“泛行政化”和“弱市场化”三种发展模式各自的优势与劣势，以及三种发展模式如何协调发展。

4. 请叙述应急物流协调体系在整个应急物流运作过程中扮演的角色与作用。

5. 谈谈大数据技术在应急物流运作过程中的应用。

第十二章　供应链金融

供应链金融作为供应链管理和贸易金融的融合创新，通过优化供应链内部的资金流管理，降低资本占用成本，极大缓释了供应链节点企业的融资约束问题。2017 年 10 月，国务院办公厅印发的《国务院办公厅关于积极推进供应链创新与应用的指导意见》（国办发〔2017〕84 号）更是明确将供应链金融作为六大重点任务之一，提出积极稳妥发展供应链金融。尤其是，受贸易保护主义以及新冠疫情的影响，我国产业链、供应链受到前所未有的冲击。供应链金融在纾困中小企业，协同产业链复工复产被寄予厚望。本章主要包括三部分：第一节主要介绍供应链金融的产生背景以及内涵；第二节则重点分析了供应链金融的主要融资模式；第三节介绍了供应链金融的风险管理。

案例导入

国家电投发布统一供应链金融品牌“融和 e 链”

赋能供应链，重构产业链，创造价值链。国家电投顺应产业数字化发展趋势，发力金融科技，全力推进统一供应链金融平台建设和业务推广。历经数月的精心筹备、迭代升级和试点运行，2020 年 7 月 16 日，具备可拆分、可流转、可融资功能的国家电投统一供应链金融品牌“融和 e 链”正式发布。“融和 e 链”依托区块链、人工智能、大数据、物联网四大数字科技优势，实现应收账款融资全流程线上办理，有利于提升集团产业链管理能力，助力供应商改善现金流、优化融资渠道；同时，金融科技的加持，有力提升业务标准化程度和可穿透性，全面提升风险控制的数字化、智能化水平，助力打赢防范化解重大风险攻坚战。新冠肺炎疫情发生后，“融和 e 链”以全线上操作、“T+0”无人操作实时出账等优势，成功化解疫情不利影响和空间阻隔，“初显身手”实现交易金额超 1.4 亿元。

资料来源：http：//www. sasac. gov. cn/n2588025/n2588124/c15200779/content. html。

银保监会 155 号文规范供应链金融：严防虚假交易、虚构融资

从承兴国际的应收账款融资案件到诺亚财富因合作方涉嫌供应链金融诈骗而踩雷后，供应链金融推到了风口浪尖。2019 年 7 月银保监会向各大银行、保险公司下发了《中国银保监会办公厅关于推动供应链金融服务实体经济的指导意见》（银保监办发〔2019〕155 号），要求银行保险机构应依托供应链核心企业，基于核心企业与上下游链条企业之间的真实交易，整合物流、信息流、资金流等各类信息，为供应链上下游链条企业提供融资、结算、现金管理等一揽子综合金融服务。银行保险机构在开展供

应链金融业务时应坚持以下基本原则：一是坚持精准金融服务，以市场需求为导向，重点支持符合国家产业政策方向、主业集中于实体经济、技术先进、有市场竞争力的产业链链条企业。二是坚持交易背景真实，严防虚假交易、虚构融资、非法获利现象。三是坚持交易信息可得，确保直接获取第一手的原始交易信息和数据。四是坚持全面管控风险，既要关注核心企业的风险变化，也要监测上下游链条企业的风险。

资料来源：中国银行保险监督管理委员会。

第一节 供应链金融概述

一、供应链金融的产生背景

1. 破解中小企业融资难、融资贵的现实需要

长期以来，我国中小企业的发展一直处于“强位弱势”的尴尬境地，得不到与其贡献相对称的融资待遇。中小企业的发展速度较快，使得其资金需求呈现“短、小、急、频”的特点，而且融资渠道单一，过度依赖于银行信贷融资。当前，中小企业尤其是小微企业信用等级评级普遍较低、可抵押资产少以及财务制度不健全，使得银行等金融机构为控制贷款风险，几乎不对中小企业做信用贷款，仅以固定资产抵押担保方式提供贷款服务。而广大中小企业资产70%以上表现为应收账款和存货，普遍欠缺不动产担保资源。

实际上，在我国信贷实践中，长期存在“两个矛盾，一个不匹配”的现象。其中，两个矛盾是指大量动产资源闲置与小微企业融资难，不动产资源枯竭趋势与信贷担保过分依赖不动产这两个矛盾并存；一个不匹配是商业银行接受的信贷担保物70%左右是土地和建筑物等不动产，而广大小微企业普遍缺乏不动产资源。据央行（2010）估算，我国中小企业大约有16万亿元的资产由于受到法律等方面的限制，不能用于担保借入信贷资金。供应链金融恰恰可以允许中小企业通过存货和应收账款担保融资，这对解决中小企业融资难意义重大。

2. 供给侧改革背景下，金融机构面临盈利和风控的双重挑战

随着银行业自身及其面对的客户群市场化的转型完成，以及银行新股东的利润和风险控制目标，计划经济体制及其后的金融业发展混沌时期一直沿用的粗放经营模式越来越难以为继。同时，金融脱媒、新的竞争主体的不断进入、新的监管制度环境、产业组织模式的变革等，都对产品、营销和风险控制技术手段的创新和适应性变革提出了要求。

发展供应链金融业务可以帮助金融机构扩大贷款规模，降低信贷风险，协助金融机构处置部分不良资产、提升质押物评估、进行企业理财等，为金融机构提供了新的利润途径和新的竞争手段。

3. 发展供应链金融是推进供给侧结构性改革、增强金融服务实体经济效能的重要力量

党的十九大报告明确提出在现代供应链中培育新增长点，形成新动能。供应链金融作为我国供应链创新与应用六大重点任务之一，中央明确提出要积极稳妥发展供应链金融。尤其是在贸易保护主义和新冠疫情的双重冲击下，供应链金融在现代供应链体系建设，破解中小企业融资困境，协同推进产业链复工复产，进而实现高质量发展方面发挥重要作用。

知识拓展

1. 2018年中国社会平均融资成本为7.6%，该成本仅是利率成本，若加上各种手续费、评估费、招待费等，平均融资成本将超过8%，对企业来说是很重的负担。而这只是平均融资成本，平均融资成本更多的是被较低的银行融资成本拉低的，中小企业融资成本大部分高于10%。中国社会融资成本指数如表12-1所示。

表12-1　中国社会融资成本指数

中国社会融资（企业）		银行贷款	承兑汇票	企业发债	股权质押	融资性信托	融资租赁	保理	小贷公司	互联网金融（网贷）
平均融资成本（%）	7.60	6.60	5.19	6.68	7.24	9.25	10.70	12.10	21.90	21.00
占比（%）	100	54.84	11.26	16.50	3.39	7.66	3.95	0.44	0.87	1.10
主要融资主体	—	央企、政府平台、上市公司								中小企业、非上市民营企业

资料来源：2018年中国社会融资成本指数（清华大学经管学院中国金融研究中心等机构发布）。

2. 最高人民法院发布《最高人民法院关于修改〈关于审理民间借贷案件适用法律若干问题的规定〉的决定》。

2020年8月，最高人民法院举行新闻发布会，发布《最高人民法院关于修改〈关于审理民间借贷案件适用法律若干问题的规定〉的决定》（以下简称“规定”）。今年以来，新冠肺炎疫情对我国经济和世界经济产生巨大冲击，我国很多中小企业和个体工商户面临前所未有的压力，而融资成本过大是重要原因之一。为了统筹推进常态化疫情防控和经济社会良性健康发展，持续增强市场主体的发展动力和活力，保持社会融资规模合理增长，推动综合融资成本明显下降，最高人民法院在认真调研和广泛听取人大代表、政协委员、企业家代表、专家学者和金融监管部门意见建议的基础上，依照《中华人民共和国民法典》的最新精神，决定对规定进行修改。规定以中国人民银行授权全国银行间同业拆借中心每月20日发布的一年期贷款市场报价利率（LPR）的4倍为标准确定民间借贷利率的司法保护上限，取代原规定中“以24%和36%为基准的两线三区”的规定，大幅度降低民间借贷利率的司法保护上限，促进民间借贷利率逐步与我国经济社会发展的实际水平相适应。以2020年7月20日发布的一年期贷款市场报价利率3.85%的4倍计算为例，民间借贷利率的司法保护上限为15.4%，相较于过去的24%和36%有较大幅度的下降。

二、供应链金融的定义与内涵

立足国内供应链金融的典型实践，中国人民银行等八部委将供应链金融界定为：从供应链产业链整体出发，运用金融科技手段，整合物流、资金流、信息流等信息，在真实交易背景下，构建供应链中占主导地位的核心企业与上下游企业一体化的金融供给体系和风险评估体系，提供系统性的金融解决方案，以快速响应产业链上企业的结算、融资、财务管理等综合需求，降低企业成本，提升产业链各方价值。供应链金融的商业本质依然在于供应链管理，是继物流和信息流协同管理后的高级阶段，在为整条供应链注入流动性的同时，依然以降低供应链的整体成本、提高效率为目标。

供应链金融的其他典型界定

银保监会在《中国银保监会办公厅关于推动供应链金融服务实体经济的指导意见》中提出总体要求：银行保险机构应依托供应链核心企业，基于核心企业与上下游链条企业之间的真实交易，整合物流、信息流、资金流等各类信息，为供应链上下游链条企业提供融资、结算、现金管理等一揽子综合金融服务。

深圳市在发布的《关于促进深圳市供应链金融发展的意见》中将供应链金融界定为：指商业银行、保险公司、商业保理公司、融资担保机构、小额贷款公司等金融机构通过与核心企业、第三方机构等的合作，从供应链整体结构和信用出发，运用自偿性融资、金融科技等方式控制风险，为供应链上的中小微企业所提供的、以融资为主的综合金融服务。

国际保理商联合会（FCI）、欧洲银行业协会（EBA）等五家国际组织制定的《供应链金融技术的标准定义》认为供应链金融是利用融资和风险缓释的措施和技术，对供应链流程和交易中营运资本的管理和流动性投资资金的使用进行优化。

供应链金融是指以核心企业为依托，以交易标的为担保物，以销售收入为还款来源，对供应链上下游企业提供融资、结算、资金管理等服务的业务和业态。

通过对供应链金融定义的梳理，不难发现，供应链金融本质为一个生态体系。一个可持续的供应链金融系统包含市场主体要素、服务载体要素以及规范和支撑要素。其中，服务载体、规范和支撑要素是市场主体要素存在和发展的支撑条件，而市场主体要素可以通过自身的创新对已有的服务载体要素、规范和支撑要素进行改善和完善，并在与其他行为主体要素的利益博弈中逐渐达到动态均衡，构成一个既相互约束、相互牵制，又相互促进、共同发展的生态平衡系统（如表12-2所示）。

表 12-2　　供应链金融生态体系

市场主体要素	供应链金融服务提供者	金融机构：商业银行、保险公司、小额贷款公司、融资担保公司、商业保理公司、融资租赁公司等；供应链核心企业：行业龙头、产业平台等；供应链集成服务提供商（如怡亚通、瑞茂通等）
	供应金融服务的需求方	供应链上游中小企业
	供应链金融服务的配套服务方	第三方物流企业、信息数据服务商、金融科技服务方等
服务载体要素	供应链产业链、金融市场	—
规范和支撑要素	供应链金融基础设施	央行动产融资统一登记公式系统；民法典中担保物权的相关法律及其解释；央行、银保监会等监管部门的文件指引

三、供应链金融的特征与价值

1. 供应链金融的特征

（1）精准性——供应链金融的精准性体现在以实物供应链为基础，以真实贸易为背景，对企业的融资环节、融资时点、融资规模、融资用途等具有精准定位，能够精准服务于企业的融资需求。供应链金融的所有其他特征及其衍生的功能作用都是建立在精准性基础之上的，是供应链金融区别于其他金融产品、项目、方案的最大特征。

（2）普惠性——供应链金融的普惠性体现在抛弃了传统信贷融资“唯出身论”的做法，对不同规模、不同性质、不同水平的企业，采取相同的客观评价标准，将融资与否、融资多少与具体融资项目挂钩，重债项，轻主体，令所有的融资需求方得到公正平等的待遇。

（3）安全性——供应链金融的安全性源于自偿性，违约风险较低。这是因为供应链金融以基础贸易作为支撑，融资提供方对基础贸易流程的可见性是这种金融安排必不可少的组成部分。融资提供方在前期的风险评估环节就已经充分考虑了融资项目在未来创造现金流的能力。因此，尽管供应链金融门槛很低，融资对象更广，其资金安全性却更高。

2. 供应链金融的价值

在现有实体经济的运行中，供应链金融正发挥着越来越重要的作用。

（1）助力供给侧结构性改革，推动经济转型升级。供应链金融与实体供应链相伴相生，能够准确为实体经济把脉，能够通过引导资金流向，快速响应供给侧改革目标：为产能过剩的落后产业“断血”，解决中国当前为“僵尸企业”拖累、经济下行的问题；为投机过度的产业，如房地产业“降温”，解决实体经济投资热情下降和创业热情受挫、产业结构失衡的问题；为迎合市场需求，代表新兴产业革命发展方向的企业“供血”，解决当前中高端供给不足、需求严重外流的问题，也帮助中国在第四次产业革命中抓住机遇快速发展。

（2）支持供应链产业链稳定升级和国家战略布局。在提高供应链产业链运行效率、降低企业成本的同时，供应链金融以服务供应链产业链完整稳定为出发点和宗旨，顺应产业组织形态的变化，加快创新和规范发展，推动产业链修复重构和优化升级，加大对国家战略布局及关键领域的支持力度，充分发挥市场在资源配置中的决定性作用，促进经济结构调整。

（3）纾困中小企业融资难题，提高经济增长活力。中小企业是经济增长活力的来源。然而长久以来，中小企业融资难、融资贵却始终是世界难题。供应链金融基于事件驱动而非“身份驱动”，弱化了担保和抵/质押，降低了融资门槛，对中小微企业非常友好，特别是其项下的保理产品允许中小微企业利用供应链下游大型买方企业的信用获得融资便利，突破了自身信用度不高的限制，获得传统银行不能批准的贸易融资和流动资金，有效解决中小微企业融资难题。供应链金融作为适用赊销贸易的融资技术创新，为中小微企业量身定制的金融解决方案，帮助中小微企业盘活应收账款等存量资产，优化财务结构，加快资金周转，扩大业务规模，从而降低财务成本，较好解决融资贵难题，使收入和利润双增长。

四、供应链金融的发展趋势

供应链金融是产业模式升级的自然演化，“从产业中来，到金融中去”的模式最具行业根基，同时也颠覆了金融领域“基于金融而金融”的传统范式，兼具金融的爆发力和产业的持久性。未来，供应链金融将呈现以下趋势。

1. FinTech 助力供应链金融的发展

FinTech（Finance + Technology）即金融科技[①]，核心是用新兴科技驱动金融创新与变革。其背后代表的，是运用包括大数据、云计算、移动互联网、物联网、智慧物流、区块链、生物验证技术等科技创新，通过“科技+”的方法、措施、手段助力供应链金融，提升金融风险识别与管控能力，加速金融运营及操作效率的同时降低成本。

获客层面，借助数据挖掘和信用评价技术，识别、筛选供应链条中的“末梢神经”，使金融服务的对象扩展至“长尾”客群，在蓝海市场中实现差异化竞争获得更优的收益；风控层面，国内互联网巨头、专业大数据风控公司已形成一些大数据风控的独特业务模式，并获得一定程度的市场认可；传统金融机构也探索通过物联网、区块链等技术升级动产类供应链金融业务，同时与第三方合作运用大数据风控的模型、共建合作场景增强风控。

2. 长尾红利推动链条延伸开发

如果将核心企业及其上下游的供应链关系视同为金字塔结构，核心企业处于金字塔尖的位置，对金字塔其他层级的供应链上/下游起着统领作用，越靠近核心企业的上

① 金融稳定理事会（FSB）将金融科技定义为，通过技术手段推动金融创新，形成对金融市场、金融机构及金融服务供给产生重大影响的新业务模式、新技术应用以及新流程和新产品等。

下游，将会获得越多的核心企业信用辐射及信息传递，相应地也将获得更多的供应链金融信用资源。数量上相对更多的塔底企业，因其在供应链上处于较为远端及弱势的地位，则较难获得融资支持。究其原因，一是风控难，二是小额分散操作成本高，三是信息传递容易失真。

目前，已有互联网信息平台依托互联网技术降低操作成本，建立有效的信息传递系统及大数据风控，通过“供应链金融+小微金融”“供应链金融+消费金融”形成专业供应链金融方案组合，推动链条延伸开发，实现客户下沉；部分股份制商业银行、城商行也在原有 $1+N$ 供应链金融的开发链条基础上继续延伸，形成批量开发上上游、下下游客户的 $1+N+n$ 模式。

3. 优质应收类资产持续获青睐

企业应收账款是供应链正常运行的一个关键的枢纽点，大量的应收类资产需要盘活以确保价值链内的资金正常循环。国家统计局数据显示，截至2019年12月，我国工业类企业应收票据及应收账款余额为17.40万亿元。受新冠疫情影响，截至2020年8月31日，我国A股上市公司应收账款余额达到5.44万亿元。近年来政府发布的供应链金融相关支持引导政策中，应收账款是多次被提及的重点。国务院专门出台《保障中小企业款项支付条例》，央行也提出提高中小微企业应收账款融资效率。以供应链金融为基础，大力盘活应收资产，既是帮助中小微企业持续健康发展，降低实业经营风险，也是维护经济秩序和金融稳定的重要措施。

4. 资金端组织形式更灵活多样

供应链金融资金端从原来的单一来源，如银行资金、大型核心企业自有资金，向结构化资金转变，渠道更加广泛，组合形式更加灵活多样，如通过资管计划、ABS（资产证券化）、标准化票据等投行/类投行的资金结构设计，实现资金、风险、收益的结构及分层。通过引入多渠道的资金结构，多方博弈形成风险分担或价格平衡，将有利于平滑供应链资产端的资金供给，提供稳定、持续且具有相对成本优势的资金。

5. 以竞争优势为基础寻求生态合作共赢成为发展的主旋律

（1）供应链核心企业和上下游的共赢。在专业化生产、精细化分工的市场背景下，核心企业要在市场获得竞争优势，必须做强、做大、做专其产业链条。供应链金融是为上下游企业提供融资及结算便利的工具，其目的在于平滑及加速产业及实体运转效率。供应链金融有助于供应链上大中小企业分工协同、共生共赢，有助于深化金融服务实体经济，保持供应链产业链完整稳定，特别是在目前外部不确定因素比较多的情况下，能够逐步增强国际产业链的国内替代能力，进而加快双循环发展新格局的形成。

（2）供应链金融参与方之间的合作共赢。供应链金融的参与方，在差异化的产业生态及细分市场各具优势。随着市场充分竞争，参与方通过合作联合第三方的技术、市场、产业链专业等优势共同开发，实现参与主体的共赢。展望未来，供应链金融将通过科技、创新与融合，服务实体生态，促进实业发展，引领资金理性回归，促进产业转型升级，为金融供给侧改革探索可持续发展的道路。

供应链金融百花齐放，百舸争流，但并不是简单的广义狭义之分，而是供应链金融内涵的丰富，表现在客群的丰富性、生态的多样性、管理的创新性、评估的开放性等多方面。因此，结合客群、贴近生态的创新思维与举措将在供应链金融体系成为常态。在这个趋势下，供应链金融的专业性必须得到尊重，脱离供应链金融的精髓和核心的“伪供应链金融”不但“自残”，更会危害整个供应链金融业态。因此，遵循“创新无界限，但创新有底线”的忠告，先进者恪守底线，后进者先获能力，参与者先说共担风险再求共享收益。

第二节　供应链金融主要业务模式

随着供应链金融由单一的存货质押模式向产业链金融乃至生态金融的跨越发展，其内涵和外延越来越丰富。未来供应链金融产品的组合也将更丰富，资本市场（债券市场、股权市场）、保险市场的衔接也将越来越紧密，届时供应链金融将呈现出“投（资）、融（资）、保（险）”三位一体的金融生态。根据银保监会政策指引和国内供应链金融的主要实践，本节重点围绕供应链金融的四种主要融资模式进行重点分析。我国供应链金融的主要业务模式如表 12-3 所示。

表 12-3　　我国供应链金融的主要业务模式

结算类产品	承兑汇票、信用证等
资产支持融资	存货融资模式：存货质押、仓单质押
	预付款融资模式：先票/款后货、保兑仓等
	应收账款融资模式：应收账款质押、保付代理、ABS、标准化票据等
关系型融资	战略关系融资
保险类	信用保险、保证保险等

一、存货融资

以存货质押为代表的动产融资可谓是我国物流与供应链金融领域最为基础和传统的模式。作为我国供应链金融品牌的开创者平安银行认为国内供应链金融源于滥觞于零星个案中对存货类动产不得已的接受。目前国内实践中较为普遍的是存货质押融资模式和仓单质押融资模式。

存货质押融资是指需要融资的企业（即借方企业）将其拥有的动产或者存货作为担保，向资金提供方（即贷方）出质，同时，将质物转交给具有合法保管动产资格的中介公司（物流企业）进行保管，以获得贷方贷款的业务活动。业务实践中，存货质押模式又可分为静态质押授信模式和动态质押授信模式。其中，静态质押授信模式是指融资企业将质押货物交给第三方物流、取得贷款后就不再变动，一直到质押结束、贷款清偿后质押物才能重新流通使用。动态质押授信模式是静态质押信贷的延伸产品，又称为核定库存模式，银行对于客户质押的动产设定最低限额，允许在限额以上的质押物出库，客户可以以其他形式动产替换质押的动产。动态质押信贷对生产经营活动的影响较小，客户无须启动保证金赎回质押货物，因此对盘活存货的作用明显。

仓单质押融资是指出质人以仓库保管人出具给存货人的仓单为质物，向质权人申请贷款的业务，保管人对仓单的真实性和唯一性负责，是物流企业参与下的权利质押业务。仓单质押模式又可分为普通仓单质押和标准仓单质押模式。区别在于质押物是否为期货交割仓单，其中标准仓单质押指企业以自有或第三人合法拥有的标准仓单为质押的融资业务，适用于通过期货交易市场进行采购或销售的客户以及通过期货交易市场套期保值、规避经营风险的客户，手续较为简便、成本较低，同时具有较强的流动性，可便于对质押物的处置。普通仓单指客户提供由仓库或第三方物流提供的非期货交割用仓单作为质押物，并对仓单做出融资出账，具有有价证券性质，因此对出具仓单的仓库或第三方物流公司资质要求很高。

随着宏观经济增速放缓，加之2012年的长三角钢贸事件和2014年青岛港事件的负面影响，国内存货融资几乎全面萧条，无论是银行业的供应链金融的开拓者平安银行还是物流业的首创物流金融的中储股份均采取了缩量避险策略。存货质押融资的复苏主要取决于两点：一是政府主导的全国动产融资统一登记制度进一步的普及；二是以物联网、区块链等为代表的技术的成熟应用。

知识拓展

1. 中银协与中仓协联合发布存货（仓单）融资服务体系建设阶段性成果及战略规划

为响应国务院常务会议精神“支持企业以应收账款、仓单和存货质押等进行融资”，2020年5月9日，中国银行业协会（中银协）与中国仓储与配送协会（中仓协）联合在线发布“存货（仓单）融资服务体系建设阶段性成果及战略规划”，为中小企业存货（仓单）融资带来全面解决方案。

中银协和中仓协一直共同致力推进国内存货融资的问题研究和方案解决。自2010年起，中银协、中仓协携手举办首届中国金融仓储高峰发展论坛。自2013年以来，中仓协、中银协和国际金融公司（IFC）每年召开一次“仓储融资与担保品管理国际研讨会”。此外，两协会先后共同组织起草了《仓单要素与格式规范》（GB/T 30332—2013）、《担保存货第三方管理规范》（GB/T 31300—2014）两项国家标准，推动行业实施（CMA）和担保存货监控协议（SMA）模式下的存货融资。在推进问题研究和方案解决的过程中，中仓协、中银协充分顺应资产数字化的大趋势，努力为存货（仓单）融资领域的诸多痛点问题提供有效解决方案。

根据规划，两协会将继续携手组织行业资源，加强以“四个一”和两套生态建设合作方案为主要内容的完整开放的存货（仓单）融资服务体系。“四个一”即制定一套全国性可流转仓单建设规范、成立一个存货（仓单）融资服务行业联盟、推广一个典型行业应用场景——“物联网技术赋能物流金融”、建立一个基础设施——“中仓协仓单信息登记平台”。两套生态建设合作方案包括相关试点项目落地城市的合作计划和相关行业资源组建联盟计划。

资料来源：中国银行业协会 https：//www. china-cba. net/Index/show/catid/14/id/34305. html。

2. 区块链及物联网技术在动产质押融资领域的具体应用

关于如何运用金融科技解决动产质押业务面临的难题，2017 年 6 月开业的苏宁银行已经做了诸多尝试与创新。苏宁银行联合靖江太和港务、海康威视，共同打造了线上化、透明化、一体式的区块链—物联网动产质押融资平台，采用 AI 自动检测+人工智能的算法，做到了物流、商流、资金流、信息流的“四流合一”。2018 年 9 月，苏宁银行基于区块链—物联网动产质押融资平台，成功对靖江太和港务的煤炭进行了质押授信，授信额度 500 万元，开创了业内“区块链+物联网”为动产质押提供解决方案的先河。

苏宁银行提供的“区块链+物联网”动产质押解决方案，对参与各方产生的价值如下。

其一，对于仓储监管企业，数据即服务的公开透明化，提高对动产的管理水平，依托融资平台对企业提供增值服务。

其二，对于金融机构，授信与风控数据化、客观化，降低了重复质押风险，且动产管理成本由多方共担，将迎来更多合作机会。

其三，对于融资企业，融资准入门槛降低，融资周期缩短，将获得更多融资选择。

二、应收账款融资

应收账款融资（Accounts Receivable Financing）是指，融资企业为取得运营资金，以卖方与买方签订真实贸易合同产生的应收账款为基础，以合同项下的应收账款作为还款来源的融资业务。业务实践中主要业务形态包括应收账款质押、应收账款保理、应收账款资产证券化融资等。

1. 应收账款质押

应收账款质押是指《中华人民共和国物权法》第二百二十三条规定的应收账款出质，具体是指为担保债务的履行，债务人或者第三人将其合法拥有的应收账款出质给债权人，债务人不履行到期债务或者发生当事人约定的实现质权的情形，债权人有权就该应收账款及其收益优先受偿。业务实践中，应收账款债权人以应收账款为质押标的向银行提供担保，银行对其财务状况进行分析后，确定适当的质押率（一般为应收账款额的 50%~90%）和贷款期限（一年以内），与应收账款债权人订立应收账款抵借贷款合同和应收账款质押监督协议，并提供资金。在这种方式下，应收账款只是作为质押品，借款人必须在银行开设具有担保性质的应收账款质押专户，借款方用于质押的每笔应收账款的回收都要通过该专户进行结转，贷款方通过该质押账户有效监督借款方质押应收账款的回收情况。金融机构在质押应收账款的债务企业不能及时付款时，仍享有对申请贷款企业的追索权，申请贷款的企业必须承担其损失。

中国人民银行发布新版《应收账款质押登记办法》

2019年11月22日，为规范应收账款质押登记，保护质押当事人和利害关系人的合法权益，根据《中华人民共和国物权法》等相关法律规定，中国人民银行发布《应收账款质押登记办法》（中国人民银行令〔2019〕第4号）（以下简称“办法”）。办法规定，应收账款是指权利人因提供一定的货物、服务或设施而获得的要求义务人付款的权利以及依法享有的其他付款请求权，包括现有的和未来的金钱债权，但不包括因票据或其他有价证券而产生的付款请求权，以及法律、行政法规禁止转让的付款请求权。

本办法所称的应收账款包括下列权利：

（一）销售、出租产生的债权，包括销售货物，供应水、电、气、暖，知识产权的许可使用，出租动产或不动产等；

（二）提供医疗、教育、旅游等服务或劳务产生的债权；

（三）能源、交通运输、水利、环境保护、市政工程等基础设施和公用事业项目收益权；

（四）提供贷款或其他信用活动产生的债权；

（五）其他以合同为基础的具有金钱给付内容的债权。

办法还规定，中国人民银行征信中心是应收账款质押的登记机构，应收账款质押登记通过登记公示系统办理。

资料来源：http：//www. pbc. gov. cn/tiaofasi/144941/144957/3930640/index. html。

2. 应收账款保理

保理业务是指金融机构或者商业保理企业受让应收账款的全部权利及权益，并向转让人提供应收账款融资、管理、催收、还款保证中至少两项业务的经营活动。应收账款保理是企业将赊销形成的未到期应收账款在满足一定条件的情况下，转让给商业银行或者商业保理企业，以获得资金支持，加快资金周转。业务实践中，应收账款保理又可分为有追索权保理和无追索权保理、明保理和暗保理等。国内业务实践中更多为有追索权的保理合同，即保理商在应收账款到期，且无法从买方处收回时，可以向卖方反转让应收账款的保理类型。

除此之外，反向保理（逆保理）在实践中也较为普遍。保理商与资信能力较强的下游客户达成反向保理协议，为上游供应商提供一揽子融资、结算方案，主要针对下游客户与其上游供应商之间因贸易关系所产生的应收账款，即在供应商持有该客户的应收账款时，得到下游客户的确认后可将应收账款转让给保理商以获得融资，与一般保理业务区别主要在于信用风险评估的对象转变。

知识拓展

我国商业保理爆发增长后迎来强监管时代

2009年，商务部等单位印发《关于推动信用销售健康发展的意见》（商秩发〔2009〕88号），提出“开展商业保理业务试点，促进应收账款流转”。2012年，商务部印发《商务部关于商业保理试点有关工作的通知》（商资函〔2012〕419号）和《商务部关于商业保理试点实施方案的复函》（商资函〔2012〕919号），在天津滨海新区、上海浦东新区开展商业保理试点。2013年，商务部印发《商务部关于在重庆两江新区、苏南现代化建设示范区、苏州工业园区开展商业保理试点有关问题的复函》（商资函〔2013〕680号），新增三个试点地区。商事制度改革后，深圳前海地区将商业保理企业视为一般工商企业直接登记注册，同时部分非试点地区也开始设立商业保理企业。2017年全国金融工作会议后，部分省市出现抢注现象，商业保理企业数量出现爆发式增长。据排查统计，截至2019年6月末，全国已注册商业保理企业12081家，较2018、2019年初分别增加4222家和540家；全行业注册资金8487亿元，较2018年、2019年初分别增加1117亿元和457亿元。

为规范商业保理企业经营行为，加强监督管理，压实监管责任，防范化解风险，促进商业保理行业健康发展，2019年10月，银保监会印发了《关于加强商业保理企业监督管理的通知》（以下简称“通知”）。按照“问题导向、急用先行”原则，通知从依法合规经营、加强监督管理、稳妥推进分类处置、严把市场准入关、压实地方监管责任、优化营商环境六个方面指导各地加强商业保理企业的事中、事后监管。

资料来源：http：//www.cbirc.gov.cn/cn/view/pages/ItemDetail.html？docId=851895。

3. 应收账款资产证券化融资

应收账款资产证券化融资是以销货或服务产生的应收账款为支撑，通过特定的组织机构和结构设计提升信用状况，向投资者发行信用级别较高的证券的一种融资方式，是资产证券化的一种。作为一种全新的融资方式，应收账款证券化融资能够优化和利用数额较大的应收账款，解决企业应收账款规模过大的问题。

进行应收账款证券化融资，首先应成立一个独立的证券化特设机构——SPV（Special Purpose Vehicle），SPV是一个专门从事应收账款证券化业务的中介投资机构，发行应收账款特殊证券是其法定的唯一收入来源，经营行为受到严格的法律限制，SPV通常为原始债权人的全资子公司或控股公司。应收账款的原始债权人将应收账款出售给SPV，SPV对所有的应收账款按期限、业务来源等特征，进行重组匹配，组成应收账款特殊证券。委托信用评级机构对SPV的应收账款进行信用评级，对即将发行的应收账款特殊证券进行信用增级，即通过担保、保险等形式提高应收账款特殊证券的信用等级，以改善发行条件。最后由证券承销商对SPV所发行的应收账款特殊证券包销，在资本市场发行，由投资者购买，证券承销商将出售的证券资金，扣除一定的费用后返还给SPV。应收账款特殊证券在市场上进行交易和流通，托管银行负责对该特殊证券的还本付息工作。

上交所、深交所、机构间报价系统发布企业应收账款ABS指南

2017年12月15日，上交所、深交所、机构间报价系统同时发布了企业应收账款ABS“挂牌条件确认指南”及“信息披露指南”（以下简称“指南”）。指南适用于以企业应收账款债权为基础资产或基础资产现金流来源所发行的资产支持证券。指南从应收账款入池标准、资产池分散度要求、原始权益人及其关联方风险自留、循环购买、应收账款回款路径和归集周期、原始权益人及重要债务人诚信状况等多个方面提出了清晰、明确的要求；针对以核心企业供应链应付款为基础资产的资产证券化项目给予了优惠政策。

资料来源：http：//www.csrc.gov.cn/pub/newsite/gszqjgb/zcfggszq/zlgzzcfg/201801/t20180111_332371.html。

4. 标准化票据

标准化票据，是指存托机构归集核心信用要素相似、期限相近的商业汇票组建基础资产池，以基础资产池产生的现金流为偿付支持而创设的等分化受益凭证。为规范标准化票据融资机制，更好地服务中小企业融资和供应链金融发展，中国人民银行制定了《标准化票据管理办法》，自2020年7月28日起实施。

知识拓展

中信银行广州分行落地全国首单“供应链票据+标准化票据”产品

中信银行广州TCL简单汇2020年第一期供票标准化票据产品于7月29日创设成功，标志着全国首单“供应链票据+标准化票据”组合正式落地中信银行广州分行。

供应链票据和标准化票据是票据市场发展的里程碑事件，前者将票据交易机制进一步优化和标准化，将实质性打通票据市场和债券市场；后者则将票据嵌入供应链场景，从源头上促进应收账款票据化。“供应链票据+标准化票据”组合将有助于打造有特色的商业票据模式。通过前端供应链票据真实交易关系、票据关系的连带性和不可切断性降低后端标准化票据的融资信用风险，为广大中小企业实现票据融资信用增级，而后端通过标准化票据资金融通又进一步推动前端优质底层资产的创造和流转，形成良性、内生互动促进的机制。

三、预付款融资

预付款融资（Prepayments Financing）是供应链金融中商业银行依托于产业链核心

企业的信用和履约能力针对其下游经销商提供的融资业务常用模式。预付款融资常应用于采购阶段，其担保基础是预付款项下客户对供应商的提货权，或提货权实现后通过发货、运输等环节形成的在途存货或库存存货。当货物到达后，融资企业可以向银行申请将到达货物进一步转化为存货融资，从而实现融资的“无缝链接”。目前国内较为常见的两种预付类融资方式是先票/款后货融资模式和保兑仓融资模式。

1. 先票/款后货融资模式

先票/款后货融资是基于未来存货的融资。它是指买方从银行取得授信，在缴纳一定比例保证金的前提下，向卖方预付全额货款；卖方按照购销合同以及合作协议书的约定发运货物，货物到达后设定抵质押作为银行授信的担保。

先票/款后货融资模式，适用于企业面临较为强势的上游供应商的情况。该模式可以使企业在没有其他抵押物、质押物或保证的情况下，从银行获得授信支持，解决资金压力，扩大经营规模；企业可以利用银行授信实现商品大额采购，获得较高的商品采购折扣；同时，还可通过该商品提前锁定商品采购价格，防止涨价风险。其主要流程如下。

①买卖双方签订贸易合同。

②融资企业向银行缴纳一定比例的保证金。

③银行向融资企业提供授信，并直接用于向卖方的采购付款。

④卖方发货，直接进入第三方物流监管仓库。

⑤融资企业根据经营需要，向银行补充保证金。

⑥银行根据补充保证金的量，通知第三方物流向融资企业释放部分抵质押物。

⑦融资企业向第三方物流监管库提取部分抵质押物。

对于融资企业而言，首先，由于授信时间不仅覆盖了上游的排产周期和在途时间，而且到货后可以转为库存融资，因此流动资金需求压力的缓解作用要高于存货融资。其次，因为是在银行资金支持下进行的大批量采购，所以融资企业可以从卖方争取较高的商业折扣，进而提前锁定商品采购价格，防止涨价风险。

对于银行而言，可以利用贸易链条的延伸，进一步开发上游企业业务资源。此外，通过争取订立卖方对其销售货物的回购或调剂销售条款，有利于化解客户违约情况下的变现风险。由于货物直接从卖方发给客户，因此货物的权属要比存货融资模式更为直观和清晰。

2. 保兑仓融资模式

保兑仓融资模式是指制造企业（卖方）、融资企业（买方）和银行三方合作，以银行信用为载体，由银行控制提货权，制造企业受托保管货物并承担回购担保责任的一种金融服务。其基本交易流程如下。

①买卖双方签订购销协议和购销合同。

②供应商、融资企业和银行签订保兑仓融资三方协议。

③融资企业和银行签订货物质押协议，银行控制提货权。

④融资企业向银行缴存一定比例的保证金，并申请开具用于支付供应商货款的银行承兑汇票。

⑤供应商根据保兑仓融资三方协议，受托保管购销合同项下货物，并对银行承兑汇票保证金以外金额部分承担回购担保责任。

⑥融资企业补交银行承兑保证金。

⑦银行根据保证金比例的提高，向供应商发出《提货通知书》，逐步释放提货权。

⑧供应商根据《提货通知书》向经销商发货。

⑨授信到期融资企业若未完全提货，供应商需对剩余货物进行回购。

与先票后货融资模式相比，在保兑仓模式中，供应商需要在融资企业未及时销售或者回赎货物时，就保证金与承兑汇票之间的差额部分承担回购担保责任。

对于融资企业而言，大批量的采购可以获得价格优惠，“淡季打款、旺季销售”模式有利于锁定价格风险。此外，由于货物直接由上游监管，省去了监管费用。

对于上游供应商而言，可以获得大笔预收款，缓解流动资金压力，同时锁定未来销售可以增强销售的确定性。

对于银行而言，将卖方和物流监管合二为一。在简化了风险控制维度的同时，引入卖方发货不足的退款责任，实际上直接解决了抵质押物的变现问题。此外，这种模式中的核心企业的介入较深，有利于银行对核心企业自身资源的直接开发。

四、战略关系融资

不同于上述三类资产支持性融资（Asset Based Financing），供应链核心企业和上下游的中小企业之间还存在基于相互之间的战略伙伴关系和长期合作产生的信任而进行的融资，也即战略关系融资（Strategic Relationship Financing）。其实质是供应链核心企业依托自身的资金实力、信息优势等，选择上下游的战略合作伙伴进行资金注入的行为。战略关系融资的独特之处在于对资金的供给方与需求方相互之间的信任度要求非常高，通常发生在具有多年合作关系的战略合作伙伴之间。战略关系融资更多意义上代表了供需双方之间已经不仅依靠正式的契约进行治理，还需要依靠非正式的关系进行治理。基于长期交易关系所提供的融资，一方面可以充分降低融资的风险，另一方面通过提供包含融资在内的多种服务要素，能极大改善供应链运营效率，获得竞争优势。

第三节　供应链金融风险管理

作为一项重要的金融创新活动，风险管理始终是供应链金融难以回避的主题。从早期的重复质押、过度质押引起的长三角钢贸事件、青岛港融资铜事件再到近年来的虚构贸易合同、萝卜章等产生一连串应收账款爆雷事件。也正是基于此，监管层始终坚持积极稳妥推进供应链金融的发展，有效防范供应链金融风险。本部分重点围绕供应链金融典型融资模式，分析其风险要素，并给出了未来保障供应链金融可持续发展的几点建议。

【拓展案例】

供应链金融典型风险事件

（1）2014 年青岛港融资铜事件。“德正系公司”在明显不具备还款及履行合同能力的情况下通过重复编排货物信息、私刻印章等手段共同伪造青岛港（集团）有限公司大港分公司、烟台港集团蓬莱港有限公司氧化铝、铝锭、电解铜仓单、转货证明等货权凭证，并使用伪造的货权凭证欺骗在国际上具有较高信誉的仓储监管公司出具监管仓单。据报道，此案件造成青岛 17 家银行的有色金属融资业务 148 亿卷入其中。

（2）最高人民法院裁判文书网公开显示，贵州杭乾通信有限公司涉嫌伪造合同、虚构与中国电信集团有限公司贵州分公司及其关联公司之间的应收账款作为质押，骗取某农商行、某股份制商业银行贵阳分行贷款被贵阳市云岩区公安局于 2018 年 6 月 25 日刑事立案侦查。某农商行、某股份制商业银行贵阳分行接受虚构应收账款质押并提供贷款，贷款逾期后诉请确认质押权被人民法院驳回起诉。

（3）2018 年 9 月 26 日，华业资本发布公告称，其子公司投资的应收账款未按期回款触发了差额补足义务，共计 8.88 亿元，占华业资本 2017 年年底经审计净资产的 13.06%。该应收账款为恒韵医药对陆军军医大学第一、第二、第三附属医院的应收账款，但《债权转让协议》中列示的债务遭到医院方面否认并说明公章伪造，债务并不真实。华业资本投资的 101.89 亿元应收账款转让方均为恒韵医药，自有资金购买 27.75 亿元，其余为杠杆加购。恒韵医药伪造公章、合同，存量应收账款面临部分或全部无法收回的风险。

（4）2019 年 7 月 8 日，诺亚财富发布公告称公司旗下的歌斐资管发行的产品为承兴国际控股提供了 34 亿元的供应链贷款，对应资产为承兴和京东的应收账款。然而，京东公开表示承兴涉嫌伪造和京东的业务合同对外诈骗，该业务并不存在。

上述案件暴露出的问题实质如下。

（1）伪造贸易合同、伪造公章、伪造物流单证、伪造确权书、伪造数据来实施诈骗。

（2）利用多家银行等资金方之间的信息不对称，重复融资。

（3）利用实际控制的关联公司相互担保骗取融资。

（4）拿着供应链融资的资金从事其他高风险或违法违规活动。

一、供应链金融风险要素分析

1. 贸易背景真实性风险

供应链金融的根本保障是贸易背后真实的交易。在融资过程中，真实交易背后的存货、应收账款以及预付款项等是授信融资实现自偿的根本保证，一旦交易背景的真实性不存在，出现伪造贸易合同或者应收账款的存在性与合法性出现问题，或质押物权属与质量有瑕疵以及买卖双方虚构交易等情况，金融机构将面临巨大的风险。

为严格防控虚假交易和重复融资风险，银行等金融机构对供应链融资要严格交易真实性审核，警惕虚增、虚构应收账款、存货及重复抵押质押行为。对以应收账款为底层资产的资产证券化、资产管理产品，承销商及资产管理人应切实履行尽职调查及必要的风控程序，强化对信息披露和投资者适当性的要求。

2. 核心企业信用风险

在供应链金融中，核心企业掌握了供应链的核心价值，担当了整合供应链物流、信息流和资金流的关键角色。金融机构通过判断、审核企业的综合实力、信用增级及其对供应链的整体管理程度来对上下游中小企业开展授信业务。因此，核心企业的经营状况和发展前景决定了上下游企业的生存状况和交易质量。一旦核心企业信用出现问题，必然会随着供应链条扩散到上下游企业，影响供应链金融的整体安全。为此，央行以及银保监会均明确提出了加强了核心企业的信用风险管理，应根据核心企业及供应链整体状况，建立基于核心企业贷款、债券、应付账款等一揽子风险识别和防控机制，充分利用现有平台，加强对核心企业应付账款的风险识别和风险防控。对于由核心企业承担最终偿付责任的供应链融资业务，应遵守大额风险暴露的相关监管要求。

3. 上下游融资企业信用风险

虽然供应链金融降低了借贷双方的信息不对称和信贷风险，通过设计机理弱化了上下游中小企业自身的信用风险，但作为直接承贷主体的中小企业经营仍存在不确定性。

与此同时，在供应链背景下，中小企业的信用风险已发生根本改变，其不仅受自身风险因素的影响，而且还受供应链综合影响，任何一种因素都有可能导致企业出现信用风险。

4. 业务操作风险

操作风险是当前业界普遍认同的供应链金融业务中最需要防范的风险之一。供应链金融通过自偿性的交易结构设计以及对物流、信息流和资金流的有效控制，通过专业化的操作环节流程安排以及独立的第三方监管引入等方式，构筑了独立于企业信用风险的第一还款来源。但这无疑对操作环节的严密性和规范性提出了很高的要求，并造成了信用风险向操作风险的转移，因为操作制度的完善性、操作环节的严密性和操作要求的执行力度将直接关系到第一还款来源的效力，进而决定信用风险能够被有效屏蔽。

业务实践中，为了有效防范供应链金融业务操作风险，金融机构应加强金融科技运用，通过“金融科技+供应链场景”实现核心企业“主体信用”、交易标的“物的信用”、交易信息产生的“数据信用”一体化的信息系统和风控系统，建立全流程线上资金监控模式，增强操作制度的严密性，强化操作制度的执行力。

5. 市场风险

市场风险是指因利率、汇率、股市和商品价格等市场要素波动而引起的，使金融产品的价值或收益具有不稳定性的风险。供应链金融业务实践中，以大宗商品为基础资产展开的贸易金融和存货质押融资模式中，尤其需要关注价格风险和汇率风险。无论是长三角的钢贸事件，抑或是青岛港的融资铜事件，价格的快速下跌是整个爆雷事件的导火索。业务实践中，积极运用金融工具及其衍生产品进行合理的价格预测和风险对冲是应对市场风险的重要举措。

6. 金融科技应用风险

供应链金融各参与方应合理运用区块链、大数据、人工智能等新一代信息技术，持续加强供应链金融服务平台、信息系统等的安全保障、运行监控与应急处置能力，切实防范信息安全、网络安全等风险。

国家层面对于供应链金融风险管控的相关政策

1.《国务院办公厅关于积极推进供应链创新与应用的指导意见》（国办发〔2017〕84 号）

有效防范供应链金融风险。推动金融机构、供应链核心企业建立债项评级和主体评级相结合的风险控制体系，加强供应链大数据分析和应用，确保借贷资金基于真实交易。加强对供应链金融的风险监控，提高金融机构事中事后风险管理水平，确保资金流向实体经济。健全供应链金融担保、抵押、质押机制，鼓励依托人民银行征信中心建设的动产融资统一登记系统开展应收账款及其他动产融资质押和转让登记，防止重复质押和空单质押，推动供应链金融健康稳定发展。

2. 银保监会发布《中国银保监会办公厅关于推动供应链金融服务实体经济的指导意见》（银保监办发〔2019〕155 号）

(1) 加强总体风险管控。

银行业金融机构应建立健全面向供应链金融全链条的风险控制体系，根据供应链金融业务特点，提高事前、事中、事后各个环节的风险管理针对性和有效性，确保资金流向实体经济。

(2) 加强核心企业风险管理。

银行业金融机构应加强对核心企业经营状况、核心企业与上下游链条企业交易情况的监控，分析供应链历史交易记录，加强对物流、信息流、资金流和第三方数据等信息的跟踪管理。银行保险机构应明确核心企业准入标准和名单动态管理机制，加强对核心企业所处行业发展前景的研判，及时开展风险预警、核查与处置。

(3) 加强真实性审查。

银行业金融机构在开展供应链融资业务时，应对交易真实性和合理性进行尽职审核与专业判断。鼓励银行保险机构将物联网、区块链等新技术嵌入交易环节，运用移动感知视频、电子围栏、卫星定位、无线射频识别等技术，对物流及库存商品实施远程监测，提升智能风控水平。

(4) 加强合规管理。

银行保险机构应加强供应链金融业务的合规管理，切实按照回归本源、专注主业的要求，合规审慎开展业务创新，禁止借金融创新之名违法违规展业或变相开办未经许可的业务。不得借供应链金融之名搭建提供撮合和报价等中介服务的多边资产交易平台。

二、我国供应链金融可持续发展的几点建议

1. 在线化

在线化是供应链金融发展的大势所趋，是进一步提高供应链金融的精准性、包容性和安全性的必然要求。充分运用大数据、云计算、物联网、区块链等新一代信息技术，数字化赋能传统产业，促成交易流程的在线化、交易数据的电子化、交易信息的集成化，使得供应链金融的提供商能够运用大数据、云计算等分析手段将中小微企业的交易信息快速有效地转化成信用信息，降低信息不透明和信息不对称程度，提高融资效率、保障资金安全。并且在线化突破了地域限制，允许供应链金融提供商将分散在全国各地的中小制造商、经销商纳入其网络体系，提供跨地域服务，扩大了业务规模。

2. 标准化

标准化是供应链金融产业化的先决条件，是供应链金融可持续发展的内在前提，包括两方面内容：一方面，监管部门、行业自律性组织要制定标准性文件，明确供应链金融的相关术语、定义、范畴、业务规范等，形成行业统一惯例。银保监会发布的《中国银保监会办公厅关于推动供应链金融服务实体经济的指导意见》（银保监办发〔2019〕155 号）和中国人民银行等发布的《中国人民银行 工业和信息化部 司法部 商务部 国资委 市场监督总局 银保监会 外汇局 关于规范发展供应链金融 支持供应链产业链稳定循环和优化升级的意见》（银发〔2020〕226 号）对供应链金融的内涵做了明确界定。另一方面，政府部门要制定法律制度、司法解释，为供应链金融的发展创造稳定的法律环境、提供可靠的制度保障。《中华人民共和国民法典》的出台以及央行统一的动产和权利担保登记公示系统的进一步的普及对物流行业和供应链金融领域的制度建设和行业进步将起到很大的推动作用。

3. 专业化

专业化是开辟供应链金融蓝海战场的有效手段，包含两层含义：其一是指供应链金融提供者侧重于向某一或若干细分行业提供服务，通过在有限行业内的深耕细作，熟悉掌握行业的交易习惯、供需状况、竞争条件、市场规律等，巩固客户资源，构筑进入壁垒，形成核心竞争力。其二是指供应链金融提供者侧重于提供某一或若干方面的服务，充分发挥自己的先天优势，并形成牢固的后天优势，如在提供融资、征信、信用评级和风险评估等方面，以此形成差异化竞争优势，并作为与其他供应链金融提供者合作的砝码。

4. 警惕“伪供应链金融创新”

近年来，我国供应链金融领域出现了一些“伪供应链金融创新”现象，换言之，供应链金融被各种打着金融创新的名义异化为套利的工具。很多人将互联网金融和供应链金融混为一谈。实际上，供应链金融服务作为产业金融领域的重要创新，其本质或者说出发点始终是围绕金融服务实体经济的本质。任何一项金融创新活动若不能有效服务于产业发展，促进产金协同融合，这样的金融创新无论被冠以多么绚丽的辞藻，其本质也是昙花一现的泡沫，终究会危害企业、产业，甚至引发区域性、系统性金融

风险。对于开展供应链金融的相关企业而言，如果轻视风险，以侥幸心理、投机心理开展伪供应链金融业务，则在当前经济下行周期，一定会踩雷。只有深入到产业供应链中去，利用科技手段，嵌入金融，实现深度风控，所开展的供应链金融业务才能真正让金融资源源源不断进入实体经济，才是国家倡导的供应链金融。

复习思考题

1. 如何全面理解供应链金融的内涵？

2. 供应链金融具有哪些特征？如何理解其价值？

3. 供应链金融的常见业务模式有哪些，请尝试寻找相应的具体案例。

4. 结合供应链金融的相关风险案例，总结供应链金融业务的常见风险因素和相应的风控措施。

参考文献

[1] 何明珂．物流系统论［M］．北京：高等教育出版社，2004.

[2] 宋华，胡左浩．现代物流与供应链管理［M］．北京：经济管理出版社，2004.

[3] 徐天亮．运输与配送［M］．3版．北京：中国财富出版社有限公司，2017.

[4] 国际贸易中心．如何评估与初选供应商［M］．中国物流与采购联合会，译．北京：中国物资出版社，2005.

[5] 孙培林．船舶工业物资管理［M］．哈尔滨：黑龙江科学技术出版社，1991.

[6] 骆建文．采购与供应管理［M］．2版．北京：机械工业出版社，2016.

[7] 何娟，冯耕中．物流金融理论与实务［M］．北京：清华大学出版社，2014.

[8] 张庆英．物流系统工程：理论、方法与案例分析［M］．2版．北京：电子工业出版社，2015.

[9] 约翰·科尹尔，爱德华·巴蒂，小约翰·兰利．企业物流管理［M］．北京：电子工业出版社，2003.

[10] 马士华，林勇．供应链管理［M］．6版．北京：机械工业出版社，2020.

[11] 黄定政．应急物流教程［M］．北京：中国财富出版社有限公司，2018.

[12] 吴砚峰，汤洪宇．物流管理信息系统［M］．北京：航空工业出版社，2011.

[13] 胡心专，王宏艳．管理信息系统［M］．北京：新华出版社，2013.

[14] 孙国华．物流与供应链管理［M］．2版．北京：清华大学出版社，2018.